世界之最

大讲堂
双色
图文版

刘凤珍◎主编　王羽◎编著

中国华侨出版社
北京

图书在版编目（CIP）数据

世界之最大讲堂 / 王羽编著 . —北京：中国华侨出版社，2016.12
（中侨大讲堂 / 刘凤珍主编）
ISBN 978-7-5113-6541-5

Ⅰ.①世… Ⅱ.①王… Ⅲ.①科学知识—普及读物
Ⅳ.① Z228

中国版本图书馆 CIP 数据核字（2016）第 292769 号

世界之最大讲堂

| 编　　著 / 王　羽
| 出 版 人 / 刘凤珍
| 责任编辑 / 千　寻
| 责任校对 / 王京燕
| 经　　销 / 新华书店
| 开　　本 / 787 毫米 ×1092 毫米　1/16　印张 /24　字数 /470 千字
| 印　　刷 / 三河市华润印刷有限公司
| 版　　次 / 2022 年 2 月第 1 版第 2 次印刷
| 书　　号 / ISBN 978-7-5113-6541-5
| 定　　价 / 48.00 元

中国华侨出版社　北京市朝阳区静安里 26 号通成达大厦 3 层　邮编：100028
法律顾问：陈鹰律师事务所
编辑部：（010）64443056　　64443979
发行部：（010）64443051　　传真：（010）64439708
网　　址：www.oveaschin.com
E-mail：oveaschin@sina.com

前言 Preface

哪种蛙"胡子"最多？最懒的鱼是什么鱼？最毒的树是什么树？什么海最透明？爆发最猛烈的火山是哪座？最早的喜剧是哪部？什么书页数最多？票房收入最高的动画片是哪部？名字最长的国家首都是哪里？最早在太空漫步的人是谁？历史上打得最远的炮是什么炮？最快的客机有多快？……寻求这些答案，是读者的天性使然，《世界之最大讲堂》正是为满足读者的这种需求而编著的。

《世界之最大讲堂》作为一部影响中国几代人的经典科普读物，其中收录了大量妙趣横生、神奇奥秘的条目，每一个条目或标示出大自然的一个极限，或成为人类社会发展中的一个里程碑，或留下科学史上的一个奇迹，成为人们常谈不衰的话题。该书甫被辑录成书，便以其独特的体例、丰富的知识受到广大读者的喜爱，至今已成为我国发行量最大的科普读物之一，各种不同的版本不断涌现。然而随着科技与社会的发展，市场上的许多版本已经不能满足广大读者越来越高的阅读需求，这就要求我们不断进行更新、补充和调整，并注入更多的设计元素。鉴此，我们编辑出版了这本《世界之最大讲堂》。

本书集动植物世界、自然空间、科学技术、天文地理、人文社会等"最"之大全，可谓五花八门，包罗万象。在这里，你会有惊异、会有慨叹：惊异于动物植物、天文地理的奇妙；慨叹人文社会、科学技术的衍化。本书在带领你领略奇妙的同时，也会帮你积累知识，让你成为移动的"最"之百科。相较于其他版本，本书具有以下几个特点：

第一，内容全面，信息海量。编者开拓思路，力求出新，将《世界之最大讲堂》由科普读物扩展为融自然科学与人文科学为一体，集合诸多领域的百科全书。全书以知识性、科学性、趣味性、实用性为出发点，共分为13个部分，内容涉及动物、植物、天文、地理、科技、军事、建筑、历史、文艺、医疗、交通等诸多方面，并且增补、修订了近年来各领域的最新研究成果，方便读者及时学习和掌握。

第二，语言生动，体例科学。体例编排注重各条目间的内在联系和逻辑次序，以精准生动、通俗易懂的文字形象地诠释一个个"世界之最"，并附有生动有趣的相关链接和专题加以延伸拓展，力图使各门类的知识形成一个系统、科学的有机整体。

第三，图片丰富，视觉多元。200余幅精美插图，包括实物图片、风景照片、人物肖像、建筑名胜，以及大量结构清晰、解释详尽的分解图等，与文字相辅相成，既深入挖掘了图片内涵，又对相关知识做了补充和拓展，让读者在接受完整、全面知识信息的同时，获得更加鲜明而深刻的印象，从而提高其认知能力。

第四，全新理念，理想读本。新颖、科学的版式设计，既增加了信息含量，又使页面变得生动、活泼，将大千世界中引人入胜的"世界之最"全方位、立体地展现出来，让读者在轻松愉快的阅读中获取知识、开阔视野、提升创新力和想象力。更难能可贵的是，编者在版式设计、图文编排过程中注重文化知识与现代审美的有机结合，并贯串始终。全力为读者打造一个具有丰富信息含量的阅读空间，彰显本书的欣赏价值和艺术价值。

希望这本《世界之最大讲堂》营造出的轻松愉快的阅读氛围，会引领你进入一个精彩、神秘的求知世界，让你更加立体、真实地感受世界神秘的一面。

目录

第一章 动物之最

哺乳动物之最 1
最大的哺乳动物 1
一次生育最多的哺乳动物 1
最小的陆生哺乳动物 1
最长寿的哺乳动物 2
最高的哺乳动物 2
爬行最缓慢的哺乳动物 2
最原始的卵生哺乳动物 2
最著名的有袋类哺乳动物 2
陆地上最大的食肉哺乳动物 3
最凶猛的海洋哺乳动物 3
最大的陆生哺乳动物 3
跳得最高的哺乳动物 4
皮毛最保暖的动物 4
最凶猛的陆地哺乳动物 4
跑得最快的动物 5
最为濒危的猫科动物 5
最大的猫科动物 5
最大的灵长类动物 6
最濒危的灵长类动物 6
世界上最小的猴子 6
冬眠时间最长的动物 7
潜海最深的海洋哺乳动物 7
最稀有的水生哺乳动物 7

繁殖能力最强的哺乳动物 8
嘴巴最大的陆生哺乳动物 8
舌头最长的动物 8
最耐渴的动物 9
最会挖洞的动物 9
最爱干净的动物 10
形态最特殊的鹿 10
最大的鹿 10
最大的犀牛 11
最大和最小的斑马 11
最大的啮齿动物 11
最懒的动物 12
最臭的动物 12
最狡猾的动物 12
最耐久的马 13
最大的牛 13

爬行动物和两栖动物之最......14

最原始的爬行动物............... 14
最大的爬行动物............... 14
最小的爬行动物............... 14
分布最广泛的有尾两栖动物...... 14
最大的两栖动物............... 14
世界上最大的蛙............... 15
世界上最小的蛙............... 15
最毒的蛙..................... 15
世界上最大的蟾蜍............. 16
世界上最大的蜥蜴............. 16
最会变色的蜥蜴............... 16
寿命最长的动物............... 17
最大的陆龟................... 17
世界上最小的蛇............... 17
世界上最危险的蛇............. 17
世界上最长的蛇............... 18
产卵最多和最少的蛇........... 18

鸟类之最............19

最早的鸟..................... 19
分布最广的鸟................. 19
俯冲最快的鸟................. 19
飞得最远的鸟................. 19
飞得最高的鸟................. 20
飞得最久的鸟................. 20
游得最快、潜得最深的鸟....... 20
最小的鸟..................... 20
最大的鸟..................... 21
数量最多的鸟................. 21
寿命最长的鸟................. 21
嘴最大的鸟................... 21
最凶猛的鸟................... 22
翼展最宽的鸟................. 22
视力最好的鸟................. 22
最会化装的鸟................. 23
最耐寒的海鸟................. 23
最钟情的鸟................... 23

鱼和其他海洋动物之最......24

带电最多的鱼................. 24
游得最快的鱼................. 24
雌雄体形差别最大的鱼......... 24
最不怕冷的鱼................. 24
筑巢最精致的鱼............... 25
最大的鱼..................... 25
最小的鱼..................... 25
最懒的鱼..................... 25
飞得最远的鱼................. 26
最珍稀的鱼................... 26
最毒的鱼..................... 26
寿命最长的鱼................. 26
外形最奇特的鱼............... 27
最大的虾..................... 27
最大的双壳贝................. 28
最长的软体动物............... 28
最大的章鱼................... 28
最小的乌贼................... 29
现存最古老的海洋动物......... 29
最大的浮游生物............... 29
最大的水母................... 30
最艳丽的海洋动物............. 30

昆虫与其他无脊椎动物之最..31

最原始的昆虫................. 31

最小的昆虫.................31
飞得最快的昆虫.............31
最长的昆虫.................31
最重的昆虫.................31
生命力最强的昆虫...........31
陆地上爬行最快的昆虫.......31
世界上跳得最高的昆虫.......31
最具破坏力的昆虫...........32
繁殖最快的昆虫.............32
寿命最短的昆虫.............32
最长寿的昆虫...............33
分布最广的昆虫.............33
力气最大的昆虫.............33
最擅长吐丝的昆虫...........33
眼睛最大的昆虫.............34
脚最多的昆虫...............34
最会造房子的昆虫...........35
最毒的甲虫.................35
最古老的甲壳动物...........35

恐龙与动物化石之最 36

最后灭绝的恐龙.............36
世界上最大的食肉恐龙.......36
最大的恐龙.................36

最重的恐龙.................37
爪子最大的恐龙.............37
最聪明的恐龙...............37
最笨的恐龙.................37
身体最宽的恐龙.............38
最厉害的恐龙...............38
牙齿最多的恐龙.............38
最早的有胎盘的哺乳动物化石.39
最早的真螈化石.............39
最大的爬行动物化石.........39
最早的人类头盖骨化石.......39
最大的鸟类化石.............40
最大的肉食动物化石.........40
最大的猛犸象骨骼化石.......40
最古老的毛颚动物化石.......40

第二章　植物之最

树之最...................41

最早的树...................41
生长最慢的树...............41
体积最大的树...............41
最粗的树...................42
最粗的药用树...............42
树冠最大的树...............42
最古老的种子植物...........42
最矮的树...................43

最高的树...................43
木材最轻的树...............43
树干最美的树...............43
叶子最长的树...............43
对火最敏感的树.............44
最凶猛的树.................44
最毒的树...................44
最长寿的树.................44
最坚硬的树.................45

— 003 —

贮水本领最强的树................45
最能忍受紫外线照射的树........45
最有希望的石油树................46
世界上含糖最多的树................46
最怕痒的树................46
最耐干旱的树................46
最珍稀的树种................47
最会预报天气的气象树................47
形状最奇特的树................47

草与叶之最................48

陆地上最长的植物................48
最大的草本植物................48
最孤单的植物................48
最顽强的植物................48
最能贮水的草本植物................49
感觉最灵敏的草本植物................49
花序最大的草本植物................49
寿命最短的种子植物................50
吸水能力最强的植物................50
最著名的灭虫植物................50
最精巧的食虫植物................51
最名贵的草药................51
世界上分布最广的草................51
世界上最耐盐碱的草................51
世界上最大的圆叶................52
最耐干旱的种子植物................52

最甜的叶子................52

花之最................53

世界上最早的花................53
世界上最大的花................53
世界上最香的花................53
最臭的开花植物................53
开花最晚的植物................54
最小的有花植物................54
寿命最长和最短的花................54
颜色变化最多的花................54
最罕见的花................55
世界上最不怕冷的花................55
颜色和品种最多的花................55
花粉最大的花................56
花粉最小的花................56
最小的玫瑰................56

其他植物之最................57

植物界的最大家族................57
最大的植物细胞................57
最大的孢子................57
最早出现的绿色植物................58
最早的陆生植物................58
含蛋白质最多的植物................58
最大和最小的苔藓植物................58

第三章 天文之最

天体之最................59

最远的恒星................59
最亮的恒星................59
最近的恒星................59
星体最大的恒星................60
最古老的恒星................60

威力最大的爆炸................60
最著名的超新星................60
太阳系中最大、最快、最热的行星................61
离地球最近的行星................61
最明亮的行星................61
离太阳最近的行星................61

最年轻的行星.................62
太阳系中自转最慢的行星........62
旋转最奇特的行星.............62
离地球最近的天体.............63
自转速度最快的星体...........63
引力最强的天体...............63
移动速度最慢的星系...........64
离银河最近的星系.............64
最大的陨石...................64
银河系最大的星团.............65
最大、最古老的黑洞...........65
宇宙中最冷的地方.............65

天文学之最.................66

最古老的天文台...............66
最大的天文台.................66
海拔最高的气象观测站.........66
最早的流星雨记录.............66
最早的太阳黑子记录...........67
最早的哈雷彗星记录...........67
最早的日食记录...............67
人类最早认识的星座...........68
最古老的星表.................68
最早的自动天文仪器...........68
最早描绘在纸上的星图.........69
最早测量子午线长度的人.......69

最早提出地球围绕太阳转的人.....69

航天之最...................70

最早到达月球的探测器.........70
最早的行星探测器.............70
最早穿越小行星带的人造探测器...70
最长寿的太空探测器...........70
最早的空间站.................71
最大的国际空间站.............71
寿命最长的空间站.............71
最早的火箭...................72
体积、威力最大的运载火箭.....72
运载能力最强的商用运载火箭...72
服役时间最长的运载火箭.......73
最早发射成功的载人宇宙飞船...73
世界上最早的人造卫星.........73
世界上最早的气象卫星.........73
使用寿命最长的人造卫星.......73
最早的宇航员.................74
最早在太空漫步的人...........74

第四章　地理之最

海洋之最...................75

最大、最深、岛屿最多的洋.....75
最小、最浅的洋...............75
港口最多的大洋...............75
最大的海.....................76
最小的海.....................76

海洋最深处...................76
最浅的海.....................76
最咸的海.....................77
最淡的海.....................77
最古老的海...................77
最长的海底山脉...............77

最大的海湾.................. 78
石油含量最丰富的海湾.......... 78
最长的海峡.................. 78
最宽和最深的海峡............. 79
最神秘的海域................ 79

大陆之最................80

最大的洲................... 80
最小的洲................... 80
最低的洲................... 80
最古老的大陆................ 81
平均海拔最高的大陆........... 81
大陆上最低的地方............. 81
最冷的大陆.................. 81
离海洋最远的陆地............. 82
世界最厚的地方............... 82
最后一块被人类发现的大陆...... 82
最大的三角洲................ 82
全球地壳运动最剧烈的地区...... 83
最长的冰川.................. 83

山脉、沙漠与沼泽之最......84

世界最长的山系.............. 84
最长的山脉.................. 84
最高的山脉.................. 84
岛屿中最高的山峰............. 85

体积最大的山................ 85
最大的独立岩石.............. 85
最长的断崖.................. 85
最大的沙漠.................. 86
最高的沙漠.................. 86
最大的沼泽地................ 86

湖泊、河流与瀑布之最......87

最咸的湖.................... 87
最深的湖.................... 87
最高的通航湖泊.............. 87
最大的湖泊.................. 87
最大的淡水湖群.............. 88
含沙量最大的河流............ 88
世界上最长的河流............ 88
世界流域面积最广的河流....... 89
流经国家最多的河流.......... 89
最著名的瀑布................ 89
最宽的瀑布.................. 90
落差最大的瀑布.............. 90
声音最大的瀑布.............. 90

草原、平原与高原之最......91

最脆弱的草原................ 91
最肥沃的草原................ 91
最耐盐的草地................ 91
最高寒的草地................ 91
最干旱的草原................ 92
最湿润的草地................ 92
最"豪华"的草原............. 92
最寒冷的平原................ 92
世界上最大的平原............ 93
世界上最大的高原............ 93
最大的风积高原.............. 94
最高、最年轻的高原.......... 94
最大的黄土分布区............ 94

盆地与岛屿之最 ……………95

最大的盆地 …………………… 95
最大的内陆盆地 ………………… 95
最低的盆地 …………………… 95
最大的岛屿 …………………… 96
最大的沙岛 …………………… 96
最大的半岛 …………………… 96
最大的群岛 …………………… 96
最大最长的珊瑚礁群 ……………… 97
人口最密集的岛屿 ……………… 97
湖中最大的岛 ………………… 97
海拔最高的岛 ………………… 97

火山与地震之最 …………98

记录最详细的火山爆发 …………… 98
最强烈的火山 ………………… 98
最著名的火山 ………………… 98
最矮的活火山 ………………… 98
最高的死火山 ………………… 99

最高的活火山 ………………… 99
最大的火山口 ………………… 100
最早的地震历史记载 ……………… 100
震级最高的地震 ………………… 100
世界上最容易发生地震的地方 …… 100

气象与气候之最 ………101

世界"寒极" ………………… 101
世界"旱极" ………………… 101
世界"雨极" ………………… 101
世界"热极" ………………… 102
世界上雷雨最多的地方 …………… 102
世界上平均气温最高的地方 …… 102
最重的冰雹 …………………… 102
世界上闪电最多的国家 …………… 103
世界上看彩虹的最佳地点 ………… 103
年温差最大的地区 ……………… 103
年温差最小的地区 ……………… 104
最快最猛的强风 ………………… 104
风力最大的地区 ………………… 104

第五章　国家与城市之最

国家和地区之最 ………105

世界上最早成立的共和国 ……… 105
历史上最大的帝国 ……………… 105
最早的横跨亚欧非的世界性帝国 … 105
最久远的帝国 ………………… 106
领土面积最大的国家 ……………… 106
领土最狭长的国家 ……………… 107
领土面积最小的国家 ……………… 107
最小的岛国 …………………… 107
最北的共和国 ………………… 108
最大的内陆国 ………………… 108
最长的边境线 ………………… 108

陆上邻国最多的国家..........108	最大的旅游消费国..........115
跨纬度最多的国家..........109	最大的铜消费国..........115
地势最低的国家..........109	填海造陆最多的国家..........115
海拔最高的国家..........109	**城市之最**..........**116**
高峰最多的国家..........109	最独特的跨洲名城..........116
海岸线最长的国家..........110	最香的城市..........116
最大的群岛国家..........110	最热的城市..........116
湖泊最多的国家..........110	最冷的城市..........117
火山最多的国家..........111	世界上既是最东又是最西的城市..117
最热的国家..........111	最北的城市..........117
水最昂贵的国家..........111	最古老的城市..........117
接待游客最多的国家..........111	最古老的首都..........117
玫瑰最多的国家..........112	桥梁最多的城市..........118
对足球最狂热的国家..........112	离赤道最近的城市..........118
最讲秩序的国家..........112	离海岸最远的城市..........119
养羊最多的国家..........113	最小的城市..........119
牛奶产量最多的国家..........113	面积最大的城市..........119
渔产品出口最多的国家..........113	音乐气氛最浓的城市..........119
最早酿酒的国家..........114	拥有最多高层建筑的城市..........119
最早的葡萄酒酿造国..........114	最安全的城市..........120
最大的稻米产区..........114	消费水平最高的城市..........120
核电站最多的国家..........114	
博物馆最多的国家..........114	

第六章　文学艺术之最

文学作品之最..........**121**	最长的小说..........123
最早的史诗..........121	最早的推理小说..........123
最长的史诗..........121	最著名的流浪汉小说..........124
世界上最早的诗歌总集..........122	最早的科幻小说..........124
最早歌颂劳动和正义的诗..........122	最早的书信体小说..........124
最长的诗..........122	人物最多的小说..........125
最短的文章..........122	最短的小说..........125
最早的寓言集..........123	最畅销的日记..........125
最长的传记..........123	**作家之最**..........**126**
最早的长篇小说..........123	

最早的悲剧作家 126
最早的喜剧作家 126
最早的女诗人 126
中世纪最后一位诗人和新时代的
　第一位诗人 126
世界上最杰出的短篇小说家 127
最高产的作家 127
世界上最著名的意识流小说家 127
最著名的童话作家 128
世界上稿酬最高的作家 128
作品发行量最大的作家 129
作品被拍成电影最多的作家 129
最早的侦探小说家 129
最著名的侦探小说家 129
最著名的科幻小说家 130
收入最高的恐怖小说家 130
世界上最早获得诺贝尔文学奖
　的诗人 130
最高龄和最年轻的作家 131
世界上最早获得诺贝尔文学奖
　的女作家 131
最早被迫放弃诺贝尔文学奖的人 . . 131
最早主动拒绝诺贝尔文学奖的人 . . 131

绘画之最 132
最早的绘画 132
世界最早的水彩画 132
世界最早的漫画 132
世界上最早的油画 133
世界上现存最早的版画 133
世界上现存最早的素描作品 133
规模最大的古代风俗画 133
最长的绘画 134
售价最高的油画 134
耗时最长的油画创作 134
最著名的绘画作品 134
被盗次数最多的绘画作品 135
价值最高的失窃名画 135
最长的石窟画廊 135

摄影之最 136
最早的照片 136
世界上最早的实景照片 136
最早的具有实用价值的摄影技术 . . 136
最早的银版人物照片 136
最早的历史人物照片 136
最早的裸体摄影 137
最早的彩色照片 137
最早的彩色风景照片 137
最早的动感系列照片 137
世界上最早的人像摄影室 137
最早的旅游摄影 137
最早的广告摄影 138
最早的缩微摄影 138
最早的新闻照片 138
最早的战地照片 138
最早的航拍 138

雕塑之最 139
最早的塑像 139
最古老的大型雕像 139
最贵的雕塑 139
最美丽的雕像 139

现存最大的金属雕像.............140
世界上最大的青铜坐佛..........140
最大的青铜器......................140
世界上最大的石刻坐佛..........141
世界上最高的立佛................141
世界上最大的塑像................141
最早的大型石刻佛像.............141
世界上最大的金漆木雕大佛...142
世界上佛像最多的地方..........142
世界最重的绿松石石雕..........142
世界上最大的摩崖石刻造像...142

乐器与音乐作品之最......143

最古老的乐器......................143
最古老的大型乐器................143
最古老的拨弦乐器................143
最早的钢琴.........................143
最早的小提琴......................144
最昂贵的小提琴...................144
世界上最早的萨克斯管..........144
世界上最早的铜鼓................145
世界上最大和最重的鼓..........145
世界上最轻便的键盘乐器.......145
世界上最普及的乐器..............145
世界上最小的乐器................145
世界上最大的乐器................146
最古老的古典音乐................146
最早的节拍器......................146
世界上最昂贵的音乐手稿.......146
现存最早的琴曲谱................146
世界上最长的休止符.............147
世界上演出时间最长的芭蕾舞曲..147
世界上最长的古典交响乐.......147
最早的唱片.........................147
最早的爵士乐唱片................147
最早的歌剧唱片...................147
世界上最畅销的个人专辑.......148

卖得最快的唱片专辑.............148
世界上最早的金唱片.............148

音乐家与乐队之最.........149

最早创建欧洲古典音乐的音乐家..149
世界上最著名的神童作曲家....149
世界上作品最多的作曲家.......149
创作交响乐最多的作曲家.......149
世界上最伟大的作曲家..........150
世界上作曲最快的音乐家.......150
世界上最多产的指挥家..........150
世界上最著名的三大男高音歌唱家 151
唱出最高音的女歌手.............151
历史上报酬最高的艺术家.......151
世界上谢幕次数最多的歌唱家..151
世界上登台次数最少的演奏家....152
最早的弦乐四重奏乐队..........152
最大的军乐队......................152
世界上最小的乐队................152
最大的音乐演出团................153
最早的爵士乐队...................153
最大的行进乐队...................153

电影与电视之最............154

最早的电影.........................154
最早的有声电影...................154
最早的彩色故事片................154
最早的电影音乐...................155
最早的立体声音乐电影..........155

最长的影片 155
最长的系列电影 155
耗资最大的影片 156
票房总收入最高的影片 156
票房总收入最高的喜剧片 156
票房收入最高的恐怖片 156
票房总收入最高的科幻片 157
最早的动画片 157
最早的动画卡通形象 157
最长的动画片 157
最早的电脑三维动画 158
世界上获利最多的系列影片 158
世界上最昂贵的电影上映权 158
拍摄时间最长的影片 158
最早的国际电影节 158
规模最大的国际电影节 159
最大的电影城 159
最早出现的 3D 电影 159
好莱坞年龄最大和最小的导演 160
世界上最早的电影制片厂 160
最早的电影奖项 160
最早的奥斯卡影帝 160
年龄最小的奥斯卡奖得主 161
收到影迷来信最多的明星 161
世界上最大的全球性电视网 161
世界上最大的城市独立有线电视网 162
最大的音乐电视台 162
电视观众最多的结婚典礼 162

建筑之最 163

最大的庙宇 163
最大的古老佛塔 163
最大的观音殿 163
规模最大的神庙群 163
最大的坛庙建筑群 164
最高的教堂 164
最大的陵墓 164

最大的皇家墓地 165
最长的建筑物 165
规模最大的皇宫 165
海拔最高的古代宫殿 166
保存最完整的古罗马建筑 166
最古老的金字塔 166
最大的金字塔 166
最古老的斜塔 167
最古老的方尖塔 167
现存最高的木塔 167
最早的钢铁结构高塔 168
最高的自承建筑 168
最高的自立式铁塔 168
最高的天线塔 168
最大的庙塔 169
最大的佛教金塔 169
最大的古代圆形剧场 169
最早的建于悬崖绝壁上的木结构
　建筑群 170
最大的木结构建筑 170
最古老的木结构建筑 170
最大的地下石造建筑遗址 170
最高的办公楼 171
最大的行政大楼 171
最大的会堂式建筑 171
最高的摩天大楼 171
最大的室内体育场 172
世界上最高的烟囱 172
世界上最大的穹顶 172
最对称的广场 172
最大的城市中心广场 173
世界上最高的双子楼 173
世界上最大的冰建筑物 173
世界上最大的飞行器装配大楼 174
世界上最大的太阳能大厦 174
最早的房屋建筑 174
世界上最大的城市开发区 175

最大的半球体建筑................175
最高的住宅建筑..................175
世界上最大的住宅公寓区..........175

报纸、杂志、书籍之最.....176

最早的报纸......................176
发行量最大的报纸................176
最早定期出版的报纸..............176
最早刊登天气预报的报纸..........176
最早的日报......................177
销量最大的杂志..................177
最著名的财经杂志................177
最早以杂志命名的刊物............177
发行量最大的新闻周刊............177
世界上最早的无产阶级刊物........178
现存最早的有字竹简..............178
世界上最早的书..................178
现存最早的纸写书................178
现存最早的雕版印刷书............179
世界上最大的丛书................179
最早的百科全书..................179
页数最多的书....................179
印刷最多的书籍..................180
最畅销的书......................180
最畅销的丛书....................180

专著之最.................181

最早的字典......................181
世界上最大的词典................181

收录汉语词汇最多的词典..........181
现存最大的一部类书..............182
最早系统阐述文学理论的著作......182
最早的教育论著..................182
最早的一部关于纸的专著..........182
最早的茶叶专著..................182
最早的地方植物志................183
最早、最大的区域性植物志........183
世界上保存最早最完整的农业专著..183
最早的天文学著作................183
最早的历史文献著作..............184
最早的纪传体历史著作............184
记载时间最长的历史著作..........184
世界上最古老的地理书籍..........185
世界上最古老的数学专著..........185
世界上最大的数学专著............185
世界上最早最完整的建筑学专著....186
最大的古代医学百科全书..........186
现存最早的伤科专著..............186
现存最早的外科专著..............187
现存最早的医学理论著作..........187
世界上最早的传染病专著..........187
世界上最大的方书................187
世界上最早的性医学文献..........187
世界上最早的针灸学专著..........188
最古的草药书....................188
最早的植物专书..................188
世界上最早的兵书................189
最早提出人口理论的学者..........189

第七章　社会生活之最

饮食之最.................190

最早的粽子......................190
最大的圣诞蛋糕..................190
最大的巧克力样品................190

最早的罐装食品..................191
最早的奶酪蛋糕..................191
最早的人造黄油..................191
最贵的蜂蜜......................192

最早的饺子..................192
最早的冷冻食品..............192
最早的巧克力................193
最古老的菜谱................193
最早的方便面................193
最早的味精..................194
最早的糖精..................194
年代最早的酒曲实物..........194
最早的酸奶..................195
葡萄酒的最早记载............195
最贵的茶....................195
最早的汽水..................195
最畅销的饮料................196
最早的香烟..................196
最早的泡泡糖................196

家电之最..................197

最早的电灯泡................197
最早的洗衣机................197
最早的电视机................197
最贵的电视机................198
最早的家用录像机............198
最早的微波炉................198
最早的空调..................198
最早的家用电冰箱............199
最早的电熨斗................199
最早的高压锅................199
最早的吸尘器................199
最早的真空吸尘器............200
最早的留声机................200
最早的半导体收音机..........200

生活用品之最..............201

最早的牙刷..................201
最早的牙膏..................201
最早的肥皂..................201
最早的化妆品................202

最古老的香水................202
最早的车轮..................202
最早的瓷器..................203
最早的塑料制品..............203
最早的玻璃制品..............203
最早的雨伞..................203
最早的浴盆..................204
最早的抽水马桶..............204
最早的自来水笔..............204
最早的圆珠笔................204
最有名的毛笔................205
世界上最早的植物纤维纸......205
最早的手表..................205
最古老的钟..................206
最早的石英钟................206
最复杂的全手工机械表........206
最早的挂历..................207
最早的剃须刀................207
最早的秤....................207
最早的火柴..................208
最早的安全锁................208
最早的温度计................208
最早的席梦思................208
最早的菜单..................209
现存最早的地毯..............209
最早的针和线................209

休闲娱乐之最..............210

最古老的游乐场..............210
世界上最早的皇家御花园......210
世界上最大的自然天成花园....210
最大的高空观缆车............210

世界上最古老的动物园 211
最大的动物园 211
最大的植物园 211
最早成立的国家公园 211
世界上最大的鳄鱼公园 212
最早向公众开放的现代城市公园 .. 212
世界上最大的主题公园 212
世界上最大的游泳池 212
最大的购物中心 213
最早的轮滑鞋 213
最早的保龄球场 213
最早的酒吧 213
最早的卡拉OK机 214
最早的电子游戏机 214
最受欢迎的掌上游戏机 214
销售最快的游戏机 214
最早的商业老虎机 215
最早的"水下跑车" 215
世界上最高最快的过山车 215

服装与鞋之最 216

最早的袜子 216
最早的泳衣 216
最早的比基尼 216
销售额最高的服装品牌 217
最贵重的衣服 217
最早的牛仔裤 218
最值钱的夹克 218
最早的胸罩 218
最早的中山服 218
最贵的高顶黑色礼帽 219
最早的西服 219
最早的旗袍 219
最早的裤线 219
最早的松紧带 220
最早的粘扣 220
最早的拉链 220
最早的手帕 220
最早的高跟鞋 221
最早的运动鞋 221

玩具之最 222

最早的扑克牌 222
最早的风筝 222
最早的魔方 222
最早的芭比娃娃 223
世界上最贵的芭比娃娃 223
最早的泰迪熊 223
最有价值的泰迪熊 224
世界上最有价值的古代玩具 224
最早的变形玩具 224
最早的陀螺 224
玩者最多的棋盘游戏 225
最早的拼图玩具 225
销售最快的机器宠物 225

学校与教育之最 226

最古老的大学 226
世界最著名的商学院 226

世界上最早的商学院 226
最早的护士学校 226
最早的国家医学院 227
最早的美术学院 227
最早的皇家舞蹈学校 227
全球最早的孔子学院 227
世界上最早的幼儿园 228
最早的老年人大学 228
最早提出"终身教育"的教育家 ... 228

文化场馆之最 229

最大的书店 229
最早的图书馆 229
最高的图书馆 229
最小的图书馆 229
最大的图书馆 229
现存最古老的公共图书馆 230
最早的唱片图书馆 230
最早的博物馆 230
最大的美术博物馆 230
最大的自然历史博物馆 230
最大的地下博物馆 231
最著名的玩具博物馆 231
历史最悠久的科技博物馆 231
最早的间谍博物馆 232
最大的宇航博物馆 232
世界上最好的恐龙博物馆 232
最大的露天博物馆 233
最早的汽车博物馆 233
最大的汽车博物馆 233
世界最早的古陶文明博物馆 233

风俗与节日之最 234

最早的爱情节日 234
最早的情人节 234
最早的狂欢节 234
最早的圣诞节 234
最早的婚纱 235
最早的母亲节 235
最早的父亲节 236
最早的世界地球日 236
最早确定的世界海洋日 236
世界上最早的植树节 236
最早的国际劳动节 237
最早的妇女节 237
最早的感恩节 237

探险与旅行之最 238

最先到达南极的人 238
最先到达北极的人 238
最早实现环球航行的人 238
世界上最快的环球航行 238
最早骑自行车环游世界的人 238
最早登上珠穆朗玛峰的人 239
最早穿越塔克拉玛干沙漠的女性 ... 239
最早绕极地飞行的人 239
最早成功横渡大西洋的人 239
最先飞越大西洋的单人飞行 239
最早独自乘热气球环球飞行的人 ... 240
创下帆船环球航行最快世界纪录
　的女性 240
最早泅渡英吉利海峡的人 240
深潜的最长时间纪录 240

第八章　体育之最

足球之最 241

最早的足球运动 241

得到最高荣誉的足球运动员 241
最早的欧洲杯冠军 242

最早的世界足球锦标赛..........242
最早使用球衣号码的国家........242
最早出现职业球员的国家........243
连续不败场次最多的职业足球队..243
最大的足球运动员输出国........243
最早的足球运动员输入国........243
获欧洲冠军杯次数最多的国家....244
最早实现职业足球联赛三连冠的
　球队........................244
最早出现足球俱乐部的国家......244
最快的进球....................244

篮球之最....................245
最早的篮球赛..................245
最早的职业篮球联盟............245
最著名的职业篮球联盟..........245
最著名的篮球运动员............245
投篮最准的运动员..............246
最原始的篮球竞赛规则..........246
最早能扣篮的女子篮球队员......247
历史上最受欢迎的篮球队........247

田径之最....................247
最早的竞走比赛................247
世界上最早采用蹲踞式起跑的人..248
最早的城市马拉松比赛..........248
最早的跨栏跑比赛..............248
世界上最早的跳高比赛..........248
最早的撑杆跳高比赛............249
最早的标枪比赛................249
最早的铅球比赛................249
最早的铁饼比赛................249

其他体育项目之最............250
世界上最早的竞技体育运动......250
世界上最早的乒乓球运动........250
世界上最早的乒乓球锦标赛......250

最早的羽毛球运动..............250
最早的网球运动................251
最早的排球运动................251
最早的曲棍球运动..............251
最早的棒球运动................252
最早的高尔夫球场..............252
最早的橄榄球运动..............252
获板球世界杯冠军次数最多的
　球队........................253
最早的高山滑雪比赛............253
最早的举重运动................253
最早的举重锦标赛..............254
最早的柔道运动................254
获现代柔道冠军次数最多的人....254
最早的柔道协会................255
最早的拳击比赛................255
最早的击剑运动................255
最早的马术比赛................256
最早的跳水运动................256

奥运会之最..................256
最早的奥林匹克运动会..........256
最早的奥运会冠军..............257
最早获得现代奥运会冠军的运动员..257
最早进入奥运会场的女性........257
最早的奥运比赛项目............257
最早的奥运火炬................257
最早的奥运海报................258
最早点燃奥运火炬的现代运动员..258
最早的冬季奥运会..............258
奥运会篮球决赛的首任裁判员....258
最早的奥运村..................259
现代奥运史上规模最小的奥运会..259
奥运史上最大的一枚别针........259
最早在开幕式上放飞鸽群的奥运会..259
世界上最早的奥运会邮票........260

第九章　交通运输之最

汽车与公路之最 261

最早的汽车.....................261
最早的公共汽车.................261
最贵的轿车.....................262
最贵的跑车.....................262
最长的汽车.....................262
最重的轿车.....................263
最宽的汽车.....................263
世界上最早的吉普车.............263
世界上最早的出租车.............263
最大的停车场...................263
最早的高速公路.................264
世界上海拔最高的公路...........264
目前世界上最长的高速公路.......264

火车与地铁之最 265

最早的火车.....................265
最早的电动火车.................265
速度最快的磁悬浮列车...........265
海拔最高的铁路.................265
世界上面积最大的火车站.........266
海拔最高的火车站...............266
客流量最大的火车站.............266
最快的客运火车.................266
最早的营业铁路.................267
世界上最长的铁路...............267
拥有最短铁路的国家.............267

最大规模采取 BOT 模式的铁路 ..268
最早的地铁.....................268
速度最快的地铁.................268
最方便的地铁...................268
客流量最高的地铁...............268

空中交通之最 269

最早的滑翔机...................269
最早的热气球...................269
最早的飞艇.....................269
世界上最早的动力飞机...........270
世界上最早的直升机.............270
世界上最早的太阳能飞机.........270
世界上最早的干电池动力飞机.....271
最大的客机.....................271
最快的客机.....................271
最快的飞机.....................271
最畅销的民航飞机...............271
世界上最安全的飞机.............272
最早投入商业运营的超音速客机...272
最早的国际飞行.................272
最早的喷气式客机...............273
最小的喷气式飞机...............273
面积最大的机场.................273
客运量最大的机场...............273
货运量最大的机场...............274
最大的机场客运大楼.............274
海拔最高的国际机场.............274
最大推力的民航发动机...........274

水路交通之最 275

最古老的蒸汽铁船...............275
最长的帆船.....................275

最大的轮船.................. 275
最大的游船.................. 275
最早的蒸汽轮船.............. 276
最大、最豪华的邮轮.......... 276
最大的双体船................ 276
最早的轮船.................. 276
最早的气垫船................ 277
最早横渡大西洋的汽船........ 277
最早的国际海洋航线.......... 277
最长的古运河................ 278
最古老的运河................ 278
最早的人工深水航道.......... 278
世界上最大的水闸式运河...... 278
最繁忙的通海运河............ 279
最早的船闸式运河............ 279
古代最大的港口.............. 279
货物吞吐量最大的港口........ 279

最大的浮动码头.............. 280
世界上最大的深水海港码头.... 280

桥梁之最.................. 280

最大的天生桥和最长的天生拱.. 280
最早的敞肩拱桥.............. 281
最大的石梁桥................ 281
最古老的桥梁................ 281
世界上最长的桥.............. 281
世界上最长的跨海大桥........ 281
世界上最长的铁路专用桥...... 282
世界上跨度最大的钢拱桥...... 282
最长的混凝土斜拉桥.......... 282
最早的钢筋混凝土桥.......... 282
最大跨度的双层混凝土桥梁.... 283
世界上最长的悬索桥.......... 283
世界上最高的桥.............. 283

第十章 科学技术之最

科学仪器之最.............. 284

最早的望远镜................ 284
最早、最大的太空望远镜...... 284
最大的折射望远镜............ 284
最大的射电望远镜............ 285
最大的反射式望远镜.......... 285
最大的光谱天文望远镜........ 285
最大的抛物线形望远镜........ 285
最早的显微镜................ 285
最高倍的电子显微镜.......... 286
世界上最早的天文钟.......... 286
世界上最早的地动仪.......... 286
最早的激光器................ 287
最早的天平.................. 287
最早的地球仪................ 287

科技发明之最.............. 288

最早的造纸术................ 288
最早的印刷术................ 288
最早的指南针................ 288
最早的火药.................. 289
最早的电梯.................. 289
最早的降落伞................ 289
最早的打字机................ 289
最早的风车.................. 290
最早的照相机................ 290
最早的数码相机.............. 291
最早的扬声器................ 291
最早的发电机................ 291
最早的播种机................ 292
最早的纺纱机................ 292
最早的缝纫机................ 292

最早的柴油机.................... 293
世界上最早的计算器.............. 293
最早的自动提款机................ 293
最早的机器人.................... 293
使用最广泛的工业机器人.......... 294
最小的机器人.................... 294
世界上最先进的智能机器人........ 294

数理化之最 295

最早的计数方法.................. 295
最早的代数理论.................. 295
最古老的数学文献................ 295
最早的几何绘图工具.............. 296
最早发现黄金分割定律的人........ 296
最早记载勾股定理的数学专著...... 296
世界上最硬的物质................ 296
密度最小的固体物质.............. 296
密度最大的矿物.................. 297
最强的激光束.................... 297
最小的电荷...................... 297
最快的速度...................... 298
最低的温度...................... 298
能量最高的对撞机................ 298
最早的电池...................... 298
最早的核反应堆与核电站.......... 299
最轻的气体...................... 299
最重的气体...................... 299
最轻的金属...................... 300
最重的金属...................... 300

最硬的金属...................... 300
延展性最好的金属................ 300
熔点最高的元素.................. 300
熔点最低的元素.................. 301
非金属中最活泼的元素............ 301
非金属中最稳定的元素............ 301
最简单的有机化合物.............. 301
酸性最强的化合物................ 301

医学与生物技术之最 302

最成功的免疫战.................. 302
有记载的最古老的疾病............ 302
最普通的人类疾病................ 302
发病率增加最快的疾病............ 302
最致命的流行性感冒.............. 302
死亡率最高的疾病................ 303
世界上最早的叩诊................ 303
世界上最大的病毒................ 303
最早采用牛痘接种法的医生........ 303
世界上最早设置医院的国家........ 304
最早的"试管婴儿"................ 304
最早采用"四诊法"诊断病情的人 304
最早发现抗菌素的人.............. 304
最早发现血液循环机理的人........ 305
历史上最早的手术台.............. 305
最早的听诊器.................... 305
最早的麻醉剂.................... 305
现存最早的手术刀................ 306
最早的针灸工具.................. 306
世界上最细的注射针头............ 306
最早的体温计.................... 306
最早的注射器.................... 306
最早的血压计.................... 307
最早的眼镜...................... 307
最早的隐形眼镜.................. 308
世界上最早的立体针灸模型........ 308
最早的避孕药.................... 308

— 019 —

最早发现 DNA 双螺旋结构的人..308
最早的转基因作物..............309
最早实施的基因治疗............309
最振奋人心的基因遗传片段......309

通信之最..............310

最早的通信方式................310
最早的电报....................310
最早的传真机..................311

最早的电话机..................311
最早的可视电话................312
最早的手机....................312
最早的无线电通信机............312
最早的无线广播................312
最早的自动电话局..............313
最早的公用电话亭..............313
最早的电话卡..................313
最早的短信....................313

第十一章　政治之最

统治者之最............314

最早的总统....................314
执政时间最长的统治者..........314
历史上任期最短的君主..........315
世界上最富有的国王............315
世界上最早的女王..............315
"兼职"最多的国王..............315
执政时间最长的女王............315
世界上最不讲究排场的国王......316
最早的女首相..................316
拥有官邸最多的总统............316
世界上最早的女总理............316
世界上最早的女总统............317
最早的安理会女主席............317
最早授予女性参政权的国家......318
女部长最多的国家..............318
最易接近的领导人..............318
最年轻的总统..................318
在任时年龄最大的总统..........318

制度与政党之最........319

历史上最早的中央集权制........319
历史上延续时间最长的君主制....319
最早的君主立宪制..............319

最早的现代共和制国家..........319
最年轻的共和国................320
最古老的议会..................320
最早出现议会制度的国家........320
最小的议会....................321
最早的政党....................321
世界上最早的无产阶级政党......321

法律、审判与监狱之最....322

现存最古老的法典..............322
最早的条约....................322
最早的一部成文宪法............322
最早允许自愿安乐死的法律......322
篇幅最长和最短的宪法..........322
最早的永久性的国际刑事法庭....322
最早实施注射死刑的国家........323
世界上法律最多的国家..........323
服刑时间最长的人..............323
旁听人数最多的审判............323
刑期最长的判决................323
拖延时间最长的诉讼............324
最长的法庭辩论................324
最长的辩护词..................324
最短的审判....................324

最安全的监狱 324
最拥挤的监狱 324
最豪华的监狱 324

第十二章　经济之最

货币与金融之最 325

最早的纸币 325
最早的钱币 325
最早的国家造币厂 325
政府发行的最大的金币 326
最早的信用货币 326
最大的纸币 326
最昂贵的金币 326
最昂贵的银币 327
流行最久的金币 327
最轻和最小的钱币 327
世界上最大的硬币 327
世界上面值最大的硬币 327
世界上面值最高的纸币 327
最大的方孔钱 328
世界上流通最广的货币 328
最早的保险 328
最早的保险公司 328

最早的银行 329
最早的中央银行 329
最早的信用卡 329
世界上最大的金库 329

商业之最 330

现存最早的文字广告 330
最早的电视广告 330
最早的超级市场 330
最有价值的商业品牌 330
全球销量最大的啤酒品牌 331
最昂贵的酒店 331
世界上最早的烟标 331
最大的系列烟标 331
世界上最早的股份制公司 332
世界上最早的牙膏品牌 332
最大的玩具零售商 332
最大的日化用品公司 332

第十三章　军事之最

轻武器之最 333

最早的弓箭 333
使用时间最长的冷兵器 333
最早的刺刀 334
最早的手枪 334
最早的左轮手枪 334
最早的自动枪 335
最早研制的无声手枪 335
最早的后装枪 335

世界上最早的手摇机枪 335
射速最快的机枪 336
世界上最早的冲锋枪 336
世界上使用最广泛的枪支 336
最早的专用反坦克枪 336

火炮之最 337

最古老的火炮 337
最早的迫击炮 337

最早的高射炮...................337
最早的无坐力炮.................337
最轻的火炮.....................338
历史上打得最远的大炮...........338
最大的火炮.....................338

炸弹与导弹之最...........339

最早的手榴弹...................339
最早的地雷.....................339
最早的水雷.....................339
最早的鱼雷.....................340
世界上最早的导弹...............340
射程最远的导弹.................340
最早的洲际弹道导弹.............340
最早的弹道式导弹...............341
资历最老、生产最多的弹道导弹...341
速度最快的导弹.................341
最早的反雷达导弹...............341
最早的空空导弹.................341

坦克与装甲车之最.........342

世界上最早的装甲车.............342
世界上最早的坦克...............342
世界上最重的坦克...............342
最早的参战坦克.................342
最早的步兵战车.................343
世界上总体性能最好的主战坦克...343
世界上使用最广泛的坦克.........343
世界上最早的两栖战车...........343
世界上最小的装甲车.............344

军用飞机之最.............344

最早的军用飞机.................344
世界上最早的战斗机.............344
最早的攻击机...................344
最早的喷气式轰炸机.............344
最早的喷气式战斗机.............345

飞得最快的战斗机...............345
最隐蔽的现役轰炸机.............345
最早具有使用价值的预警机.......346
最早的空中加油机...............346
最大的军用飞机.................346
最早的垂直／短距起落战斗机....346

舰艇之最.................347

最早的潜艇.....................347
最早的装甲舰...................347
最古老的专用战舰...............347
最早的驱逐舰...................348
最早参加水下作战的潜艇.........348
最早的核动力潜艇...............348
最大的潜艇.....................348
最安静的潜艇...................349
最早的燃料电池潜艇.............349
最早的航空母舰.................349
最大的航空母舰.................349
最先进的核动力航空母舰.........350
最早的隐身护卫舰...............350

战争之最.................351

历时最长的战争.................351
规模最大的战争.................351
规模最大的空战.................351
规模最大的海战.................351
规模最大的登陆战...............352
最早的空战.....................352
最早的航母大战.................352
规模最大的航空母舰作战.........353
规模最大的闪电战...............353
规模最大的坦克战...............353

第一章

动物之最

哺乳动物之最

最大的哺乳动物

世界上最大的哺乳动物是蓝鲸,这种动物分布于世界各海域。

它体重约170吨,身长可达30米。蓝鲸的头非常大,舌头上能站50个人。

蓝鲸经过1年左右的妊娠期后,小蓝鲸一般在冬季从母体中分娩出来。刚出生的幼鲸就重达2.6吨,长7.5米。幼鲸体重的增长速度非常快,一般在母亲喂奶后24小时,它的体重就能增加约100千克,平均每分钟增加约70克。幼鲸在长到7个月时,其体重可达23吨左右,身长有16米,并开始学着张嘴吞食各种浮游生物。小蓝鲸经过5年的成长就成年了。成年蓝鲸一般能生存50~80年。

浑身是宝的蓝鲸用途广泛,其脂肪可制造肥皂;鲸肉可被制作成味道可口、富有营养的美食;鲸肝含有大量维生素;鲸骨可提炼胶水;鲸血和内脏器官又能制成优质肥料。因此,人类常常肆意捕杀蓝鲸,以此牟利。这导致了蓝鲸的数量急剧下降,目前蓝鲸已成为世界上濒临灭绝的哺乳动物之一。

一次生育最多的哺乳动物

无尾猬,一种分布于非洲马达加斯加岛和柯摩罗群岛上的哺乳动物,是野生动物中一次生育幼崽数量最多的。在一次生产中,无尾猬最多可产崽31头(成活30头)。一般情况下,无尾猬一次产崽12~15头。排满腹部的24个乳头,使无尾猬能够顺利地哺育自己的幼崽。

最小的陆生哺乳动物

鼩鼱,是一种以昆虫、蜘蛛和其他一些无脊椎动物为食的似鼠小动物,体形与河狸相似,是世界上最小的陆生哺乳动物。它身长5厘米,仅尾巴就有2.5厘米长,生活在欧洲南部、亚洲和南美洲北部的森林和灌木丛中。同时也是食虫动物中最大的家族。它每天都要消耗掉比自身重量还重的食物，因此，不管白天还是黑夜它们都在觅食，并且需要每 2～3 小时进食 1 次，并快速消化食物，以补充身体表面丧失的热量，保持体温恒定。

最长寿的哺乳动物

大象在哺乳动物中是最长寿的，它能活 60～70 年，而人工饲养的大象比野生象寿命更长。曾经有报道称，一种生活在加拉帕戈斯群岛的长寿象能活上 180～200 年。

最高的哺乳动物

世界上最高的哺乳动物是长颈鹿。

长颈鹿主要分布在非洲的埃塞俄比亚、苏丹、肯尼亚、坦桑尼亚和赞比亚等国。但奇怪的是，长颈鹿的"祖籍"却在亚洲。据研究，2000 多万年至约 200 万年前，中国和印度的一些地区长期生活着长颈鹿，虽然它们的颈和腿没有现代长颈鹿那么长，但是它们已经完全具有现代长颈鹿的大部分特征。随着地球生态环境和气候的逐渐变化，曾经存在过的那些脖子稍短一点的长颈鹿已经不能适应环境的变化，而长脖子的长颈鹿则依靠其自身的身体特征生存了下来。

现代长颈鹿的身高有 5～6 米，是世界上最高的哺乳动物。现代长颈鹿有异常敏锐的眼睛和大脑。现代长颈鹿的脑袋成了它很好的自卫武器，它前额的那块凸出来的坚硬骨瘤，甚至能顶死一只大羚羊。现代雌性长颈鹿一般要怀胎 14 个月，每 2 年才能生 1 只小长颈鹿。长颈鹿的平均寿命也不是很长，一般为 14～15 年，当然也有例外，寿命长的能活到 30 岁以上。

爬行最缓慢的哺乳动物

三趾蝓是一种分布在南美洲赤道地带的哺乳动物。它在地面上爬行的速度为每分钟 1.8～2.4 米。在树上，它爬行得较快些，能达到每分钟 4.6 米，是世界上爬行最缓慢的哺乳动物。

最原始的卵生哺乳动物

世界上现存最原始的卵生哺乳动物是鸭嘴兽。

鸭嘴兽仅生活于澳大利亚，是一种非常奇怪的动物。它长着兽的身体，但是却长着一张类似鸭子的嘴巴，因此得名"鸭嘴兽"。鸭嘴兽还有一个更奇怪的地方，就是它能分泌乳液进行哺乳，科学家认为它是哺乳动物，但是它又能下蛋，换句话说它又是卵生的动物，是不是很奇怪？

鸭嘴兽过着两栖生活，陆地和水里它都能生存。它的嘴的外形虽然很像鸭子，但是却像哺乳动物的嘴巴一样有感觉神经，并且不像鸭子的嘴巴那样坚硬，甚至可以弯曲。它身体表面的皮毛也很有特色，远远地看上去是一种暗褐色，并且带有非常漂亮的光泽，入水时也不会被弄湿。它一般都以水里的虾、蚯蚓、昆虫的幼虫以及一些软体动物为食。

最著名的有袋类哺乳动物

世界上最著名的有袋类哺乳动物是袋鼠。

袋鼠因它的身体特征而得名，因为在它的前腹部有一个袋子，科学家叫它育儿袋，育儿袋是用来哺乳小袋鼠的。因为袋鼠虽然是哺乳动物，但不像其他哺乳动物那样在体内有胎盘，所以小袋鼠出生时都是不成形的，需要在育儿袋里面进行后天哺育，这是袋鼠与其他哺乳动物的最大区别，这也表明袋鼠是世界上最原始的哺乳动物之一，因为它的生育特征和早期原始哺乳动物有很多相像之处。

袋鼠素有"活化石"之称，它在地球上已经生活了1亿年。但遗憾的是，袋鼠目前只分布在澳大利亚，并且数量已经不是很多了。

陆地上最大的食肉哺乳动物

陆地上最大的食肉哺乳动物是棕熊。

棕熊在地球上存在的时间相当长，我国古代，人们把它叫作"罴"，大概的意思就是说棕熊的体形很大。棕熊身体的平均长度为1.8～2米，平均体重为150～250千克。当然最大的棕熊的身长和体重可就不止这么一点点了。据说最大的棕熊身体长度可达4米多，体重有757千克呢！这该是一个怎样的庞然大物呢？因为它比较喜欢在针叶林或者针阔叶混交林生活，所以棕熊主要分布于欧亚大陆和北美洲大陆，在我国的东北、西北和西南地区就分布着大量的棕熊。

棕熊的身体庞大，但是这并不影响它捕食，因为它跑得非常快。它能轻而易举地得到猎物，驼鹿、驯鹿、野牛、野猪等大型动物在它的眼里都是美食，有时它也捕食一些小动物。其实棕熊不仅吃肉，像蘑菇、野菜、水果和各种各样的坚果也是它们的食物。

最凶猛的海洋哺乳动物

世界上最凶猛的海洋哺乳动物是虎鲸。

虎鲸在世界各个海域都有分布。它的外表相当漂亮，躯体半白半黑，在它眼睛的后方和身体的两侧都对称地分布着椭圆形的白斑。但是，漂亮的外表下隐藏着的却是虎鲸凶残的本性。虎鲸是世界上所有海域里最凶猛的动物，素有"海上霸王"和"杀人鲸"之称，只要它那硕大的嘴巴一张开，锋利的牙齿就会露出来，看上去非常可怕，再加上它背部巨大的背鳍，完全就是一副凶神恶煞的样子。虎鲸主要以海豚、海豹、海狮以及海象等海洋哺乳动物为食。虎鲸喜欢群居，很多虎鲸集合起来甚至能吃掉比它们大好几倍的蓝鲸。

最大的陆生哺乳动物

生活在陆地上的哺乳动物中，最大的要数非洲象了。成年雄性非洲象一般体重在4吨以上，雌性非洲象的体重也能达到3～3.5吨。人们曾经发现一头非洲公象，肩高3.5米，体重6～7吨，是有记载的最大的非洲象。按照生活地域的不同，非洲象可以分为非洲草原象和非洲森林象两种。生活在草原的非洲象一般重达6吨，耳朵大且下部

一只美洲棕熊正用后肢站立起来，以此恐吓一位入侵者。棕熊在行走的时候脚掌着地，但有的时候也像图中那样站起来，以充分利用自己的身高来威胁别的动物或是观察周围的情况。

尖，不论雌雄都长有长而弯的象牙。生活在森林的非洲象体形要小一些，身高2.5米，耳朵较圆，象牙较直且呈粉红色。非洲象也是最大的食草动物，它们的主要食物是草、草根、树皮、树芽、灌木、水果和蔬菜。非洲象的平均寿命为60～70岁。

跳得最高的哺乳动物

袋鼠一般身高2.6米，体重约80千克。它们前肢短小，可以抓握东西，后肢发达，经常举起前肢，靠后肢的力量坐在地上。它们的后肢强健而有力，总是以跳代跑，最高可跳4米，最远可跳13米以上。当袋鼠长到三四岁的时候，体力发展到极点，1个小时可以跳长达65千米的路程。可以说，袋鼠是跳得最高最远的哺乳动物。

根据袋鼠用强健的后肢跳跃的方式很容易把它们与其他动物区分开来。袋鼠在跳跃过程中用尾巴保持平衡。袋鼠的尾巴又粗又长，长满肌肉。当袋鼠休息的时候，可以用尾巴帮助支撑身体；当缓慢行走的时候，尾巴可以当作第五条腿；当袋鼠跳跃的时候，尾巴可以帮它跳得又快又远。

皮毛最保暖的动物

北极熊生活在北极，把家安在北冰洋周围的浮冰和岛屿上。它们生活在冰天雪地的环境中却能处之泰然，多亏了那身厚厚的皮毛。北极熊的毛非常特别，虽然看起来是白色的，实际上却是透明中空的。人眼之所以看到白色的皮毛，是因为毛的内表面粗糙不平，把光线折射得非常凌乱而造成的。这样的构造有助于将阳光折射到皮肤上，促进热量的吸收，

北极熊体内有一层厚厚的脂肪，体外有一层厚厚的皮毛，这非常有助于它们对付北极地区严寒的冬季。它们身体上没有厚毛覆盖的地方只有熊掌上的肉垫和鼻尖，而鼻尖在雪白的皮毛映衬下呈现黑色。北极熊的耳朵很小，这也是为了适应北极严寒的气候。

而且有隔热的作用，可以防止身体的热量向外散发，此外其还有防水的功能。

皮毛最外面一层是粗厚的保护毛，保护毛下面是浓密的细绒毛，绒毛下面的皮肤却是黑色的，我们可以从它们的眼睛周围、鼻头、嘴唇的皮肤窥见其皮肤的原貌。黑色的皮肤有助于吸收热量。此外，皮肤下面厚厚的脂肪层也可以把严寒隔绝在体外。

幼熊出生几个月后，身上就会长出浓密的绒毛和粗厚的保护毛，并长出7厘米厚的皮下脂肪层，因此它们在零下几十摄氏度的环境中也能活动自如。

最凶猛的陆地哺乳动物

孟加拉虎又叫"印度虎"，主要生活在孟加拉和印度。孟加拉虎一般生活在茂密的山林、灌木和野草丛生的地

方。它们喜欢独来独往，一年中除了少量的时间和配偶在一起之外，绝大多数时间都是单独行动的。孟加拉虎一般在早晨、黄昏和夜晚活动，白天则在丛林中休息。它们是陆地上最凶猛的动物，没有任何动物会对它们构成威胁。当孟加拉虎捕食的时候，它们会先瞄准猎物的咽喉，然后用强大的咬劲咬断较小动物的颈椎，或者让较大的动物窒息。

孟加拉虎可以在一天内吃掉30千克的肉，然后在接下来的几天内不进食。它们最喜欢吃的食物是野猪、野鹿、野牛、白斑鹿、黑羚，有时候豹、狼、鬣狗等凶猛的动物也会成为它们的腹中餐。它们甚至能爬上树捕食灵长类动物，偶尔也会攻击小象和犀牛。

跑得最快的动物

世界上跑得最快的哺乳动物是非洲猎豹。它主要分布在非洲南部，是猫科类食肉动物，它主要的猎物是野兔、鹿类和羚羊。猎豹擅长奔跑，它目光敏锐、身体强悍，在追捕猎物时速度能达到每小时110多千米。它只需要2秒钟就能从静止状态突然间提升到时速70千米的飞奔状态，它的奔跑速度真是非同一般！

非洲猎豹的巢穴一般都在杂草丛生的地方、森林深处或沼泽之内，很不容易被人类和其他动物发现，这样非常有助于猎豹繁衍生息，雌性猎豹一次能生育1~6只小猎豹，小猎豹在1岁左右就能够独立生活了。

最为濒危的猫科动物

世界上最为濒危的猫科动物是苏门答腊虎。有人甚至预测：如果我们再不采取措施，苏门答腊虎很可能很快就会从地球上消失！

苏门答腊虎是一种体形相当小的老虎，平均身长大约为2.4米，体重不超过120千克。它的皮毛不像其他种类的老虎那样油光锃亮，但还是非常漂亮的。由于它仅仅分布于苏门答腊地区，因此得名苏门答腊虎。现在世界上几乎所有的苏门答腊虎都分布在印度尼西亚岛上的5个国立公园中，纯粹野生状态的已经很少了。随着经济的发展及土地的过度开发，适合苏门答腊虎生存的野生环境已经被严重破坏，其猎物也越来越少了，前些年还有人捕杀苏门答腊虎，这些都是造成苏门答腊虎数量迅速减少的原因。

苏门答腊虎

最大的猫科动物

东北虎又叫西伯利亚虎、亚洲虎、

东亚虎，是现存最大的猫科动物。它们主要分布在我国东北部地区的小兴安岭和长白山地区。雄性东北虎体魄雄健，体长2.6~2.8米，尾长1米，肩高1米以上，体重300~450千克。有纪录的最大野生东北虎体重达750千克。体色夏天为棕黄色，冬天为淡黄色。东北虎头大而圆，耳朵短，前额的黑色横纹被一道竖纹串通起来，形似"王"字，因此有"丛林之王"的美称。

东北虎栖居在森林、灌木和野草丛生的地带，喜欢独居，白天睡觉，夜间行动。它们有锋利的爪子和牙齿，可以捕食大中型哺乳动物，比如野猪、黑鹿、狍子。由于野猪和狍子经常破坏森林，所以东北虎也被称为"森林保护者"。

野生东北虎现存只有400多只，大部分在俄罗斯，在我国的数量不足20只。东北虎在我国被列为国家一级保护动物，在国际上被列为濒危野生动物。

最大的灵长类动物

大猩猩是世界上最大、最强壮的灵长类动物，站立起来可达2米高，体重接近300千克。大猩猩的爆发力很强，发达的前臂能够折断直径10厘米的竹子。它们丑陋的面孔和巨大的身体看起来非常吓人，实际上它们是非常温和的，以树叶、嫩芽、花、果实和树枝为食。

在非洲的热带雨林里才可以看到大猩猩的身影，它们以家族的形式生活在一起。一个家族大概有12个成员，由一只年长的雄性大猩猩担任首领。成年雄性大猩猩后背有一些银色的毛发，因而被称作"银背"。"银背"白天带领家人寻找食物，晚上折些树枝搭一个温暖的窝让家族成员在树上休息，而它则在树下巡逻。如果遇到危险，它就会挺身而出，用前爪拍打自己的前胸并大声吼叫，以此吓跑敌人，保护自己的家人。

最濒危的灵长类动物

据统计，全球1/3的灵长类动物处于灭绝危险期，导致它们灭绝的主要原因是对其栖息环境的破坏、非法野生动物贸易和商业打猎活动。《美国国家地理》杂志公布了世界上濒危的25种灵长类动物，其中数量最少的是中国的海南黑冠长臂猿。它们主要生活在中国海南低海拔的热带雨林地区，目前存活的不到20只。海南黑冠长臂猿的学术分类向来存在争议，这更显它们的珍贵和重要。

海南黑冠长臂猿体长40~50厘米，体重7~10千克，前肢明显长于后肢，头上长有一顶"黑帽"，没有尾巴。这种动物雌雄异色，雄性通体黑色，头顶有短而直立的冠状簇毛；雌性通体金黄，头顶有菱形或角形的黑色冠斑。

早在1989年，海南黑冠长臂猿就被列为我国的国家一级保护动物。在1996年，海南黑冠长臂猿被列为全球极度濒危物种。

世界上最小的猴子

世界上最小的猴子是侏儒狨猴，身高仅10~12厘米。刚出生的侏儒狨猴只有3厘米，成年侏儒狨猴只有成人的中指那么大，体重80~100克。猴毛呈黑色，密而长。这种猴子外形像哈巴狗，非常可爱。

侏儒狨猴生活在南美洲亚马孙河上游的森林中，栖息在热带雨林树冠上层，很少到地面活动。它们以水果、坚果，以及其他植物性食物为食，也吃昆虫、青蛙、小蜥蜴、鸟蛋等，还喜欢捉虱子吃。它们最大的敌人是鸟类。侏儒狨猴以家族形式结群生活，3～12只生活在一起。它们白天活动，夜晚睡在树洞里，休息的时候，肚皮贴在树干上，有时用爪子刺进树皮以支撑身体。

冬眠时间最长的动物

很多动物在冬天来临之前都会吃得饱饱的，长得胖胖的，为冬眠做好准备。不同的动物冬眠的时间不等，世界上冬眠时间最长的动物要数睡鼠了。顾名思义，睡鼠就是一种特别爱睡觉的鼠类，每年有5～6个月的时间处于冬眠状态，一年中几乎有一半的时间都在睡觉。即使在不是冬眠时间的夏季，它们也整天呼呼大睡。睡鼠冬眠时不吃不喝，各种生理活动减慢，身体变得僵硬，连呼吸都几乎停止了。这些小家伙睡觉的时候，任何声音都吵不醒它们。

普通睡鼠生活在灌木丛和次生林中，它们特别喜欢坚果树，最擅长在坚果树中穿行。

睡鼠的体形很小，体长8.5～12厘米，尾长7.5～11.5厘米，体重30～100克。它们的外形像老鼠，前肢短小，长有一对乌黑的大眼睛，耳朵又大又圆，但是却像松鼠一样身上长有长毛。它们主要栖息在树上，在枝杈间营巢。它们以浆果、坚果、谷粒为食，有时也吃小虫子。

潜海最深的海洋哺乳动物

在深海中，有巨大的浮力和压力。对于用肺呼吸的哺乳动物来说，潜入深海不是一件容易的事。人类潜入70多米的深度最多只能屏气2～3分钟。海豚、海豹等海洋哺乳动物都是潜水高手，一个猛子扎下去，就是几十米，甚至上百米。然而，真正的潜水冠军要数抹香鲸，它以屏气法可以潜水1个小时之久，最大的潜水深度为2200米。

抹香鲸体长18～25米，体重20～25吨，由于头部特别大，占体长的1/3，因而又有"巨头鲸"之称。它们主要栖息在南北纬70°之间的海域中。它们的身体背面呈暗黑色，腹部为银灰或白色，身体粗短，行动缓慢，易于捕杀。其肠道内能够分泌著名的香料龙涎香，因而经常遭到捕杀，数量越来越少，目前已经被列为濒危动物。

最稀有的水生哺乳动物

白鳍豚是我国特有的淡水豚类，数量奇少。它是研究鲸类进化的珍贵活化石，是国家一级保护动物，也是世界上最濒危的动物之一，被人们称为"水中大熊猫"。

白鳍豚仅分布在长江中下游的干流江段，它们以鱼为食，结群活动，小群

2～3头，大群10～16头。白鳍豚体长约2米，体重100～200千克，吻突狭长，约30厘米，皮肤细腻光滑，背部为浅灰蓝色，腹部为洁白色，体表呈流线型。白鳍豚的视觉器官已经退化，眼小如瞎子，耳孔如针眼，但是大脑特别发达，有敏锐的声呐系统，头部还有超声波功能，能够将几万米远的声音传入脑中。

2006年，由中国、美国、英国、德国、瑞士和日本的专家组成的联合调查组在长江进行了为期38天的搜寻，结果没有发现白鳍豚，可能白鳍豚已经成为第一种被人类灭绝的鲸类。

繁殖能力最强的哺乳动物

旅鼠是小型啮齿动物，是哺乳动物中种类和数量最多的一类，主要分布在北美洲、欧亚大陆和北极地区。它们体形椭圆，四肢短小，比普通老鼠要小一些，体长10～18厘米，尾巴粗短，耳朵很小，上下各有一对门牙，没有犬齿，吃东西的时候下颌前后运动。

旅鼠是世界上繁殖能力最强的哺乳动物，从春季到秋季都可以繁殖。成熟旅鼠是哺乳动物中最年轻的父母，雌鼠20～40天就可成熟并开始生育，雄鼠44天可成熟。妊娠期20～22天，一胎可产9仔，一年多胎。如果一对旅鼠从3月份开始繁殖，那么到8月底9月初就会变成160多万只的庞大队伍！就算因为气候、疾病、天敌等原因死掉一半，也还有80多万只存活下来。

旅鼠的数量急剧膨胀，破坏了植被，导致食物减少，这时它们就会用一种奇怪的方式来减少群体的数量。首先它们在天敌面前变得无所畏惧，甚至具有挑衅性，它们的毛色由灰黑色变为醒目的橘红色，使天敌更容易发现它们，以便多多地消灭它们。如果暴露的方式不能减少旅鼠的数量，它们就会选择"死亡大迁移"——几十万旅鼠大军聚集在一起，朝着同一个方向迁移，只留下少数负责传宗接代。它们白天休息，晚上前进，沿途不断有旅鼠加入，最后形成几百万只旅鼠组成的大军。它们一直沿着笔直的路线前进，爬过高山峻岭，游过河流湖泊，绝不绕道。到了大海，它们就纷纷跳下去，直到被海浪吞没。

嘴巴最大的陆生哺乳动物

世界上嘴巴最大的陆生哺乳动物是河马。如果一只成年河马张开嘴巴，一个成年人的身体都塞不满。河马嘴里长着稀疏的獠牙，当它们自卫攻击时足以将粗大的尼罗鳄咬成两半。河马嘴巴大，食量也大，一天最多可以吃掉130千克短草。

河马主要生活在非洲的大河和湖沼附近，以草、水草、树叶、水果等植物为食。河马觅食、交配、产仔、哺乳都在水中进行。

成年雄性河马体长3.75～4.6米，体重可达2500～4000千克。雌性比雄性小，体重不会超过1500千克。它们四肢粗短，身体像个粗圆筒。鼻孔在嘴的上面，与眼睛、耳朵在一条直线上。当它们泡在水里的时候，就可以兼顾呼吸、视觉和听觉了。

舌头最长的动物

食蚁兽主要生活在中美洲和南美洲，从墨西哥到阿根廷北部的草原和森林中都可以看到它们的身影。它们以蚁类为食，所以叫作"食蚁兽"。食蚁兽专门捕食蚂蚁和白蚁，为了获得更多的食物，它们的身体特征高度进化：骨长并且大致呈圆筒形，长长的鼻吻部长有复杂的鼻甲，齿骨细长，没有牙齿。食蚁兽最特别的地方在于它们长有世界上最长的舌头，可以伸进蚁窝的通道。舌头上有一层黏液，可以把蚂蚁粘在舌头上，美餐一顿。食蚁兽的舌头长达60厘米，每分钟可伸缩150次。它的尾巴还可以像扫帚一样把蚂蚁扫到一起，然后吃掉。

食蚁兽的嗅觉非常灵敏，它们靠鼻子找到蚁穴，用爪子把蚁穴扒开，然后把长鼻子伸进蚁穴，用舌头舔食蚂蚁。一头食蚁兽在一个蚁穴只吃140天左右，然后换一个蚁穴。这样可以保证自己领地内蚁穴中的蚂蚁存活下来，过段时间再美餐一顿。

一只树袋熊正在树枝间进食。桉树叶对大多数食叶动物而言是有毒的，但是树袋熊的肾已经进化到能够处理这些树叶中的某些毒素的地步。因此这种进化向树袋熊提供了一种相对无竞争的、全年都可利用的食物资源。

最耐渴的动物

树袋熊，又叫考拉、无尾熊，是澳大利亚珍贵的原始树栖动物。考拉源自澳大利亚土著语言，意思是"不喝水"。树袋熊从它们取食的桉树叶中获得90%的水分，它们只在生病或干旱的时候才喝水，有些树袋熊能够一生不饮水。

树袋熊的名字里虽然有个"熊"字，但是它不属于熊科动物，而属于有袋动物。它们像袋鼠一样在育儿袋里哺育幼仔，大约一年之后，小树袋熊才开始独立生活。树袋熊身长70～80厘米，体重8～15千克，身上覆盖着浅灰色皮毛，鼻子大而圆，一双圆溜溜的眼睛和两只毛茸茸的耳朵，样子非常可爱。它们虽然看起来笨笨的，但是行动非常敏捷，对它们来说从一棵树上跳到另一棵树上是轻而易举的事情。它们白天在树上睡大觉，晚上才寻找食物，桉树叶就是它们的美味佳肴。

最会挖洞的动物

土拨鼠又叫旱獭，生活在北美洲和欧洲大陆的山林中，是动物界中最会挖洞的动物。土拨鼠体长37～65厘米，体重4.5千克左右。它们没有颈部，耳朵很小，尾巴像兔子的尾巴，四肢短短胖胖的，嘴巴前排长着一对大大的门牙，体色为棕黄色。它们用前爪进食的样子非常可爱。虽然土拨鼠看起来呆呆傻傻的，其实它们行动非常敏捷，一旦有什么风吹草动，就会立即钻到地下。

土拨鼠集群穴居，它们挖洞的本领非常强，挖的地道深达数米，里面干净舒适。它们的洞穴构造复杂，分为主洞、副洞、避敌洞。主洞很深而且有多个出口，是它们冬眠的时候居住的地方，副洞则用于夏天居住。一年中，它们要在洞穴内蛰伏半年之久。它们夏天和秋天吃很多东西，长得胖胖的，为冬眠做准备。冬眠的时候，它们的新陈代谢活动降到最低。但是，第二年冬眠结束的时候，土拨鼠就会变得很瘦。

最爱干净的动物

浣熊生活在美洲靠近河流、湖泊的丛林中。它们有一个非常有趣的习惯，每次吃东西之前都要把它放在水里洗一洗再吃，有时候用来清洗的水比食物还脏，它们也要洗洗再吃。浣熊正是因为这个习性而得名的，它们算得上最爱干净的动物了。

浣熊的体形很小，只有7～14千克。它们的嘴巴像狐狸，胡须像猫，前爪像猴子，体色是灰、黄、褐等颜色混杂在一起，全身毛茸茸的，非常可爱。浣熊的种类很多，有长鼻浣熊、长尾浣熊、蜜浣熊、食蟹浣熊等。有些浣熊的尾巴上有黑白相间的环纹。浣熊通常吃鱼、蛙和小型陆生动物，也吃野果、坚果和种子。生活在都市近郊的浣熊常常潜入人类居住的地方偷窃食物，加上它们眼睛周围的毛色是黑色的，好像戴了一个眼罩，因而被人们称为"食物小偷"。

形态最特殊的鹿

有一种鹿长得非常特殊，它的犄角像鹿、面部像马、蹄子像牛、尾巴像驴。因此这种鹿被叫作"四不像"，也叫麋鹿。麋鹿是我国特有的动物，是与大熊猫齐名的世界珍稀动物。

麋鹿曾广泛分布在我国华北低洼的沼泽地区，到了明清时代，在野外灭绝，成为园林动物。最后一群麋鹿保留在"南海子"皇家猎苑，仅有120只。八国联军入侵北京时，把麋鹿抢杀一空，从此麋鹿在我国绝迹。有些麋鹿被运往欧洲一些国家，英国乌邦寺庄园把麋鹿豢养起来，并让它们繁衍生息。1985年，在世界保护自然国际组织的协助下，英国乌邦寺庄园赠送给中国第一批麋鹿，从此麋鹿回到它们的祖先生活的地方。经过科研人员的努力，麋鹿成功繁衍，现在已经有五六百只。麋鹿属于我国一级保护动物，被列为濒危动物。

最大的鹿

世界上最大的鹿是驼鹿，驼鹿的肩高近2米，体长约2.5米，体重约500千克，个头仅次于长颈鹿和大象。迄今发现的最重的驼鹿重达1吨。它的体形像牛，但是比牛高大。因为背部明显高于臀部，像驼峰，所以叫作"驼鹿"。

鹿的代表性种类
1. 驼鹿；2. 麂（狍子）；3. 花鹿；4. 小黄麂；5. 梅花鹿；6. 青鹿；7. 四不像（麋鹿）；8. 河鹿。

驼鹿的头大，颈粗，吻部突出，鼻孔较大，鼻形像骆驼，四肢高大，尾部较小，毛色为黑棕色。雄性有角，角上部为铲形，上面有很多小叉，最多可达 30 个。雄驼鹿的角非常大，有的超过 1.8 米长，宽度达到 0.4 米。

驼鹿分布在北半球的高寒地带，在我国分布在大小兴安岭地区。它们最喜欢吃植物的嫩枝条，夏季大量采食多汁的草本植物。在春夏季节，它们喜欢在盐碱地舔食泥浆。雄鹿单独活动，雌鹿和幼仔生活在一起。它们虽然拖着巨大的身躯，但是行动非常敏捷，还可以游泳、潜水，甚至能潜入 5 米深的水下吃水草。

最大的犀牛

犀牛是非常珍贵的大型野兽。世界上的犀牛主要有 5 种，白犀和黑犀产于非洲，印度犀、爪哇犀、苏门犀产于亚洲。其中体形最大的要数白犀，它们身高 1.5～1.8 米，身长 3.6～4.2 米，雌性重约 1.8 吨，雄性重约 2.3 吨。在陆地动物中，白犀牛的体形仅次于大象。刚出生的小白犀体重就达 65 千克。

白犀的前额扁平，肩部突出，上嘴皮扁平，嘴呈方形，从前额到鼻子长着两个角，前角大于后角，前角长约 0.8 米，后角长约 0.5 米。雌白犀的角要比雄白犀的角长一些。白犀并不是白色的，而是蓝灰色或棕灰色的。它们虽然是大块头，但是性情比较温顺，很爱睡觉，喜欢群居。它们生活在非洲中部和南部的大草原和林地，用宽平的唇部，像割草机一样啃食青草。

最大和最小的斑马

斑马是最著名的非洲动物之一，因

在肯尼亚的安博塞利国家公园，两只雄性平原斑马正在激烈争斗。为了赢得与雌性斑马的交配权，它们有时会爆发异常惨烈的争斗，包括凶狠的撕咬和踢踹。

身上布满起保护作用的条纹而得名。斑马的条纹漂亮而雅致，是适应环境的保护色，也是同类之间互相识别的标志。斑马有三种，一种是普通斑马，一种是个头较小的山斑马，另一种是世界上最大的细纹斑马。

山斑马是最小的斑马，肩高 1.2 米左右，鬃特别短，吻呈棕黄色，喉部有一个喉袋，耳朵像驴耳朵一样大。身上的条纹黑色多于白色，腹部没有条纹。从腹部到尾巴基部有几条横的短纹和大腿上的长宽条纹形成对比。这是其他斑马所没有的。山斑马的数量已经很少了。

细纹斑马是最大的，也是大家认为最漂亮的一种斑马。它们肩高 1.4～1.6 米，耳朵又大又圆，吻部呈灰色，鬃长而发达，身上的条纹又细又密又多，四肢上的条纹特别细密，腹部为白色，没有条纹，背部有一条很宽的纵纹。这种大斑马产于肯尼亚北部、索马里和埃塞俄比亚，常常 10～12 只结成小群。

最大的啮齿动物

水豚因体形像猪且水性好而得名。水豚是世界上最大的啮齿动物，体长1~1.3米，身高0.5米左右，体重27~50千克。背部为红褐色或暗灰色，腹部为黄褐色，脸部、四肢外缘和臀部有些黑毛。水豚身体粗笨，头大颈短，耳朵小而圆，眼睛的位置接近头顶，鼻吻部异常膨大，末端粗钝，上唇肥大，裂为两半，尾巴短。前肢4趾，后肢3趾，趾间有半蹼，适合划水，趾端有蹄状的爪。

水豚生活在巴拿马运河以南植物茂盛的沼泽地中，它们以家族群居，每群不超过20头。它们喜欢晨昏活动，但是因为人类的捕杀，转为夜间活动。水豚主要吃野生植物，也吃牧草、水稻、甘蔗、各种瓜类和小树的嫩皮。它们善于游泳和潜水，经常站在齐腰的水中吃水草，或者长时间隐匿在水草中一动不动。

最懒的动物

世界上最懒的动物是树懒。它可以用爪子倒挂在树枝上几个小时不移动，所以叫作"树懒"。树懒生活在南美洲的热带雨林中，它们的脑袋圆圆的，耳朵很小，尾巴很短，毛色为灰褐色，与树皮的颜色很接近。由于长时间不动，它们身上竟然长出了绿苔，这些绿苔成了保护色，使它们很难被别的动物发现。

树懒以果实和树叶为食，它们从来不用为吃喝发愁，因为热带雨林中一年四季都有充足的树叶，树叶里有充足的水分，所以它们也不用找水喝。吃饱之后，它们就用爪子倒挂在树枝或树藤上睡觉，每天睡十七八个小时。长期生活在树上，使它们丧失了地面活动的能力。如果把一只树懒从树枝上捉下来，放在地面上，它连站都站不稳，只能靠前肢拖着身体前行。它们移动2000米的距离需要1个月的时间，比乌龟还慢。

最臭的动物

世界上最臭的动物是臭鼬。臭鼬体形如家猫，体长51~61厘米，体重0.9~2.4千克。头、眼、耳都很小，四肢短，尾巴长、呈刷状。两眼间长着一道白色纹，两条宽阔的白背纹从颈背一直延伸到尾基，非常醒目，好像在警告敌人："离我远点！"如果敌人继续进攻，它就会使出拿手绝活，掉转身体，竖起尾巴，对敌人喷出一种恶臭的液体。这种液体是由尾巴旁的腺体分泌出来的。如果被这种液体喷到眼睛，就会造成短时间的失明。这种强烈的臭味在800米范围内都能闻到。大部分猎食者见到臭鼬之后都会转身离开，除非它们太饿了。

臭鼬一般生活在树林、草原或沙漠中，它们白天在洞穴中睡觉，晚上外出觅食，以青蛙、鸟类、鸟蛋和昆虫为食。

最狡猾的动物

狐狸是举世公认的狡猾的代名词，它们确实是世界上最狡猾的动物。如果看到猎人在布置陷阱，它们会悄悄地跟在猎人后面，等猎人设好陷阱离开后，它们会在陷阱旁边留下一种特殊的气味，告诉同伴"这里有陷阱，请绕行"。

这是南美狐属的几种狐狸。标号为"1"的是小耳狐，标号为"2"的是山狐，标号为"3"的是阿根廷狐，标号为"4"的是河狐，标号为"5"的是食蟹狐。

狐狸是肉食性动物，以蛙、鱼、虾、蟹、鸟类及其卵、昆虫以及健康动物的尸体为食。美洲鸵的蛋对狐狸来说有点大，没有办法一口吞下去，狡猾的狐狸就把它踢开或者用"以卵击石"的方法把它敲碎。很多食肉动物在面对刺猬那身尖利的刺时都会感到无可奈何，但是狐狸有办法。它把刺猬拖到水里，当刺猬伸出头来呼吸的时候，就一口咬住它，慢慢吃掉。如果看到鸭子在河里游水，狐狸还会用草做掩护，偷偷潜入河里把鸭子抓住吃掉。

此外，狡猾的狐狸把自己的洞穴弄得像个大迷宫一样，曲曲折折，有很多出口。

最耐久的马

蒙古马主要产于内蒙古草原，是典型的草原马种。它们体形不大，身高1.2～1.35米，体重267～370千克。它们身躯粗壮，四肢坚实有力，体质粗糙结实，头大额宽，胸阔身长，腿短，关节和肌腱发达，体毛浓密，毛色复杂。

蒙古马是世界上最古老的马种之一，也是世界上最耐久的马。它们8小时可以走60千米的路，在草原上驰骋可日行50～100千米，连续跑10余天

蒙古马，所有家驯马的祖先，图中为其正在展现种马的撕咬性威胁。

都没问题。经过训练的蒙古马在战场上英勇无畏，历来是一种良好的军马。它们耐劳，而且不畏寒冷，生命力极强，能够适应非常粗放的饲养管理。

最大的牛

印度野牛也叫野牛、野黄牛、白肢野牛等，主要产于亚洲南部和东南部的山地森林和草原中。它们是世界上现存牛类中体形最大的一种。雄性印度野牛体长2.5～3.3米，尾长0.7～1米，肩高1.9～2.2米，体重800千克左右。雌性印度野牛比雄性印度野牛小1/3到1/4。

印度野牛的头部和耳朵都很大，瞳孔为褐色，但是由于反光，看起来像蓝绿色，鼻子和嘴唇都是灰白色，额顶突出隆起，肩部隆起，延伸到脊背中部然后逐渐下降，尾巴很长。四肢粗而短，下半截呈白色，被当地人形象地称为"白袜子"，所以印度野牛也叫"白肢野牛"。雄性印度野牛的体色接近黑色，雌性印度野牛的体色为乌褐色，幼仔的体色为淡褐色或赤褐色。印度野牛无论雌雄都有角，雌性的角比雄性小一些。雄性印度野牛的角长达0.6～0.75米，弯度相当大，两角之间的宽度达0.9米。角的颜色为淡绿色，角尖为黑色。

印度野牛喜欢群居，以一头体形较大的雌性野牛为首领。如果发现异常情况，首领就会用鼻子哼气，发出信号之后，整个牛群就会立即奔逃，它们虽然身体笨重，逃跑时却异常迅速。它们非常有团队精神，跑在前面的野牛会等后面的个体追上来再一起奔跑。它们一般不会主动攻击人，除非它们受了伤，或者被逼得走投无路的时候，才会变得十分凶狠。照顾幼仔的雌印度野牛也会非常勇猛。

爬行动物和两栖动物之最

最原始的爬行动物

世界上最原始的爬行动物是斑点楔齿蜥，其进化程度和生活在2亿年前的爬行动物差不多。斑点楔齿蜥曾经广泛分布在新西兰本岛和周围的小岛上，它们四肢发达，颈部和背部长有鳞片状嵴。它们名字里虽然有个"蜥"，但是并不是蜥蜴。两者的区别在于斑点楔齿晰的两眼之间有一只松果状的眼，而蜥蜴没有。雌性体长0.4米左右，雄性体长0.6米左右，体重约1千克，体色为灰色或橄榄绿色。它们动作缓慢，生长也非常缓慢，经过50年才能发育成熟，但是也非常长寿，一般都能活到100岁以上。

斑点楔齿蜥新陈代谢缓慢，对食物的需求量并不多，新西兰丰富的物产能够为它们提供足够的食物来源。它们生性好斗，总是单个生活在洞穴中。本来它们可以舒服地在新西兰的土地上繁衍生息，但是自从1847年欧洲移民踏上新西兰之后，斑点楔齿蜥就逐渐走向灭绝了。

最大的爬行动物

现存最大的爬行动物是咸水鳄，其分布在东南亚及澳大利亚。成年雄性咸水鳄平均身长5.5米，可是在

正在水面上栖息的咸水鳄

1957年曾有一只8.5米长的巨型咸水鳄被捕杀，其体重超过2吨。

最小的爬行动物

生物学家新近在加勒比海一个小岛上发现了一种身体非常小巧的蜥蜴，它们已被命名为雅拉瓜壁虎。它们由鼻尖至尾端，体长只有1.6厘米，堪称为世界上最小的爬行类动物。

由于这种壁虎十分罕有，现已被列入濒危动物名单。

分布最广泛的有尾两栖动物

世界上分布最广泛的有尾两栖动物是蝾螈科两栖动物。

蝾螈科的种类相当多，这一科的动物，躯体都比较丰满，外表有点像蜥蜴，都有扁扁的尾巴，有眼睑，还有牙齿，四肢也都比较发达，前肢有4趾，后肢不定，有的有4趾，也有5趾的，但是，有一点是肯定的，那就是所有的蝾螈科动物都没有蹼。它们也都是靠皮肤和肺进行呼吸，体内受精。作为有尾的两栖动物，蝾螈科在世界上的分布是相当广泛的，在欧亚大陆的大部分地区都有广泛分布，中国就分布着大量的蝾螈科动物，另外，非洲的北部和美洲的北部也是蝾螈科动物分布较广泛的区域。

最大的两栖动物

娃娃鱼产于中国境内，由于它能像鱼一样生活在水中，叫声又与婴儿的哭声极为相似，因而称它为娃娃鱼。其实

它并不是鱼，它的学名叫中国大鲵，是世界上最大的两栖动物。

娃娃鱼头部宽阔扁平，体形粗壮，眼小口大，尾巴扁长，体长一般可达1.8米，重约50千克。它有光滑的体表和黏液腺，身上散布着小疣粒，背部的颜色是棕褐色，夹有黑斑。它四肢短小，前肢有4趾，后肢长有5趾，游水时前后肢紧贴于身体两侧，借助躯干和尾巴的弯动前进。

娃娃鱼喜欢生活在海拔200～1600米的山区溪流。一般情况下，它白天潜伏在有回流水的洞内，傍晚或夜间出来寻找食物。

娃娃鱼一般在夏季产卵。1年1次，每次可产卵400～500枚，卵色淡黄，被胶质囊串成念珠状。雌娃娃鱼产卵后就急匆匆离去，把护卵育子的责任交给雄娃娃鱼。

冬季来临之后，由于自身没有调节体温的能力，无法抵御严寒，娃娃鱼只好躲进水潭或洞穴内，停止进食，进入冬眠。直到第二年三四月份天气转暖时，才出洞寻找食物。

世界上最大的蛙

世界上最大的蛙是非洲巨蛙。

在非洲喀麦隆南部以及赤道几内亚北部的炎热潮湿的原始森林和大河里生活着一种蛙，叫作非洲巨蛙，之所以叫它巨蛙，是因为这种蛙的体形特别大，一只成年的雄巨蛙体重大约3千克，如果把它的弯曲的腿拉开来，身长足有1米多！据说巨蛙的弹跳能力特别好，有的巨蛙能跳5米高。有的国家每年还举行巨蛙跳高比赛。但遗憾的是巨蛙的数量越来越少，近年来巨蛙的生存环境遭

非洲巨蛙

到了严重破坏，再加上当地人常年捕食，使巨蛙遭受灭绝的危险，虽然有的国家出动了大量的人力、物力来保护巨蛙，但是其前景还是不容乐观。

世界上最小的蛙

世界上最小的蛙是跳蚤蛙，生活在巴西紧靠大西洋的热带雨林里。它乖巧可爱，受到了当地人的喜爱。跳蚤蛙的身长一般都在10毫米左右，看上去就像是一只没有长大的普通蛙。最大的成年跳蚤蛙也超不过13毫米。对于跳蚤蛙来讲，13毫米已经算是"大个"了！这么小的蛙很可爱，细细地观察一下吧，它的眼睛只有芝麻大小，一枚硬币就完全可以让一只跳蚤蛙在上面锻炼身体了。

最毒的蛙

世界上最毒的蛙是箭毒蛙，主要生活在美洲的中部和南部。箭毒蛙分为好多种，但是大多数体形都很小，最大的一般也不会超过5厘米。箭毒蛙有非常好看的外表，表皮色泽鲜艳，但就在这美丽的外表下却能分泌出几乎是世界上毒性最强的毒。

箭毒蛙的毒主要来自于它皮肤表面分泌出来的体液，这种体液主要来源于

箭毒蛙皮肤内分布的各种各样的腺体。体液在润滑皮肤的同时也起着保护的作用，因为这种体液的毒性非常强，仅十万分之一克便足以使一个人中毒死亡。也正是靠着这种毒性，箭毒蛙成为世界上迄今为止发现的最毒的蛙。

世界上最大的蟾蜍

海蟾，又名大蟾或者巨蟾，被认为是世界上最大的蟾蜍，所以它也被称为"蟾中之王"。

海蟾不像我们常见的蟾蜍那样只有拳头般大小，海蟾的身长甚至可以达到 25 厘米左右。海蟾主要分布在中南美地区，在西印度群岛、夏威夷群岛、菲律宾群岛、新几内亚、澳大利亚等其他的热带地区也可以见到它的足迹。

海蟾是很多害虫的天敌，它胃口非常好，也许正是这个原因，在很多热带的甘蔗林里，海蟾是最受蔗农们欢迎的朋友。又因为海蟾的自我保护能力很强，所以海蟾在世界上的生存量非常大，它超强的自我保护能力源于分布在它皮肤表面的"大疙瘩"能分泌一种毒液。

海蟾的繁衍能力也很强，一只雌海蟾一年可以产卵 3.8 万枚之多，几乎是两栖动物之中产卵最多的动物，尽管它的蝌蚪只有 1 厘米长，但这并不影响它"蟾中之王"的地位。

世界上最大的蜥蜴

世界上最大的蜥蜴是科摩多龙。

科摩多龙仅分布在印度尼西亚努沙登加拉群岛的科摩多岛上，因此而得名"科摩多龙"。科摩多龙是当今世界上最大的蜥蜴，平均身长 3.5～5 米，体重 100～150 千克，在它粗糙的黑褐色的

科摩多龙

皮肤表面生有很多大疙瘩。它还有着无比锋利的牙齿，这也是一个例外，因为在当今世界上存在的 20 多种蜥蜴之中，只有科摩多龙是有牙齿的，并且牙齿非常大！科摩多龙一般都习惯生活在气候比较暖和的茂密的丛林之中，所以几乎所有的科摩多龙都分布在印度尼西亚的科摩多岛上，因为岛上的气候非常适合它们生存。但是这种巨大的科摩多龙现在正逐渐地减少。有关数据显示，现存的科摩多龙只有 500～700 只。目前，科摩多龙已经作为印度尼西亚的珍稀动物被保护起来。

最会变色的蜥蜴

避役俗称变色龙，是世界上最会变色的蜥蜴。它们的真皮内有多种色素细胞，受神经系统的控制，会随着外界环境的改变而改变，比如光线、温度的变化或者受到惊吓时，避役的体色会变成与环境相协调的绿色、黄色、米色、深棕色等颜色，常带有浅色或深色的斑点，以保护自己不被敌人发现。

避役主要分布在非洲，特别是马达加斯加岛，少数分布在亚洲和欧洲南部。它们以昆虫为食。除了会变色之外，避役还长有突出的眼睛，两只眼睛能分别

看向不同方向。它们的舌头长而有黏性。头上有钝三角突起，有些种类长有显著的头饰，好像3只向前伸出的长角。避役多为树栖，长有能缠绕的尾巴，四肢较长，善于抓握树枝。体长17～25厘米，最长的达60厘米。身体两侧扁平，鳞呈颗粒状。

寿命最长的动物

世界上寿命最长的动物是海龟。海龟是棱皮龟科和海龟科的总称。一般海龟的寿命达150岁以上，有些品种能活到400岁以上。根据报道，一位韩国渔民在沿海抓住的一只海龟，长1.5米，重90千克，背壳上附着许多牡蛎和苔藓，估计寿命为700岁。沿海人们把海龟视为长寿的吉祥物，并有"万年龟"之说。海龟食量大而活动缓慢，它们可以饿上数年而不死。老海龟长得又大又笨重。

大多数海龟生活在比较浅的沿海水域，比如海湾、珊瑚礁或流入大海的河口。海龟适应水生生活，四肢呈鳍状，善于游泳。它们的头和四肢不能像陆龟那样缩到壳里，前肢像翅膀一样推动身体前行，后肢则像舵一样在游泳时掌控方向。虽然海龟可以在水下待上几个小时，但还是要浮出海面调节体温和呼吸。

海龟最奇特的地方就是外壳了，鳞质的龟壳可以保护海龟不受侵犯，使其能在海底自由游泳。但是棱皮龟没有龟壳，它们身上有一层很厚的油质皮肤，形成5条纵棱，所以叫作棱皮龟。

不同的海龟有不同的饮食习惯，分为草食、肉食和杂食。它们虽然没有牙齿，但是喙却非常锐利，可以咬碎软体动物、小虾和乌贼。

最大的陆龟

世界上最大的陆龟是象龟。

象龟广泛地分布于太平洋以及印度洋的一些热带岛屿上，尤其以厄瓜多尔的加拉帕戈斯群岛最多。象龟之所以叫象龟是因为它体形巨大。它的腿非常粗壮，它的壳直径一般能达到1.5米，最长的甚至能达到1.7米，它爬行的时候，身体高度能达到80厘米，平均体重都在200～300千克，最重的有400千克，它甚至能背负1～2个人远行，这么大的龟，的确是很奇怪！还有更奇怪的呢，雌性的象龟一次能产上百只蛋，最多的时候能产150只蛋呢。还有就是象龟很长寿，它能活300多岁。象龟有这么大的身躯，但是它吃的东西却很简单，仅仅以一些青草为生。

世界上最小的蛇

盲蛇是世界上最小的蛇，身长只有15～30厘米，直径也不过8毫米，它的眼睛只有针尖大小，头和躯干根本没什么区分，可真算得上小了！它的身体呈圆筒状，再加上它们的身体大部分都呈黑色或者黑褐色，远远地看上去就像是一条肥大的蚯蚓，因此也有人把它叫作"蚯蚓蛇"。盲蛇主要分布于亚洲、非洲和大洋洲，尤其在外高加索和中亚南部地区较为多见，盲蛇栖息的地方多为一些腐烂的木头和石头下面的阴暗潮湿的地方。

世界上最危险的蛇

世界上最危险的蛇是眼镜王蛇。

眼镜王蛇现在被人们称为世界上

最危险的蛇,它主要分布于气候比较炎热的沿海地区。眼镜王蛇从外表看上去和一般的眼镜蛇没有什么两样,但是它的体形比较大,它要比一般的眼镜蛇长很多。和一般的眼镜蛇比起来,眼镜王蛇性情更加凶猛,身体运动也更加敏捷,另外它的排毒量要比一般的眼镜蛇多得多,并且毒性非常强!也许正是因为这一点它才被认为是世界上最危险的蛇。眼镜王蛇还有一个特点就是它比较喜欢以自己的同类为食,也就是说,眼镜王蛇的主要食物就是一些别的种类的眼镜蛇!

眼镜王蛇在中国主要分布在华南和西南地区。

世界上最长的蛇

世界上最长的蛇是蟒蛇。蟒蛇体形长而粗大,一般长达5～7米,体重50～60千克。曾有人在苏门答腊岛的原始森林里捕捉到一条蟒蛇,它长达14.85米,体重447千克,直径最大处达85厘米。蟒蛇有一对发达的肺,其他种类的蛇只有一个退化的肺。

蟒蛇是国家一级保护动物,是最原始的蛇种之一,属于无毒蛇类。它们的肛门两侧各有一个退化的爪状痕迹,是退化的后肢残余。这种后肢虽然不能行走,但是可以自由活动。蟒蛇头小呈黑色,体表的花纹非常美丽,对称排列成云状的斑纹,体鳞光滑,背面呈浅黄、棕色或灰褐色,腹鳞无明显分化,尾巴短而粗,具有很强的缠绕性和攻击性。

蟒蛇主要分布在亚洲和非洲的热带丛林中。它们常以鸟类、鼠类、小野兽、爬行动物和两栖动物为食。它们牙齿尖利,猎食时动作迅速准确。咬住猎物之后,用身体将猎物紧紧缠绕,直到将其缢死,然后从头部开始吞食。蟒蛇胃口非常大,并且消化能力非常强,除了动物的兽毛之外都可以消化掉,一次可吞食与体重相等,甚至重于体重的食物。饱餐一顿之后可以数月不吃东西。

蟒蛇无疑是蛇类中的王者,不同种类的蛇会互相吞食,然而无论哪种蛇都不能对成年蟒蛇构成威胁。即使是剧毒的眼镜蛇都是蟒蛇猎食的对象。

产卵最多和最少的蛇

蛇类的繁殖能力非常强,一般卵生蛇类每年产卵15～25个。当然,不少蛇的产卵数量低于或超过这个数字。产卵最少的蛇是体形最小的盲蛇,每次只产2个左右。产卵最多的蛇要数体形最大的蟒蛇,每次产卵二三十个,最多的一次产卵100多个。

一般水栖蛇类,高海拔、高纬度的蛇类,沙漠地区的蛇类都属于卵胎生。卵胎生的蛇类由于后代得到很好的保护,一般繁殖数量较少。蝮蛇和草原蝰产仔最少时只有1条。产仔最多的纪录为我国南方的一种管牙类毒蛇,一次产仔63条。

高级蛇的代表种类
1. 南部猪鼻蛇:游蛇科。2. 普通致死蝰蛇:眼镜蛇科。
3. 沙蛇:游蛇科。4. 印度眼镜蛇:眼镜蛇科。

鸟类之最

最早的鸟

世界上最早的鸟是生活在距今大约1亿多年前的侏罗纪晚期的"始祖鸟"。

1861年，有人在德国巴伐利亚省索伦霍芬附近的石灰岩中发现了这种鸟的化石，化石保存得相当完好，从清晰可见的化石中可以看到始祖鸟整齐完好的骨骼。始祖鸟的尾椎骨特别长，嘴内还长着锋利的牙齿，这些特征让它成了生物学家眼里的珍宝，因为生物学家从始祖鸟的身上找到了爬行类动物向鸟类进化的铁证！始祖鸟的化石也正好是进化论的证明，我们现在可以确认，鸟类是由原始的爬行动物进化而来的，始祖鸟就是最早的由爬行动物进化而来的鸟。

分布最广的鸟

仓鸮是世界上分布最广的鸟。雌鸟最大体长33厘米，雄鸟稍小，一般栖息在靠近建筑物的开阔地带的草原、牧场，几乎分布于全球。它在树洞或建筑物内筑巢，一窝产4～7个卵，孵化期为30天，以小型哺乳动物如老鼠、田鼠等为食物。

俯冲最快的鸟

飞得最快的鸟（事实上也是所有野生动物中运动得最快的）肯定是一种食肉鸟，很可能就是游隼。由于它要捕食空中的鸟类，因此游隼的体重超过了1千克，理论上，当它从1254米的高空向下俯冲时速度最大，即每小时385千米。当然，它能够飞得多快与它实际上

俯冲的游隼

飞得多快这两者之间有差别，但是它在空中俯冲的动作曾被拍摄下来，其速度超过了每小时322千米，这一速度非常接近理论上的最快速度。

但是，游隼俯冲的时候有一种奇怪的现象，那就是当它离它的猎物1.8千米远时，它的飞行路线是曲线而不是直线。现在生物学家弄清楚了这其中的缘由。因为游隼的头偏向一边40°时，它的视线是最佳的，但是在快速飞行时要使头调整到这个角度就会影响速度，所以俯冲时为了飞得更快，它宁愿走曲线，这样在飞行时它的头不必偏向一边而能使猎物一直处于它的视线范围之内。

但是这种飞行并不是常规的振翼飞行。现在，漂泊信天翁持有最快的连续飞行纪录：连续飞行800千米以上，能达到每小时56千米的速度。但是，信天翁利用"动力翱翔"，控制风力进行滑翔而无须不断地振翼。

飞得最远的鸟

世界上飞得最远的鸟是北极的燕

鸥。这种鸟体形中等，但是它们有个奇怪的习惯——喜欢生活在太阳不落的地方。每年的6月份前后，也就是地球南极黑夜降临的时候，北极燕鸥就匆忙地飞往北极，因为此时北极正好与南极相反：处于白昼。北极燕鸥也是这个时候在北极生育后代。大约到了每年的8月份，也就是北极黑夜降临的时候，燕鸥就开始带领它们的后代向南极飞行，就这样一直循环着，它们每年飞行的距离大约是4万多千米！它们毫无疑问是世界上飞行最远的鸟，因此，它们也被人们称为"白昼鸟"，因为它们只生活在有太阳的地方。

飞得最高的鸟

大天鹅是一种候鸟，它们栖息于湖边的沼泽地中，冬天为了寻找食物而结队向南方迁徙。每年定期以9144米的高度飞越珠穆朗玛峰，大天鹅是世界上飞得最高的鸟，能飞到17000米的高空。

飞得最久的鸟

鸰是世界上能连续不断地在高空中飞行时间最久的鸟。

鸰主要分布在北美洲和欧洲，在亚洲的某些国家也偶尔可以看到鸰的影子。鸰的羽毛一般都是黑色或者黑褐色，在羽毛的底色上面有细细的金色的斑纹，因此得名"鸰"。鸰体形中等，它最大的魅力在于它的飞行能力，鸰有一对天生的强有力的翅膀。鸰由于每年秋天都要迁移到很遥远的地方去越冬，所以就练就了它长途飞行的能力。鸰的飞行速度一般都能达到每小时90千米，它能连续不断地在空中飞行35个小时，是飞得最久的鸟，因此，鸰也有"旅鸟"之称。

游得最快、潜得最深的鸟

鸟类中有很多游泳健将，其中属巴布亚企鹅游得最快。

它们在水中冲刺的时速能达到27.36千米，这与一些鸟在空中的飞行速度不相上下。

有的鸟不仅善于游泳，还善于潜水，其中生活在南极附近的帝企鹅潜得最深，它能下潜到水下265米的深处，下潜的时间可长达18分钟之久。

最小的鸟

世界上最小的鸟是蜂鸟，它主要分布在南美洲和中美洲的森林地带，和蜜蜂差不多大小，最小的体重仅2克左右。由于它飞行采蜜时能像蜜蜂一样发出嗡嗡的声响，所以被称为蜂鸟。

蜂鸟种类多达300种，羽毛非常鲜艳，呈黑、绿、黄等十几种颜色，所以有"神鸟""彗星""森林女神"和"花冠"之称。

蜂鸟身材娇小，羽毛华丽，飞行本领高超。它的翅膀每秒钟能振动50~70次，飞行时速可达50千米。人们常常能听到它飞行的声音，却看不清它的身影。不可思议的是，蜂鸟心跳每分钟达615次。蜂鸟不仅飞行速度快，

正在吮吸花蜜的宽尾煌蜂鸟

而且还能飞得很远。有一种红胸蜂鸟，每年两次飞渡墨西哥海湾，飞行800多千米也不间断。

最大的鸟

鸵鸟又称非洲鸵鸟，是目前世界上最大的鸟。它体高身长，善于奔跑，能够适应沙漠荒原中的生活。其中最大的雄性鸵鸟身高2.75米，身长2米左右，体重约160千克。鸵鸟的翅羽和尾羽都是白色的，体羽毛色多样，头部羽毛稀少，颈部几乎光秃。它头颈很长，目光锐利，看得准，望得远，这使它不仅能及时预防天敌的偷袭，而且还能迅速寻找食物。

鸵鸟的两腿长而有力，行走迅速。

一对鸵鸟夫妇正在照料自己的子女。

尽管两翼已经退化，而且躯体肥大，不能飞翔，但它有相当发达的副羽，奔跑时靠鼓翅扇动相助，一步可达3.5米，在一刻钟或半小时内能毫不费力地增速到50千米／小时，最快时速可达到70千米。

数量最多的鸟

世界上数量最多的鸟是生活在非洲的一种叫作"几利鸟"的鸟。

几利鸟是一种习惯生活在干旱地区的鸟。它生活在非洲撒哈拉沙漠的南部地区，那里大部分都是干旱的沙漠和半干旱的沙草地，环境条件很恶劣，但是几利鸟却能很好地在那里生存。几利鸟还是一种非常好看的鸟，它有一张非常吸引人的红色的长嘴，因此，它是一种名贵的观赏鸟。但是也经常被当地人捕杀食用，所以几利鸟每年都有大约1/10被捕杀，但是几利鸟的繁殖速度惊人。根据有关资料显示，现存的几利鸟大约有100亿只，它是目前世界上数量最多的鸟。

寿命最长的鸟

世界上寿命最长的鸟是生活在南美洲安第斯山地区的安第斯兀鹫。

安第斯兀鹫，又称为"南美神鹰"，是南美洲安第斯山脉分布比较普遍的一种鸟，它的体格健壮并且翼展异常大，最大的"神鹰"的翅膀展开以后有7平方米左右，因此，它也被称为是世界上"令人难以置信的巨鸟"！更让人称奇的是，这种鸟的寿命不像一般的鸟那样最多也就活10多年，它的平均寿命在50岁左右，这对于世界上其他的任何一种鸟类来讲都是不可能的。目前已知的年龄最大的一只安第斯兀鹫生活在伦敦动物园里，它活了73岁。

嘴最大的鸟

世界上嘴巴最大的鸟是生活在阿根廷北部和墨西哥之间的热带雨林中的"巨嘴鸟"。

有观测者发现，在美洲阿根廷和墨西哥之间的热带雨林中生活着一些奇特的鸟，它的嘴居然长达24厘米，

巨嘴鸟

宽也有9厘米，真是令人难以想象，因为这种鸟的身长也不过60多厘米，体重也不怎么重，却有着将近自己身体一半长的嘴巴！也许正是这个原因，当地的人们把这种鸟叫作"巨嘴鸟"。

巨嘴鸟的生活比较简单，像其他鸟类一样靠植物果实、植物种子以及小昆虫为食，但它们却用自己巨大的嘴巴吸引了来自世界各地的旅行者。

最凶猛的鸟

世界上最凶猛的鸟还是生活在南美洲安第斯山地区的安第斯兀鹫。

安第斯兀鹫体格健壮，翼展非常大，有3米左右。它一般都生活在安第斯山脉的悬崖绝壁之间，体长1.2米，

正在空中盘旋的安第斯兀鹫

它的嘴尤其厉害，非常坚硬且呈钩状。爪子也非常尖利，有着天生的猎取食物的超强能力，专吃活着的动物，比如鹿、羊、兔等动物。更让人难以想象的是，它还捕食非洲狮等大型兽类，因此，它又被人们称为"吃狮之鸟"，它的凶猛程度不言而喻！

翼展最宽的鸟

信天翁拥有世界上最长的鸟翼，翼展最长可达3.5米。它们的前臂骨骼与指骨相比显得特别长，翼上附有25～34枚次级飞羽，而海燕只有10～12枚。长长的翅膀使信天翁成为滑翔冠军，它们可以跟随船只滑翔数小时而不拍一下翅膀。它们有一片特殊的肌腱将翅膀固定位置，这样可以减少滑翔时肌肉消耗的能量。信天翁的翅膀犹如一对高效的机翼，使它们能够迅速向前滑翔，而下沉的概率很低。这种对速度和长距离飞行的适应性使它们能够长时间在茫茫大海上飞行。

信天翁主要分布在南极洲、南美洲、非洲及澳大利亚南端的海洋上。在南太平洋上有一种漂泊信天翁在10个月内可以飞行1.5万千米，幼鸟羽毛丰满之后就开始终生在海上漂泊。

视力最好的鸟

在鸟类中，鹰的视力是最好的，不但视野宽阔，而且目光极其敏锐。因此人们常用鹰的眼睛来形容一个人目光锐利。鹰的眼睛有两个中央凹——正中央凹和侧中央凹，这使得鹰眼的视野近似球形，因而视野非常宽广。此外，鹰眼的瞳孔也很大，一般来说，瞳孔越大分辨率越高，因此它们能够在高处清晰地

看到地面上猎物的活动。一只雄性鹰能够观察到人眼观察距离30倍远的猎物。即使在2000米的高空飞翔，它们也能准确发现和辨认地面上的兔子、老鼠以及水里可以成为食物的小动物。瞄准猎物之后，它们就会俯冲而下，敏捷地追逐拼命逃跑的猎物，一旦用它强有力的爪子抓住猎物，就用其尖锐而强健的喙将猎物肢解，然后饱餐一顿。

最会化装的鸟

雷鸟属于松鸡的一种，主要生活于欧亚大陆北部以及北美洲的北极圈内。如果在鸟类中评选最会化装的鸟，那么非雷鸟莫属。雷鸟的羽毛色彩会随着栖息环境的变化而变化。雄性雷鸟四季换羽，春羽和秋羽只是局部更换，夏羽和冬羽则是完全更换。春天，雷鸟的胸部、颈部换成栗棕色有横斑的春羽，夏天雷鸟换成带有棕黄色斑纹的黑褐色夏羽，秋天植被枯黄时，雷鸟换上黄栗色的秋装，冬天雷鸟的羽毛则变成像雪一样的白色，与雪白的大地融为一体，从而躲过天敌。它们的眼睛是褐色的，嘴和爪子是黑色的。雄鸟在繁殖前还有换"婚羽"的习性，用华丽的羽毛吸引雌性。雌性雷鸟三季换羽，它们在婚前不换羽。

雷鸟主要栖息在桦树林和柳树林中，有些生活在高山针叶林、高山和亚高山草甸等高山地带中。它们的食物主要是桦树、柳树、杨树等乔木的嫩枝、嫩叶、花絮、果实和种子。

最耐寒的海鸟

企鹅是南极的标志性动物，它们胖乎乎的身体，走起路来摇摇晃晃。企鹅的背部是黑色的，肚子是白色的，好像穿着一身燕尾服。它们长期生活在寒冷的地区，形成了耐寒的生理功能。它们全身覆盖着层层叠叠的细小含油的羽毛，羽毛下还有细小的绒毛，再加上厚厚的皮下脂肪，即使是最寒冷的天气，它们也不惧怕。

南极的企鹅常常在0℃以下的水中游泳，因而身体的保温十分重要。水中高速运动又增加了热量的丧失。企鹅皮肤温度在0℃左右。皮肤温度之所以这样低，是因为下肢内相邻的动脉和静脉之间存在逆流热交换系统，使回心的较冷血液从流向末梢的血液中吸收热量，从而节约体热。

最钟情的鸟

人类结婚之后都期望自己的伴侣不变心，结果有些人还是在中途劳燕分飞。在鸟类世界中却有一种鸟是世界上最钟情的鸟，那就是犀鸟。

犀鸟有四五十种，体长40～160厘米不等，它们一般头大、颈细、翅宽、尾长，羽毛为棕色或黑色，有鲜明的白色斑纹。大部分犀鸟居住在树洞里，雄鸟将孵卵的雌鸟用泥封在树洞里，只留一个喂食的小洞。在雌鸟孵卵期间，全由雄鸟从小孔中喂食。在雏鸟羽毛丰满之前，寻找全家食物的重任就由雄鸟承担。它们奔忙一天之后，晚上就栖息在树洞外面放哨，防止妻儿遭到敌人侵害。幼鸟羽翼丰满之后，才破洞出来。雌雄鸟共同带领雏鸟试飞。

犀鸟非常重感情。一对犀鸟中如果有一只死去，另一只绝不会苟且偷生或另寻新欢，而是在忧伤中绝食而亡，因此犀鸟是世界上最钟情的鸟。

鱼和其他海洋动物之最

带电最多的鱼

电鳗是带电能量最高的电鱼,主要分布在古巴、哥伦比亚、委内瑞拉和秘鲁的河流中。当一条中等大小的电鳗以1安培电流放电时,电压为400伏,甚至曾经有过高达650伏的纪录。

游得最快的鱼

旗鱼是举世公认的游得最快的鱼。虽然它分布在地球上的各个海域,但由于许多实际的困难,要确切地测得这种鱼的最高游速是很困难的。在美国佛罗里达海岸的长礁外面,曾测量到一条旗鱼的游速是每小时109.43千米,即每秒能游30.4米。旗鱼也是游得很快的一种鱼类,旗鱼的游速是通过旗鱼刺深戳入船只水下部分的船板而估算得知的。由一条旗鱼的刺戳入船板55.88厘米可算出这条鱼在当时的游速是每小时92.696千米。

雌雄体形差别最大的鱼

世界上雌雄体形差别最大的鱼是鮟鱇鱼。

鮟鱇鱼是一种生活在深海里的鱼类,那里常年见不到阳光,所有的动物都一直生活在一种绝对的黑暗之中。鮟鱇鱼一般来讲很少行动,行动起来也非常非常得缓慢,但是它们有一个奇怪的生理特征就是雌性鮟鱇鱼一般都要比雄的鮟鱇鱼体重重上千倍,甚至上万倍。这的确是一个奇怪的现象,雄

在雌性鮟鱇鱼的召唤下,2条寄生雄性将自身与雌性融为一体。

性鮟鱇鱼靠附着在雌性鮟鱇鱼上面过寄生生活,雄性鮟鱇鱼的身体看上去就像一根小小的鱼刺,不细心观察,根本就不会发现它的存在!科学家这样解释这一奇怪的生理现象:鮟鱇鱼一般生活在暗无天日的深海海域,成熟的鮟鱇鱼个体寻找配偶是一件非常不容易的事情,所以当雄性鮟鱇鱼一旦找到配偶就会牢牢地把自己固定在雌鱼身上——一直到最后双双死去!

最不怕冷的鱼

世界上最不怕冷的鱼是南极鳕鱼。南极鳕鱼体长40厘米左右,体重一般不会超过10千克,体形较粗、较胖,表皮是一种自然的带有黑褐色斑点的银灰色。它主要生活在南极附近比较寒冷的海域之中,有人甚至在南纬82°的罗斯冰架下面的水域中发现了南极鳕鱼,要知道,那里的温度常年都

在零下几十度左右！看来南极鳕鱼还真是不怕冷，科学家经过多年研究终于弄清楚了南极鳕鱼为什么那么不怕冷！原来，在南极鳕鱼的血液中有一种特殊的成分——糖肌，以它为主要成分所构成的一种特殊的化学物质可以帮助鳕鱼面对寒冷。科学家把这种东西叫作抗冻蛋白质，还用了一个比较形象的比喻来形容它：这种抗冻蛋白在鳕鱼的身体里起的作用就和汽车的防冻剂在汽车上起的作用是一样的。

筑巢最精致的鱼

世界上筑巢最精致的鱼是刺鱼。

我们都知道鸟是筑巢的"专家"，至于鱼会不会筑巢，我们都会怀疑，其实鱼也是会筑巢的。世界上筑巢最精致的鱼是一种叫"刺鱼"的鱼类。刺鱼，顾名思义，是一种背上长有刺的淡水鱼类，它们的背上都长有 4～10 毫米的小刺。刺鱼也是一种很小的鱼类，一般来讲都不会超过 5 厘米长，但是种类很多，在世界上的很多地方都有分布，在我国北方的一些淡水流域就分布着很多这样的鱼类。它们筑巢的目的是为了保护子嗣，它们一般在春季筑巢，在产卵以前，雄刺鱼会选择一个比较安全的地方开始筑巢。在选好"地基"以后，它们会选择一些水草的根茎和一些柔软的小碎屑作为筑巢的材料，这些都准备好以后，刺鱼会从自己的肾脏分泌一种黏液把这些材料粘在一起，刺鱼的巢就这样建成了。它们的巢看上去很简单却很安全，并且内部很精致。

最大的鱼

鲸鲨是世界上最大的鱼，生活在大西洋、太平洋和印度洋中。鲸鲨长着宽宽的大头，小小的眼睛，嘴巴很宽，张开来像两扇大簸箕。鲸鲨的皮有 20 厘米厚，产的卵有橄榄球那么大，鲸鲨的感觉器官十分灵敏，视力特别好，寿命也很长，平均寿命在 25 年左右。许多鲸鲨都很凶暴，见什么吃什么，当然也吃人，但是令人不解的是有些巨型的鲸鲨却性情温和，只吃一些极小的浮游生物。有纪录称，最大的鲸鲨体长 12.65 米，身躯最粗部分周长 7 米，重约 15～21 吨。该鲸鲨于 1949 年 11 月 11 日在巴基斯坦卡拉奇附近的巴巴岛海域被捕获。

最小的鱼

世界上最小的鱼是生活在菲律宾的河流和湖泊中的一种鱼，它的体形极小，但是人们却称它为"鰕虎鱼"。

在菲律宾地区的河流和湖泊中，鰕虎鱼是一种极其常见的鱼，这种鱼的奇怪之处在于它的体形很小很小，不要说是刚刚成形的鰕虎鱼，就是成年的鰕虎鱼，身长也不过 7～8 毫米，体重一般都在 4～5 克。这么小的鱼，也真算得上是一个奇迹，并且它的表皮都是透明的，身体内部的五脏六腑都可以用我们的肉眼看得一清二楚，这是不是就更奇怪了？

鰕虎鱼还有一个独特的地方就是它的繁殖能力很强，也正是因为它的繁殖能力极强，在它附近的居民眼里，鰕虎鱼是最容易得到的，也是最美味的食物之一！

最懒的鱼

海洋里最懒的鱼是一种名叫鲫鱼的鱼类。

鲫鱼的头部有一个天生的特殊的吸盘，它可以把自己吸在其他动物身上，比如鲨鱼、鲸、海龟等动物的腹部，有时候甚至是船的底部，这样，鲫鱼就可以不费吹灰之力到任何地方。看来鲫鱼的确是够懒的，但是懒得有窍门，当到达食物多的海域，鲫鱼就会放松吸盘，然后大吃一顿，接着再寻找机会开始下一个旅程。对鲫鱼来讲，这也是一种天生的自我保护能力，因为鲫鱼天生又小又弱，把自己吸在比自己大的动物身上就可以防止被天敌攻击，这也不失为一种精明的生存手段！

飞得最远的鱼

飞得最远的鱼是飞鱼。试验发现：飞鱼能飞出水面10多米，在空中停留40多秒，持续飞行距离最远达1000多米，平均距离也有800多米，可见飞鱼飞得的确是够远的。

飞鱼是一种热带鱼，在赤道附近很多见，每年的5月份在中国南海附近也可以经常看到飞鱼。其实飞鱼所谓的"飞"就是一种简单的滑翔而已，它飞的时候先是用力拍打水面，然后就会很快地冲出水面，向前滑翔！飞鱼在这个"飞"的过程中的所有力量都来自于它身后的尾鳍，而我们看上去像是它的"翅膀"在帮助它飞行，事实上并非如此！

最珍稀的鱼

现在世界上最珍稀的鱼是生活在南非附近海域的一种叫作"空棘鱼"的鱼类。

大约在3.5亿年前的泥盆纪生活着一种叫作总鳍鱼的鱼类，据说它是一种骨鳞鱼类，有的科学家推测它就是现代两栖动物的祖先，不过它在2亿多年前就已经灭绝了，但是它在灭绝以前，慢慢地进化成了两个支系，其中有一支叫作"空棘鱼"。科学家原以为这种空棘鱼应该于6000万年至1.2亿年前就已经绝种了，谁也没想到，就是这种原以为已经灭绝的鱼种竟于1938年在南非附近的海域出现！

1938年夏季，有渔民在南非东伦敦港附近发现了这种空棘鱼，当时曾经震惊了整个世界！现在这条鱼的标本被保存在当地博物馆里。空棘鱼的神奇出现让它当之无愧地成了人们眼里最最珍稀的鱼类。

最毒的鱼

毒鱼可分为有毒腺的鱼和有毒鱼两类，前者也称为棘毒鱼类。世界上最毒的棘毒鱼类是鲉。它们的眼睛和下颌突出，相貌丑陋，但色彩艳丽，是爱打扮的丑八怪。鲉背鳍参差不齐，并有像针一样的毒刺。毒刺刺到人时，毒腺会分泌毒液流向人体，人类中毒之后会感到呼吸困难，剧烈疼痛，直到死亡。鲉生活在印度洋、太平洋热带水域中。

有毒鱼类中最毒的要数纹腹叉鲉。这种鱼分布在红海和印度洋、太平洋海域，它的卵巢、肝、肠、皮肤、骨头甚至血液中都含有一种神经毒素——鲉毒素。研究人员还发现鲉毒素的毒力与生殖腺活性密切相关，在繁殖季节前达到最高期。如果在这个季节中不慎吃了这种鱼，2小时内便可能死亡。纹腹叉鲉是海洋生物中毒性最剧烈的一种。

寿命最长的鱼

世界上寿命最长的鱼是狗鱼。狗鱼

栖息在河流中的白斑狗鱼是出色的捕食者，它们的身体呈流线型，并有一排锋利的牙齿，能吞食猎物。

的寿命很长，可达 200 多岁，是鱼类中的老寿星。已经发现的最长寿的狗鱼年龄达到 267 岁。

狗鱼是淡水鱼，广泛分布在北半球寒带到温带水域。它们的身体修长，可达 1 米以上，口像鸭嘴，大而扁平，口生犬牙，下颌突出。它的牙齿与众不同，上颚齿可以伸出来并有韧带连着，这种锋利的牙齿可以把捕捉到的动物挂住，有时也把吃不完的食物挂在牙齿上，留着备用。狗鱼是淡水鱼中生性最粗暴的食肉鱼，除了吃其他鱼类之外，还吃鸭子、青蛙、鼠类。

狗鱼的鳞细小，侧线不明显。背鳍位置较靠后，接近尾鳍，与臀鳍相对，胸鳍和腹鳍较小。背部和体侧呈灰绿色或绿褐色，散布着许多黑色斑点，腹部灰白色，背鳍、臀鳍、尾鳍也有许多小黑斑点，其余为灰白色。

狗鱼的肉味极佳，是钓鱼的好对象。由于它们的寿命很长，偶尔能够钓到巨型的个体。狗鱼产区的天然产量很高。

外形最奇特的鱼

世界上外形最奇特的鱼类是海马，它们的头部像马，尾巴像猴子，眼睛像变色龙，身体像有棱有角的木雕。海马属于硬骨鱼，是一种奇特而珍贵的近陆浅海小型鱼类。

海马身长只有 4～30 厘米，头部侧扁，头两侧各有 2 个鼻孔。头部与躯干成直角形，胸腹部凸出，由 10～12 个骨头环组成，一般体长 10 厘米左右，尾部细长，呈四棱形，常呈卷曲状。栖止时的海马，利用尾部的卷曲能力，使尾端缠附在海藻的茎枝上。因此，海马多栖息在深海藻类繁茂之处。

海马全身完全由膜骨片包裹，有一个无刺的背鳍，没有腹鳍和尾鳍。海马游泳的姿态也很特别，头部向上，身体稍斜直立于水中，完全依靠背鳍和胸鳍来进行运动，扇形的背鳍起着波动推进的作用。

雄性海马腹面有一个育儿囊，卵产于其内进行孵化，一年可繁殖 2～3 代。海马也是世界上最小的有袋动物。

最大的虾

世界上最大的虾是龙虾。龙虾，又叫海虾或大虾，在民间俗称虾王。一般的虾只有 4～8 厘米，而龙虾长达 20～40 厘米，重 0.5 千克左右。它们头胸部粗大，呈圆筒形，外壳坚硬，色彩斑斓，腹部短小。头部有三对触须，头部外缘的一对触须特别粗长。胸部有 5 对足，其中一对或多对常变形为螯，一侧的螯常大于另一侧的螯，右侧的螯是碎螯，左侧的螯是刺螯。眼睛长在眼柄上。尾部鳍状，可以游泳，尾部和腹部弯曲活动可推动身体前进。

龙虾主要分布在热带海域，是名贵海产品，它们栖息在温暖的海洋底部，白天隐匿在礁石缝隙中，晚上出来觅食。2008 年，一位英国渔民在英吉利海峡捕到一只长92厘米，重达10千克的巨型龙虾，够10个人饱餐一顿。这只龙虾的年龄估计在70岁左右。目前世界上已知的最重的龙虾重达20千克，是在加拿大新斯科舍省捕捉到的。

最大的双壳贝

砗磲是生活在印度洋和西太平洋海域的大型双壳贝，是世界上最大的双壳贝。砗磲的贝壳一般长1米，大的则有2米多长，重250多千克。最大的砗磲贝壳比浴盆还大。

砗磲的贝壳略呈三角形，壳顶弯曲，壳缘呈波形屈曲。壳面粗糙，呈放射状，上面有数条像被车轮辗压过的深沟道。有的种类长有粗大的鳞片。贝壳表面有一层外套膜，颜色鲜艳，有孔雀蓝、粉红、翠绿、棕红等，还有各色花纹。砗磲的壳很厚，内壳呈白色，质地光润，将其打磨之后可做佛珠或装饰宝石。

砗磲常与大量虫黄藻共生。这种单细胞藻可在砗磲体内循环，并进行光合作用，为砗磲提供丰富的营养。砗磲的外套膜边缘有一种叫玻璃体的结构，能聚合光线，可使虫黄藻大量繁殖。此外，砗磲也以浮游生物为食。它们之所以长得如此巨大，是因为可以从两方面获得食物。

最长的软体动物

枪乌贼就是平常所说的鱿鱼。鱿鱼不是鱼，而是软体动物。它们的头和身体都是狭长的，躯干呈椭圆形，末端尖尖的，很像标枪的枪头，所以叫枪乌贼。巨型枪乌贼是世界上最长的软体动物，也是世界上最大的无脊椎动物，有人把它称为"大王乌贼"。成年枪乌贼长约17～18米，触手长13米左右。

枪乌贼是游泳高手，它们的身体成流线型，可以减少阻力，平时游泳速度每小时可达50千米；遇到危险时，每小时可达150千米。枪乌贼躯干外包裹着囊状的外套膜，里面是一个空腔和一个外套腔，灌满水之后，入口就扣上了。挤压外套腔，里面的水就从颈下喷出，枪乌贼借助喷水的反作用力前进。当枪乌贼吃饱了，并且没有危险的时候，它们就用菱状鳍划水前行；当捕食或遇到危险的时候，它们就会尾部朝后，用喷水的方式前行。它们可以随着环境的变化改变身体的颜色，当遇到危险的时候还可以放出一股乌黑的墨汁，让敌人看不清路，然后趁机逃走。

巨型枪乌贼也是世界上眼睛最大的海洋生物，其眼睛的直径可达38厘米。比蓝鲸的眼睛还要大3倍，比普通唱片的直径还要大8厘米。

巨型枪乌贼是古代海怪传说的主角，它们触手的末端膨大，上面有强大的吸盘，吸盘环上长有利齿。一旦被它们抓住就难以逃脱，它们那尖而有力的喙状嘴能够快速将猎物吞食。你也许会认为这么大的怪物可以称霸海底世界了，其实它们是抹香鲸最喜爱的食物，人们在抹香鲸的胃里常发现难以消化的巨型枪乌贼的喙。

最大的章鱼

章鱼又称作"八爪鱼"，是海洋软体动物。世界上最大的章鱼是普通的太平洋章鱼，1973年2月，一名潜水员在华盛顿的夏胡德运河捕捉到一只大章鱼，

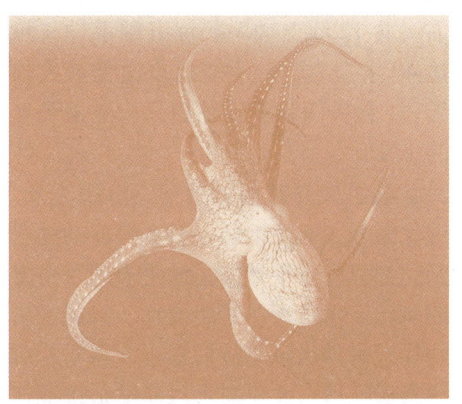

在海底游弋的章鱼

这只章鱼腕足展开后直径达 15.6 米，重达 53.6 千克。此外，有人曾在美国佛罗里达州圣奥古斯丁的海滨发现一堆重约 7 吨的海生动物残骸，经过美国国家博物院检验，确定那堆残骸是大型章鱼的遗体，估计腕足展开可达 61 米。

章鱼广泛分布在世界各地热带和温带海域，栖于多岩石海底的洞穴或缝隙中，喜隐匿不出，主要以虾类、蟹类及其余甲壳动物为食。章鱼被认为是无脊椎动物中智力最高者，它们具有高度发达的含色素的细胞，故能极迅速地改变体色，变化之快令人惊奇。

最小的乌贼

乌贼和章鱼相似，只不过乌贼有 5 对触手，章鱼有 4 对触手。乌贼又称墨鱼，它们是杰出的放烟幕专家。

世界上最小的乌贼是分布在太平洋的细乌贼。细乌贼体长只有 1 厘米，身体小而匀称，体形扁平，体外包着一层叫作外套膜的皱皮，鳍像一条狭长的花边裙子一样绕在身体后面。它们头部构造复杂，眼睛像人眼一样发达，并长有 10 个带吸盘的触手，吸盘上有小钩，像猫爪子一样尖锐。它们还有一张像鹦鹉喙一样尖利的嘴。它们的构造和大乌贼一样完整，也是游泳健将，拥有高速游泳的本领。

现存最古老的海洋动物

鹦鹉螺是有螺旋状外壳的软体动物，是现存最古老的海洋生物，有"海洋活化石"之称。在距今 5 亿年前的奥陶纪时代，体形庞大的鹦鹉螺凭借其敏锐的嗅觉和尖利的喙曾经雄霸海底世界。鹦鹉螺现存的种类不多，而且都属于暖水性动物，是印度洋和太平洋海域特有的种类。

鹦鹉螺的贝壳非常美丽，石灰质的外壳大而厚，左右对称，沿一个平面做背腹旋转。贝壳外表面光滑，呈灰白色，夹杂橙红色波状纹。壳的内腔有 30 多个壳室，它的身体占据最后一室，其他各室充满空气以增加浮力，各室之间由一根细管相连，它们通过排出壳室空气的方法在水中游泳。鹦鹉螺属于底栖动物，平时在 100 多米深的海水底部用腕部缓慢前行，也可以用腕部的分泌物附着在岩石或珊瑚礁上。

最大的浮游生物

世界上最大的浮游生物是水母。水母没有脊椎，它们虽然身体庞大，但是只能靠水的浮力支撑。水母的外形像一把透明伞，伞状体直径有大有小，大水母的伞状体直径可达 2 米。从伞状体边缘长出一些须状条带，那是它们的触手，触手有的可长达 20～30 米，相当于一条成年鲸的长度。水母虽然身体庞大，但是其中大部分是水，身体的含水量可达 98%。浮动在水中的水母，向四周伸出长长的触手，有些水母的伞状体还带有各色花纹。在蓝色的海水里，这些游动着的色彩各异的水母显得十分美丽。

水母虽然看起来美丽温顺，其实十分凶猛。在伞状体的下面，那些细长的触手是它的消化器官，也是它的武器。在触手的上面布满了刺细胞，像毒丝一样，能够射出毒液，猎物被刺蜇以后，会迅速麻痹而死。触手就将这些猎物紧紧抓住，缩回来，用伞状体下面的息肉吸住，每一个息肉都能够分泌出酵素，迅速将猎物体内的蛋白质分解。

水母的身体由内外两个胚层组成，两层间有一个很厚的中胶层，呈透明状，具有漂浮的作用。它们在运动时，利用体内喷水反射前进，远远望去，就好像一顶圆伞在水中迅速漂游。在繁殖期水母会在海上成群出没，它们紧密地生活在一起，像一个整体似的漂浮在海面上，显得十分壮观。

最大的水母

水母的种类很多，全世界大约有250种，直径从10厘米到100厘米之间，常见于各地的海洋中。其中最大的是北极霞水母，它们生活在北冰洋和大西洋水域。一般为红褐色或黄色，伞盖上闪耀着彩色的光芒，伞盖直径可达2.5米。伞盖边缘伸出8组触手，每组150根左右，共1200支触手，每组触手伸长可达40米左右，触手能够自由伸展或收缩，1秒钟内就能收缩到只有原来长度的1/10。

触手展开时面积可达500平方米，就像撒开了天罗地网，很多海洋动物遇到它都只能束手就擒。触手末端有带毒的刺丝，水母无法看清猎物，只能当猎物靠近时伸出触手放射毒素，将猎物刺伤然后吃掉。北极霞水母能够很快地将食物吸收进体内，如果食物充足，它们的体形就会迅速增大，繁殖也会加快。当食物不够时，它们的身体就会缩小。

最艳丽的海洋动物

裸鳃亚目软体动物，以身体绚烂的色彩而闻名，有"最艳丽的海洋动物"之美誉。它们是蜗牛的无壳亲戚，是一种小型的海洋动物，通常只有2～6厘米长，在全球各地的海里都有分布。从最深最暗的大洋底部到温暖的浅水区，它们都能存活。

有些种类身上的图案与它们所处的深绿和棕色海洋环境相匹配，有些种类的图案与它们栖息地环境形成鲜明对比。据分析，它们的斑斓色彩由进化演变而成，是褪去外壳后的一种防卫机制，或者变成它们周围环境的颜色来掩饰、保护自己，或者变成醒目的颜色吓走敌人，让敌人知道它们不仅有刺，还能分泌毒液。

它们的眼睛什么都看不到，只能靠嗅觉、味觉寻找海绵、珊瑚、卵、小鱼或其他同类为食。尽管一些有毒海绵体内藏有毒素，但是，裸鳃亚目软体动物能通过保护腺消化这些海绵。

生活在海洋中的大型水母

昆虫与其他无脊椎动物之最

最原始的昆虫

世界上最原始的昆虫是原尾虫,俗称"螈"。原尾虫体长 0.5~2 毫米,身体细长,呈白色或无色,口器藏在头的内部,适合刺吸。它们分布很广,栖息在潮湿的草根、树皮和石头下面。一般昆虫都长着单眼和复眼、一对触角、三对足和两对翅膀。原尾虫没有眼睛,没有翅膀,也没有触角,但是它们的前足特别长,常常举起来代替触角的作用。

原尾虫幼虫刚孵化的时候,腹部体节为 9 节,随着虫龄的增长,逐渐增加另外 3 节和一个不明显的尾节。这种现象叫增节变态,是其他昆虫没有的,表现了它的原始性。

最小的昆虫

"毛翼"甲虫和棒状翼的"仙女蝇"(一种寄生黄蜂)是人们所知道的最小的昆虫。这两种昆虫甚至比某些单细胞原生动物还要小。

据测算,没吃饱的单个的雄性吸血虱和寄生蜂的体重仅 0.005 毫克,而每颗寄生蜂的卵就更小了,它的重量只有 0.0002 毫克,超出常人想象。

飞得最快的昆虫

一般的昆虫,还有像鹿马蝇、天蛾、马蝇和几种热带蝴蝶一类的昆虫,持续飞行时,其最高速度为每小时 39 千米。而澳大利亚蜻蜓在进行短距离的冲刺时,速度可达每小时 58 千米,是世界上已知的飞得最快的昆虫。

最长的昆虫

生活在婆罗洲雨林地区的棒状虫是世界上有记载的最长的昆虫。英国伦敦的自然历史博物馆保存有目前已知最长的昆虫标本。该标本身长达 32.8 厘米。当它蜕皮时,过长的腿极易碰断,因此在野外时常能发现此类昆虫的断腿。

最重的昆虫

世界上最重的昆虫是金花龟科大甲虫,主要生活在非洲赤道一带。一般情况下,成熟的金花龟科大甲虫的雄虫体重在 70.9~99.2 克之间。

生命力最强的昆虫

摇蚊蝇是所有昆虫中生命力最强的,它的幼虫可以生活在 102℃~234.4℃的高温下,而且它还是进化出来的能完全脱水生存的生物。

陆地上爬行最快的昆虫

据美国加利福尼亚大学伯克利分校的《美国环球杂志》记载,热带大蟑螂爬行时速可达 5.4 千米,若按秒计算,每秒钟的爬行距离是其身长的 50 倍,因而是陆地上爬得最快的昆虫。

世界上跳得最高的昆虫

跳蚤在世界上的分布是相当广泛的,几乎在世界上的任何地方都有跳蚤生存着，在我们的日常生活中，跳蚤也是最常见的昆虫之一。跳蚤是很能跳的，但是有谁想到过跳蚤是世界上跳得最高的昆虫呢？其实，世界上有很多很能跳的动物，但它们的弹跳能力都不如跳蚤。当然，这里所说的弹跳能力是拿它们的身高来作为参照标准的，在这个参照标准下，跳蚤跳跃时能跳出超过它自己身高200倍的高度，这是那些所谓很能跳的动物（比如跳兔、跳鼠）都不能比的。跳蚤有一对发达的附肢，附肢上面灵活的关节造就了跳蚤超强的跳跃能力！

最具破坏力的昆虫

世界上最具破坏力的昆虫是一种叫作"荒地蚱蜢"的昆虫。

荒地蚱蜢广泛地分布于非洲和亚洲的西部地区，是一种让人们"谈之色变"的昆虫。它巨大的破坏力几乎已经让人们无能为力，尤其是在某些特殊的天气状况下，荒地蚱蜢会成群结队地飞行，远远地看过去就像乌云一样，它们所到之处，所有的植物都会在一瞬间化为乌有，它们的吞噬能力极强，根据有关资料分析，5000万只蚱蜢1天所吃掉的农作物可供500人生活1年。

繁殖最快的昆虫

地球上繁殖最快的昆虫是一种名为蚜虫的昆虫。

蚜虫是世界上比较普遍的一种昆虫，在全世界有2000多种，我国也大约有600多种。蚜虫不仅仅种类繁多，其繁殖速度更是惊人，比如说有一种叫作棉蚜的蚜虫，有研究表明，它们基本上4~5天就能繁殖1代，更奇怪的是刚刚出生4~5天的棉蚜就已经开始繁衍后代,1只棉蚜1年能繁殖20~30代。

当然，蚜虫的繁衍习性是不同的，所以它们的繁殖速度不能一概而论，上面讲的棉蚜是胎生的，有的蚜虫是卵生的，卵生蚜虫虽然没有胎生蚜虫那么快的繁殖速度，但是和一般的昆虫繁殖速度比起来也是相当快的。

寿命最短的昆虫

最短命的昆虫非蜉蝣莫属，它的成虫往往活不到1天，一般只有几个小时就走到了生命的尽头。尽管蜉蝣成虫寿命很短，但其幼虫寿命却很长。蜉蝣成虫经过交配，把卵产在水中。幼虫要变成亚成虫，必须先在水中生活1~3年，爬出水面蜕过皮后才变为蜉蝣成虫。如果把它在水中生活的时间算在一起，寿命还是不短的。

蜉蝣早在3亿多年以前就已经出

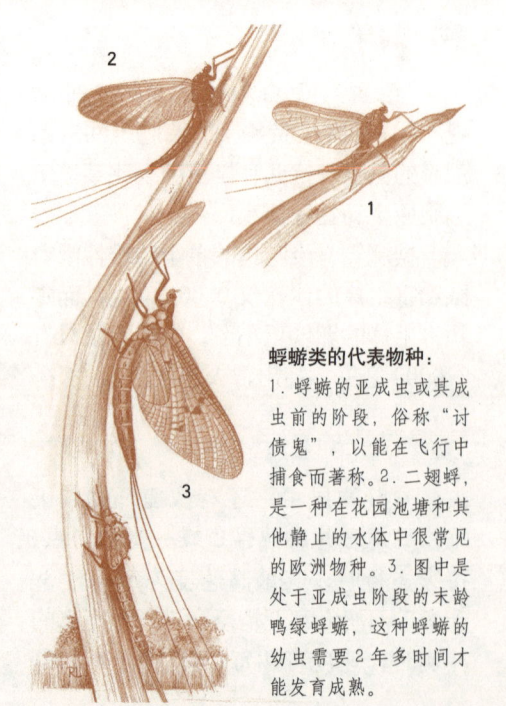

蜉蝣类的代表物种：
1. 蜉蝣的亚成虫或其成虫前的阶段，俗称"讨债鬼"，以能在飞行中捕食而著称。2.二翅蜉，是一种在花园池塘和其他静止的水体中很常见的欧洲物种。3.图中是处于亚成虫阶段的末龄鸭绿蜉蝣，这种蜉蝣的幼虫需要2年多时间才能发育成熟。

现，是比较古老的昆虫。世界上的蜉蝣有2000种左右，分布极其广泛。它身体软弱细长；头小，复眼大；两对翅膜脆弱，极易脱落；足细弱，只用于停息时攀附，不用于行走。

蜉蝣的稚（幼）虫一般在日落后羽化为亚成虫，这时的虫体与成虫相似，但由于全身被半透明薄膜覆盖，使它显得有些发暗，翅膀暗淡，不活泼，也不能交配。只有经过最后一次蜕皮，它才成为翅膀透明、色彩较鲜的成虫，这种现象在昆虫中是绝无仅有的。在成虫阶段，它不吃不喝，主要任务是交配产卵，产卵后就死去。蜉蝣卵在水中孵化后，一般蜕皮20～24次，多的达40次。蜉蝣的稚虫是鱼类的美餐。

蜉蝣的成虫短命的原因在于，它的嘴已经退化，不能再吃任何东西。

最长寿的昆虫

光亮甲虫是世界上已知的活得最长的昆虫。1983年，在英国埃塞克斯郡普律特维尔的一户人家中发现了1只光亮甲虫，当时，它已至少经历了51年的幼虫期。

分布最广的昆虫

弹尾虫是一种原始昆虫，约有3500种，广泛分布于世界各种土壤和落叶层中。据统计，每23厘米深的土壤中就有弹尾虫2.3亿个，合每929平方厘米中至少有5000个。

它们体型小，一般体长1～3毫米，个别体长超过10毫米，没有翅膀，带有内口式口器。体色多样，有黄绿色、红色、白色、暗蓝色、黑色，有些种类有银色等金属光泽。体表光滑，有些披有鳞片或毛。大部分种类腹部末端有一分叉的附肢，静止时被一握器握持，释放时可将虫体弹出，但通常爬行。腹部有管状似吸管的黏管，可分泌黏性物质和摄入水分。弹尾虫无变态，蜕皮数次后成熟，一生约蜕皮50次。弹尾虫以腐烂植物、菌类、地衣为主要食物，有些种类取食发芽的种子和植物的茎叶，有些危害菜园作物及蘑菇。有些种类栖息在水面上取食水藻，也有些栖息在海滨，取食腐肉。一些种类称雪蚤，可在近冰点气温中生存并成群出现在雪地上。

力气最大的昆虫

如果按身体比例来计算，世界上力气最大的昆虫是蚂蚁，它们可以拖动超过自己体重300多倍的物体。研究发现，蚂蚁肢体上的骨头长在肌肉外面，肌肉纤维含有特殊的酶和激素蛋白，稍加活动就能释放出巨大的能量。

蚂蚁是一种常见的昆虫。一般体形小，约0.5～3毫米，颜色有黑、褐、黄、红等，体壁具弹性，光滑或有毛。口器咀嚼式，上颚发达。触角膝状，4～13节，柄节很长，末端2～3节膨大，腹部第1节或1、2节呈结状。一般没有翅膀。前足的距离大，呈梳状，清理触角用。我们常常看到蚂蚁在地面上拖动食物，一只蚂蚁可以拖动一块比自己身体大很多的面包屑，几只蚂蚁可以把一只大毛毛虫拖进蚁穴。

蚂蚁能生活在任何具备它们生存条件的地方，是世界上抗击自然灾害能力最强的生物。

最擅长吐丝的昆虫

很多昆虫都会吐丝，比如蚕、蜘蛛，

以及其他一些有蛹期的昆虫。其中最会吐丝的是蚕。蚕丝的用途很多，可以织成各种漂亮的丝绸，用来做服装或被子。人类很早就有了养蚕的历史。

蚕宝宝的身体经过4次蜕皮，食欲大减时就开始吐丝了。吐丝时，它们的头部和胸部昂起来，左右摆动寻找适合结茧的地方。人们把蚕放在特制的容器中，蚕就会吐丝结茧了。蚕吐丝结茧时，头不停摆动，将丝织成一个个排列整齐的8字形丝圈。每织20多个丝圈便动一下身体的位置，然后继续吐织下面的丝圈。一头织好后再织另外的一头，因此，蚕的茧总是两头粗中间细。蚕每结一个茧，需变换250～500次位置，编织出6万多个8字形的丝圈，每个丝圈平均有0.92厘米长，一个茧的丝长可达1500～3000米。

结茧是蚕一生中的大事，需要耗费很多体力，因此在它们还是蚕宝宝的时候，每天的任务就是不停地吃，使自己长得胖胖的。吐丝之后，胖胖的身体就会缩小，身体缩到很小的时候，吐丝的速度也会慢下来。经过4天左右，丝腺内的分泌物就用完了，这时蚕就会化蛹。蚕刚化蛹时，体色是淡黄色的，蛹体嫩软，渐渐地就会变成黄色、黄褐色或褐色，蛹皮也硬起来了。经过大约12～15天，当蛹体又开始变软，蛹皮有点起皱并呈土褐色时，它就将变成蛾了。

眼睛最大的昆虫

世界上眼睛最大的昆虫是蜻蜓。昆虫头部一般都有1对复眼、3只单眼。蜻蜓的复眼非常大，鼓鼓地突出在头部的两侧，占据头部的2/3以上。两只大眼睛是由1000～28000只小眼

蜻蜓头顶部紧挨着的一对眼睛特别大，比如图中这只金环蜻蜓的一对眼睛。

睛构成的，因此蜻蜓也是眼睛最多的昆虫。它们的视野宽广，眼睛能够随颈部自由转动，这使它们的视野接近360°。蜻蜓的眼睛构造奇特，上部分用来看远处，下部分用来看近处。上下两部分眼睛各司其职，这使它们能够一边飞行一边捕捉小昆虫，从不落空。

但是，如果有东西在蜻蜓眼睛上部晃动，蜻蜓就会目不暇接，这时人们就能很容易抓住它了。这是眼睛多的弱点。

脚最多的昆虫

世界上脚最多的昆虫是千足虫，学名叫马陆，属于节肢动物门多足纲倍足亚纲，在世界各地都有分布。它们生活于腐败植物上并以其为食，有的也危害植物，少数为掠食性或食腐肉。千足虫的种类很多，约10000种，特征为体节两两愈合（双体节），除头节无足，头节后的3个体节每节有1对足外，其他体节每节有2对足，足的总数可多至200对。

千足虫体长约20～35毫米，体节数各异，从11节至100多节。除头4节外，每对双体节含2对神经节及2对心动脉。头节上长有触角、单眼及大小腭各1对。除一个目外，所有千足虫有钙质背板。自

在岩石上爬行的千足虫

卫时马陆并不咬噬，它们采取自我保护的方式，将身体蜷曲，头蜷在里面，外骨骼在外侧。许多种类能够分泌一种刺激性的毒液或毒气以防御敌害。

最会造房子的昆虫

世界上最会造房子的昆虫是蜜蜂。蜜蜂被称为"天才建筑师"，它们建造的蜂房即使世界上最高级的建筑师看了也会叹为观止。

蜜蜂的蜂房由一些正六边形的小室组成，底部用三个全等的菱形拼接，这种奇特的结构不但非常牢固，而且能大大减少建造蜂房所用的蜂蜡，还能满足蜜蜂生长和酿蜜的需要。蜂房纵向垂直于地面，由工蜂分泌的蜂蜡筑造。蜂房分为工蜂房、雄蜂房和王台，此外还有储存食物的空间和孵化幼蜂的空间。建好的蜂房只有40克重，却可以容纳2000只蜜蜂。

蜜蜂对营巢点的选择十分严格，要求蜜源丰富、气候适宜、目标显著、飞行路线通畅。因此，野生蜂群常穴居在周围有较丰富蜜源的南向山麓或山腰中，能避日晒、防风雨、冬暖夏凉，且能躲避敌害侵扰的地方。孤岩和独树是它们最喜欢的营巢目标。

最毒的甲虫

世界上最毒的甲虫是斑蝥，也叫斑猫。全世界有2300多种，我国有29种。它们全身披着黑色绒毛，翅膀细长呈椭圆形，质地柔软，体长11～13毫米，翅膀基部有两个黄色斑点，中央前后有一条黄色波纹状横带，足上长有黑色长绒毛。

斑蝥聚群取食，成群迁飞。当它们受到侵犯的时候，就会从足关节处分泌一种黄色的毒液，这种毒液毒性非常强，能够破坏高等动物的细胞组织，人接触后能引起皮肤红肿发疱。

最古老的甲壳动物

世界上最古老的甲壳动物是鲎。这种动物是与恐龙同一个时期出现的。早在4亿年前，地球上的原始鱼类还没有出现的时候，就有了这种甲壳动物。因此鲎有"活化石"之称。经过几亿年的进化，现在的鲎与它们的祖先相比在特性和身体结构上没有太大的变化。

鲎的体形古怪，外形有点像蟹，也叫马蹄蟹。但是它们并不是蟹，与蜘蛛、蝎以及早已灭绝的三叶虫有亲缘关系。它们身上有一个坚硬的甲壳，身体分头、腹、尾三部分，后面拖着一根可自由活动的三角棱柱状剑尾。这个剑尾既是航行的舵，也是自卫的武器，还可以当作翻身的工具。它们大部分时间藏在泥沙中，仅露剑尾当作警戒。它们有时在浅海游泳。

鲎的血液是蓝色的，含有铜离子。这种蓝色血液的提取物——"鲎试剂"，可以准确、快速地检测人体内部组织是否因细菌感染而致病；在制药和食品工业中，可用它对毒素污染进行监测。

恐龙与动物化石之最

最后灭绝的恐龙

根据科学家的研究，恐龙曾经统治了我们的地球1亿多年，但是，曾经的辉煌是怎么也经不起沧海桑田的变化的，一切都在时间的面前变得渺小如珠，恐龙也是如此。科学家曾经煞费苦心地想把那些遥远的故事在我们的脑海里还原，但再怎么努力我们能做的都是一些粗糙的想象和推测！

科学家为了让恐龙的生活轨迹更清晰一些，就把恐龙生存的年代分为不同的时期：三叠纪、侏罗纪、白垩纪。不同的恐龙分别生活在一个个不同的时代，当然没有一种恐龙能跨越这三个时期，也就是说，最后灭绝的恐龙肯定是生活在大约6500万年前的白垩纪。科学家在经过多年的研究之后得出结论：能坚持生存到恐龙灭绝以前的最后一刻的恐龙有许多种，比如角龙、肿头龙、爱德蒙托龙、暴龙以及锯齿龙等，都是世界上最后灭绝的恐龙。

世界上最大的食肉恐龙

阿根廷的科学家于1983年在阿根廷内乌肯省境内发现了一种食肉恐龙的化石，比我们以往知道的恐龙要大得多，这种恐龙就是暴龙。

暴龙站立时高约6米，长大约14米，体重大约8吨，仅它的牙齿就有成年男性的小腿那么长，足可以撕裂任何猎物。这种恐龙前腿比较短小，但后腿比较粗壮，所以它是靠两条后腿的支撑

暴龙可能生活在森林中，并成群捕猎。

来行走的。科学家在仔细研究后认为：这种恐龙的主要猎物是一种身长30多米、体重大约数十吨的素食恐龙。可见它的胃口会有多大！

最大的恐龙

大约生活于距今1.36亿年到1.62亿年前的侏罗纪晚期的震龙是科学家迄今为止发现的身材最大的恐龙。震龙属于蜥臀目蜥脚亚目梁龙科，身长39～52米，身高有时候也会达到18米。科学家之所以叫它震龙，是因为它的身躯太大了，走路的时候，周围的地面就会像地震一样剧烈震动。

震龙身躯这么大，体重也甚是惊人！很多人可能会因此以为它是食肉动物，其实震龙是以植物为食的，树的叶子、各种各样的草都是震龙的食物。震龙的脑袋和嘴都很小，进食速度慢，食量又大，所以震龙的一天大部分时间都

处在进食状态。

最重的恐龙

世界上曾经存在过的最重的恐龙是腕龙。

腕龙大约生活在1.45亿～1.56亿年前的侏罗纪晚期,它的脖子很长,脑袋很小,尾巴又短又粗,是地球上曾经存在过的最重的恐龙。它的身高和体长与别的恐龙都差不多,但是它的体重却是在其之上,它的平均体重都在70～80吨,而它的身高只有12～15米,体长也不过25米左右。幸亏腕龙有相当粗壮的四肢来支撑它肥胖的身体,否则走路都很困难。腕龙的四肢非常粗壮,即使有这么粗壮的四肢,腕龙走路的时候也不能像其他的恐龙那样可以两脚撑地,它必须要四肢同时撑地,才能够很稳定地行动。

爪子最大的恐龙

迄今为止发现的爪子最大的恐龙是重爪龙。重爪龙是一种大型的肉食性恐龙。它们的体形很特别,全身长12米,高约4米,重3吨,头部扁长,头型很像鳄鱼,口中长满细齿,身体低垂,后肢强壮,尾巴很长,可以帮助身体保持平衡。前肢有3只强有力的趾,特别是拇指,粗壮巨大,有一个超过30厘米长的钩爪,重爪龙的名称由此而来。它的食物也与其他食肉恐龙不同,喜欢吃鱼,而且还很会抓鱼,就像今天的熊一样。抓到鱼后,就用嘴叼住,然后带到蕨树丛中去慢慢享用。

最聪明的恐龙

就身体和脑容量的比例来看,伤齿龙具有恐龙中最大的脑袋,因而被人们认为是最有智慧的恐龙,它们可能在白垩纪晚期是最聪明的一群。有些科学家甚至认为它可能比现存的任何爬行动物都要聪明。袋鼠的EQ(Emotional Quotient,情商)大约为0.7,而伤齿龙的EQ高达5.3。

伤齿龙是一种体形较小,类似鸟类的恐龙,身长约2米,体重60千克。伤齿龙可能和今天鸟类的智力相似。加拿大古动物学家戴尔·罗素就设想,如果6500万年前没有那场大灾难,伤齿龙会演化得更聪明,而且将拥有类似人类的外表。

最笨的恐龙

剑龙是一种体形巨大,生存于侏罗纪晚期的典型食草恐龙。它们被认为是居住在平原上,并且以群体游牧的方式和其他食草恐龙一同生活。剑龙大约全长7米,如果算上骨板的高度,身高可达3.5米,可重达7吨。整个身躯如同现在的大象,但只有一个小得可怜的脑袋。大脑只有一个核桃般大小,与它庞大的身躯极不相称。科学家们由此认定,剑龙一定很笨。

有人认为剑龙的臀部还有一个脑子,这完全是一种谣传,任何动物绝对不可能有两个脑子。实际上剑龙的臀部只不过是有一个脊索,里面是个膨大的神经节,能通过神经网络与脑相通。这个膨大的神经节就像一个控制中心,这种控制中心对于像剑龙这样的大型动物来说,是至关重要的。剑龙前肢短小,全身明显前倾。颈部沿背脊直至尾巴中部,排列着两排三角形的板块,尾端有两对牛角状的尖刺,这是它的武器。它靠臀部的神经节控制后肢和尾巴，遇到危险时，就用尾巴上的尾刺来打击来犯之敌。

身体最宽的恐龙

世界上身体最宽的恐龙是甲龙。顾名思义，甲龙就是全身披着盔甲的恐龙，它们身体笨重，只能用四肢在地上缓慢爬行，看起来有点像坦克，因此也叫坦克龙。甲龙体长7～10米，体宽2～5米，身高1米左右，体重约2吨。

从自卫手段上来看，甲龙把身体发展到了顶点，它们的头部、颈部和身体两侧覆盖着骨质甲片，甲片上密布着脊突。皮肤厚实似皮革，极具韧性。臀部上方至尾巴的大部分竖立着尖如匕首的棘刺，身体两侧也各有一排尖刺。这种严密的防范措施，抵挡住了大部分的食肉者。尾部的鼓锤挥动时可产生巨大的力量，是重要的自卫武器。

最厉害的恐龙

科学家根据出土的恐龙化石资料推测，在侏罗纪晚期，最厉害的恐龙是异特龙；在白垩纪晚期，最厉害的恐龙是暴龙。这两种恐龙的牙齿非常锋利，它们的牙齿边缘呈锯齿状，像刀子一样。上下颌非常有力，能张得很大。它们的爪子强健有力，能够轻易刺破食草恐龙的皮肤。

异特龙最吓人的地方就是它的血盆大口，一排"V"字形的锋利的牙齿，能咬住猎物并将它撕碎，很少有猎物能逃出它的魔掌。异特龙最显著的特征是在它的眼睛上方有一个骨质突起物，使得我们很容易就能辨认它。

暴龙，也叫霸王龙，它的牙齿同样非常锋利，目前所发现最大的暴龙牙

凶猛的暴龙

齿，包括齿根在内有30厘米长。暴龙拥有恐龙之中最强大的咬合力，在其他恐龙身上发现的大型齿痕显示暴龙的牙齿可刺穿坚硬的骨头。

牙齿最多的恐龙

已知的牙齿最多的恐龙是鸭嘴龙。鸭嘴龙为一类较大型的鸟臀类恐龙，是白垩纪后期草食性恐龙家族的一员，它们最大的长达15米以上。鸭嘴龙头骨较高，其枕部宽大，面部加长，前上颌骨和鼻骨也前后伸长，吻部由于前上颌骨和前齿骨的延伸和横向扩展，构成了宽阔的鸭状吻端，吻部宽扁，外鼻孔斜长，看起来很像鸭子，故而得名。特化的前上颌骨和鼻骨构成明显的嵴突，形成角状突起，下颌骨上的齿骨和上隅骨形成的冠状突很明显，后部反关节突显著。它们的上下颌齿列复排，每块颌骨上有45～60个牙齿，垂直复叠，共960颗，珐琅质只在牙齿的一侧发育。

鸭嘴龙是鸟臀类恐龙中最进步的一类。它们肠骨的前突平缓，后突宽大，耻骨前突扩展成浆状，棒状坐骨突几乎成垂直状态，有的个体的坐骨远端也扩大。脚部有3根趾头，后肢长而有力，已发育成鸟脚状，前腿则较小且无力。

最早的有胎盘的哺乳动物化石

世界上最早的有胎盘的哺乳动物化石是中美研究者在中国东北辽宁省境内发现的一块动物化石。

科学家发现这块化石的时候，化石保存得相当完好，化石上的小动物看上去像一只大老鼠，骨骼清晰可见，甚至能很容易就看到动物浓浓的皮毛。科学家最终通过化石上清晰可见的动物的牙齿和踝关节肯定了化石上的动物是哺乳动物的一种，另外，科学家还通过化石上的动物正伸长的足趾断定这种动物是非常善于攀缘的。

中美科学家在对化石进行了细致的研究之后表示：化石上的动物是人类迄今为止所知道的包括人类在内的哺乳类家族中最早的成员，随后，美国卡耐基自然历史博物馆和中国科学院的专家正式确定了这种动物的名称——"Eomaia scansoria"（攀援始祖兽）。

最早的真螈化石

最近，有科学家在中国内蒙古地区发现了一种距今已有1.6亿年的真螈类两栖动物化石——蝾螈类化石。蝾螈类动物是隐鳃螈动物的一科，它们生活的年代距今已有大约1.6亿年。可以说它们是人类迄今为止所发现的最早的真螈类两栖动物化石，这个发现把人们认为的真螈动物的起源时间推前了1亿年。在这以前，人类发现的最早的真螈类动物化石是大约生活于距今6000万年前的真螈动物。真螈类两栖动物是地球上的一个原始类群，它在地球上生活的年代相当长，对研究现代两栖动物的进化和起源有着非凡的意义，而新发现的蝾螈类化石弥补了很大的一个空白，人类在研究两栖动物的起源和进化的道路上又前进了一步！

最大的爬行动物化石

人类迄今为止发现的最大的爬行动物化石是食肉滑齿龙化石。食肉滑齿龙化石是科学家在北美洲的墨西哥北部的阿兰贝里地区发现的，化石长达20多米。

食肉滑齿龙是一种蛇颈龙，大约生活于1.5亿年前，是一种海底动物，以其体形巨大、性情凶猛著称。尤其是它的牙齿，就像排列得整整齐齐的一排长刀，锋利无比。这样的牙齿再加上它强健有力的上下颚，只要稍微一用力，任何动物在它的嘴里都会顷刻间粉身碎骨！就是世界上最坚硬的花岗岩在它的嘴里也会瞬时变为碎面。科学家介绍说这种恐龙曾经主宰海底世界相当长时间，素有"海底霸王"之称。

科学家称，尽管以前也有食肉滑齿龙化石出土，但是像在墨西哥发现的这么完整的还从来没有过，所以在墨西哥发现的这个食肉滑齿龙化石是世界上最大的爬行动物化石。

最早的人类头盖骨化石

人类的起源问题一直是人们尤其是考古学家探索不息的课题。多年来，考古学家认为人类的祖先来自非洲东部。最近，由法国和加拿大等国考古学家组成的一个科研小组在中部非洲国家乍得发掘出一个完整的迄今为止最早的人类头盖骨化石。据推测，这个长相类似无尾猿的生物生活在大约六七百万年前，它兼具黑猩猩和人这两种生物的特征，而且，对这个人类头盖骨化石的研究结果显示，这个高级动物的大脑与黑猩猩的大脑极为接近，而它的前额和牙齿更像是人类的祖先——猿人。据此，考古学界的权威专家普遍认为，这一重大发现，将把"从猿到人"的时间上溯到距今 600 万～700 万年前，远远超过人们此前判断的时间。

不过，也有少数考古学家对上述发现提出了质疑。他们认为，这个人类头盖骨化石也可能是一种与黑猩猩或大猩猩"沾亲带故"的高级动物的，或是属于人类进化过程中的一个最终未能演变成人的动物族群的。

最大的鸟类化石

世界上最大的鸟类化石是在阿根廷出土的恐怖鸟的化石。这具化石估计生活在距今 1500 万年前，复原后高达 3 米、重约 200 千克，头部比马的头部还大。除了较完整的头部之外，化石还包括腿、爪等。

恐怖鸟生活在 2700 万年到 1.5 万年前，那个时期的南美洲还是一个漂离的大陆板块，在这个与其他陆地隔绝的世界，没有更强壮的掠食动物与恐怖鸟竞争，同时，恐怖鸟也没有天敌，因此它当上了南美洲的霸主，曾经进化得相当巨大，其巨大的钩状喙可以轻松地吞下一只小动物。直到后来的猫科动物出现，它们才逐渐衰落。

最大的肉食动物化石

世界上最大的肉食动物化石是生活在侏罗纪的大型海洋肉食动物——里奥普鲁顿的化石。里奥普鲁顿绰号为"深海怪物""海洋霸主"，是 1.5 亿年前统治着海洋的最恐怖的食肉动物。古生物学家从一些零星的骨骼化石中意识到里奥普鲁顿的存在，但是一直没有发现一具完整的里奥普鲁顿化石。

2003 年 1 月，古生物学家在阿拉蒙布里地区挖掘出了一具可称作地球上有史以来最庞大的肉食动物的完整化石。科学家经过鉴别后认为，它可能正是里奥普鲁顿。它的头像一辆小汽车一样大，牙齿长 25.4 厘米。它吞食猎物时，甚至不用咀嚼。

最大的猛犸象骨骼化石

世界上最大的猛犸象骨骼化石是在我国内蒙古呼伦贝尔出土的。猛犸象是体披长毛的古象类，属于长鼻目，活动于寒冷的草原、雪原地带，是第四纪冰川时代或冰缘环境下生存的珍奇巨兽。这具猛犸象骨骼化石保存完好，发现于距地表 39 米深的古河床内。这具猛犸象体长 9 米，高 4.7 米，是迄今所知最大最完整的猛犸象骨骼化石。

最古老的毛颚动物化石

中科院古生物学研究所的一名教授在昆明海口寒武纪早期地层发现了最古老的毛颚化石。这个化石十分完整，2.5 厘米长，包括头、躯干和尾，头部外边缘具有许多镰刀状颚刺，口边缘是小型齿状构造，躯干前端有一对头罩的肌痕，具侧鳍，形态和大小均与现生的箭虫相似。

毛颚动物为自由游泳的肉食性海生动物，在海洋生态系统中扮演着十分重要的角色。这一发现为揭示寒武纪生命大爆发事件，即为生命起源和早期生命演化研究提供了独一无二的依据。

第二章
植物之最

树之最

最早的树

大约在1个世纪前，人们曾在美国纽约州的吉尔博挖掘出了许多树木化石，科学家认为这是生长在地球上的最早的树木。2005年，科学家把这种树的树冠化石和树干化石组合起来，展现出这种地球上最古老的树木的复原图。它高约9.14米，外形看上去像现代的棕榈树，大约生长在3.85亿年前。这种树属于一种名为瓦蒂萨的早期蕨类植物。它没有真正的叶子，只有一些类似于叶子的小枝，这些树枝掉落到地上腐烂后能够为其他生物提供食物来源和庇护所。瓦蒂萨不像用种子来繁殖的显花植物，而是像藻类、蕨类和菌类植物那样用孢子来繁殖。

生长最慢的树

自然界树木生长有快有慢。例如在俄罗斯的喀拉里沙漠中，有一种高度很矮、圆形树冠的尔威兹加树，从正面看上去，就像是沙地上的小圆桌。因为沙漠中雨水稀少，风又大，天气干旱，所以尔威兹加树生长极其缓慢，堪称世界上生长最慢的树。它100年才长高30厘米，生长速度极慢。和毛竹的生长速度相比，尔威兹加树长得慢如蜗牛，要长333年，才能达到毛竹一天生长的高度。

体积最大的树

地球上的植物，形态各异，千差万别。有的个体非常微小，有的个体却很庞大。生长在美国加利福尼亚的巨杉，长得又高又壮，是世界上体积最大的树，堪称树木中的"巨人"，所以人们习惯地称其为"世界爷"。

这种树一般高100米左右，最高的可达142米。体积最大的一棵巨杉名叫"谢尔曼将军"，这棵巨杉有3500年的树龄，其直径近12米，树干周长为37米，需要20来个成年人才能抱住它。人们在树干下部开了一个可以通过汽车的洞，这个洞有4匹马并列的宽度。人们要用长梯子才能爬到树干上去，如果把树干挖空，人可以爬上去60米，再从树洞里钻出来。如果用它的木料盖楼，可够盖 40 套 5 间一套的房屋。

巨杉的木材不易着火，有防火的作用，是枕木、电线杆和建筑的良好材料，有很高的经济价值。

最粗的树

在西西里岛的埃特纳山边，有一棵叫"百马树"的大栗树，这是世界上最粗的树。人们在 1972 年发现了它，经测量，发现它树干的周长竟有 55 米，要 30 多人才能合抱住。树下部有大洞，由于洞内宽敞，采栗的人常把那里当宿舍或仓库用。

"百马树"大栗树

最粗的药用树

世界上最粗的药用树是生长在非洲东部热带草原的波巴布树。波巴布树的树皮、叶子、果实都可供药用。它只有 10～20 米高，可是树干却粗得出奇，一般的直径都超过 10 米，最粗的一株树干基部直径竟有 16 米，要 30 个成年人手挽着手才能把它围一周，不愧为"药材大王"。

粗大的波巴布树，远看像坐落在热带草原上的一幢幢楼房，当地有的人家真的把这种树的树洞当房子住。这种树洞又是狮子、斑马等动物避雨或休息的场所。猴子非常喜欢吃这种树的果实，所以人们又叫它猴面包树。

树冠最大的树

孟加拉的一种榕树的树冠可以覆盖 1 万平方米左右的土地，在炎热的夏季，这棵树能提供半个足球场大小的树荫，从而供许多人同时纳凉。

枝繁叶茂的孟加拉榕树能由树枝向下生根。这些被称作"气根"的树根悬挂在半空中，从空气中吸收水分和养料。多数气根也扎入土中，起着吸收养分和支持树枝的作用。一棵榕树最多可有 4000 多根气根，因为直立的气根很像树干，因此，从远处望去，像是一片树林，人们形象地称这种榕树为"独木林"。据说曾有一支六七千人的军队在一株大榕树下乘过凉，可以想象，这棵榕树有多大了。当地人们还在一棵老的孟加拉榕树下开办了一个市场，这个市场一直都人来人往，热闹非凡。它的树冠无愧为世界上最大的树冠。

最古老的种子植物

银杏树是现存树木中辈分最高、资格最老的种子植物。银杏树在 2 亿年前的中生代就已出现在地球上了，被称为种子植物中的"活化石"。

银杏曾经广泛分布在欧亚大陆上，后来，大部分地区的银杏被冰川毁灭，成了化石。目前，只有中国还分布有银杏树，因而，银杏树相当珍贵，并对植物学研究有宝贵的价值。

银杏的叶子碧绿，像把纸折扇，含有能防虫蛀的抗虫毒素。银杏的果实，成熟时外种皮呈现出杏子般的橙黄色，"银杏"这个名称就是因此得来的。它的种皮色白而硬，人们称其为白果。银杏的种仁味道香美，并有祛痰、息喘、止咳嗽的功效，但多吃容易中毒。

最矮的树

在温带的森林里，生长着一种叫紫金牛的小灌木，绿叶红果，非常漂亮，惹人喜爱，由于极具观赏性，人们常常把它制成盆景。它长得最高的也不过30厘米，因此，得了一个"老勿大"的绰号。其实"老勿大"比起一种生长在高山冻土带的树来要高6倍，这种树名叫矮柳。它的茎匍匐在地面上，长出像杨柳一样的花序，高不过5厘米。生长在北极圈附近高山上的矮北极桦也很矮，甚至不及蘑菇高。

科学研究发现，因为高山上的温度极低，空气稀薄，阳光直射，风又大，只有那些矮小的植物才能适应这种环境。所以，高山植物都很矮小。

最高的树

世界上最高的树是生长在澳大利亚的一种叫作"杏仁桉"的树，它的平均高度达到100米！

杏仁桉是一种在澳洲大陆非常常见的树种，它最具特色的地方就是它的高度，一般长成的杏仁桉都在100米左右，这就已经相当高了，但这还不算最高的高度，据说澳洲当地有一棵杏仁桉高达156米，它粗粗的树干像一座高塔直插云霄，比50层楼还高！在人类关于树的所有的历史记载中，还没有哪一种树的高度能高过杏仁桉，可见杏仁桉绝对是世界第一高树了！

木材最轻的树

巴沙木是生长在美洲热带森林里的轻木，是生长最快的树木之一。这种树四季常青，树干高大，有类似梧桐叶的树叶、芙蓉花般的黄白色花朵、棉花状的果实。中国台湾南部和广东、福建等地也都有广泛栽培。

巴沙木的木材是世界上最轻的，每立方厘米只有0.1克重，是同体积水的重量的1/10。用来制作火柴棒的白杨是它重量的3.5倍。巴沙木木质轻而牢固，有很大的实用价值，是航空、航海以及其他特种工艺的宝贵材料。它的用途广泛，可做木筏，往来于岛屿之间，也可做保温瓶的瓶塞。

树干最美的树

世界上树干最美的树是白桦树。

白桦树在植物学上属于桦木科、桦木属，是一种落叶乔木，成熟以后高度一般来讲都在10~20米之间，最粗的白桦树直径有1米多。白桦树之所以被人们认为是世界上树干最美的树，是因为它的白垩色的树皮，一年四季，无论哪个季节都是雪白色的，偶尔也会带着些红晕，再加上它碧绿色的树叶的衬托，远远地看过去，亭亭玉立，煞是好看！

白桦树是温带或寒带植物，在中国的好多地方都能看到它的影子，尤其是中国东北的大小兴安岭林区，几乎整个林区面积的1/4都是白桦树。

叶子最长的树

世界上植物的叶子形状各式各样，大小也千差万别。最大的一片叶子大到可遮住一间小房子，最小的还不及鱼鳞大。如果仔细比较它们的长度，就会发现植物的叶子长度也没有一片是完全相同的。玉米的叶片，是比较长的，大约

1米左右。南美洲的亚马孙棕榈的叶子竟然接近25米长。热带的长叶椰子则拥有迄今为人们所知道的最长的叶子，一片叶子有27米长，竖起来有7层楼房高。

对火最敏感的树

世界上对火最敏感的树是生长在非洲安哥拉的梓柯树。因为只要有人在树下点火，梓柯树就会立即喷出一种特殊的液体，把火浇灭，所以人们把这种树叫作"灭火树"。

梓柯树是多年生的常绿树，高大雄伟，枝繁叶茂，叶片细长，向下垂挂，把全树围得密不透光。在浓密的叶丛中，有许多皮球般大小的"天然灭火器"——节苞，它并不是果实，而是"自卫"的武器。节苞上面密布网状小孔，里面装满透明的液体，节苞怕见阳光，一旦被太阳光或火光照到，里面的液体便会从细孔中喷射出来。

有人曾想试验一下梓柯树对火的灵敏度和实际效果，在树下用打火机吸烟，结果一条条白色的浆液向他射来，烟未点燃，人已是满面白浆，使人啼笑皆非。也有人想在树下点起一堆熊熊篝火，但始终未能如愿。这是因为梓柯树具有把火消灭在萌芽状态的"特异功能"，它喷射出来的浆液中确实含有灭火物质——四氯化碳。科学家曾在梓柯树的启示下设计成功微型自动灭火器。

最凶猛的树

在世界上500多种能吃动物的植物中绝大多数只能吃些小昆虫。可是，生长在印度尼西亚爪哇岛上的一种名叫奠柏的树，居然能把人吃掉，因而是世界上最凶猛的树。

这种树长着许多柔软的枝条，一旦被人触动，那些枝条马上就像蛇一样把人卷住，使其脱不了身。然后这种奠柏能分泌一种强腐蚀性的液汁，把人慢慢"消化"掉。不过，当地人已经知道如何对付和利用它了。只要先用鱼去喂它，等它伸开枝条，分泌液汁，就赶快去采集它的树汁，因为这树液是制药的宝贵原料。在充满智慧的人类面前，世界上最凶猛的树也能被加以利用。

最毒的树

在2个世纪前的爪哇，有个酋长用涂有一种树的汁液的针刺犯人的胸部，眨眼工夫，犯人就死去了。从此人们对这种树非常害怕，而这种树也因此闻名世界。在中国，人们形象地称其为"见血封喉"，形容它毒性猛烈。

这种树就是剪刀树，也叫箭毒木，其树身高30米，产于东南亚和中国的海南岛、云南等地。它的树皮中含有白色剧毒乳汁，它有急速麻痹心脏的作用。人们把这种乳汁涂在猎兽用的箭头上，制成毒箭，中箭的兽类数秒内就会中毒而亡。如果不小心让它进入眼内，眼睛顿时就会失明。它的毒性巨大，剧毒的巴豆和苦杏仁在它面前也逊色很多。因而，箭毒木是最毒的树。

最长寿的树

人活到百岁就算长寿了，但与树木相比，人的寿命简直微不足道。

许多树木的寿命都在百年以上。例如杏树、柿树，而柑树、板栗树、橘树能活到300岁，杉树可活1000岁。中国南京有一棵1400年树龄的六朝松，而山东曲阜的一棵桧柏则有2400

年的树龄。中国目前活着的寿命最长的树是台湾省阿里山的一棵红桧，已存活了3000多年了。

世界上最长寿的树，是曾经生长在非洲西部加那利岛上的一棵龙血树。它的树龄有8000～10000年。不过，它在1868年，被大风刮断死去了。

龙血树一般高20米，基部周围长有10米，七八个人伸开双臂，才能合围它。它是一种常绿植物，树脂有防腐功效，呈暗红色，常被制成防腐剂。当地人形象地称它为"龙之血"，龙血树名称即由此而来。

最坚硬的树

铁桦树的硬度相当大，甚至超过了钢铁，子弹打在这种木头上，就像打在厚钢板上一样，不能洞穿，因此被认为是比钢铁还要硬的树。

由于它木质坚硬，所以非常珍贵。它一般能活300多年，树木高约20米，树干直径约70厘米，密布白色斑点的树皮呈暗红色或接近黑色，树叶是椭圆形的。它主要分布在朝鲜南部和朝鲜与中国接壤的地区以及俄罗斯东部海滨一带。

铁桦树的木质比橡树硬3倍，比普通的钢硬1倍，是世界上最硬的木材，常常被当作金属使用。苏联曾经在快艇上使用铁桦树制成的滚珠球轴承。由于质地极为致密，所以铁桦树一旦入水就往下沉；更为奇特的是即使被长期浸泡在水里，它的内部仍能保持干燥。

贮水本领最强的树

生长在南美洲草原上的一种纺锤

南美洲草原上的纺锤树

树，身躯很像一个大萝卜。这种树高可达30米，相当于10层楼房的高度。它的树干两头细中间粗，最粗的地方直径达5米，与火车通过的隧道差不多宽。纺锤树上端的枝条很少，叶片也不多，远远看去，这种树又像一个插着枝条的花瓶，因此人们又叫它瓶子树。

旱季时，人们常砍棵纺锤树作为饮水的来源，因为纺锤树的树茎内可贮存2吨多的水。一棵纺锤树几乎可供4口之家饮用半年，所以纺锤树在缺水的地区被居民们视若珍宝。纺锤树可谓是世界上贮水本领最强的树。

最能忍受紫外线照射的树

紫外线是太阳光里的一种射线，它会对生物产生影响，特别是微生物，受到一定剂量的紫外线照射，在十几分钟之内就会死亡。紫外线常被用在医院、工厂、学校等场所，进行杀菌消毒。

研究表明，如果用相当于火星表面的紫外线强度作为标准，来照射各种植物，番茄、豌豆等只要3个多小时就死去；小麦、玉米等被照射70多个小时后，叶片就会死亡。但有一种植物，对紫外线忍受能力最强，这种植物名叫南欧黑松，它被照射635小时，仍完好无损。科学家估计，像南欧黑松这样的植物，能够在火星上生活一个季节。根据这一事例，人们猜测，在地球以外的行星如火星上，可能会存在生物。

最有希望的石油树

在非洲生长着一种树，高7~8米，一年四季都是光秃秃的枝条，看上去没有叶子，人们叫它光棍树。其实光棍树也有叶子，可能是因为它生活在气候非常干旱的地方，所以叶子特别特别小，落得也过于早，人们很少能看到它的叶子，就以为它没有叶子。但就是这样的一种外表非常奇怪的树却被人认为是最有希望的石油植物，因为在它肉质的枝条中分泌出来的乳汁里面含有非常非常多的碳氢化合物，这种化合物正好是石油的主要成分，所以有关专家认为光棍树很可能在未来是最有希望的石油植物。这种奇树在中国南方的广东、福建一带也经常能看到。

世界上含糖最多的树

世界上含糖最多的树是北美洲的糖槭。

糖槭盛产于北美洲，尤其在加拿大分布得更多。糖槭从外表上看并没有什么特殊之处，但它的确是世界上含糖最多的树，它的含糖量达到了85%，是不是相当高呢？我们所知道的甘蔗也不过如此，甚至有些纯种的糖类植物的含糖量还不如糖槭，这可真是奇怪！有资料显示，一棵很普通的糖槭一年的产糖量高达2.5千克之多，产糖最高的糖槭一年能产糖3.5千克呢！并且糖槭生产出来的糖和我们常见的糖类的味道比起来根本不相上下，有的人甚至认为糖槭的糖要比我们常见的糖的味道还要好。这对于盛产糖槭的国家来讲可真算得上是一种不错的经济开发项目，其前景肯定是一片光明！

最怕痒的树

世界上最怕痒的树是紫薇树，也叫痒痒树。如果你用手去挠紫薇树的树干，它的枝叶就会抖动，发出沙沙的响声，好像不胜其痒而发笑一样。有意思的是，它的抖动幅度因用力大小而异，触摸树身时用力大，"笑声"就大；用力小，"笑声"就小。年轻的紫薇树干，年年生表皮，年年自行脱落，表皮脱落以后，树干显得新鲜而光滑。老年的紫薇树，不再复生表皮，筋脉暴露，莹滑光洁。紫薇的叶子呈椭圆状，夏季开花，花色有红、紫、白、蓝多种，花期长达3个月，因此紫薇花也叫"百日红"。紫薇树产于亚洲南部和澳洲北部，我国长江流域、华南、华北、西北地区都有分布。

最耐干旱的树

世界上最耐干旱的树是生长在沙漠中的胡杨。胡杨是一种落叶乔木，主要分布在我国新疆南部、塔里木盆地、河西走廊等地。胡杨的生命力极强，被人们誉为"沙漠中的英雄"。它们能够忍耐极端高温45℃和极端低温-40℃的袭击。在干旱的沙漠地区，它们的根可以扎到10米以下的地层中汲取水分。在非常干旱的季节，胡杨就脱掉叶子，停止生长；一旦下雨，它们就会拼命储水以备旱时使用，有了足够的水分，它们又能长出新的叶子。胡杨对盐碱有极强的忍耐力，它们的树干和叶子可以把体内多余的盐碱排出以免受伤害。据说，胡杨活着一千年不死，死后一千年不倒，倒后一千年不烂。

胡杨是荒漠地区特有的珍贵森林资源。它对于稳定荒漠河流地带的生态平衡，防风固沙，调节绿洲气候和形成肥沃的森林土壤，具有十分重要的作用，是荒漠地区农牧业发展的天然屏障。同时，胡杨是较古老的树种，它对于研究亚非荒漠区气候变化、河流变迁、植物区系的演化以及古代经济、文化的发展都有重要的科学价值。

最珍稀的树种

银杉是 300 万年前第四纪冰川时期残留下来的世界珍宝，是我国特有的世界珍稀树种。银杉曾经被认为是地球上已经灭绝的、只保留着化石的植物。1955 年，银杉在我国首次被发现的时候，引起了世界植物界的巨大轰动。

银杉是松科的常绿乔木，主干高大通直，挺拔秀丽，枝叶茂密，尤其是在其碧绿的线形叶背面有两条银白色的气孔带，每当微风吹拂，便银光闪闪，更加诱人，银杉的美称便由此而来。银杉属于常绿乔木，高达 24 米，胸径通常达 40 厘米，有的达到 85 厘米；树干通直，树皮暗灰色，裂成不规则的薄片；小枝上端和侧枝生长缓慢，呈浅黄褐色。

目前银杉仅分布在我国广西、湖南、四川、贵州四省、自治区的 30 多个分布点。银杉的生长发育需要一定的光照，如果不采取保护措施，它们将会被生长较快的阔叶林遮蔽，从而面临灭绝的境地。银杉被列为国家一级保护植物，政府已建立银杉保护区。

最会预报天气的气象树

自然界中的生物为了生存，能够很好地适应环境的变化。比如有些动物会随着环境的变化而改变体色，把自己隐藏在环境中。很多植物会随着季节的变化而改变颜色，有些植物还会随着天气的变化而改变颜色，人们可以根据植物颜色的变化来判断天气的变化。

最会预报天气的树要数广西忻城县的一棵青冈栗。这棵树高约 20 米、直径约 70 厘米，它的颜色会随着天气的变化而变化，晴天的时候，叶子是深绿色，如果叶子转变为红色，一两天内就会下雨，雨过天晴之后，又会转变为深绿色。

树叶的颜色之所以会变化，是叶绿素和花青素在起作用。遇到干旱或强光条件的时候，叶绿素的合成受到阻碍，花青素在叶子中占优势地位，因而叶子的颜色由绿转红。

形状最奇特的树

桫椤树又名树蕨或蕨树，是白垩纪遗留下来的珍贵树种，出现在距今约 3 亿多年前，曾经是草食性恐龙的主要食物，也是当今世界上仅存的木本蕨类植物。因此有"活化石"之称，被列为国家一级保护植物。

桫椤树的树形奇特，树干似笔筒，树叶似孔雀开屏，笔直的树干高达 8 米，巨大的叶子长达 1～3 米，从树干顶端伸展下来，非常壮观，特别是经过人工选择在适合的地方大面积种植之后，形成的景观枝繁叶茂，遮天蔽日，非常迷人。

草与叶之最

陆地上最长的植物

在热带和亚热带森林里,生长着参天巨树和奇花异草,也有将人绊倒的"鬼索",这就是缠绕在大树周围的白藤。

白藤茎干一般很细,只有4~5厘米,它的顶部长着一束羽毛状的叶,叶面长尖刺。茎的上部直到茎梢又长又结实,也长满了又大又尖往下弯的硬刺,就像一根带刺的长鞭一样随风摇摆,一碰到大树,就紧紧地攀住树干不放,并很快长出新叶。接着它就顺着树干继续往上爬,而下部的叶子则逐渐脱落。白藤爬上大树顶后,已经没有什么可以攀缘的了,于是它那越来越长的茎就往下坠,再次缠住比较低的树枝,如此反复,在大树周围缠绕成无数怪圈。

白藤从根部到顶部达300米以上,比世界上最高的桉树还长1倍呢。资料记载,白藤长度的最高纪录竟达500米,是陆地上最长的植物。

最大的草本植物

草本植物体形都很矮小,一般的小草只有几厘米高,稻子、小麦也仅1米左右,但是在草本植物这个大家族里,也有身躯庞大的种类,其中最大的要数旅人蕉。旅人蕉的茎有双臂合抱那么粗,高23米以上,有六七层楼高,是世界上最高大的草本植物。

旅人蕉的叶片硕大奇异,状如芭蕉,左右排列,对称均匀,犹如一把摊开的绿纸折扇,又像正在尽力炫耀自我的孔雀开屏,极富热带情趣。旅人蕉的叶片基部像个大汤匙,里头贮存着大量的清水。旅行者携带的饮水喝光,燥渴难忍时,若幸运地遇到它,只要折下一叶,就可以痛饮甘美清凉的水。因此,人们给它起名"旅人蕉"。又因为它含水多,所以又叫"水树""救命之树""沙漠甘泉"。但是实际上它不是树,而是世界上最大的草本植物。

旅人蕉原产于马达加斯加岛,在我国的广东和海南也有少量栽种。

最孤单的植物

在植物王国中,有一种植物是最孤单的,因为它只有一片叶子,所以叫作独叶草。

独叶草的地上部分高约10厘米,通常只生一片具有5个裂片的近圆形的叶子,开一朵淡绿色的花;而独叶草的地下部分是细长分枝的根状茎,茎上长着许多鳞片和不定根,叶和花的长柄就着生在根状茎的节上。独叶草不仅独叶独花,而且结构独特而原始,它的叶脉是典型开放的二分叉脉序,这在毛茛科1500多种植物中是独一无二的,是一种原始的脉序。

独叶草是毛茛科的一种多年生的草本植物,是我国云南、四川、陕西和甘肃等省特有的小草。它生长在海拔2750~3975米的高山原始森林中,生长环境寒冷、潮湿,十分隐蔽,土壤偏酸性。

最顽强的植物

世界上最顽强的植物要数地

衣。有人曾做过试验，结果发现地衣在-273℃的低温下还能生长，在真空条件下放置6年还保持活力，在200℃的高温下也能生存。因此无论沙漠、荒山、南极、北极，都有地衣的身影，甚至在大海龟的背上它都能生长。

南极考察者曾在一片贫瘠而无雪覆盖的山地岩石缝中，发现生长旺盛的地衣。在环境稍好的地方，这种植物直接依附在光秃秃的岩石上，它们通过分泌酸，在岩石上腐蚀出一个个小坑，在坑中生长。它每天的生长时间只有1~2小时，一株地衣需25年才能长到2.5厘米左右。地衣的寿命可达450年。

最能贮水的草本植物

最能贮水的草本植物是仙人掌。仙人掌生长在热带、亚热带干旱的沙漠，那里气候炎热、干旱，年降雨量在25毫米以下，有的地方甚至终年不下雨。在如此干旱的环境中，只有像仙人掌这种具有超强贮水能力的植物才能生存。

仙人掌为了适应干旱的沙漠环境，叶子已经退化成针状，这样可以减少水分的蒸发。它们的根系广而深，能够大量吸收

世界上有2000多种仙人掌，而树形仙人掌是其中体型最大、寿命最长的种类之一。储存在一株树形仙人掌中的水分可以超过1吨重。

地下水，它们的肉质茎厚厚的，能够贮存大量水分。茎表面有一层蜡质皮，能够防止水分蒸发。

仙人掌类植物还有一种特殊的本领，在干旱季节，它可以"不吃不喝"地进入休眠状态，把体内的养料和水分的消耗降到最低程度。当雨季来临时，它们又非常敏感地"醒"过来，根系立刻活跃起来，大量吸收水分，使植株迅速生长并很快地开花结果。有些仙人掌类植物的根系变成胡萝卜状，可贮存三四十千克水分。

感觉最灵敏的草本植物

植物和动物一样，也有感觉，花草树木受到光、温度等外界刺激会做出各种反应。比如向日葵会跟着太阳转动花盘，含羞草的叶子被触碰之后会合起来。世界上感觉最灵敏的草本植物是毛毡苔。有人曾做过实验，把一段长11毫米的头发丝放在毛毡苔的叶子上，叶子马上就会卷起来。还有人把0.000003毫克碳酸铵滴在毛毡苔的绒毛上，也会马上被它发觉。

毛毡苔也叫日露草，生长在热带和温带地区。它是一种食虫植物，叶子扁平，像圆盘一样平铺在地上，叶片表面长有紫红色的纤毛，能分泌香甜的黏液，吸引贪吃的小昆虫，昆虫一碰到黏液就会被粘住，成为毛毡苔的美食。

花序最大的草本植物

植物王国的花千姿百态，有一朵花生在一个花枝上的，也有几朵花生在一个花枝上的，几朵花聚集在一个枝条上，按照一定的顺序排列，组成花序。

在苏门答腊热带雨林的潮湿、低洼

生长在印度尼西亚苏门答腊的巨大海芋属植物

地带生长着一种叫作巨魔芋的草本植物，它是世界上花序最大的草本植物。巨魔芋地下块茎的直径达半米，块茎上长着一枝粗壮的地上茎，高约半米，在靠近地面的地方有一片叶子。这种植物最初就裹在这片叶子里，它的肉穗花序包在大苞片中，苞片外面呈绿色，里面是红色。花序上密布着数以千计的黄色的雄花和雌花，整个花序高达3米，直径达1.3米。整个花序和花序下的茎连起来，看起来很像一个巨型的烛台。巨魔芋的花散发出腐臭味，吸引苍蝇等昆虫前来授粉。

寿命最短的种子植物

植物寿命的长短，与它们的生存环境有密切关系。有的植物为了使自己在严酷、恶劣的环境中生存下去，经过长期艰苦的"锻炼"，练出了迅速生长和迅速开花结果的本领。世界上寿命最短的种子植物是生活在非洲撒哈拉沙漠地区的短命菊。沙漠中长期干旱，这种植物的种子在早春稍有雨水湿润的情况下，就赶紧发芽生长，开花结果。整个生命周期，只有短短的三四个星期。

短命菊的舌状花排列在头状花序周围，像锯齿一样。它对湿度极其敏感，空气干燥时就赶快闭合起来；稍稍湿润时就迅速开放，快速结果。果实成熟之后，缩成球形，随风飘滚，一旦遇到潮湿的环境，立即生根发芽。由于它生命短促，来去匆匆，所以被称为"短命菊"。

吸水能力最强的植物

世界上吸水能力最强的植物是泥炭藓，泥炭藓也叫水苔或水藓，它们生长在沼泽地区或森林洼地。这种植物平时呈淡绿色，干燥时呈灰白色或黄白色，丛生成垫状。它们的吸水能力特别强，能吸收自身体重的10～25倍的水分，比脱脂棉的吸水能力强1～1.5倍，不愧是吸水能力最强的植物。

大型的泥炭藓经过消毒加工后，可以代替脱脂棉做敷料或制造急救包。由于泥炭藓含有泥炭藓酚、丁香醛及多种酶，做伤口敷料时，有收敛和杀菌的作用，能够促进伤口愈合。

最著名的灭虫植物

在夏天，蚊虫的叮咬很讨厌，如果点上蚊香，就会使蚊子晕头转向。蚊香之所以能灭虫，因为它含有除虫菊的成分。

除虫菊的花朵中含有约1%的除虫菊素，用除虫菊的头状花序磨成的粉末是杀虫剂的主要来源。除虫菊对多种昆虫如蚊、蝇、臭虫和蟑螂等有毒杀作用。昆虫接触除虫菊素后1～2分钟内即出现过度兴奋，运动失调，迅速晕倒或麻痹现象。有一部分昆虫可于1天后复苏。除虫菊粉的活性物质会使昆虫和冷血脊椎动物产生接触性中毒，但用作杀虫剂的除虫菊粉浓度对植物及高等动物无害，因此这些杀虫剂广泛用于家庭与家畜的喷洒杀虫。

最精巧的食虫植物

世界上有很多种食虫植物，其中最精巧、最复杂的食虫植物要数猪笼草。猪笼草喜欢温暖潮湿的环境，主要分布在澳大利亚、马来西亚、印度东部、印度洋群岛以及中国的海南岛、西双版纳等地的热带森林。

猪笼草捕捉虫子的方式很奇妙，它们的捕食工具是叶子。猪笼草的叶子构造非常复杂，叶片的中脉伸出，变成卷须，卷须可以攀附着其他东西往上爬。卷须顶部有一个像瓶子一样的囊状物，"瓶子"口上有一个能够开合的盖子，"瓶"内有半"瓶"黏性的液体。"瓶"口能够分泌香甜的汁液，吸引小昆虫。当小昆虫吃得正高兴的时候，一不小心就会栽到瓶中，被有黏性的液体消化掉。

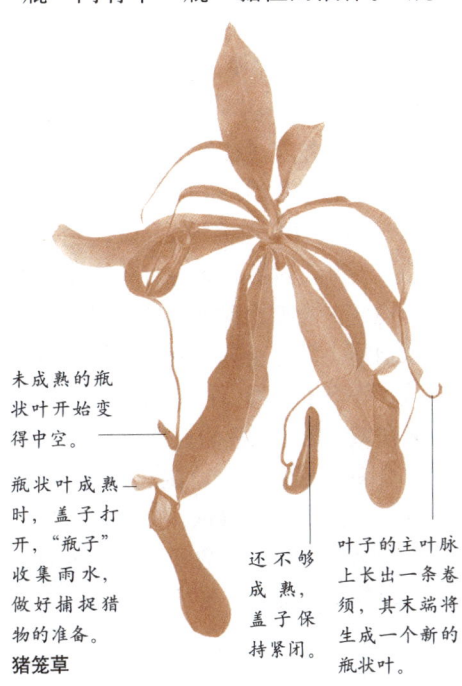

最名贵的草药

人参号称"百草之王"，是驰名中外、老幼皆知的药材。在中国医药史上，使用人参的历史久远。早在战国时代，名医扁鹊对人参药性和疗效已有了解；秦汉时代的《神农本草经》将其列为药中上品。明代著名中医学者龚居中在《四百味歌扩》中将其列为第一条："人参味甘，大补元气，止渴生津，调营养卫"，成为无数中医入门的第一句背诵歌诀。人参能入五脏六腑，是补药中的极品。由于人们的过度采挖，以及对人参生存环境的破坏，野生人参越来越少，已经处于灭绝的边缘。人参已经被列为我国珍稀濒危植物，长白山等自然保护区已经加以保护，人参资源正在逐渐恢复和增加。

世界上分布最广的草

狗牙根草，又称百慕大草、绊根草、爬地草。在热带、温带都有分布，是世界上分布最广的草。在农田、草地、路旁、水沟边随处可见这种草。

狗牙根草喜欢光热，抗旱耐热能力强，耐践踏，具有很好的恢复能力。它们对保护和管理要求不高，在盐碱地也生长较快，侵占性强，是果园里的重要杂草。因此狗牙根草被广泛应用于高速公路、广场、公园等绿地。现在足球、马球、垒球、高尔夫球等体育用草地也广泛使用狗牙根草及其杂交品种。

世界上最耐盐碱的草

陆地上很多地方在远古时代都是海

未成熟的瓶状叶开始变得中空。

瓶状叶成熟时，盖子打开，"瓶子"收集雨水，做好捕捉猎物的准备。

还不够成熟，盖子保持紧闭。

叶子的主叶脉上长出一条卷须，其末端将生成一个新的瓶状叶。

猪笼草

洋，后来陆地上升，海水干涸，海水中的盐分仍然残留在土壤中。土壤中的盐碱是植物生长的大敌，一般土壤中的盐碱含量在 0.5% 以下可以种植普通的庄稼，如果盐碱含量在 0.5%～1.0%，只有少数耐盐性强的植物能够生长，比如棉花、甜瓜、苜蓿等。含盐量超过 1.0% 的土壤，植物就很难生长了。世界上最耐盐碱的草是盐角草，又叫海蓬子。这种植物主要分布在我国西北地区和华北地区的盐土中。它能生长在含盐量高达 6.5% 的潮湿盐沼中。盐角草之所以如此耐盐，是因为它能够将从盐碱地里吸收的大量盐碱贮存在身体内的盐泡里，它体内所含的盐分高，体液浓度大，所以能够在盐碱地生存。

世界上最大的圆叶

世界上最大的圆叶是原产于南美洲的王莲的叶子。王莲属睡莲科，是一种大型浮叶草本植物，有直立的根状短茎和发达的不定须根。王莲是水生有花植物中叶片最大的植物，其初生叶呈针状，长到 2～3 片叶呈矛状，至 4～5 片叶时呈戟形，长出 6～10 片叶时呈椭圆形，到 11 片叶后叶缘上翘呈盘状，叶缘直立，叶片呈圆形，像浮在水面的圆盘，叶的直径可达 2 米以上，叶面光滑，绿色略带微红，有皱褶，背面紫红色，叶柄绿色，长 2～4 米，叶子背面和叶柄有许多坚硬的刺，叶脉为放射网状。每片叶可承重数十千克，二三十千克重的小孩坐在上面也不会下沉。每棵王莲能长 20～30 片如此巨大的叶子。王莲的叶子很大，花也很大，直径 25～40 厘米，花瓣数目很多，美丽而芳香。在花卉展览中，王莲是一种珍贵的花卉。

最耐干旱的种子植物

人们熟知的耐干旱的种子植物是沙漠中的仙人掌类植物。仙人掌原产南美洲热带、亚热带大陆及附近岛屿。仙人掌特殊的结构能够适应干旱的环境。有人做过一个有趣的试验：把一棵 37 千克重的仙人球放在室内，一直不浇水。过了 6 年，仙人球仍然活着，而且还有 26.5 千克重。比仙人球更耐干旱的植物是生长在沙漠里的沙那菜瓜。有人把它贮藏在干燥的博物馆里，整整 8 个年头，它不但没有干死，还在每年的夏天长出新芽。在这 8 年中，仅仅是重量由 7.5 千克减少到 3.5 千克。这种耐旱的本领，在所有的种子植物中无疑是冠军了。

最甜的叶子

世界上最甜的叶子是甜叶菊的叶子。甜叶菊是原产于南美洲的多年生草本植物。每千克甜叶菊的叶片可以提取 60～70 克的甜叶菊苷，其甜度大概是蔗糖的 300 倍。摘一片叶子在嘴里嚼一嚼，就好像吃了一口甜蜜的白糖。甜叶菊是理想的甜味剂，具有热量低的特点，它的含热量只有蔗糖的 1/300，吃了不会使人发胖，对肥胖症患者和糖尿病人尤为适宜。长期用甜叶菊煮水喝，还有降低血压、促进新陈代谢和强壮身体的功效。许多国家都引种栽培甜叶菊。甜叶菊在栽种的第一年能长到 0.8 米左右，第二年就能长到 2 米，生长速度很快。它的茎呈浅绿或浓绿色，全身长有甜绒毛。夏天的时候，它会开出一丛丛的小白花，散发出淡雅的香气。

花之最

世界上最早的花

据相关科学家研究，世界上最早的花是出现于1.45亿年前的辽宁古果和中华古果。

辽宁古果和中华古果分别是由吉林大学孙革教授领导的课题组和中国地质科学院的季强教授领导的课题组于辽宁的西部地区发现的。辽宁古果和中华古果现在已经被科学家确定为最古老的被子植物（有花植物），并把它们确定为早期被子植物的新科——"古果科"。现在已经完全可以肯定，出现于1.45亿年前的辽宁古果和中华古果是世界上最早的花，世界科学界的权威杂志《科学》于2002年5月7日介绍了这一最新成果。

世界上最大的花

植物界里的花朵，不但颜色不尽相同，而且大小各异。池塘里的浮萍花朵直径不到1毫米，是最小的花。桃花直径2～3厘米，玉兰花直径10～18厘米，牡丹花直径为20～30厘米。

牡丹虽称花王，却不是世界上最大的花。世界上最大的花是大花草的花，这种植物生长在印度尼西亚苏门答腊岛的森林里，其花朵直径达1.4米，几乎和我们吃饭的圆桌一样大。它的五片花瓣又大又厚，外面带有浅红色的斑点，每片花瓣有30～40厘米长，一朵花重6～7千克，花心呈面盆的形状，可以盛5～6升水。

大花草属于寄生植物，它寄生在像葡萄一类的白粉藤根茎里。这种古怪的植物本身是无茎无叶的，一生只开一朵花。花刚开的时候有一点香，不到几天就变臭了。在自然界里，这种臭花也能引诱某些蝇类和甲虫为它传粉。

世界上最香的花

世界上最香的花是一种叫作野蔷薇的花，素有"十里香"之称，意思是在十里之外都能闻到这种花的香味。

野蔷薇属蔷薇科，是一种落叶灌木，原产于荷兰，花为白色单瓣花瓣，花的直径2～3厘米，外表呈圆锥形，花开于每年夏季的5—7月，香味极浓。它不仅仅是世界上最香的花，也是香味飘得最远的花。它的花还是相当好的药材。

现在在我国的南方地区也经常能看到这种花。

白玉棠蔷薇——野蔷薇的变种品种

最臭的开花植物

自然界中并不是只有芳草香花，其实，也还有不少臭花、臭草。起码有不下几十种的植物用臭字命名，例如：

臭椿、臭梧桐、臭娘子、臭牡丹、臭灵丹……有些植物的名字里虽然没有臭字，但其中也包含着臭的意思，例如鸡矢藤、马尿花、鱼腥草……这么多形形色色有臭味的植物，其臭的程度也是不同的。

在中美洲的森林里，有一种叫天鹅花的植物，这种花看上去很脏，其臭味很像腐烂的烟草，而且还有毒性，猪吃了马上会死去，没有吸烟习惯的人对这种臭味是很忌讳的。热带还有一种叫韶子的水果，它的味道虽然鲜美，闻起来却有恶臭味。

世界上公认的最臭的植物是大花草，它的臭味很像腐烂的尸体。还有一种生长在苏门答腊密林里的巨魔芋，开花的时候，其臭味像烂鱼一样。也许臭味与它们发散的面积有关系，大花草的花朵最大，而巨魔芋的花序也是最大的。

开花最晚的植物

各种植物的开花时间是不同的，沙漠中的短命菊，出苗以后几个星期就开花结果。大多数草本植物，出苗后在当年或隔年开花，水稻、棉花、玉米是当年开花的植物，油菜、小麦是隔年开花的植物。

相比于草本植物，一般木本植物开花比较晚：桃树3年才开花，梨树4年才开花，银杏则要经过20多年才开花。毛竹在出苗后要经过50~60年才开花，而且一生只开一次花，花开完后就逐渐枯萎了。生长在玻利维亚的凤梨是开花最晚的树。这种植物出苗后得经过150年才开花，它的花是圆锥形的花序。

最小的有花植物

世界上最小的有花植物是无根萍。无根萍的体内有大量淀粉存在。目前，无根萍体内的淀粉合成过程正在被研究。这种淀粉是一种很有前途的淀粉资源，将来很可能成为代替大米和小麦的粮食。无根萍的繁殖能力很强，每平方米的水面，有100万个它们的个体，而且它们还会继续繁殖。这种形如细砂的水生植物还是饲养鱼苗的好饲料。无根萍顾名思义是无根的浮萍的一种，它的体积很小，只有1毫米多长，不到1毫米宽。它们上面平坦，底下隆起，外形同一般浮萍很相似。虽然微小，但它也有花，当然花更小，只有针尖般大。

寿命最长和最短的花

自然界中，花的寿命通常是不长的，这是因为花都是比较娇嫩的，风吹雨打或是烈日的暴晒都会使它们枯萎。例如：玉兰、唐菖蒲等开花时间较长的花也只能开上几天；蒲公英的开花时间只有几个小时；牵牛花的开花时间也只有18个小时上下；晚上7—9点钟开花的昙花则只开三四个小时就萎谢了，"昙花一现"的说法便是由于昙花开花时间短而得来的。

实际上，世界上寿命最短的花并不是昙花，生长在南美洲亚马孙河的王莲花，在清晨的时候开放，仅仅半个小时就凋谢了；小麦的花则只开5~30分钟就谢了，这才是世界上寿命最短的花。

生长在热带森林里的一种兰花，开花时间是80天，它是世界上寿命最长的花。

颜色变化最多的花

一般的花，从花开到花落这个周期里，其色彩是没有什么变化的。但是，这种情况也不是绝对的,在自然界里,有一些花卉的颜色在一个周期里是会发生变化的。例如:金银花名字的来历便是由于它初开时色白如银,过一两天后,颜色便会变得如黄金。还有种生长在中国的樱草,在春天20℃左右时是红色的,到30℃的温室里就会变成白色。八仙花在一些土壤中开粉红色的花,在另一些土壤中开蓝色的花。不仅如此,还有一些花在受精后也会变色。比如刚开时是黄白色的棉花在受精以后变成粉红色。杏花含苞的时候是红色,开放以后颜色渐渐变浅,最后几乎变成白色。

弄色木芙蓉的花是颜色变化最多的花。初开时它的花是白色的,第二天变成了浅红色,后来又变成了深红色,到花落的时候就变成紫色的了。这些色彩的变化,看起来非常奇妙,其实都是花内色素随着温度和酸碱的浓度变化所引起的。

最罕见的花

世界上最罕见的花是生长在南美洲的雷蒙达花。

雷蒙达花生长在南美洲海拔将近4000米的安第斯山上,它100年才开放一次,也就是在它生命临终前才开一次花,并且在开完后的很短时间内立即枯萎而死,把自己储存了一生的精力都在生命的最终时刻释放了出来。它的花芳香扑鼻,花穗有10～12米高,最粗的地方直径有1米,远远看去就像高高耸立着的一座高塔,特别壮观。但是它的花太难得了,100年才开一次,且一生只开一次!

作为世界上最罕见的花,雷蒙达花以它独有的魅力征服了来自世界各地的游人。

世界上最不怕冷的花

世界上最不怕冷的花是雪莲花。

雪莲花属于菊科,又名大苞雪莲、荷莲,产于中国,是一种极耐寒的多年生草本植物,在空气湿度较强的地方容易生存。雪莲花高15～35厘米,茎比较粗壮,它的花很漂亮,粉色和白色相间,花冠为紫色,开于每年的7—8月。因为雪莲花极其耐寒,即使在-50℃的环境下,也能开放,所以它一般都生长在纬度比较高的地区,中国的新疆是雪莲花的原产地。现在,雪莲花在蒙古地区以及俄罗斯的西伯利亚以西地区均有分布,雪莲花最具魅力的是它的耐寒性,这也让它成为世界上最不怕冷的花!

颜色和品种最多的花

月季花是世界上品种和颜色最多

月季花
五彩缤纷,花色艳丽,清香淡雅,多选作庭园绿化品种。

的花。

月季花又名月月红，属蔷薇科。月季在中国有悠久的栽培历史，原产于中国的西南地区，但是现在月季花已经广布于世界各地。月季花是单生的，也有的是几朵集合在一起生成伞房状，花径4～6厘米，有很浓的香气，重瓣，开在每年的5—10月。

月季花的颜色不定，有紫、红、粉、白等颜色，除此之外，月季花还有不同的混色、串色、复色等，甚至有罕见的蓝色和咖啡色，这么多种颜色的花在世界上绝无仅有！

另外，月季花的品种也非常多，有资料表明：月季花在全世界已有上万个品种，它是世界上存在的颜色和品种最多的花，人们可以欣赏到各种各样的月季花，也正是因为这个原因。

现在，月季花在世界上的种植范围越来越广！

花粉最大的花

花粉最大的花是西葫芦花。植物的花粉直径一般为20～50微米，要借助显微镜才能看清楚，西葫芦花的花粉直径达200微米。如果一个人视力很好，甚至可以用肉眼看到单粒的西葫芦花粉。

西葫芦花粉营养价值相当高，含有大量的维生素和蛋白质，还具有医疗功效，能够防治慢性前列腺炎、出血性胃溃疡、感冒等疾病。此外，西葫芦花粉还有增强体质的作用。人们往往在猪、鸡、牛的饲料中加入少量西葫芦花粉来提高生产率和产蛋率。

西葫芦是一年生草本植物，矮生或蔓生的茎上长满绿色手掌状的叶子，黄色的花冠上布满花粉。西葫芦的果实是平滑的长圆柱形或椭圆形。果实的颜色为浅绿色、墨绿色或白色，果实成熟后逐渐变为黄色。

花粉最小的花

花粉最小的花是勿忘草，花粉的直径约2～8微米。

勿忘草原产于欧亚大陆，是多年生草本植物，叶互生，狭倒披针形或条状倒披针形。勿忘草喜阳光，能耐旱，易自播繁殖。勿忘草花小巧秀丽，蓝色花朵中央有一圈黄色花蕊，色彩搭配和谐醒目，卷伞花序随着花朵的开放逐渐伸长，半含半露，非常惹人喜爱。

勿忘草花小素雅，生长快，春天播种可夏秋开花。有白花变种和红花变种。园林中可供花坛、花境、林缘、岩石园等处种植，亦可盆栽或做切花。

最小的玫瑰

玫瑰是象征爱情的花朵，因而受到人们的广泛喜爱。一般的玫瑰花的直径长4～5.5厘米。日本三重县的一位育种专家培育出世界上最小的玫瑰，只有小指的指甲盖大小，美其名曰"粉红珍珠"。物以稀为贵，尽管"粉红珍珠"价格不菲，但总是供不应求。培育者眼见"粉红珍珠"旺销市场，立志将迷你玫瑰系列化，还要培育"白珍珠""黄珍珠""紫珍珠"等。

韩国培育出一种"手指玫瑰"，这种迷你型的玫瑰花植株只有小指大，花朵也只有指甲盖大小，可以生长在装有凝胶状营养液的高15厘米、直径5厘米的试管中，不需要外界的水分和营养。

其他植物之最

植物界的最大家族

世界上已经发现的植物有40余万种，根据植物的生殖特点，可以分为孢子植物和种子植物两大类。种子植物又分为裸子植物和被子植物两类。用果皮包着种子的植物，就叫被子植物。桃子、苹果、梅子、杏子、葡萄这类水果，我们吃的是它的果实，果皮果肉包着核，核里面就是种子，这些都属于被子植物。我们平常看到的树木、花草、庄稼、蔬菜、牧草以及其他经济植物，除了松、柏类植物以外，大多数都属被子植物。因此，当你睁开双眼的时候，看到的绝大部分植物都是被子植物。

全世界被子植物的数量约有25万种，是植物界最大的家族。被子植物中既有1毫米长的浮萍，也有高达百余米的桉树；有只能存活几周的短命菊，也有寿命长达千年的龙血树。被子植物的分布非常广，从北极圈到赤道，从沙漠、海洋到高达6000米以上的高山，到处都有它们的身影。

最大的植物细胞

虽然自然界中的植物千姿百态，各不相同，但是所有植物都是由细胞组成的，在显微镜下可以清楚地看到这些细胞。植物细胞的长度一般在20～100微米之间，30～100个细胞才能组成一粒芝麻那么大的长度。一般一个细胞用显微镜放大60倍以上，才能用肉眼看到。

极少数植物细胞可以用肉眼看到。一个沙瓤西瓜中的一个沙粒就是一个直径1毫米左右的细胞，一条棉花纤维也是一个细胞，最长的可达75毫米，相当于成年人手指的长度，但是这还不是最大的植物细胞。世界上最大的植物细胞是苎麻茎的韧皮纤维细胞，最长能达到62厘米。

最大的孢子

孢子是生物所产生的一种有繁殖或休眠作用的细胞，能直接发育成新个体。采蘑菇时，只要你稍稍触及老熟的蘑菇，在它那雨伞般身躯反面的皱褶里，就会落下很多细细的"粉末"随风飞扬，这就是蘑菇繁殖后代的孢子。像蘑菇这样的孢子植物，不会开花结果，它们都以孢子繁殖后代。

孢子一般是非常微小的单细胞，直径只有几微米到几十微米，肉眼一般看不见它们。红蘑菇孢子的直径只有10微米，也就是0.01毫米。可是，

鸟巢菌通常只有5毫米宽，它的孢子类似微型的一窝窝蛋。当下雨时，雨滴进入"巢"内，可以将这些"蛋"溅入空气中达1米之高。

也有例外情况，像高卷柏的孢子就很大，它的直径竟有1.5毫米，也就是1500微米，约有芝麻大小。

在3亿年前石炭纪的地层中，地质学家发现了世界上最大的孢子化石，它叫大三缝孢子，直径竟有6～7毫米，比赤豆粒还要大。

最早出现的绿色植物

世界上最早出现的绿色植物是蓝藻。地质学家在南非古沉积岩中发现了生存在34亿年前的蓝藻类化石。这一发现在植物进化史上具有重大意义，证明那个时候世界上已经有绿色植物了。古代蓝藻和现代蓝藻在外形上有些相似，蓝藻中含有叶绿素，能够制造养分，还能独立繁殖。今天我们看到的花草树木都是蓝藻经过几十亿年漫长的历史进化而来的。

最早的陆生植物

生命从水生到陆生经历了漫长的过程。大约4.7亿年以前，即寒武纪时期，源于史前水生植物的最早的陆生植物在土壤里播下了种子，改变了整个植物世界的发展历程。这个时期的植物只是一些苔藓、地衣等细小的、不能完全脱离水体的植物。这些先驱登陆者在漫长的地质历史时期逐渐改变着陆地上的生存环境，使得陆地由荒凉贫瘠变得肥沃松软。

这样的过程大约持续了将近5000万年。到了距今大约4.2亿年左右，植物已经初步具备了在陆地上生存的能力。但是那时的植物比较简单，并不能占领所有的陆地生态域，只能在水边生活。

在距今大约4亿年左右的时候，即泥盆纪，植物进入了一个大发展时期，这个阶段也就是植物最终完成登陆的一个阶段。植物可以完全脱离水体，占领地球的不同生态域，并且形成了一定规模的森林。

含蛋白质最多的植物

螺旋蓝藻是已发现的含植物蛋白最多的植物。蛋白质含量达到68%，比牛肉、大豆等高蛋白的食物高出很多，是瘦肉的4倍。这种蛋白质是螺旋蓝藻用光合作用产生的。营养如此丰富的螺旋蓝藻引起了科学家的兴趣，也许不久的将来，我们的餐桌上会出现这种高蛋白食物。

除了螺旋蓝藻之外，还有一种藻类含有很高的蛋白质，那就是小球藻，蛋白质含量为50%。

最大和最小的苔藓植物

苔藓属于孢子植物，它需要一定的散射光线或半阴环境，最主要的是喜欢潮湿环境，特别不耐干旱及干燥。

人们通常所说的苔藓其实是指一大类植物，可以分为苔和藓两种。一般情况下，藓类要比苔类大一点，但藓类的高度也只有几毫米到几十厘米。

生长在新西兰的巨藓是目前世界上最大的藓类植物，它们高达50厘米。它之所以能长如此之高，可能与它的茎开始有了疏导组织的分化，以及细胞内有了类似木质素的聚合体的存在有关。夭命藓是藓类植物中最小的一种，它的茎长不及0.3毫米，由于个体小，往往附生在热带雨林中乔灌木的叶子上，一片小树叶上可以长几十甚至几百株，构成热带雨林奇观——"叶附生"现象。

第三章

天文之最

天体之最

最远的恒星

在整个太阳系中，太阳的周围主要运行着8颗行星、62颗卫星以及大量小行星和彗星。2001年6月5日，美国天文学协会传出消息，美国天文学家发现了距离地球最远的2颗恒星，它们现在距离地球大约有8000亿光年之遥（1光年等于9.5万亿千米）。

最亮的恒星

天狼星A（大犬座α），也叫作大犬座主星，位于大犬座星座，是人们用肉眼能够看得见的5776颗星中最亮的一颗，其表观星等为-1.46。在北半球的冬季，这颗明亮的星星出现在岁末最后几天的午夜正南方向。天狼星系距离地球大约有8.64光年，亮度是太阳的26倍。天狼星直径为2333485千米，质量为4.20×10^{27}吨。与此相对应，天狼星B却是一颗微弱的白矮伴星，其直径虽然只有9655.8千米，重量却是地球的35万倍。据推测，天狼星将在61000年达到最大星等-1.67，那时它会更加明亮。

用光做标尺

光是宇宙中跑得最快的，其传播速度将近每秒30万千米。天文学家用了很多方法来衡量宇宙中星体之间的距离。他们用光年取代千米作为衡量星体间距离的单位。1光年就是光在1年中走过的距离——大约9.5万亿千米。天文学家有时候也用秒差距作为距离单位。1秒差距相当于3.26光年。

最近的恒星

除太阳外，距离地球最近的恒星当属很微弱的半人马座比邻星。这颗恒星发现于1915年。它与地球相距4.22光年，大约为400900亿千米。肉眼能看到的最近的恒星是南半球双星半人马座a或者是南门2，距地球4.35光年，其表观星等为-0.29。1752年，天文学家尼古拉斯·L.德·拉塞尔（1713—1762年）发现了这颗恒星，并准确计算出它与地球的距离。据推测，这颗双星与地球的距离大约为2.84光年，成为名副其实的最近的恒星。

星体最大的恒星

美国天文学家于2005年1月发现了3颗十分明亮的恒星,这3颗恒星呈红色,直径都超过10亿千米,周长为太阳周长的1500倍,这是迄今人类观测到的体积最大的恒星。根据数据计算,如果这3颗恒星处于太阳的位置,那么它们散发的热量足以吞没地球。

最古老的恒星

最古老的恒星是白矮星。白矮星是加拿大天文学家利用哈勃望远镜在银河系内观测到的最古老的恒星。最早被发现的白矮星是天狼星伴星。科学家根据白矮星冷却的速度推算出它的年龄是127亿年,正负误差为5亿年,而宇宙的年龄才130亿岁左右,可见白矮星是宇宙形成之初就已经存在的恒星。恒星在燃烧过程中内部物质逐渐耗尽,到了一定时间开始坍塌,体积减小,温度降低,同时光辉变得越来越暗淡,成为白矮星。

白矮星是一种很特殊的天体,它的体积小、亮度低,但是质量大、密度极高。比如天狼星伴星的体积比地球大不了多少,但质量却和太阳差不多!

威力最大的爆炸

据计算,太阳每秒钟辐射的能量约为 3.826×10^{33} 尔格,这相当于上亿颗氢弹在太阳上爆炸。不过太阳的这点能量在银河系中仍是微乎其微的。有一种超新星在一个瞬间能释放出相当于 10^{18} 颗氢弹爆炸的能量,这是太阳能量的几千万倍。能量之大,让人惊讶。

千千万万个像银河系这样的星系存在于宇宙之中,宇宙中规模最大的爆炸是星系爆炸。据最近美国报纸报道,不久前,人造卫星自动记录下一些材料,从这些材料中,科学家发现了宇宙空间中一个星系的一次大爆炸,爆炸只持续了1/10秒,但释放出的能量相当于太阳3000年释放的能量,这是有记录以来最强大的一次能量爆炸。科学家们看到记录这次爆炸的材料后,都惊讶得瞠目结舌,他们认为这次爆炸释放的能量的比率比太阳的能量释放率大1000亿倍,地球若处在与这次爆炸同样数量的能量中,会立刻汽化。对此人们产生了许多疑问:如星系内部结构是什么样的?巨大的能量究竟从何而来?这些问题的答案至今没有找到,仍需人们不断地去探索。

最著名的超新星

在恒星世界中,一种奇怪的现象偶尔会发生,天文观测者会看到一颗原来亮度较低的恒星,瞬间便会具有极高的亮度。这种亮度发生剧烈变化的恒星,天文学家称之为"变星"。中国古代所记载的"客星"就是变星。

变星的类别很多,超新星是其中光亮程度变化最显著的一类。普遍认为,恒星亮度变化的原因,主要是这颗恒星产生了剧烈的爆炸,在爆炸过程中,巨大的能量被释放出来,亮度便一下子增加了。

据历史记载,最有名的超新星是中国1054年记录到的金牛座超新星。它是全天空最为明亮的超新星。即使在白天,人们都可以看到它光芒四射,太阳都无法完全遮掩它的光辉。自1054年

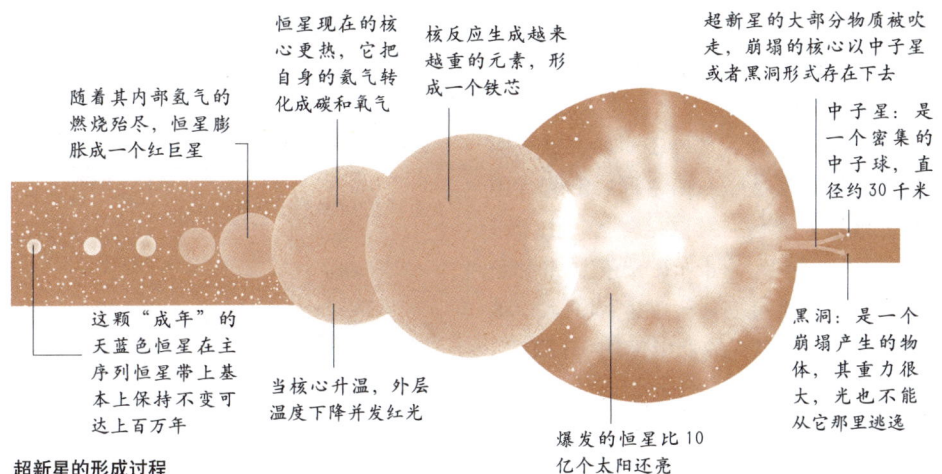

超新星的形成过程

7月4日起的23天中，人们清楚看到的"客星"就是金牛座超新星。

太阳系中最大、最快、最热的行星

木星是太阳系的八大行星之一，也是八大行星中最大的一颗，其质量为地球的318倍。木星也是八大行星中自转周期最短的一颗。赤道地区一天只有9小时50分30.003秒。

水星是太阳系八大行星中距离太阳最近的，它围绕着太阳高速运转，是运行最快的行星。它公转一周只需88天。

金星是最热的一颗行星。根据苏联发射的"月球"号探测器和美国发射的"先驱者"号金星地面探测器所得到的数据推测估计，金星的表面温度为大约482℃，是表面温度最高的一颗行星。

离地球最近的行星

距地球最近的行星是金星，通常运行于地球轨道之内，它与地球相距仅4135万千米。火星是运行于地球轨道之外与地球最近的行星，距地球最近时只有5568万千米。

最明亮的行星

金星是我们从地球上能看见的最明亮的一颗行星。

其实，只要我们稍微注意一下，在黄昏或者是早晨经常能在天边看到一颗比其他星星明亮得多的星星，早晨它出现在东方，黄昏出现在西方，如果不知道还以为它们是两颗不同的星星呢。古人就以为它们是两颗星，我们经常听说的启明星、太白星和长庚星实际上就是指它，它们是同一颗星，它就是金星。它是太阳系的八大行星之一，按照离太阳由近及远的次序排列，金星位居第二。金星有很多特点，比如，它是一颗类地行星，它还是太阳系中唯一的一颗没有磁场的行星，它的颜色是橙黄色，在八大行星中它也是最接近圆形的行星，它的偏心率仅仅为0.7‰。

离太阳最近的行星

离太阳最近的行星是水星。水星的直径为4878千米，比地球小40%，比月球大40%。在古代，人们称水星为辰星，西方人称它为墨丘利。墨丘利是罗马神话中为众神传递信息的使者，神通广大，行走如飞。可能是因为水星移动得太快，所以西方人给它起了这个名字。

水星的密度较大，在太阳系的行星中仅次于地球。水星表面和月球表面相似，到处都是陨石撞击形成的起伏山峦。水星上没有空气也没有水，由于没有空气散射阳光，水星的天空通常都是漆黑一片。水星的昼夜温差特别大，最高温度达 427℃，最低温度达 −173℃。

最年轻的行星

美国宇航局 2004 年对外宣布，他们发现了一颗形成不超过 100 万年的"婴儿"行星，并称它为金牛座内行星。目前，天文学家已经发现了 100 多颗太阳系外行星，这些行星都在 10 亿岁以上。金牛座内行星是目前已知的最年轻的行星，并围绕一颗年龄与之相近的恒星旋转。

当时，天文学家利用斯皮策红外线望远镜对金牛座的 5 颗恒星进行观察时，在金牛座 CoKu4 号恒星周围的尘埃盘上发现了一个没有尘埃的环状区域。专家推断，这个区域可能有一颗或几颗行星。后来，射电望远镜拍摄的图片，证明了这一推断。

太阳系中自转最慢的行星

太阳系中自转最慢的行星是金星。金星的自转速度比公转速度还要慢，自转一周需要 243 天，而公转需要 225 天。也就是说，金星的自转恒星日一天比一年还长。不过按照地球标准，以一次日出到下一次日出算一天的话，则金星上的一天要远远小于 243 天。这是因为金星是逆向自转的缘故；在金星上看日出是在西方，日落在东方；一个日出到下一个日出的昼夜交替只是地球上的 116.75 天。

旋转最奇特的行星

金星与地球的比例示意图

金星比地球小一点儿　　**金星内部结构图**

铁和镍核
岩石地幔
硅酸盐外壳

在已知的行星中，天王星有一个独一无二的特征，那就是它的赤道面与公转轨道面夹角为 97°55′，几乎是躺着绕太阳转动的，是太阳系中旋转最奇特的行星。

行星是由最初的许多微行星互相碰撞，彼此融合形成的，在形成过程中不断受到微行星的碰撞，就会受到作用力而发生自转。原始行星之间也会发生碰撞，这些碰撞会产生重大的影响。

天文学家认为在天王星形成的最后阶段，曾经受到另一个处于原始行星阶段的大天体的撞击，这使它的自转轴发生了很大的倾斜，导致现在这个样子。

也有些天文学家有不同的看法，他们认为天王星附近的几颗围绕它逆向运行的大卫星是导致天王星倾斜的原因。

离地球最近的天体

离地球最近的天体是月球。月球是人类研究得最彻底的天体，也是人类至今唯一一个亲身访问过的天体。月球的年龄大约有46亿年。月球有壳、幔、核等分层结构。最外层的月壳平均厚度约为60～65千米。月壳下面到1000千米深度是月幔，它占了月球的大部分体积。月幔下面是月核，月核的温度约为1000℃，很可能处于熔融状态。月球直径约3476千米，是地球的3/11，太阳的1/400。月球的体积只有地球的1/49，质量约7350亿亿吨，相当于地球质量的1/81，月球表面的重力差不多是地球重力的1/6。

从地球上可以看到月球表面有阴暗的部分和明亮的区域。早期的天文学家在观察月球时，以为发暗的地区都有海水覆盖，因此把它们称为"海"。著名的有云海、湿海、静海等。其实，月亮上没有海，较暗的地区是深谷，较亮的地区是山脉。月球上到处都是星罗棋布的环形山。位于南极附近的贝利环形山直径295千米，可以把整个海南岛装进去。

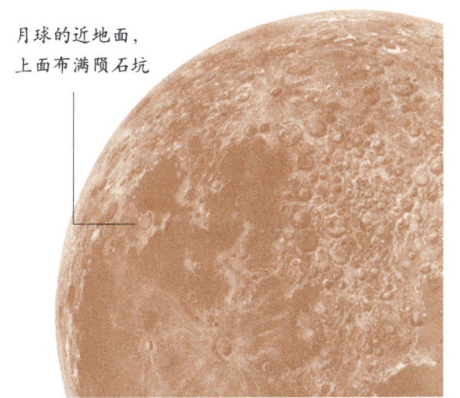

月球的近地面，上面布满陨石坑

人们曾经认为月球表面平坦的区域为海洋或干枯的海床，但事实上，这只是火山熔岩形成的平原。

最深的山是牛顿环形山，深达8788米。除了环形山，月面上也有普通的山脉。

月球约一个农历月绕地球运行一周，而每小时相对背景星空移动半度，即与月面的视直径相若。与其他卫星不同，月球的轨道平面较接近黄道面，而不是在地球的赤道面附近。月球的自转周期和公转周期几乎相同，因此我们从地球上只能看到月球的正面，看不到背面。

自转速度最快的星体

自转速度最快的星体是脉冲星。脉冲星是中子星的一种，会周期性地发出脉冲信号，脉冲星发射的射电脉冲的周期性非常有规律。一开始，人们对此很困惑，甚至曾想到这可能是外星人在向我们发电报联系。据说，第一颗脉冲星就曾被叫作"小绿人一号"。

经过几位天文学家一年的努力，终于证实，脉冲星就是正在快速自转的中子星。而且，正是由于它的快速自转而发出射电脉冲。

地球自转一周需24小时，而脉冲星的自转周期竟然小到0.001337秒！只有高速旋转的中子星，才可能扮演脉冲星的角色。

引力最强的天体

引力最强的天体是黑洞。黑洞是演变到最后阶段的恒星。当一些大恒星燃烧尽了的时候，它们就会自行塌陷，所有的组成部分凝聚成一个点，这个点的体积趋近于零，而密度趋近于无穷大，因而具有强大的吸引力。只要物体进入离这个点一定距离的范围内，就会被这个点的吸引力吸收掉，连光线也不例外。这个点是看不到的天体，我们只能

由于黑洞强大引力的作用，恒星上的气体不断被吸引过来，并形成一个旋涡——吸积盘——围绕着黑洞。

根据引力作用确定它的存在。因此，科学家给这个点起了个名字叫黑洞。黑洞的吸引力无比巨大，以至于没有任何信号能够从里面传出来，所以里面的情形人类无法知道。黑洞把周围的光和自己发出的光都吸收了，我们无法通过光的反射来观察它，只能通过受其影响的周围物体来间接了解黑洞。

除了这种恒星级黑洞，也有其他来源的黑洞，比如可能形成于宇宙早期的微型黑洞，可能存在于星系中央的超大质量黑洞。

移动速度最慢的星系

美国哈佛－史密森天体物理中心的天文学家宣布，已测出天穹中移动最慢星系的速度，该星系就是M33旋涡星系，它另一个非正式名称为Pinwheel（陀螺）。它位于离我们地球约240万光年的地方，可以在离M31星系（仙女星座）不远的天空中找到它，其直径约为50光年，是我们所在的银河系的1/2。

为了测量M33星系的移动速度，天文学家仔细分析了在两年半内拍摄该星系的照片。要想确定M33星系沿天空移动的"真实"运动，还需要考虑地球在围绕太阳旋转，而太阳系又在围绕银河系中心旋转。M33星系在空中相对于地球移动速度的横向移动为每年30角微秒，与关于M33星系接近地球速度的数据结合在一起，天文学家首次获得M33星系在空中三维移动的参数。为了使爱好者能对每年30角微秒的速度大小做出评估，天文学家打了个比方，假如我们从地球上观察蜗牛沿火星地表的爬行速度，则每年30角微秒的速度是其1/100。

离银河最近的星系

许多年来，天文学家一直认为大麦哲伦星系是距离银河最近的星系，这个星系距离我们16万光年。但是，在1994年，这个头衔被人马座矮星系给夺走了。最近的测量显示，大犬座矮星系离银河中心只有4.2万光年，距离只有人马座矮星系的3/4，只有大麦哲伦星系的1/4。

做出上面这项发现的是2微米巡天计划，因为它在红外光波段进行观测，所以能把可见光无法穿透的银河盘面看得较清楚。大犬座矮星系和其他的卫星星系在绕我们银河系公转的过程中，在重力的拉扯下逐渐地分崩离析。

最大的陨石

陨石，也称"陨星"，是地球以外未燃尽的宇宙流星脱离原有运行轨道或成碎块散落到地球或其他行星表面的石块，是从宇宙空间落到某个地方的天然固体。它是人类直接认识太阳系各星体珍贵稀有的实物标本，极具收藏价值。

据加拿大科学家10年的观测，每年降落到地球上的陨石有20多吨，大概有2万多块。陨石大小不一，在一场大的流星雨中，会有很多豌豆大小的陨石降落，有时也会有大型的陨石坠落。1976年3月8日，我国吉林降落了一次规模空前的陨石雨，其中最大块重1770千克，是目前世界上最大的石质陨石，被称为"吉林一号"。这块陨石冲击地面造成蘑菇云状烟尘，并且砸穿冻土层，形成一个6.5米深、直径2米的大坑。

此外，1920年，人们在非洲纳米比亚南部地区发现了戈巴陨铁（含铁量较大的陨石称为陨铁），它的重量约为60吨，是现存最大最重的陨铁。

银河系最大的星团

欧洲天文学研究小组通过架设在智利的红外天文望远镜发现了银河系内最大的星团，并把它命名为Westerland 1。该星团被一些厚密的宇宙尘埃所覆盖，其质量相当于10万个太阳，整个星团直径约为6光年。

此前，科学家们一贯认为，此类星团只存在于遥远的星系中。而且是由两个或两个以上的星系相互作用才能产生这类星团。目前天文学界已知的这类球状星团有M13和M15，其特点就是具有很强的扩散性——哪怕是质量很小的星团，直径也能达到上百光年。

欧洲天文学家们还在本次新发现的"Westerland 1"星团中发现有许多恒星都可以归入超巨星家族，其大小约为太阳的2000多倍，有效半径约相当于整个土星轨道。这些星团中有一些独立的高质量恒星，其亮度足以抵得上上百万个太阳。厚厚的宇宙尘埃阻碍了它的强光，否则地球上的夜空会变得异常明亮。

最大、最古老的黑洞

美国斯坦福大学的天文学研究小组发现了迄今为止最庞大、最古老的黑洞，即Q0906+6930黑洞。这个黑洞位于大熊座星系中央，与地球的距离约为127亿光年。科学家们初步确定它的年龄为127亿岁，也就是说，它在宇宙大爆炸之后的几亿年内就形成了。

领导这项研究的斯坦福大学的天文学教授罗杰·罗马尼说："这个黑洞的体积大得实在惊人，像这么大的黑洞很少见。"这个黑洞确实非常大，其质量是太阳的100亿倍，也就是说它的引力场内可以吸纳上千个太阳系，其质量也相当于银河系内所有恒星的质量之和。

宇宙中最冷的地方

宇宙空间虽然分布着很多发光发热的恒星，但是黑暗而深邃的太空中温度非常低，就像一个巨大的寒冷的冰箱一样。宇宙中最寒冷的地方是一团叫作回飞棒的星云。回飞棒星云是美国人通过哈勃望远镜观测到的，因为它旋转的两翼并不平衡，像回旋飞行器一样，所以得名。回飞棒星云以接近每小时60万千米的速度喷出云气和尘埃风，因此形成了独特的形状。

回飞棒星云是由正在死亡的恒星排出的气体，距离地球约5000光年。在人类迄今为止了解的星云中，回飞棒星云的温度是最低的，只有$-272℃$，其他的星云温度都高于$-270℃$。

天文学之最

最古老的天文台

　　天文台是专门进行天文观测和研究的机构。古人很早就发现了天象变化与日常生活、生产之间的关系。一些文明古国很早就建立了天文台。在古希腊文明极盛的时候，埃及的亚历山大就建立了著名的天文台。我国夏朝就有了天文台，称为清台，商朝的时候称为神台，周朝称为灵台。周文王的灵台建在都城丰邑东面。西安西南约40千米的地方至今仍有灵台村。目前这些灵台已经不存在了。世界上保留下来最古老的灵台是632年建于现在韩国庆州的瞻星台。我国保留下来最古老的天文台是河南登封市的观星台。唐代的时候，这里建立了石表，元代初年在此石表北面建立了永久性的观星台，现在还有遗迹。

最大的天文台

　　世界上最大的天文台是双子座天文台。双子座天文台由两台先进的天文望远镜组成，它们分别位于赤道两边的美国夏威夷和智利。通过南北两站的天文望远镜，科学家们可以观测到遥远的星系。在南站望远镜落成典礼上，双子座天文台台长蒙顿称，这是耗用10年时间、由几百人参与建设的结果。

　　双子座的两台望远镜使用了大量新技术，如巨大的薄型透镜，能从宇宙空间收集和聚焦光线和红外辐射；自适应光学器件，可校正因地球大气所产生的畸变等。位于夏威夷的北站望远镜目前已有很多重大的发现，包括发现星系核心超大黑洞周围的奇观，恒星周围可能形成早期行星系统的气、尘区，以及拍摄到褐矮星的图像等。

海拔最高的气象观测站

　　世界上海拔最高的气象观测站是我国的沱沱河气象站。沱沱河气象站位于海拔4700多米高的唐古拉山麓，是世界上海拔最高的气象观测基站。总面积约250平方千米，平均海拔4000米以上的青藏高原，有"世界屋脊"和"地球的第三极"之称，它对中国和亚洲甚至对整个北半球乃至全世界的气象变化，有明显的影响。

　　沱沱河气象站成立于1956年，是中国国家气象站网中重要的测报、研究站，也是具有与全球气象资料共享资格的交换站。这里地势高寒，空气稀薄，全年冰冻期为331天。气象站的工作者，就是在这样恶劣的条件下，坚守岗位为全人类观测风云，预报天气。

最早的流星雨记录

　　天体的碎块闯入地球大气层时，和大气层的摩擦越来越激烈，最后燃烧起来，产生光和热，这就是我们在夜空中见到的流星。有时候，天空中会有很多流星连续不断地坠落，这样就形成了流星雨。

　　最早的流星雨记录是公元前2133年降落在河南省的一场流星雨，《竹书纪年》中记载着："帝禹后氏八年雨金

流星

地球的天空中出现的流星，长度在 80 千米到 120 千米之间。流星雨看起来总是从空中的同一个地方开始下落。空中的岩石到达地球后就成了陨石，它能撞出一个个陨石坑。

于夏邑。"之后，我国的天文学家对流星雨的记录不断，总数达二三百条之多。对流星雨的描述生动形象，常用"星陨如雨""众星交流如织"等形容。很多纪录对时间、地点、流向、在天空的位置和流星的个数，以及颜色和响声都有详细的记载。

流星雨的记录为研究流星雨和陨石提供了依据，对研究天体的起源和演化、流星的轨道、天体的化学成分等都有重要意义。

最早的太阳黑子记录

太阳黑子是在太阳光球层上发生的一种最基本、最明显的太阳活动。最早的太阳黑子记录出现在殷商甲骨文中，战国时期及汉代也有不少关于太阳黑子的记录。目前世界上公认的最早的太阳黑子记录是《汉书·五行志》中记载的："河平元年……三月己未，日出黄，有黑气大如钱，居日中央。"河平元年三月己未也就是公元前 28 年 5 月 10 日。

我国古代关于太阳黑子的记录不多，共有 100 多次，但是纪录比较详细，有准确的日期，也有对黑子大小、形状、位置的描述。这些为研究太阳黑子的活动，及其对地球的影响提供了宝贵的资料。

最早的哈雷彗星纪录

1682 年 8 月，一颗肉眼可见的大彗星出现在夜空中。英国天文学家哈雷对此很感兴趣，并开始专心致志地研究彗星。他计算出了这颗彗星的轨道和回归周期，大胆地预言，1682 年出现的那颗彗星，将于 1758 年年底或 1759 年年初再次回归。他的预言被证实了，人们为了纪念他，把这颗彗星命名为哈雷彗星。

中国人对哈雷彗星的记载是最早的，可上溯到殷商时代。"武王伐纣，东面而迎岁，至汜而水，至共头而坠。彗星出，而授殷人其柄。时有彗星，柄在东方，可以扫西人也！"（《淮南子·兵略训》）据张钰哲推算，这是公元前 1057 年的哈雷彗星回归的记录。更为确切的哈雷彗星记录是公元前 613 年（春秋鲁文公十四年）的秋七月，有星孛入于北斗"（《左传·鲁文公十四年》）。这是世界上第一次关于哈雷彗星的确切记录。

从公元前 240 年（战国秦始皇七年）起，哈雷彗星每次回归，中国均有记录。对哈雷彗星的记录有时是很详细的。其中最详细的记录是公元前 12 年（汉元延元年），"七月辛未，有星孛于东井，践五诸侯，出河戍北率行轩辕、太微，后日六度有余，晨出东方。十三日，夕见西方，犯次妃，长秋，斗，填，蜂炎冉贯紫宫中。大火当后，达天河，除于妃后之域。南逝度犯大角、摄提。至天市而按节徐行，炎入市中，旬而后西去；五十六日与苍龙俱伏。"（《汉书·五行志》）

最早的日食记录

中国是世界上最早记录日食的国家。最早的日食记录是公元前 1217 年 5 月 26

日发生的一次日食。出土于河南安阳殷墟的甲骨文详细记载了当时的情况：人们正在田间劳动，突然发现光芒四射的太阳出现了一个黑色的缺口，缺口越来越大，光芒逐渐暗淡下来。一段时间后，有缺口的太阳又渐渐恢复圆形。这就是关于日食最早最可靠的记载。

我国古人对天象的异常变化非常重视，由于缺乏科学认识，常常把日食理解为上天对人类的警告。古代的科学家保持了对日食的观察和记录。在《春秋》这本编年史中记载了公元前770到公元前476年之间的37次日食。连续性的日食记录为科学研究提供了丰富的资料。通过对日食的成因和周期性的总结，能够准确地预报日食，这是中国天文学史上的一项重要贡献。

人类最早认识的星座

人类最早认识的星座是大熊星座，古今中外的天文学家都很重视它，因为它在夜空中非常显眼。在古代中国，人们通过肉眼就可以看到大熊星座中明亮的七颗星呈一个勺子的形状，也就是人们常说的北斗七星。

古人分别给这七颗星起了名字：天璇、天玑、天枢、天权、玉衡、开阳、摇光。北斗七星很容易辨认，常被人们当作一个整体来观测。在北半球的中高纬度全年可见北斗七星。

最古老的星表

我国古人非常重视观测天象，早在汉代以前，就给天上的星星分了组，并起了名字，还测量了它们之间的距离，并做了记录。这种用于纪录星星名称和位置的记录册，叫作星表。

在公元前4世纪的战国时期，魏国人石申写了《天文》一书，此书的一些片段在唐代的《开元占经》中有记载。后人由此辑录了一份《石氏星表》，其中记载了二十八宿和102颗恒星的位置。这是世界上最古老的星表。西方最早的星表是公元前3世纪或公元前2世纪才出现的，比《石氏星表》晚1个多世纪。《石氏星表》成了后世很多天体测量的基础，是我国天文历法中一份重要的基本数据资料。

最早的自动天文仪器

我国古代流行最广泛的宇宙理论是浑天说。浑天说认为地在天的中央，地似蛋黄，天似蛋壳，日月星辰附在天壳上，随着天周日旋转。为了演示天象并观测天体的方位，西汉的耿寿昌发明了浑天仪。东汉中期，张衡在此基础上大胆创新，于117年设计制造了完整的演示浑天说思想的漏水转浑天仪，这是世界上最早的自动天文仪器。

漏水转浑天仪是用精铜制造的，主体是一个空心铜球，代表天球，球内有一根铁轴贯穿球心，代表天轴，球体可以绕着这根柱子旋转。轴与球面有两个交点，一个代表北极，一个代表南极。球外有两个圆环，一个代表地平线的地平圈，一个代表子午线的子午圈，球体半露在地平圈以上。北天极高处地平圈36°，就是东汉的都城洛阳的地理纬度。球的表面刻着地二十八宿和其他恒星，还刻有天赤道圈和黄赤道圈，两者呈24°夹角。天赤道圈和黄赤道圈上刻有二十四节气，以冬至日为起点，两个圆周各分为365.24°。

张衡采用齿轮系统把浑天仪和计

时用的漏壶联系起来。用漏壶滴出的水的力量带动齿轮，齿轮带动浑天仪绕轴转动，一天转动一周，与天球同步。这样就可以准确地把天象的变化表示出来。通过观察浑天仪的转动就可以知道天象的变化了。

最早描绘在纸上的星图

唐代敦煌经卷中的一幅古星图，是世界上现存古星图中最古老而星数较多的全天星图，大约绘制于唐中宗时期（705—710年）。星图从12月开始，按照每月太阳的位置将黄道和天赤道分为12段。全图按圆圈、黑点、圆圈涂黄三种方式绘出了1350颗星，是现代星图的鼻祖。

由于古代测量技术有限，星图上恒星的位置是按照肉眼观测估算出各恒星之间的相对距离而定的。

最早测量子午线长度的人

最早测量本初子午线的人是僧一行。僧一行本名叫张遂，生于672年（唐高宗时期），青年时出家当了和尚，法名一行。他精通天文、历法和仪器制造。

僧一行设计了一种叫覆矩的测量工具以测量北极仰角，并根据观测数据绘制了24幅覆矩图。他计算出北极高度每差1°，南北两地即相隔351里80步，相当于现在的151.07千米。这个距离正是地球上子午线上1°的长度。他的测量虽然不是非常精确，却是人类测量子午线的开端。

最早提出地球围绕太阳转的人

古代的人们看到每天太阳东升西落，认为地球是宇宙的中心，太阳围绕地球转。最早提出地球围绕太阳转的是波兰天文学家哥白尼。他是近代天文学的奠基人。

哥白尼并不是职业天文学家，而是一名教士，他的重要著作是在业余时间完成的。他大约在40岁时开始在朋友中散发一份简短的手稿，初步阐述了他自己对日心说的看法。哥白尼经过长年的观察和计算终于完成了他的伟大著作《天体运行论》。在书中他正确地论述了地球绕其轴心运转，月球绕地球运转，地球和其他所有（太阳系）行星都绕太阳运转的事实。书中观测计算所得数值的精确度是惊人的。例如，他得到恒星年的时间为365天6小时9分40秒，与现在的精确值差约30秒，误差只有百万分之一。但是，由于观测条件的局限，他对宇宙的认识还有很大的偏差，比如他认为星体运行的轨道是一系列的同心圆，这当然是错误的。

1533年，60岁的哥白尼在罗马做了一系列的讲演，提出了他的学说的要点，并未遭到教皇的反对。但是他却担心教会反对，甚至在他的书完稿后，还是迟迟不敢发表。直到在他临近古稀之年才终于决定将它出版。1543年5月24日去世的那一天，他才收到出版商寄来的一部他写的书。

这张夸张的太阳系星图是由安德里亚·塞拉里乌斯于1661年绘制的。那时，哥白尼的观点已经广泛地被世人所接受。图中右下角的人物便是哥白尼。

航天之最

最早到达月球的探测器

人类最早到达的卫星是月球。第一个到达月球的探测器是苏联的无人登陆器"月球"2号,它于1959年9月14日撞向月面。"月球"3号在同年10月7日拍摄了月球背面的照片。"月球"9号则是第一艘在月球软着陆的登陆器,它于1966年2月3日传回在月面上拍摄的照片。"月球"10号于1966年3月31日成功入轨,成为月球第一颗人造卫星。

最早的行星探测器

地球处在太阳系中,因而天文学家研究最多的是太阳系中的行星。太阳系有八大行星,分别是水星、金星、地球、火星、木星、土星、天王星、海王星。人类探测的第一个行星就是离地球最近的金星。

人类发射探测器的过程经历了多次失败。1961年2月12日,苏联发射了"金星"1号探测器,但是在距离地球756万千米的地方失去了联系,无法得到探测结果。美国于1962年7月22日发射了"水手"1号探测器,但因火箭偏离轨道,发射失败。1962年8月27日,"水手"2号发射成功,12月14日,"水手"2号从距离金星34800千米处飞过,探测了金星的大气温度。此后,人类发射了更多的金星探测器,获得了关于金星的大量资料,对金星的了解进一步加深。

目前,人类已经发射了各大行星探测器,对太阳系的了解越来越多。

最早穿越小行星带的人造探测器

小行星带是太阳系内介于火星和木星轨道之间的小行星密集区域。天文学家估计这个区域的小行星数量多达50万颗,已经被编号的小行星有120437颗,98.5%的小行星都在此处被发现。因此这个区域被称为主带,通常称为小行星带。

在人类太空探索史上,第一个穿越小行星带的探测器是"先驱者"10号,时间是在1972年,然后是"先驱者"11号、"旅行者"1号和"旅行者"2号、"伽利略"号、"卡西尼"号、"NEAR"和"尤里西斯"号。

最长寿的太空探测器

美国派遣太空探测器到外层空间的历史,已经有30多年,其中最长寿的是"旅行者"号。到2009年的8月和9月,"旅行者"2号和1号探测器已经探索太阳系32年。"旅行者"号有很多重大发现,比如天王星高速的风、构成土星光环的扭结和幅条、木星卫星上的火山、土星可能有生命的迹象、天王星的卫星上有活喷泉等。但是它们的使命至今还未完结。两艘航天飞船远达神秘的天王星和海王星,现在继续向宇宙深处继续进发,最终脱离太阳系。

"旅行者"1号现在是距离太阳最远的探测器,至2009年5月,约距离太阳164亿千米,而"旅行者"2号的距离是133亿千米。这两艘宇宙飞船都有一张1英尺铜片镀金唱片,旨在向可

太空探险史上的创举

时间	事件
1957年10月4日	苏联发射人类历史上第一颗人造地球卫星"人造地球卫星"1号进入轨道,围绕地球旋转,这标志着太空时代的开始
1957年11月3日	搭载"人造地球卫星"2号,苏联的一只名为"莱卡"的小狗成为第一只在太空中存活的动物
1959年10月10日	苏联成功发射"月球"3号空间探测器,且第一次拍摄到了月球背面的照片
1961年4月12日	苏联宇航员尤里·加加林成为第一个飞上太空的人,他环绕地球转了一圈
1962年2月20日	宇航员约翰·格伦成为第三个进入太空的美国宇航员,也是第一个在太空中环绕地球飞行的美国人
1963年6月16日	苏联瓦连京娜·捷列什科娃少尉乘坐"东方"6号宇宙飞船进入太空,从而成为进入宇宙空间的第一位女宇航员
1969年7月20日	尼尔·阿姆斯特朗(美国)成为第一个登上月球的人
1971年4月19日	第一个太空站"礼炮"1号(苏联)进入太空轨道
1977—1989年	"旅行者"2号(美国)离开地球,1979年飞过木星,1981年飞过土星,1986年飞过天王星,1989年飞过海王星
1981年4月12日	美国航天飞机"哥伦比亚"号第一次试飞成功
1986年3月13日	欧洲太空探测器"乔托"号发回首批哈雷彗星彗核的特写照片
1998年	国际空间站首体部分发射升空
2003年10月15日	中国宇航员杨利伟乘坐"神舟"5号进入太空
2004年11月	经过13个月的漫长旅行后,欧洲航天局发射的月球探测器"智能"1号成功进入月球轨道,从而掀起了新一轮探月的热潮

能存在的外星生命表达地球的多元文化,内容是由康内尔大学教授萨根领导下的委员会选取的116个图像及各种音乐,以及51种语言的招呼语言。

最早的空间站

1971年的前苏联在拜克努尔航天中心,成功发射了世界上第一座空间站"礼炮"1号,"礼炮"1号空间站长14米,内部空间约为47立方米,重18吨,从规模和科技含量来看,"礼炮"1号空间站还相当落后,但是它毕竟是世界上第一座空间站,它的成功发射标志着空间站的建设从设想变成了现实!

最大的国际空间站

世界上最大的空间站是美国总统里根于1983年提出并着手建造的国际空间站。该空间站现由美、俄、欧洲航天局、日本、巴西、加拿大等16个国家和组织联合建造,该工程仍在进行中,其首体部分于1998年发射升空。最初计划建造一个翼展110米,长度80米、质量500吨的庞大空间站,并于2004年竣工。然而随着技术的不断完善和充裕的资金做后盾,如今国际空间站的规模也不断地增大,全部完工后人类可以在上面进行资源考察、生物实验、航天医学等方面的研究。

寿命最长的空间站

世界上寿命最长的空间站是前苏联的"和平"号空间站。

"和平"号空间站由核心舱和5个专业舱组成,它是世界上第一座采用多舱段组合方式的空间站,长达87米,

> **国际空间站**
>
> 空间站是一类停留在太空中的宇宙飞船，它们沿着轨道不断绕地球运行。空间站为宇航员、科学家以及偶尔的太空游客们提供了一个太空的家。在一系列的宇航任务中，空间站被一点一点地建造起来。目前运行的空间站——国际空间站是有史以来最大的空间站，它长达108米，所提供的生存空间足以容纳2架巨大的喷气式飞机。

是当时世界上最大的空间站。它是苏联于1986年成功发射的，到2001年1月29日坠落自毁止，它在太空连续工做了15年，在这15年间，它一共绕地球飞行了8万圈，飞行距离将近35.2亿千米，有12个国家的135名宇航员先后在上面工作过，其中包括创下在太空中工作时间最长纪录的俄罗斯宇航员波利亚特夫，他连续不断地在太空中工做了437天17个小时58分钟17秒，曾经震惊了世界。美国女宇航员露西德也是在"和平"号上创下女子世界纪录的，她是第一个在太空中连续工做了188天的女子。

"和平"号空间站在太空连续工做了15年，现在还没有哪一座空间站的寿命能长得过它！

最早的火箭

大约1000年前，中国最先发明了火箭，比起现在的火箭来，那时的火箭更像爆竹。据史料记载，宋开宝三年（970年），兵部令冯继升提出火箭制法并进行试验，11—13世纪宋军在作战中已使用火箭。蒙古军队西征时，将火箭传到阿拉伯，以后又传入欧洲。20世纪40年代后，火箭得到飞速发展和广泛应用。

体积、威力最大的运载火箭

作为美国航空航天家族中最著名的成员之一——"土星"5号运载火箭不仅是世界上体积最大的火箭，也是世界上威力最大的运载火箭。当年，著名的"阿波罗"登月飞船就是由它送上天的。

"土星"5号运载火箭是一种使用液体燃料的三级火箭，高达110.6米，直径为10米，起飞时的重量能达到3000吨，它由200多万个部件构成，其中有11台功率都在17560千瓦以上的发动机。可见，它的威力有多大！

1967—1973年，"土星"5号先后完成数次发射任务，并依靠它强大的威力，将"阿波罗"登月飞船送上太空，为人类的太空之旅做出了巨大贡献。后来，它还连续发射了很多宇宙飞船，比如："天空实验室"、"先驱者"10号、"先驱者"11号和"旅行者"1号、"旅行者"2号等。

运载能力最强的商用运载火箭

目前世界上运载能力最强的商用运载火箭是欧洲阿丽亚娜5型火箭。阿丽亚娜5型运载火箭是欧洲研制的不可重复使用的运载火箭阿丽亚娜火箭系列中的最新型号，主要将人造卫星发射至地球同步轨道或低地球轨道。

最初记载，阿丽亚娜5型运载火箭能承载5970千克的卫星至地球同步转移轨道，在实际飞行后评定能承载6200千克（一枚卫星）。改良后的阿丽亚娜5号G+型运载火箭，承载能力达6950千克（一枚卫星），在2004年此型共发射了3次。阿丽亚娜5号ECA型运载火箭能承载10000千克（多枚卫星）或10500千克（一枚卫星）至地球同步转移轨道。

自 2006 年 1 月起，阿丽亚娜航太公司已经发射了 290 枚卫星前，成功地将 271 枚卫星放置在轨道上，总量达 575000 千克。高成功率使阿丽亚娜航太公司成为世界上主要的商业发射公司，发射了超过 2/3 的商业卫星。

服役时间最长的运载火箭

服役时间最长的运载火箭是前苏联的 A-2 火箭。它远比 1957 年用来发射"人造地球卫星"的火箭先进。A-2 已取得了包括 1961 年首次把人和动物送入太空等在内的多个辉煌纪录。在它服役的第 6 个 10 年里，它仍会为新的国际空间站提供服务，并成为其中重要的组成部分。现今，A-2 火箭的主要工作是把"联盟"号飞行器发射到"和平"号空间站。

最早发射成功的载人宇宙飞船

1961 年 4 月 12 日莫斯科时间上午 9 时 7 分（格林尼治时间上午 6 时 7 分），苏联成功进行了世界上第一次载人太空飞行。而空军少校（后升任上校）尤里·加加林则是首位乘坐宇宙飞船进行太空飞行的幸运者。当时，他乘坐重达 4724.7 千克的"东方"1 号宇宙飞船完成了 1 次长达 108 分钟的地球单轨飞行。飞船的最大飞行高度据记载为 327 千米，最大速度为每小时 28259.3 千米，共运行了 40867.4 千米。

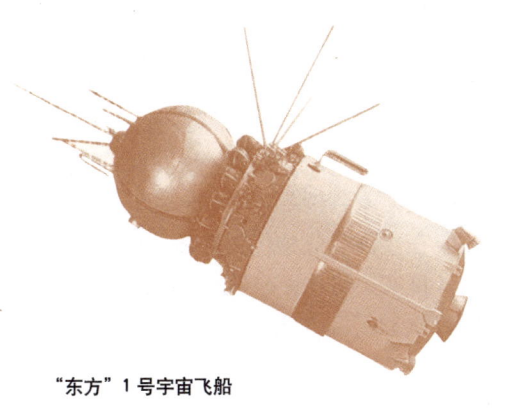

"东方"1 号宇宙飞船

世界上最早的人造卫星

世界上最早的人造地球卫星名为"人造地球卫星"1 号，于 1957 年 10 月 4 日夜晚，在距咸海东面 273.6 千米的秋拉塔姆发射场，由苏联发射成功。其速度为每小时 28565.1 千米。这颗卫星直径 57.9 厘米，重 83.6 千克，在空间运行了 92 天，于 1985 年 1 月 4 日结束飞行。其总设计师是瑟奇·帕夫洛维奇·科罗里夫博士。

世界上最早的气象卫星

1960 年 4 月 1 日，美国发射了世界上第一颗气象卫星"蒂罗斯"1 号，它在 750 千米的轨道上拍摄了 2.3 万张云图，包括第一张从太空拍摄的云层运动图片。"蒂罗斯"1 号气象卫星的发射成功使得气象学家们第一次有机会看到地球整体天气布局的情况。但它的云图分辨率不高，随发随收的功能也不够理想，因而只能作为实验卫星。到 1965 年止，美国共发射了 10 颗"蒂罗斯"系列气象卫星。

使用寿命最长的人造卫星

目前仍在绕轨道运行的世界上最老的人造卫星是由美国发射的"先锋"1 号。该卫星直径为 15.2 厘米，质量仅为 1.47 千克，其设计使用寿限为 1000 年，自 1958 年 3 月 17 日被发射到绕地轨道之日起，这颗人造卫星就一直在绕轨道运行。

最早的宇航员

一枚有 6 个发动机的重型火箭在拜克努尔发射中心于 1961 年 4 月 12 日莫斯科时间上午 9 时 7 分起飞了。一个直径为 2.3 米的球形容器连接在末级火箭的顶端，这就是"东方"1 号宇宙飞船。当时刚满 27 岁的世界上最早的宇航员——苏联空军少校尤里·加加林坐在球形容器中。

"东方"1 号是苏联的第一艘载人宇宙飞船，它连同末级火箭在内，重 4724.7 千克，总长 7.35 米。飞船用了 108 分钟在绕地球的轨道上飞行，其中有 89 分钟加加林是在失重状态下度过的。他在这次人类历史上第一次太空失重试验中没有受到任何损伤。他从宇宙飞船上报告说："飞行正常，经受失重状况的情况良好。"加加林向世人做出了证明，人体机能完全能胜任火箭起飞时的超重负载，也能适应宇宙飞行中的失重环境。

加加林在绕地球飞行一周后，安全地降落在莫斯科东南 805 千米的萨拉托夫。当时，他的照片几乎刊登在全世界所有的报纸上。加加林在 1968 年 3 月的一次飞机意外失事中遇难，时年仅 34 岁。

为表彰加加林所做出的突出贡献，苏联政府做出决定：在莫斯科繁华的列宁大街上，建立一座高 40 米的加加林纪念碑，上面站立着 12 米高的加加林塑像。

最早在太空漫步的人

苏联列昂诺夫中校（1934 年 5 月 30 日生）于 1965 年 3 月 18 日与别利

1965 年 3 月，首位漫步太空的苏联人列昂诺夫在太空进行"人在宇宙飞船外是否能够生存"的试验，一根特制的绳子将他连到了宇宙飞船上。飞船给他提供氧气呼吸，他在绳子的另一端自由地飘浮。大约 20 分钟以后，他不得不返回飞船。

亚耶夫一起乘"上升"2 号宇宙飞船在拜克努尔升空。在格林尼治时间 8 时 30 分，列昂诺夫离开座椅，穿好宇航服，身背氧气筒，从连接在宇宙飞船一端的一个气闸室经过，走出飞船船舱，进入了宇宙空间。他的动作过程与潜水员从潜水艇中进入海底很像，只不过潜水员通过的是一个水闸，但是危险性要远远大于前者。由于处于失重状态，飞船和宇航员就可能在空间不是走，而是在飘，稍微不注意，宇航员就会永远飘离飞船。因此，必须用一根长 5 米的缆索把宇航员紧紧拴住以保证安全。舱内外两名宇航员可以借助缆索中的电话线通话，舱外宇航员在宇宙空间的一切生理测量数据也能通过电缆线传回座舱并发回地球。在空中停留 20 分钟后，列昂诺夫由原通道回到了舱内，他在 20 分钟内飘了 12 分 9 秒。从发回的电视图像上能看到他那"笨拙"的动作。人可以在宇宙空间中停留并活动这一点得到了证实。这次宇宙航行为以后的宇宙航行积累了宝贵的经验。

第四章

地理之最

海洋之最

最大、最深、岛屿最多的洋

太平洋是四大洋中面积最大的大洋，南起南极地区，北到北极，西至亚洲和大洋洲，东界南、北美洲，南北长约15900千米，东西最大宽度约19900千米，面积17968万平方千米。占世界海洋总面积的49.8%，占地球总面积的35%。

太平洋是四大洋中最深的大洋，其平均深度为4028米，最大深度处为马里亚纳海沟，深达11034米，是目前已知世界海洋的最深点。

太平洋是四大洋中岛屿最多的大洋，约有岛屿1万个，总面积440多万平方千米，约占世界岛屿总面积的45%。

最小、最浅的洋

北冰洋是四大洋中最小、最浅的洋。北冰洋位于地球的最北面，大致以北极为中心，介于亚洲、欧洲和北美洲北岸之间，是四大洋中面积和体积最小、深度最浅的大洋。面积约为1479万平方千米，仅占世界大洋面积的3.6%；体积1698万立方千米，仅占世界大洋体积的1.2%；平均深度1300米，仅为世界大洋平均深度的1/3，最大深度也只有5449米。

北冰洋又是四大洋中温度最低的寒带洋，终年积雪，千里冰封，覆盖于洋面的坚实冰层足有3~4米厚。每当这里的海水向南流进大西洋时，随时随处可见一簇簇巨大的冰山随波漂浮，逐流而去，对人类的航海造成威胁。

港口最多的大洋

港口最多的大洋是大西洋。大西洋是第二大洋，位于欧洲、非洲、北美洲、南美洲和南极洲之间，北接北冰洋，南接南极洲，西南以通过合恩角的经线（西经67°）与太平洋为界，东南以通过厄加勒斯角的经线（东经20°）与印度洋为界。

大西洋在世界航运中处于极为重要的地位，它西通巴拿马运河连太平洋，东穿直布罗陀海峡、经地中海、苏伊士运河通向印度洋，北连北冰洋，南接南极海域，航路四通八达、十分便利，是航运最发达的大洋。同时大西洋沿岸几乎都是各大洲最发达的国家和地区，贸易、经济交往频繁，是世界环球航运体系中的重要环节和枢纽。每天在北大西洋航线上航行的船只平均有4000多艘。在全世界2000多个港口中，大西洋沿岸占有3/5，拥有世界2/3的货物周转量和3/5的货物吞吐量。大西洋港口中不少是世界知名港口，比如欧洲的汉堡、鹿特丹、伦敦、利物浦、马赛、热那亚等；非洲的亚历山大、开普敦等；北美洲的纽约、费城、新奥尔良、休斯顿等；南美洲的马拉开波、图巴兰、里约热内卢等。

最大的海

世界上最大的海是珊瑚海，它位于南半球，西部紧靠澳大利亚大陆东北岸，北部和东部被伊里安岛、新不列颠岛、新赫布里底群岛、所罗门群岛所包围，南部与太平洋边缘上的海塔斯曼海衔接。海域十分辽阔，面积有479.3万平方千米。

最小的海

位于土耳其西部的马尔马拉海是世界上最小的海。它的面积仅为1.1万平方千米，人们在海洋中航行的时候，甚至可以清楚地看到它的两岸。如果说珊瑚海是海中"巨人"的话，那么，马尔马拉海就是海中的"侏儒"。

马尔马拉海全长280千米，宽80千米，呈椭圆形。它的东北面通过31千米长的博斯普鲁斯海峡与黑海相连，自古以来就是黑海地区通达外海的航行要道。西南面通过61千米长的达达尼尔海峡与地中海相连。从地质年代上考察，马尔马拉海是一个很年轻的海，形成至今，大约只有100万年。

海洋最深处

1951年英国"挑战者"号测量船在太平洋的马里亚纳海沟发现了海洋中最深的地方。科学家利用回声测深仪测到最深的地方有10900米。随后人们又用多束声呐测距系统测量出了更深一些的地区。目前人们公认的最精确的数字为10863米。1959年苏联"维特亚茨"号研究船测到的结果是11034米；1960年1月23日，美国海军深海潜水器"Trieste"号潜入海底测得的数据则为10918米。

探索马里亚纳海沟前的最后准备

最浅的海

俗话说："洋无边，海无底。"当然，海洋是有边有底的。不但有底，而且有的海洋还非常浅。位于俄罗斯西南部的亚速海可以说是世界上最浅的海。亚速海形似不规则的三角形，总面积有38840平方千米，平均深度仅6.6米，最深的地方也只有14米，因而它的海水总呈现出灰黄甚至灰黑的颜色。海水的总体积大致相当于珊瑚海的1/45000。由于亚速海浅得惊人，因此一遇到大风天气，有的海水连同海底的淤泥都会被风吹起来，导致海水长期混浊不清。

最咸的海

世界上最咸的海是红海，有人在红海测到的盐度高达 42‰，在海底有的地方，盐度达到了 270‰，几乎已经形成了饱和溶液。这比一般的海水盐度（35‰）要高出 2～9 倍。所以说红海的确是世界上最咸的海域。

红海的盐度之所以这么高主要有两个原因：一是红海属于热带沙漠气候区，它的周边地区降水量非常小，有的地方年平均降水量居然只有 28 毫米，又因为红海周边气温特别高，这样蒸发量就大，而降水量又小，造成了红海海水盐度高；二是红海海底由于岩石张力所导致的地壳出现裂缝，一面造成了大量的海水下渗，一面又使岩石下面大量的矿物质和溶解盐类溶入海水，这也是造成红海海水盐度高的原因之一。

最淡的海

世界上最淡的海是地处欧洲的波罗的海，在波罗的海的北部的某些海域测到的海水盐度只有 2‰，东部某些海域也是如此，几乎和淡水没有什么区别。即使在它盐度最高的地方测到的海水盐度也不过 20‰，这比世界海水的平均盐度（35‰）低得多。

造成波罗的海盐度这么低的原因主要有两个：一是波罗的海正好处于欧洲大陆和斯堪的那维亚半岛之间，四面大部分都是陆地，造成波罗的海和外洋的海水交换机会特别少，所以外洋的盐度高的海水很难进入到波罗的海。二是在波罗的海的周围大约有 250 条河流注入，这样就带来了大量的淡水，再加上当地气温一年四季都很低，蒸发很少，这也是波罗的海盐度低的一个重要原因。

最古老的海

世界上最古老的海是地中海，从地质史上看，地中海在世界上的各大洋和海之中有着相当老的资格。它甚至要比大西洋还老，地中海在 6500 多万年以前的名字叫特提斯海。那时候，大西洋还没有形成，特提斯海的大小仅次于太平洋，在后来的地壳运动过程中，欧亚板块和印度洋板块连接起来，在喜马拉雅山形成的同时，宽阔的特提斯海也逐渐缩小变成了我们现在所看到的地中海。

现在的地中海，处于欧洲、亚洲、非洲三大洲之间，面积在 250 万平方千米左右。在地中海的西面是著名的直布罗陀海峡，海峡之外就是大西洋，东边是著名的苏伊士运河，运河之外就是印度洋，这样的地理位置决定了地中海在当今世界上具有决定性意义的经济和政治地位。

地中海的气候一般来讲是夏季干热少雨，冬季温暖湿润。这种独特的气候正好与我们通常所见到的气候相反，所以科学家们把它单独列为一种气候类型——地中海气候。此外，由于地中海的地理位置特殊，它的海水盐度也比较高，比大西洋要高好多。

最长的海底山脉

最长的海底山脉是中洋脊，又名大洋中脊、中隆或中央海岭。中洋脊隆起于洋底中部，并贯串整个世界的大洋，是地球上最长、最宽的环球性洋中山系。在太平洋，其位置偏东，称东太平洋海

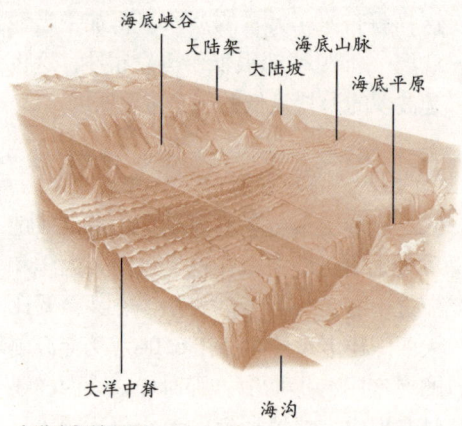

大洋底部地形图

隆（海岭）。大西洋中脊呈"S"形，与两岸近于平行，向北可延伸至北冰洋。印度洋中脊分3支，呈"入"字形。三大洋的中脊在南半球互相连接，总长达8万千米，面积约1.2亿平方千米，占世界海洋总面积的1/3。其脊部通常高出两侧洋盆底部1000～3000米，脊顶水深多为2000～3000米，少数山峰露出于海面形成岛屿，如冰岛、亚速尔群岛等。

最大的海湾

孟加拉湾属于印度洋的一个海湾。西接斯里兰卡，北临印度，东以缅甸和安达曼—尼科巴海脊为界，南面以斯里兰卡南端之栋德拉高角与苏门答腊西北端之乌累卢埃角的连线为界。南部边界线长约1609千米。安达曼—尼科巴海脊露出海面的部分，北有安达曼群岛，南为尼科巴群岛，把孟加拉湾与东部的安达曼海分开。湾顶有恒河和布拉马普特拉河巨型三角洲。流入该湾的其他河流有印度的默哈纳迪河、哥达瓦里河和克里希纳河。

孟加拉湾是太平洋和印度洋之间的重要通道，是世界最大的海湾。孟加拉湾总面积为217.2万平方千米，总容积为561.6万立方千米，平均水深为2586米，最大深度5258米。沿岸重要港口有印度的马德拉斯、加尔各答和孟加拉国的吉大港等。水温25℃～27℃，盐度30‰～34‰。沿岸有多种喜温生物，如恒河口的红树林、斯里兰卡沿海浅滩的珍珠贝等。

石油含量最丰富的海湾

波斯湾，又叫阿拉伯湾，是世界上最重要的内海之一。波斯湾位于阿拉伯半岛和伊朗高原之间。西北起阿拉伯河河口，东南至霍尔木兹海峡，长约990千米，宽56～338千米，面积24万平方千米。

波斯湾拥有全世界最丰富的石油资源，集中了全球2/3的石油资源，被誉为"世界石油宝库"。世界上的19个大油田中，这一带就占了14个。石油储量约占全球的58%，达500亿吨之多。波斯湾沿岸的国家沙特阿拉伯、伊朗、科威特、伊拉克和阿拉伯联合酋长国等，都是重要的产油国，石油年产量占全世界总产量的38%。

最长的海峡

莫桑比克海峡南北全长1670千米，是世界上最长的海峡，也是个十分宽阔的海峡，平均宽450千米，最宽处达960千米。多数地区水深大于2000米，最深处为3533米。

莫桑比克海峡的地理位置非常重要，它位于非洲大陆东南岸与马达加斯加岛中间，连接着南大西洋和印度洋。自1492年欧洲探险家第一次绕过非洲大陆最南端的好望角驶入印度洋以来，莫桑比克海峡就成为欧洲和亚洲、大西洋和印度洋之间海上航线的必经之地。1869年苏伊士运河通航后，莫桑比克海峡曾一度被冷落。然而随着经济的发展，油轮的吨位越来越大，载油20万吨以上的超级油轮无法通过苏伊士运河，莫桑比克海峡因其宽广又重新受到青睐，逐渐成为世界上最繁忙的航道之一。

最宽和最深的海峡

世界上最宽、最深的海峡是德雷克海峡，其宽度竟达970千米，最窄处也有890千米，其最大深度为5248米，如果把两座华山和一座衡山叠放到海峡中去，连山头都不会露出海面。

德雷克海峡位于南美洲最南端和南极洲南社德兰群岛之间，紧邻智利和阿根廷两国。在巴拿马运河开凿之前，德雷克海峡是沟通太平洋和大西洋的重要海上通道之一。德雷克海峡以其狂涛巨浪闻名于世。由于太平洋、大西洋在这里交汇，加之处于南半球高纬度，因此，德雷克海峡聚集了太平洋和大西洋的所有飓风狂浪，一年365天，风力都在8级以上。即便是万吨巨轮，在波涛汹涌的海面，也震颤得像一片树叶。历史上曾有无数船只在这片终年狂风怒号的海峡倾覆海底。于是，德雷克海峡被人称之为"杀人的西风带""暴风走廊""魔鬼海峡""死亡走廊"。

最神秘的海域

百慕大三角区位于大西洋上的百慕大群岛、迈阿密（美国佛罗里达半岛）和圣胡安（波多黎各岛）这三点连线形成的三角地带，面积约103.6万平方千米。

百慕大是世界闻名的一个地方，那里之所以闻名，并不是因为美丽的海岛风光，而是因为在那个地区发生的恐怖而神秘的失踪事件。据说已有50多只船和20多架飞机在此处神秘失踪。神秘失踪事件可上溯至19世纪中叶。船只失踪有时原因不明，有时还没有发出遇难讯号即无影无踪。比如，装载着锰矿的美国海军辅助船"独眼神"号在1918年3月失踪，迄今仍是一个谜。1945年有5架美国轰炸机从佛罗里达州罗德岱堡空军基地起飞，在飞行训练途中用无线电报告他们遇难，然后电讯逐渐减弱消失，救难队也告失踪。

奇怪的是在船只和飞机失踪的地点连一点船舶和飞机的残骸碎片也找不到。不明原因的失踪渲染了恐怖的气氛，最有经验的海员或飞行员通过这里时，都无心欣赏那美丽如画的海上风光，而是战战兢兢，提心吊胆，唯恐碰上厄运。现在，"百慕大"已经成为那些神秘的、不可理解的各种失踪事件的代名词。

不祥之海

大约有1000名飞行员、水手和乘客在飞机或船只失事中消失在百慕大。

大陆之最

最大的洲

亚洲是七大洲中面积最大、人口最多的一个洲，其覆盖地球总面积的 8.6%，占总陆地面积的 29.4%。人口总数约为 40 亿，占世界总人口的 60%。

亚洲东面是太平洋，北面是北冰洋，南面则濒临印度洋，西面以乌拉尔山脉、乌拉尔河、里海、大高加索山脉、黑海、土耳其海峡（博斯普鲁斯海峡和达达尼尔海峡）与欧洲分界，西南面隔亚丁湾、曼德海峡、红海与非洲相邻，东北面隔白令海峡与北美洲相望。亚洲的东西跨度非常广，时差达 11 小时。

亚洲的名字很古老，全称是亚细亚洲，相传是由古代腓尼基人所起，意思是"太阳升起的地方"。频繁的海上活动，要求腓尼基人必须确定方位。所以，他们把爱琴海以东的地区泛称为"Asu"，意即"日出地"；而把爱琴海以西的地方则泛称为"Ereb"，意为"日没地"。"Asia"（亚洲）一词是由腓尼基语 Asu 演化来的，其所指的地域并不很明确，范围是有限的。到公元前 1 世纪"Asia"已成为罗马帝国的一个行政省的名称，以后才逐渐扩大，包括现今整个亚洲地区，成为一个世界最大的洲的名字。

最小的洲

大洋洲是世界七大洲中面积最小、人口最少的一个洲。全洲陆地面积约 890 万平方千米，占地球总面积的 6%，人口总计有 2500 多万，约占世界人口的 0.5%。大洋洲位于亚洲与南极洲之间，西临印度洋，东面隔着太平洋与南、北美洲遥遥相望。大洋洲在国际交通和战略上具有重要的地位。

大洋洲包括澳大利亚大陆、新西兰南北两岛、新几内亚岛，以及太平洋中的波利尼西亚、密克罗尼西亚和拉美尼西亚三大群岛，主体部分是澳大利亚大陆，因此有人把大洋洲称为澳洲。澳大利亚大陆周围星罗棋布地分布着大大小小 1 万多个岛屿。从成因上看，主要有大陆岛、火山岛和珊瑚岛三种类型。在澳大利亚大陆东北部海岸的外侧，分布着一列南北延伸 2000 多千米的珊瑚礁群，称为大堡礁。这里是各种鱼类、贝类繁衍、栖息的好地方。

大洋洲有 14 个独立国家，其余十几个地区尚在美、英、法等国的管辖之下。在地理上划分为澳大利亚、新西兰、新几内亚、拉美尼西亚、密克罗尼西亚和波利尼西亚六区。

最低的洲

欧洲是欧罗巴洲的简称，"欧罗巴"一词据说最初来自腓尼基语的"伊利布"一字，意思是"日落的地方"或"西方的土地"。欧洲西临大西洋，北靠北冰洋，南隔地中海和直布罗陀海峡与非洲大陆相望，东与亚洲大陆连成一块。

欧洲是七大洲中海拔最低的洲，整个欧洲地势的平均高度为 340 米，地形以平原为主。欧洲南部耸立着一系列山脉，总称阿尔卑斯山系。其中勃朗峰海拔4810.90米，勃朗峰在法国境内，是西欧第一高峰。欧洲的河网稠密，水量丰沛。最长的河流是伏尔加河，长3690千米。欧洲面积为1016万平方千米，共45个国家和地区。

最古老的大陆

在地质学上，人们往往将作为稳定地块结晶基地的寒武纪岩石分布的地区近似地看作是世界上最古老的大陆所在地，就是通常所说的地台区。地台区经过了长期活动，在前寒武纪结束时，开始进入稳定状态，以完整的古大陆的形式出现在地球上。从寒武纪开始，这些古老的地台区又经历着新的分化，有的地方在进入古生代之后重新沦为海浸区，以陆棚海的形式接受着新的沉积，因此，这些地区始终没有被海水浸漫过，这些地方作为最古老的大陆，在古生代以后的长期历史中一直高出海面之上。

平均海拔最高的大陆

世界上平均海拔最高的大陆是南极洲，位于南极点四周，98%被冰雪覆盖，周围岛屿星罗棋布，其周围围绕着多风暴且易结冰的南大洋，是大西洋、太平洋和印度洋的延伸，有"世界第五大洋"之誉。南极洲是由冈瓦纳大陆分离解体而成，是世界上平均海拔最高的大陆，平均海拔为2350米，比包括青藏高原在内的亚洲大陆的平均高度要高2.5倍。全境是广袤无垠的大高原，横贯大陆的南极山脉，将南极大陆分为东西两部分。

大陆上最低的地方

西亚约旦河所流经的谷地，地势极其低洼，许多地区甚至低于海平面300米。在希伯来文中"约旦"即为"下降"之意。约旦河谷的尽头便是死海，是大陆上最低的地方，这里的水面低于海平面397米，创世界低地之最。

死海南北长82千米，东西最宽处有18千米，面积达1049平方千米。平均深度为146米，最大深度395米。因此，死海最深的底部处于海平面以下792米。由于死海海水所含盐量极高，因此死海海水的比重远远大于人体的比重，人在死海中就像木块漂浮在水上，即使是不会游泳的人也不会被淹死。

最冷的大陆

世界上最冷的大陆是南极洲，位于地球的最南端。

南极洲的总面积有1400多万平方千米，比欧洲和大洋洲的面积都大。南

海浪冲击着位于南极洲的冰山。由于过于寒冷和荒凉，根本没有人类能够长期生活在那里。暴风和崎岖的海岸使得即使只是靠近都非常危险。

极洲98%的面积都被厚厚的冰雪覆盖着，只有2%的地方无雪，整个南极大陆，冰的体积达2400多万立方千米，占全球总冰量的90%、总淡水量的70%，冰盖的体积几乎和大西洋的水容积相等。因此，它被称为地球上最大的冰库，冰层的平均厚度约为2000米，最厚的地方有4200米。如果南极大陆的冰块全部融化的话，全世界的海面将要上升50～70米，世界上将会有许多平原、岛屿、海港码头甚至城市被淹没！

离海洋最远的陆地

世界上离海洋最远的一块陆地是中国新疆北部的古尔班通古特沙漠。古尔班通古特沙漠位于新疆准噶尔盆地中央、玛纳斯河以东及乌伦古河以南，是中国第二大沙漠，同时也是中国面积最大的固定、半固定沙漠。古尔班通古特沙漠面积有大约4.88万平方千米，海拔300～600米，水源较多。

世界最厚的地方

南美洲厄瓜多尔的钦博拉索峰是世界上最厚的地方。从地心到山峰峰顶为6384.1千米。这里说的最厚是指从地心到峰顶的距离，之所以最厚，是因为地球并不是标准的圆形或椭圆形，而是呈梨形，赤道半径比极半径大近12千米，而钦博拉索峰位于赤道，就地心到峰顶的距离来说，比珠穆朗玛峰要大2.05千米。

钦博拉索峰位于安第斯山脉西科迪勒拉山，海拔6310米，是厄瓜多尔最高峰。曾长期被误认为是安第斯山脉的最高峰。它是一座休眠火山，有许多火山口，山顶多冰川，在约4694米以上，终年积雪。1880年英国登山运动员E.怀伯尔首次登上峰顶。这里是厄瓜多尔中部的高原地区，当地以农牧业为主，主要物产有羊、奶牛、谷物、马铃薯、水果和纤维植物等。

最后一块被人类发现的大陆

世界上最后一块被人类发现的大陆是南极洲，因此南极洲也叫"第七大陆"。1772年12月，英国最伟大的航海家和探险家库克船长从南非出发，开始了南太平洋环绕南极大陆的伟大航行。他成了南极圈的拓荒者，发现了库克海峡和库克群岛，却不曾发现南极大陆。1819年，美国的帕尔默船长发现了南极大陆。

南极洲位于地球最南端，土地几乎都在南极圈内，四周被太平洋、印度洋和大西洋环绕。总面积约1400万平方千米，约占世界陆地总面积的9.4%，位于七大洲面积的第五位。南极洲是世界上地理纬度最高的一个洲，同时也是跨经度最多的一个大洲。在南极点，不管向哪面走都是向北方。由于气候极度寒冷，南极洲仅有一些来自其他大陆的科学考察人员，没有定居居民。

最大的三角洲

世界最大的三角洲是恒河三角洲，它宽320千米，起点距海岸有500千米，面积达7万多平方千米，分属孟加拉国和印度。恒河下游分流纵横，主要水道就有8条，在入孟加拉湾处又与布拉马普特拉河汇合在一起。在河流的冲击下，沿岸形成了广阔的恒河三角洲。三角洲的大部分由冲积土构成，向东则转变成红色或红黄色的土壤。

土壤中包含大量的营养和矿物质，非常有利于农耕。因此这里农业发达，是南亚次大陆水稻、小麦、玉米、黄麻、甘蔗等作物的重要种植区。河口部分有大片红树林和沼泽地。这里地势低平，海拔仅10米。河网密布，海岸线呈漏斗形，风暴潮不易分散而聚集在恒河口附近，形成强烈的潮水，铺天盖地地涌向恒河三角洲平原，很容易引起大面积洪水泛滥。

全球地壳运动最剧烈的地区

我国的青藏高原有"世界屋脊"之称。青藏高原的形成与地球上最近一次强烈的、大规模的地壳变动——喜马拉雅造山运动密切相关，表现为大幅度的近代上升，平均海拔超过4000米，且有许多超过雪线、海拔6000～8000米的山峰。喜马拉雅地区是中国乃至全球大陆形变最剧烈的地区。

第四纪以来，新构造运动强烈，青藏高原南部及东南部是频繁的地震区，又是强大的地热带，抬升运动一直延续至今。在高原边缘普遍存在着地势抬升、河流深切的地形，河流纵剖面有几个显著的裂点与谷中谷的形态。其他如寒旱化趋势增强、湖泊消退、水系变迁、内部夷平、外部陡峭以及土壤剖面分化简单、矿物风化程度浅等都显示出青藏高原是一个年轻的高原。

随着抬升运动的进行，青藏高原经历了由低海拔热带、亚热带环境向高寒环境发展的剧烈演变，除受到全球性冰期与间冰期气候冷暖波动的影响外，海拔高度剧增对自然地理环境所产生的变化也起着主导的作用。因而，在我国形成了青藏高原区、西北干旱区与东部季风区三大自然区并列的格局，在主要的自然特征方面表现出十分明显的差异。

最长的冰川

冰川也叫冰河，是一种巨大的流动固体，是在高寒地区由雪再结晶聚积成巨大的冰川冰，因重力这一主要因素而流动形成的。

兰伯特冰川位于南极洲，是世界上最大最长的冰川。这条冰川充填在一条长400千米、宽64千米、最大深度为2500米的巨大断陷谷地中。在其流经查尔斯王子山脉时，宽达64千米。如果把向海延伸部分的阿梅里冰架也包括在内，长约708千米。它下泄了南极大陆冰盖1/5的水量。由这些数据可以推断，地球上约12%的淡水都流经兰伯特冰川。兰伯特冰川的规模虽然很大，但并不像河流那样向下流，而是非常缓慢地移动。兰伯特冰川每年以0.23千米的速度移动，尽管速度很慢，但是流量却大得惊人，每年约有35立方千米的冰通过兰伯特冰川。

缓慢移动的冰川

山脉、沙漠与沼泽之最

世界最长的山系

科迪勒拉山系是世界上最长的山系，它纵贯南北美洲大陆西部，北起阿拉斯加，南到火地岛，绵延约 1.5 万千米。科迪勒拉山系属中新生代褶皱带，构造复杂，由一系列平行山脉、山间高原和盆地组成。

科迪勒拉山系主要形成于中生代下半期和第三纪，地壳活动至今仍在继续，多火山地震，是环太平洋火山地震带的重要组成部分。山系自然环境复杂，分布有自寒带到热带的多种气候—生物带，有世界上最完整的垂直带景观。高山有现代冰川，是河流的重要发源地，富有水力资源、森林资源和矿产资源。高大的山系构成南北美大陆重要气候分界线。

北美科迪勒拉山系宽度较大，约 800～1600 千米，海拔较低，约 1500～3000 米。地形结构包括东西两列山带和宽广的山间高原盆地带。

南美科迪勒拉山系的屏障作用，对南美洲大陆气候、水文网分布、地理环境、人文景观和交通线布局等带来巨大影响。

最长的山脉

世界上最长的山脉是安第斯山脉。安第斯山脉纵贯 7 国，长约 9000 千米，几乎是喜马拉雅山脉的 3.5 倍，山势连绵不绝，绚丽多姿，是世界上最壮观的自然景观之一。

安第斯山脉是科迪勒拉山系的主体，从南美洲南端的火地岛到最北面的加勒比海岸形成一道连续不断的屏障。山中多垭口，有横贯大陆的铁路通过，泛美公路沿纵向谷地和海岸沟通安第斯山区各国。

安第斯山脉有许多海拔 6000 米以上、山顶终年积雪的高峰。南部山脉中的阿空加瓜山为安第斯山最高峰，海拔 6959 米，它也是世界上最高的死火山。安第斯山脉共有 40 多座活火山。尤耶亚科火山海拔 6723 米，是世界上最高的休眠火山。

最高的山脉

喜马拉雅山是世界上最高大、最雄伟的山脉。它耸立在青藏高原南缘，分布在我国西藏，以及巴基斯坦、印度、尼泊尔和不丹等国境内，其主要部分在我国和尼泊尔交界处。喜马拉雅山脉形成印度次大陆的北部边界与欧亚大陆之

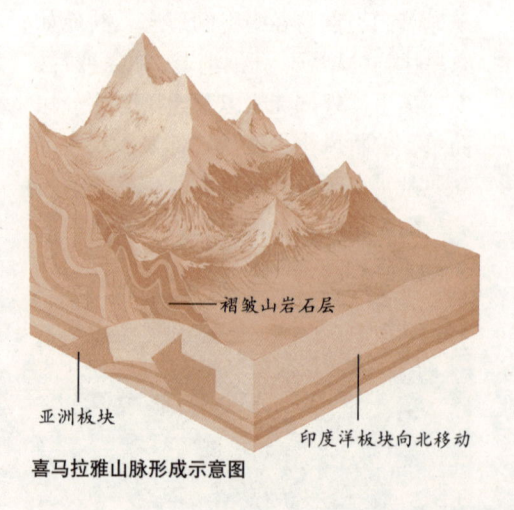

——褶皱山岩石层

亚洲板块　　印度洋板块向北移动

喜马拉雅山脉形成示意图

间几乎不可逾越的屏障，是从北非至东南亚太平洋海岸环绕半个世界的巨大山带的组成部分。

喜马拉雅山脉有110多座山峰海拔高达7300米以上。其中最著名的是世界最高峰珠穆朗玛峰，高达8844.43米。这些山的伟岸峰巅耸立在永久雪线之上。冰川覆盖的浩茫高峰早就吸引了古代印度朝圣者们的瞩目，如今喜马拉雅山脉是对全世界登山者们最具吸引力的地方，同时也向他们提出最大的挑战。

岛屿中最高的山峰

查亚峰，也叫普鲁峰，是大洋洲新几内亚岛的最高峰，也是岛屿上的最高峰，海拔5030米，峰顶常年覆盖冰雪。查亚峰属于苏迪曼山脉，在新几内亚岛的中央高原西部。1909年荷兰人洛伦兹最早抵达查亚峰的雪原。1962年奥地利登山者海因利希·哈莱曾率领一支探险队攀登上峰顶。

体积最大的山

冒纳凯亚火山，意为"长山"，是美国夏威夷群岛中南部的火山，在夏威夷火山国家公园（1916年建）内，为世界最大孤立山体之一。火山海拔4169米，从海底算起高约9300余米，体积达75000立方千米，是世界上从结构体底部到顶部的最高峰。世界上最高的天文台就建在此山的顶峰。

冒纳凯亚火山是一座活火山，火山口莫库阿韦奥韦奥面积约10平方千米，深152～183米。冬季火山口覆盖冰雪。自1832年起，冒纳凯亚火山平均每3年喷发一次，这座火山正是由熔岩流层层堆积才达到现在的高度。

最大的独立岩石

艾雅斯岩，在当地被称为乌鲁鲁，位于澳大利亚北领地，是全世界最大的独立岩石。其为圆形红色砂岩，长3.6千米，宽约2000米，周长约为8.5千米，高出周围平地约384米。它看起来像一座小山，其实是一块完整的岩石。

艾雅斯岩是澳大利亚北领地最醒目的自然标记。这块巨大的砂岩耸立在一望无际的沙漠平原上。岩石成分为砾石，含铁量高，其表面因被氧化而发红，整体呈红色，因此又被称作红石。随着太阳的东升西落，艾雅斯岩会折射出不同的色彩——血红、赭色、暗红、橘红、咖啡、土红、绛红、深蓝、深紫。艾雅斯巨石号称"世界七大奇景"之一，距今已有4亿～6亿年历史。

对于每年来自全球的数十万游客来说，旅途中最精彩的莫过于从远处眺望艾雅斯岩的壮观景色，或在风景迷人的山脚下漫步。对于当地的土著人阿南古人来说，乌鲁鲁是一座圣山，具有宗教意义，他们不希望有人攀登。1985年，澳大利亚政府将它正式归还给阿南古人，由他们负责管理。1987年艾雅斯岩及其周围的公园被指定为世界遗产保护区。

最长的断崖

澳大利亚维多利亚大沙漠以南，分布着广阔的纳勒博平原。"纳勒博"是"无树"的意思，平原上只有矮小的灌木。这块干燥的剥蚀平原，平坦地向南延伸，一直延伸到澳大利亚海湾，突然以陡峭的断崖直插海中。断崖垂直高差100米，沿着海湾绵延200千米，这是世界上最长的一条断崖。

最大的沙漠

撒哈拉沙漠是世界上最大的沙漠，几乎横贯非洲北部。东西约长 4800 千米，南北在 1300～1900 千米之间，总面积约 860 万平方千米，约占非洲面积的 32%。撒哈拉沙漠西濒大西洋，北临阿特拉斯山脉和地中海，东为红海，南为萨赫勒一个半沙漠半草原的过渡区。

撒哈拉沙漠分为几部分：西撒哈拉；中部高原山地，包括位于阿尔及利亚的阿哈加尔高原，位于尼日尔的艾尔高原和位于乍得的提贝斯提高原；东部是最为荒凉的区域，为特内雷沙漠和利比亚沙漠。

撒哈拉沙漠也是条件最为严酷的

撒哈拉沙漠

沙漠，气候炎热干燥，是地球上最不适合生物生长的地方之一。阿拉伯语的"撒哈拉"就是"大荒漠"的意思。由于气候恶劣，那里人口稀少。虽然面积堪比美国，但是人口只有 250 万左右，平均 10 平方千米只有 4 人。

最高的沙漠

巴丹吉林沙漠位于我国西北地区，地跨甘肃、宁夏、内蒙古三省、自治区，面积 4.7 万平方千米，是我国面积第三、世界面积第四的沙漠。这里一般海拔高度在 1200～1500 米之间，沙山相对高度 200～500 米，是中国乃至世界最高沙丘所在地，也是世界唯一高大沙山群分布密集的沙漠，其西北部还有 1 万多平方千米的地域至今尚无人类的足迹。

巴丹吉林沙漠主要属内蒙古额济纳旗和阿拉善右旗，东部小范围属阿拉善左旗。巴丹吉林系蒙古语，沙漠以一居民点而得名。沙丘和沙山上长有稀疏植物，西部以沙拐枣、籽蒿、霸王、麻黄为主，东部主要为籽蒿和沙竹。高大沙山间的低地有 144 个内陆小湖，主要分布在沙漠的东南部。由于气候干旱，湖泊蒸发强烈，积聚了大量盐分，湖水大多不能饮用或灌溉。东南部一些湖泊的边缘生长芦苇、芨芨草等，可供牧业利用。某些湖盆边缘仍有淡水泉，可以饮用，为治理沙漠提供了有利条件。

最大的沼泽地

潘塔纳尔沼泽地位于巴西马托格罗索州的南部地区，面积达 2500 万公顷，是世界上最大的沼泽地。沼泽地内分布着大量河流、湖泊和平原。其中的湿地、草原、亚马孙和大西洋森林都是南美具有代表性的生态系统。除了丰富的植物资源外，沼泽地内还栖息着 650 种鸟类、230 种鱼类、95 种哺乳动物、167 种爬行动物，以及 35 种两栖动物。

由于潘塔纳尔沼泽地自然条件特殊，生物种类繁多，2000 年 11 月，它被联合国教科文组织列为世界生物圈保护区，同年又被联合国教科文组织列入人类自然遗产名单。但是现在这块人类自然遗产正在遭到严重破坏，据卫星资料显示，它正以每年 2.3% 的速度不断减少。如果继续下去，45 年后，潘塔纳尔沼泽地将不复存在。

湖泊、河流与瀑布之最

最咸的湖

死海是世界上最咸的湖,死海虽然名字之中有个海字,但它却是一个内陆咸水湖。

死海位于以色列和约旦的交界处,也是两国的天然边界。有研究称:死海低于海平面397米,是世界上最低的水域。死海的水比一般的海水都要咸十几倍,死海的水的含盐量很高、密度也很大,所以人在里面根本不会被淹死,虽取名"死海",实际上是"不死的海"。

死海曾一度是世界上最受欢迎的旅游胜地,但是死海的面积在逐渐地缩小,有的环境保护者把它缩小的原因归结为人们过分地抽水、采掘以及其他的矿产开发。甚至有的科学家预言:在200年之内,死海的水平面将会降低到低于海平面518米。

人类如果不赶快采取措施,我们将失去这块天然的"不死之海"。

最深的湖

俄罗斯的贝加尔湖是世界上最深的湖泊。

贝加尔湖坐落在俄罗斯的西伯利亚境内。贝加尔湖呈东北—西南走向,外观看上去像个月牙,长636千米左右,最宽处大约79.4千米,平均宽度也有48千米,占地面积约为3.15万平方千米。贝加尔湖平均深度730米,最深处有1620多米,超过了世界上所有湖泊的深度。贝加尔湖的淡水蓄水量在世界上所有的湖泊之中也是最大的,约占世界地表淡水总量的1/5。贝加尔湖还是世界上历史最为悠久的湖泊,已经有2500万年的历史了。

更让人奇怪的是,贝加尔湖虽然是淡水湖,但在湖内却有着丰富并且非常纯正的海洋动物,比如海豹、海螺、海鱼和龙虾等,所以贝加尔湖也有"生物博物馆"的美称。

最高的通航湖泊

世界上最高的通航湖泊是秘鲁的的的喀喀湖。

的的喀喀湖湖长190多千米,湖面最宽处是65千米,面积约为8330平方千米,的的喀喀湖最深处有304米,平均水深也有100多米。的的喀喀湖位于秘鲁、玻利维亚边界处的利亚奥高原上,海拔有3800多米,是世界上当之无愧的海拔最高的通航湖泊。

的的喀喀湖的湖水的颜色常年保持着一种美丽的淡绿色,并且清澈见底,湖面也似乎一直保持在一种平静的状态,宁静的的的喀喀湖用一种独特的气质每年吸引将近14万慕名前来拜访的来自世界各地的游客。

最大的湖泊

位于欧亚大陆之间的里海,是世界上最大的湖泊。它的西南面和南面是高加索山脉和厄尔布尔士山脉的连绵雪峰,其他三面是辽阔的平原。里海的真正译名应为"卡斯皮海",来源于古代居住在高加索东部的一个部落——卡斯皮人。

里海是湖，但人们称其为"海"，不仅是由于它具有一些海的特征，而且也由于它过去确实是海的一部分。几百万年以前，里海与黑海和地中海相通，后来由于地壳运动，里海与黑海分离，成为一个内陆湖泊。在地理学上，它又被称为"海迹湖"。

最大的淡水湖群

世界上最大的淡水湖群——五大湖，分布在美国东北部与加拿大交界处，是5个相连的大湖的合称。这5个湖从上游至下游依次为苏必利尔湖、密歇根湖、休伦湖、伊利湖和安大略湖，总面积有24.5万平方千米，烟波浩渺，一望无际，因而有"北美大陆地中海"之称。除伊利湖外，其他各湖的湖地均低于海平面，其中安大略湖湖地最低，在海平面以下150米。湖水平均深度为99米，总蓄水量约221万立方千米。湖面由西向东逐渐降低，最后从安大略湖汇入圣劳伦斯河，最终流入大西洋。位于最上游的苏必利尔湖是世界上最大的淡水湖，面积达8.24万平方千米，蓄水量为五大湖总蓄水量的一半以上。

含沙量最大的河流

世界上含沙量最大的河流是中国第二长河——黄河。其干流全长5464千米，流经青海、四川、甘肃、宁夏、陕西、山西、内蒙古、河南及山东等9个省及自治区，整条河流呈"几"字形向东注入渤海，它有30多条主要支流，沿途汇集了无数溪川，其流域面积广阔，达到了75万多平方千米。由于其流经的甘肃、宁夏、陕西、内蒙古等地多为黄土高原地区，许多支流夹带大量泥沙汇入黄河，使河水呈黄色，并成为世界上含沙量最大的河流，"黄河"就是因此而得名的。

源流段和上游段的黄河河道最曲折，中游段次之，而下游段则笔直。河水从兰州到潼关绕流一个长方形的三边，从而形成约2000千米长的著名的河套。黄河下游河道游移不定，河水在山东丘陵以北注入渤海。河水夹带大量的泥沙汇入下游，其泥沙总量平均每年超过16亿吨。由于下游河道坡降平缓，地势低平，造成水流流速减低，大量泥沙在河床上沉积，平均每年逾4亿吨，其余泥沙则流到河口，冲积成河口三角洲，并导致三角洲向海伸展。平均每年造陆达20多平方千米。黄河流域肥原沃土，山川壮丽，物产丰富，有占中国总人口1/4的居民和约占全国2/5的耕地。

世界上最长的河流

世界上最长的河流是纵贯非洲大陆的尼罗河。尼罗河的流域面积大约有335万平方千米，几乎是整个非洲大陆面积的1/9，长约6671千米，从南至北流经布隆迪、卢旺达、坦桑尼亚、乌干达、埃塞俄比亚、苏丹、埃及等7个国家，穿越世界上最大的沙漠撒哈拉沙漠，最终流入地中海。平

黄河游览区

均流量是每秒3100立方米。

尼罗河纵贯非洲大陆从南至北绕成一个有趣的S形，先是注入非洲第一大湖维多利亚湖，接着又穿过基奥加湖和艾伯特湖，与索巴特湖汇合，然后又与源出于埃塞俄比亚的青尼罗河在苏丹的喀土穆汇合，最后又经过阿特巴拉河、纳赛尔水库在埃及的尼罗河三角洲处注入地中海的东端。尼罗河的流域大体可以分为以下7个区：东非高原湖区、山岳河流区、白尼罗河区、青尼罗河区、阿特巴拉河区、喀土穆以北尼罗河区和尼罗河三角洲。

但南美洲的亚马孙河难以确认的源头位置令它的长度具有极大的"伸缩性"。近日，巴西科学家声称，他们已经经过重新测算，发现了亚马孙河的新源头，这足以证明它的长度超过尼罗河，成为"世界第一长河"。但这一结论还有待最终被确定。

世界流域面积最广的河流

亚马孙河源于南美洲安第斯山中的秘鲁境内，全长6480千米，它的成百上千条支流与干流组成了长达6万多千米的亚马孙水系，也让它成为世界上流域面积最大的河流，流域面积大约在705万平方千米，是整个南美洲大陆面积的1/3。亚马孙河流经8个国家，主要有秘鲁、厄瓜多尔、哥伦比亚、委内瑞拉、圭亚那、苏里南、玻利维亚和巴西等。最后在巴西境内的马腊若岛附近注入大西洋。

亚马孙河以其巨大的流量被世界公认为"河流之王"。亚马孙河流域也以其广袤肥沃的土地被誉为神秘的"生命王国"。

流经国家最多的河流

多瑙河是世界上流经国家最多的河流，从它的发源地德国西南部的黑林山到它的终点黑海，它自西向东流经德国、奥地利、捷克、斯洛伐克、匈牙利、克罗地亚、塞尔维亚、保加利亚、罗马尼亚、乌克兰等10个国家。多瑙河有大大小小的支流将近300条，它的流域面积达81.7万平方千米，甚至超过了中国黄河的流域面积。多瑙河也是仅次于伏尔加河的欧洲第二大河，全长有2860千米。

多瑙河的具体流域一般分为以下3个区域：从德国西南部的黑林山到维也纳是多瑙河的上游；从维也纳到南喀尔巴阡山的铁门是河流的中游；从南喀尔巴阡山的铁门以下至黑海是河流的下游。

最著名的瀑布

世界上最著名的瀑布是尼亚加拉瀑布，它横跨美国和加拿大两国，参观的游客非常多，每年的7—9月是参观尼亚加拉瀑布的最好时间，这时的水量最大，汹涌澎湃的水流直冲而下，溅起的浪花和水汽有100多米高，气势磅礴，异常壮观。

尼亚加拉瀑布位于尼亚加拉河上，

尼亚加拉河水倾泻至一个峡谷，飞溅而起的水花和飞沫升腾至空中，经常会形成彩虹。

以河中的戈特岛为界分为两大部分：美国境内的呈婚纱形的瀑布和加拿大境内的呈马蹄形的瀑布。据有关部门考证，尼亚加拉瀑布已经有1万多年的历史了。这么悠久的历史再加上它的壮观气势吸引着无数慕名参观的人们，使当地的旅游业非常发达。

最宽的瀑布

世界上最宽的瀑布是位于南美洲的伊瓜苏瀑布，它雄踞在作为巴西和阿根廷交界处的伊瓜苏河下游。伊瓜苏河全长700多千米，是南美洲第二大河巴拉那河左岸的一大支流，河水水量充沛，自东向西奔流在巴西高原南部的巴拉那熔岩高原上。在距其河口23千米处，有一段深邃的峡谷，汹涌的河水从高原边缘陡峭的岩石上飞泻而下，落差82米，呈半环状，非常壮观。巴西和阿根廷两国在伊瓜苏瀑布地区合作建立了一个国家公园，每年吸引数百万的国内外游客来此观光游览。目前，两国正着手开发该瀑布所蕴藏的巨大的水力资源。

落差最大的瀑布

世界上落差最大的瀑布非委内瑞拉的安赫尔瀑布莫属！安赫尔瀑布位于南美洲大陆北部的委内瑞拉。委内瑞拉境内山比较多，河流也比较多，将近1000多条河流穿山越岭，分布于委内瑞拉的每一寸土地。其中的很多河流水流湍急，惊涛拍岸，在崇山峻岭之间形成了很多大大小小的瀑布。安赫尔瀑布就是这千百条瀑布中的一个。但是安赫尔瀑布因为它的巨大落差而名扬世界，在雄伟的奥扬特普伊山丘伦河坎陡崖上，飞天而下的安赫尔瀑布雄伟壮观，宽约150米，落差之大达到979米，可谓人间绝佳的景观！

声音最大的瀑布

世界上声音最大的瀑布是维多利亚瀑布。维多利亚瀑布位于南部非洲赞比亚和津巴布韦接壤的地方，在赞比西河上游和中游交界处，是非洲最大的瀑布，也是世界上最美丽、最壮观的瀑布之一。维多利亚瀑布宽1700多米，最高处108米。当赞比西河河水充盈时，每秒7500立方米的水汹涌而下。水量之大，下冲力之强，引起水花飞溅，发出宛若雷鸣般的声音，以至远在40千米之外的地方都能听到。维多利亚瀑布被赞比亚人称为"Mosi-oa-tunra"（莫西奥图尼亚或译为莫西瓦图尼亚），津巴布韦人则称之为"曼古昂冬尼亚"，两者的意思都是"声若雷鸣的雨雾"或"轰轰作响的烟雾"。

维多利亚瀑布的声音震耳欲聋，令人生畏。曾居住在维多利亚瀑布附近的科鲁鲁人很怕那条瀑布，从不敢走近它。邻近的汤加族则视它为神物，把彩虹视为神的化身，他们在东瀑布举行仪式，宰杀黑牛以祭神。

壮观的维多利亚瀑布

草原、平原与高原之最

最脆弱的草原

草地科学家把那种草丛高度低于50厘米的天然草地统称为"矮草原"，而区分"高草原"和"矮草原"是为了引进另一个概念——最脆弱的草原。地理学家认为：矮草原是世界上最脆弱的草原。

一般来讲，矮草原都分布于降水量比较少的地区，比如说降水量小于400毫米的地方。降水量少，使得这种草原植被构成比较简单，草的数量和质量都不是很理想，这样的恶性循环导致矮草原的自然条件越来越差。于是，这样的草原一旦被开垦或者是过度放牧常常会引起草原沙化，甚至能引起可怕的"黑风暴"或"沙尘暴"。所以，世界上这样的草原大多数只能保持其原貌或者用于简单的放牧。

可见这种被认为是最脆弱的"矮草原"，一旦利用不当，将给我们带来不可设想的灾难！

最肥沃的草原

与"矮草原"的贫瘠相对的是"高草原"的肥沃，草地科学家把草丛高度在1米左右的天然草原称为"高草原"。"高草原"的形成一般都与稳定的降水量和良好的气候条件有关，"高草原"形成于降水量在500毫米左右的条件下。

"高草原"有良好的气候条件和稳定的降水量，所以"高草原"的植被构成比较丰富，草的数量和质量也比较好，这样也有助于改良土壤，一般情况下，高草原的土地比较肥沃，易于开垦。现在，世界上这样的草原大部分已经被开垦成为农田，并且大部分已经成为粮食的主要产区，比如中国的东北，现在已经是主要的玉米和优质水稻生产基地。

高草原是最肥沃的草原。

最耐盐的草地

最耐盐的草地在地理学家的眼里叫作盐生草甸，这实际上是一种由具有适盐、耐盐或抗盐特性的盐生植物所组成的草地。这种最耐盐的草地在中国的西北部分布得较广。这样的草地环境条件往往特别差，地下水位比较深，大部分草地盐渍化程度都比较高，因此，植被构成也比较简单，生长的多是一些根系很深的植物，比如大叶白麻、甘草、芨芨草，等等；也有一些植物是通过向外分泌盐分来避免过剩的金属离子对自己的危害，比如补血草、柽柳，等等。

在这种盐生草甸之中，芨芨草是一种生长得比较普遍的植物，在有些地方，芨芨草草甸还广泛地作为牧场进行一定规模的放牧，当然这与芨芨草的生长能力有很大关系。另外，芨芨草在盐生草甸上的种植还可以防止土壤的进一步风蚀。

最高寒的草地

在中国的青藏高原分布着大面积的草地，它们被誉为"世界上最高寒的草地"。

青藏高原基本上都在海拔3000多米以上，但就是在海拔这么高的地方仍然分布着广袤的大草原，让人难以想象！青藏高原是一个什么样的地方？温度低、气候寒冷、空气稀薄——环境条件可以说是很差很差。但就是有一些植被用它们顽强的生命力在这里生根、发芽并很好地生活了下来。嵩草就是这些植被的代表，嵩草是青藏高原地区草地的主要植物之一，除此之外还有高禾草、苔草及杂类草等植物，它们无一例外地拥有着发达的根系、超强的抗寒能力，尽管它们一般都不会超过20厘米高，但仍然用超强的适应能力赋予了本来应该死气沉沉的青藏高原以无限的生机和活力。

最干旱的草原

世界上最干旱的草原是荒漠草原。

草地科学家把处于从草原向荒漠过渡的过渡地带的草原定义为荒漠草原，这样的草原环境条件一般来讲都比较差，有的地区年降水量还不足200毫米，草的生产力水平很低，它的每公顷年产草量还不够500千克，不适宜放牧，只有少量的山羊、骆驼可以生存。但是让人奇怪的是，就在生态环境如此差的草地上却生长着一种蛋白质含量很高的植物——发菜，有专家认为：发菜的生长对这种草原的生态环境有极大的好处。

荒漠草原在中国主要分布在内蒙古的京二线以西的地区。

最湿润的草地

地球上最湿润的草地是沼泽。沼泽是一种特殊的草地，它不像一般的草地那样长期处于干旱、半干旱状况，而是长期处于湿润状态，这是因为沼泽主要分布在低洼地区，并且周围常常有丰富的地下水资源或者是大面积的水体。沼泽地虽然水源充足，但是它的植被构成比较简单，其植被主要以禾本科植物为主。芦苇是沼泽地分布最普遍的植物之一，生产力最强的沼泽地就是芦苇沼泽草地，它的年生产草量在每公顷3000千克左右。沼泽地的另外一个生态特点就是常常有大量的候鸟栖息其中，尤其是每年的夏季到秋季。

中国的很多地区都分布着大量的沼泽地，比如辽阔的东北平原就分布着大量的很有生态价值的沼泽草地。

最"豪华"的草原

分布于中国内蒙古东部呼伦贝尔市、锡林郭勒盟东部以及其他一些地区的草原因它独特的生态特征被人们认为是世界上最"豪华"的草原，草地科学家把它称为"温带草甸草原"。当然草地科学家对这种草原还有一个精确的定义：温带草甸草原是正处于从森林向草原过渡的一种类型的草原。

这种草原的生态环境比较好，一般来讲气候都比较湿润，年降水量在450毫米左右。其土壤类型是一种非常有肥力的黑钙土，也许正是因为这些原因，温带草甸草原不仅植被构成极其复杂，而且干草生产力水平很高，每公顷每年可以生产干草2000多千克，时时都处于茂盛的草地景象之中，远远地看上去，它就像一位高贵的夫人一样雍容华贵。也许正是由于温带草甸草原的这些特性，人们把它称为"世界上最豪华的草原"。

最寒冷的平原

西西伯利亚平原是世界上最寒冷的平原，也是亚洲第一大平原。它位于俄罗斯境内，西起乌拉尔山麓，东至叶

一群驯鹿在西伯利亚东部的奥姆雅克恩附近的针叶林中奔跑。树间的空旷地正是寒冷的冬季气候的标志。

尼塞河谷，北临喀拉海，南抵图尔盖高原、哈萨克褶皱地区和阿尔泰山地，面积300万平方千米。个别地区有低地和山岭，其他广大地区非常平坦。由于气候寒冷，这里的主要植被为针叶林，低地有大型油田和天然气矿床。

由于接近高寒地带，西西伯利亚平原气候极为寒冷，动植物稀少。年温差变化极大，夏季气温酷热而短暂，南部一般为20℃，最高可达40℃。北部一般为10℃左右。1月份平均气温为−22.5℃，最冷可达−50℃以下。在那里，牛奶会被冻成冰块；露天的钢铁失去韧性，一折就断；卡车的司机要特别小心，否则，稍有震动，橡胶轮胎就会崩裂。

西伯利亚东北部的奥伊米亚康村，是"北半球的寒极"，冬季的平均气温在−45℃以下，最低时曾达到过−71℃。这里有着厚厚的永久冻土层，最厚的地方竟达1377.6米，比我国青藏高原的最厚冻土层还要厚好多倍。当冻土表层融化后，地基就变得十分松软。如果各部分受力不均，房屋就会东倒西歪。

世界上最大的平原

世界上面积最大的平原是亚马孙平原，面积为560万平方千米，几乎为巴西国土的2/3。亚马孙平原位于南美洲圭亚那高原和巴西高原之间，兼具盆地和平原地形，是南美洲的亚马孙河及其支流冲积而成的。

亚马孙平原西宽东窄，地势低平坦荡。最宽处1280千米，大部分在海拔150米以下，平原中部马瑙斯附近只有海拔44米，东部更低，逐渐接近海平面。亚马孙平原地处赤道附近，终年高温多雨，有广袤的热带雨林，是世界上最大的热带雨林区，蕴藏着世界1/5的森林资源。植物茂盛，种类繁多，特有种类占1/3，因此亚马孙平原被称为"地球之肺"。那里盛产红木、乌木、绿木、巴西果、三叶胶、乳木、象牙椰子等多种经济林木，富藏石油、锡等矿产资源。亚马孙平原人烟稀少，交通不便，大部分地区尚未得到充分开发。

世界上最大的高原

世界上最大的高原是南美洲的巴西高原，面积约为500万平方千米，比中国的青藏高原要大1倍多。

巴西高原坐落在南美洲，位于世界上最大的平原亚马孙平原和拉普拉塔平原之间，它的海拔不高，为300～1500米，但它却是世界上面积最大的高原。也许是它的海拔较低的缘故，巴西高原自东南方向的较高处向西北方向的较低处起伏比较和缓，没太大的落差，人们称它为"桌状高地"。又由于这里大部分是热带草原气候，所以植被比较丰富，是良好的天然牧场。另外，巴西高原还拥有丰富的矿藏，是南美洲有名的矿藏宝地，这里藏着丰富的铁、锰、金刚石、有色金属、云母、水晶以及一系列有名的稀有金属。

最大的风积高原

黄土高原是世界上面积最大、黄土沉积最厚的"风积"高原，由风的侵蚀、搬运和堆积作用形成。它位于中国秦岭及渭河平原以北，长城以南，太行山以西，洮河及乌鞘岭以东高原，面积50万平方千米，海拔800～2500米，山岭高达2500米以上。黄土层深50米至150米，分陇中高原、陕北高原、山西高原及豫西山地四个部分，而陕西的陕北高原处于黄土高原的中心位置，是黄土层沉积最厚的地区。

黄土高原牧羊

现在的黄土高原由于受流水的冲蚀切割，形成了独特的沟壑纵横、长梁连绵、圆峁起伏、川塬相间的地貌。人们在这种黄土颗粒细密均匀、结构强度特别大的土崖壁上凿出的窑洞，可以供数代人居住生活，且冬暖夏凉，成为黄土高原的一大景观，对旅游者也有很大吸引力。

最高、最年轻的高原

位于中国西南部的青藏高原是世界上最高、最年轻的高原。它由中国西藏自治区和青海省的大部分，甘肃、四川和新疆维吾尔自治区的部分地区组成，面积约200万平方千米，平均海拔4500米。地势大致由西北向东南倾斜，藏北高原海拔通常在4500～5000米以上，如阿里地区谷地的海拔就高达5000米以上，被称为"高原上的高原"；高原中部海拔约4500米，到最低的东南部仍保持在3500米左右的高度。青藏高原如此高，因而被誉为"世界屋脊"。

青藏高原及其巨大的山脉，形成于上新世至早更新世时期。当时，喜马拉雅山的运动将青藏高原抬升到现今的高度。也就是说，它现在的面貌是在最近三五百万年里形成的，因而又是世界上最年轻的巨型高原。

最大的黄土分布区

世界上最大的黄土分布区是我国的黄土高原。黄土高原西起祁连山脉的东端，东至太行山脉，南抵秦岭，北到长城，包括陕西、山西、宁夏、甘肃、青海等5个省、自治区的220多个县市，面积50万平方千米，占世界黄土面积的70%。这里岗峦起伏，沟壑纵横，窑洞层层，遍地皆黄土，而且海拔都在1000～2000米。

黄土高原的黄土是二三百万年前，从蒙古高原一带的干旱地区由大风吹来的。那时候，亚洲大陆中部气候非常干旱，从蒙古高原上卷来的大量沙土，经长途滚动和摩擦，成为细小的黄土。除高出地面的岩石地外，被黄土严严实实覆盖着的地面达27.6万平方千米。大部分地区黄土的厚度有80～120米，最大厚度达180～200米。

黄土中含有大量的植物营养元素，比较肥沃，容易耕作。在历史上，这里曾是森林茂密、水草丰美的地方，是中华文明的摇篮。在六盘山等山区，至今还有成片的原始森林。黄陵山上的古柏参天，相传是黄帝亲自种植。

盆地与岛屿之最

最大的盆地

世界上最大的盆地是刚果盆地。刚果盆地处于非洲的中部，面积大约337万平方千米。它的大部分都在刚果民主共和国境内，只有一小部分属于刚果共和国。刚果盆地的南面和北面都是海拔超过1000米的高原山地，东面是著名的东非大裂谷。

刚果盆地就在赤道线上，属于热带雨林气候，年平均气温都在25℃～28℃，年降水量在1500～2000毫米以上。此外，这里包括了刚果河流域的大部分，还有大量海拔在400米以上的沼泽，所以这里水源充足，一年四季都是一片郁郁葱葱的景象！这里还有着丰富的珍贵树种和许多稀有的热带植物，矿产资源也非常丰富，素有"中非宝地"之称。

最大的内陆盆地

塔里木盆地总面积达40多万平方千米，不仅是中国最大的内陆盆地，在世界上也是首屈一指。塔里木盆地位于天山与昆仑山之间，其中部是塔克拉玛干大沙漠，面积33.7万平方千米，为世界第二大流动沙漠。除此之外，这一带还有伊犁谷地、哈密盆地、昭苏盆地、吐鲁番盆地、拜城盆地、焉耆盆地等诸多小盆地。

最低的盆地

位于中国西北天山脚下的吐鲁番盆地是世界上最低的盆地。它东西长245千米，南北宽75千米，面积约5万平方千米。其四周是高大的山峰，以北部的博格多峰为最高；中部极度下陷，地势低洼，许多农田、村落都处于海平面以下；南部的山麓有著名的艾丁湖，湖面低于海平面154米，是中国陆地的最低点。

吐鲁番盆地低洼而闭封的地形，加上极其干旱的气候，使其成为中国著名的"火洲"。这里一年之中有大半年处

天山脚下的吐鲁番盆地

于炎热的夏季，特别是每年 6—8 月，气温持续在 38℃ 以上，甚至出现过 47.8℃ 的中国的最高气温历史纪录。

最大的岛屿

格陵兰岛是世界第一大岛，全岛南北长 2650 千米，海岸线全长 5000 多千米，面积为 217.5 万平方千米，位于北美洲北边、北冰洋和大西洋之间，约 4/5 的地区在北极圈内。格陵兰岛气候极度严寒，全年的气温在零度以下，有的地方最冷可达到 -70℃。

格陵兰岛是一片白色的冰雪世界，约有 84% 的地面为厚厚的冰雪覆盖。冰层的平均厚度为 1500 米，冰的总面积为 260 万平方千米。有人推算，如果格陵兰岛的冰盖全部融化，能使全球海平面上升 6.5 米。岛上多凛冽的风暴和雪暴，降水以冰霰和雪为主，每年约有 300 毫米。茫茫冰原上点缀着一些参差不齐的黑色山峰，形成所谓"冰原岛峰"的现象。

最大的沙岛

世界上最大的沙岛是位于中国长江入海口处的崇明岛。

崇明岛位于中国东部沿海地区，从外表上看，它是狭而长的形状，在它的东面是中国著名的东海，西面就是中国第一大江——长江。崇明岛的出现可以说是一个奇迹，因为崇明岛是由长江带来的大量的泥沙堆积起来的，所以说它几乎就是一个沙岛。大约在 618 年就已经有了崇明岛，如今 1300 多年已经过去了，崇明岛的大小不减反增，有关专家表示：崇明岛现在正在以每年 143 米的速度向东海延伸，并且每年约增加土地面积 487 万平方米。这的确是一个奇迹，当然这与它正处于长江入海处的地理位置是有很大关系的。

也许是由于崇明岛所处的独特的地理位置的原因，岛上污染程度非常小，岛上的土壤都是从长江淤积下来的泥沙，再加上岛上气候适中，阳光也很充足，非常适合植物生长，已经是多种重要农作物的生产地。

最大的半岛

阿拉伯半岛是世界上最大的半岛，它介于亚洲和非洲之间，北面是约旦和伊拉克，东南部是阿拉伯海和印度洋，西面分别是苏伊士运河、红海和曼德海峡。阿拉伯半岛的面积为 300 多万平方千米，是世界上最大的半岛，在它上面分布着沙特阿拉伯、也门、阿曼、阿拉伯联合酋长国、卡塔尔和科威特等 6 个国家，其中最大的是沙特阿拉伯。阿拉伯半岛地处赤道附近，几乎整个半岛都是沙漠。气候属典型的热带沙漠气候，降水量非常少而且变率大，普遍炎热干燥。但是这里有丰富的石油储藏，石油的储量和产量在世界上占相当重要的地位。

最大的群岛

在亚洲大陆和大洋洲之间，分布着近 2 万个大小不等的岛屿，总面积达 248 万平方千米，人们将其命名为南洋群岛，也叫马来群岛。不论是从岛屿数目还是就其面积来讲，南洋群岛在世界所有的群岛中都首屈一指，因此被看作是最大的群岛。位于南洋群岛上的国家主要有印度尼西亚、菲律宾和马来西亚的一部分，人口将近 2 亿。

南洋群岛具有典型的热带自然环境，

盛产热带作物，其中椰子、油棕、橡胶、木棉、胡椒、金鸡纳等的产量在世界上都位于前列。因此人们喜欢用"椰风蕉雨"来形容南洋群岛优美的自然风光。

最大最长的珊瑚礁群

大堡礁是世界上最大、最长的珊瑚礁群。它纵向分布在离岸 16～240 千米的珊瑚海上，沿昆士兰海岸断续绵延 2013 千米，最宽处达 240 千米，包括约 3000 个岛礁，分布面积共达 34.5 万平方千米，是世界上最大的活珊瑚礁群，也是世界上景色最美的珊瑚礁群，被誉为"世界第八大奇观"。

1981 年，联合国教科文组织将大堡礁作为自然遗产，列入《世界遗产名录》。在大堡礁中的珊瑚色彩斑斓，有红色、紫色、黄色、绿色、粉色等。珊瑚的形状千姿百态，有鹿角形、灵芝形、荷叶形、海草形，等等。令人惊奇的是，在大堡礁的 400 多个珊瑚礁群中，竟然有 300 多个是活珊瑚。大堡礁群中聚集着 1500 多种鱼类和 400 多种软体动物，还有一些濒临灭绝的动物，比如儒艮、绿毛龟等。

科学家认为大堡礁于大约 3000 万年前开始形成。

人口最密集的岛屿

鸭洲是香港岛的香港仔对面的一个岛屿，属于香港十八区之中的南区。鸭洲与香港仔之间的海面被划为香港仔避风塘。鸭洲是世界上人口密度最高的岛屿，其面积为 1.32 平方千米，大约住了 9 万人，人口密度为每平方千米 68200 人。

"鸭洲"的"鸭"字，在粤语中是舌头的意思，因其形状像鸭舌而得名。鸭洲的形状也有点像缩小了的香港岛。

湖中最大的岛

加拿大安大略州休伦湖中面积为 2766 平方千米的马图林岛，是世界上湖中最大的岛。虽说这个岛本身就在湖中，可有趣的是，该岛上竟还有一个面积为 106.42 平方千米的马尼图湖，而且还有好些岛屿分布在这个湖中。

海拔最高的岛

新几内亚岛是世界上海拔最高的岛屿，也是仅次于格陵兰岛的世界第二大岛。新几内亚岛位于太平洋西部、澳大利亚北部，西与亚洲东南部的马来群岛毗邻，南隔阿拉弗拉海和珊瑚海与澳大利亚大陆东北部相望。

新几内亚岛的面积约为 80 万平方千米。岛屿中部群山耸立，自西北延伸向东南，形成连绵延续的中央山脉。大部分山地、高原，海拔都在 4000 米以上。西部的高耸山脉总称为雪山山脉，其中最高峰为查亚峰，海拔 5030 米，为大洋洲最高点。新几内亚岛属新生代构造区，地壳很不稳定。全岛不少山峰都是死火山，部分山峰是活火山，偶尔还发生火山喷发，并有频繁的地震。

火山与地震之最

纪录最详细的火山爆发

世界上记录最详细的火山喷发是加勒比海圣文森特岛的拉苏费里艾尔火山喷发。1979年4月拉苏费里艾尔火山喷发前夕,当地政府获得了消息,即刻和美国科学家组成了一支观察队开始对火山进行密切监视,拉苏费里艾尔火山果然如同预料喷发了!当火山喷发那一刻到来的时候,由于当地政府准备充分,使得科学家得以从卫星、飞机、船舶和地面上等各个角度对拉苏费里艾尔火山喷发进行了全程记录。据说,世界上还从来没有一次火山喷发像拉苏费里艾尔火山喷发那样被完整地纪录了下来。

最强烈的火山

世界上爆发最猛烈的火山是印度尼西亚的喀拉喀托火山。

喀拉喀托火山位于爪哇岛和苏门答腊岛之间的巽他海峡,海拔大约813米,是世界上爆发最强烈的火山。历史上爆发最猛烈的一次发生在1883年,据专家估计那次爆发的威力相当于美国当年投掷在日本广岛的原子弹的威力的100万倍!大爆发基本上持续了3个月才平息。爆发过去以后,方圆237千米以内散落着厚厚的火山灰,300多个村庄毁于一旦,将近5万人在火山爆发中失去了生命。这么巨大的损失在世界火山史上是绝对空前的!有人这样形象地形容1883年喀拉喀托火山的大爆发:声震一万里,灰撒三大洋。

最著名的火山

位于意大利坎帕尼牙西海岸的维苏威火山是世界上最著名的火山。现在,维苏威火山高1277米,并设有世界上最大的火山观测站。维苏威火山在远古时期就已形成,其形状就像是一个去掉顶的圆锥体。火山口内,四壁非常陡峭,布满各种野生植物,岩壁的一侧有缺口。底部比较平坦开阔,不长草木。外缘山坡上覆盖着肥沃的土壤,非常适合于耕种农作物,因而孕育了山脚下赫库兰尼姆和庞贝两座繁荣的城市。

维苏威火山是一座活火山,在公元前就有过多次喷发。遗憾的是,当时没有详细的记载。63年该地区发生了一次大地震,对附近的城市造成了相当大的损失。从此之后,小地震接连不断,至79年8月,地震频率越来越高,地震强度也越来越大,最终导致了一次火山大爆发。

最矮的活火山

岩浆喷发的碎屑、熔岩流等火山物质堆积而成火山。活火山是人类历史时期曾有喷发记录的火山。菲律宾吕宋岛上的塔尔火山是世界上最矮的活火山,相对高度仅200米。位于风光明媚的塔尔湖中心的塔尔火山是近年来仍在不断喷发着的活火山。在1976年,塔尔火山又一次喷发,火山灰腾空而起,高达1500米。烈焰和蒸汽如喷泉一般,颇为壮观。

火山的种类

火山的形状主要是由这座火山本身产生的熔岩决定的。玄武岩火山石比较容易流动,因为它爆发的时候温度很高,而且不含硅石。它会形成带有缓和坡度的矮火山。酸性的熔岩比较厚,因为它爆发的时候,温度比较低,而且还带有较高含量的硅石。这会形成两边陡峭或者顶端平缓的火山。许多酸性的熔岩非常容易爆炸,因此,一些火山也可能是由火山灰构建起来的。

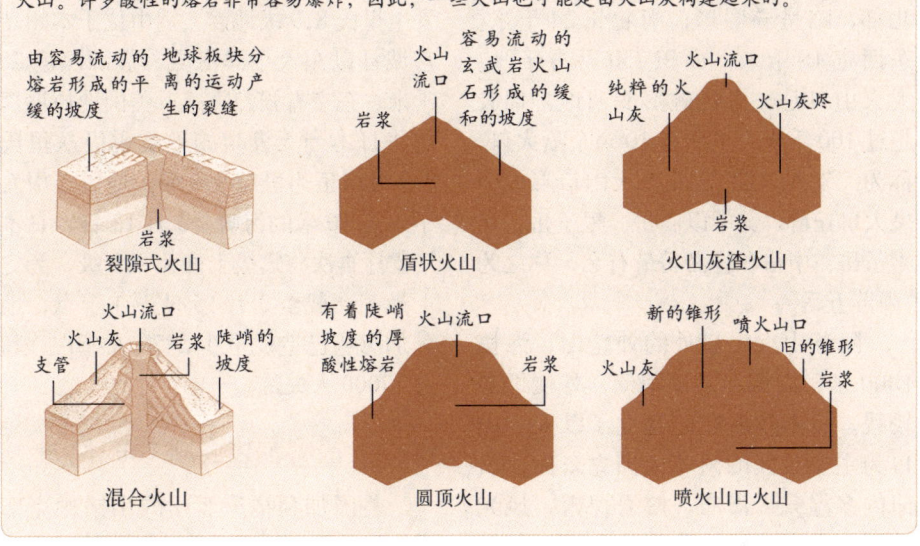

裂隙式火山

盾状火山

火山灰渣火山

混合火山

圆顶火山

喷火山口火山

一般情况下,由于火山喷出物不断堆积,活火山都很高。但塔尔火山却很矮,这是因为塔尔火山是火山中的火山。塔尔山海拔500多米,它也是一座活火山。据文献记载,塔尔山停止喷发后,火山口洼地积水成湖。多年后,再度喷发的火山喷出大量熔岩,这些熔岩日积月累,最后露出湖面,最终在塔尔湖的中心形成了一座新的火山。在深邃的火山湖中堆起的塔尔火山喷发规模较小,因此它的高度也就比一般的活火山要矮小,并且是世界上最低的活火山。

最高的死火山

世界最高的死火山是位于阿根廷与智利交界处的阿空加瓜山。阿空加瓜山海拔约6960米,是南美洲安第斯山脉的第二高峰。阿空加瓜山由第三纪沉积岩层褶皱抬升而形成,同时伴随着岩浆侵入和火山作用,因而其顶部较为平坦。东、南两侧终年积雪,雪线高4500米,冰雪厚度在90米左右,形成了多条现代冰川,其中菲茨杰拉德冰川长达11.2千米,与奥尔科内斯河相汇合,最后流入门多萨河。西侧山峰因降水较少,没有终年积雪,山麓多温泉。其中的印加桥不仅是著名的自然奇观,同时还是疗养和旅游胜地。

最高的活火山

奥霍斯德尔萨拉多山位于南美洲图库曼以西300千米、阿根廷与智利交界处,是阿根廷北部安第斯山的最高峰之一。奥霍斯德尔萨拉多山是地球上最高的活火山,公认的海拔高度为6893米。1956年智利探险队测得其海拔高度约7087米,为西半球的最高峰,但有争议。

最大的火山口

世界上最大的火山口是日本的阿苏山。阿苏山位于日本九州岛熊本县东北部，略呈椭圆形，南北长24千米，东西宽18千米，面积250平方千米。大火山口是一个巨碗形的凹地，周长超过100千米，里面有10余个喷火口，称为"复式火山"。众多火山口形成中央火口丘群，其中以高岳、根子岳、乌帽子岳、中岳和杵岛岳最有名，称之为"阿苏五岳"。

阿苏山火山口外的外轮山，海拔1000米，内侧多悬崖峭壁，外侧地势较缓。日本政府在此建立了以大火山口为主要景区的阿苏山国立公园，公园内多温泉、瀑布、熔岩裸露，风光绮丽。登上外轮山北侧的大观峰可眺望阿苏山全景。

最早的地震历史记载

世界上最早的地震记录是中国的古书《竹书纪年》中关于泰山地震的记载。

《竹书纪年》中有这样的记载："夏帝发七年泰山震。"其中的夏帝发七年，也就是指公元前1831年，距今已经有3800多年的历史了，这样的记载虽然很粗糙，只是简简单单地提到，但这也算得上是世界上最早的地震记载。中国真正的关于地震的详细记载开始于公元前780年的周朝时期，《诗经》就有诗反映了当时陕西地区发生的一次地震，并且用非常形象的语言描述了当时地震发生时的具体情况。

震级最高的地震

2011年3月11日，日本气象厅发布，日本于当地时间11日14时46分发生里氏8.9级地震，震中位于本州岛宫城县以东太平洋海域，震源深度20千米。东京有强烈震感。美国地质勘探局将日本当天发生的地震震级从里氏8.9级修正为里氏8.8级。地震还引发了高达10米的海啸。3月13日，日本气象厅再次将震级上修为9.0级，为史上最高。截至3月15日下午3点，地震加海啸已造成至少2476人死亡，超过17000人失踪。

世界上最容易发生地震的地方

美国加利福尼亚州的小镇帕克菲乐德是世界上最容易发生地震的地方。

在已经过去的150年里，平均每22年就要经历1次震级大小在6级左右的地震。这一事实让本来就是个小镇的帕克菲乐德变得越来越小，很多人带着对地震的恐惧离开了他们祖先们曾经生活的地方，只有小镇路口的一家咖啡馆门口上的标语"世界上最容易发生地震的地方"在默默地承受着地震的压力！

那么，为什么帕克菲乐德会如此频繁地发生地震呢？原来帕克菲乐德正处在1290千米长的岩质地壳裂缝带上，这是造成地震如此频繁的真正原因。但是奇怪的是，自从最近一次也就是1966年的那次地震以来，已经40多年了还没有发生过地震，但是当地的人们并没有因此而掉以轻心，他们时时做着预防地震的准备工作，就好像地震在转眼之间就会到来一样！

气象与气候之最

世界"寒极"

世界上最寒冷的地方是南极大陆的南极点附近。科学家在南极点附近测到的最低温度是 -89.2℃，即使是南极点的年平均气温也在 -49℃ 左右，可见南极点的确是够冷的，这样的温度在世界上除南极点以外的其他任何地方都是不可能有的，所以科学家把南极点称为"世界上最寒冷的地方"。

南极也许是太冷了，以至于那里根本没有春夏秋冬四季这一说，如果仅仅从温度上划分的话，南极的季度只分为暖季和寒季。每年的 11 月到次年 3 月是南极的暖季，这一段时间内南极内陆的月平均温度在 -34 ~ -20℃ 之间；每年 4 月到 10 月是南极的寒季，这段时间内南极内陆的气温波动很大，一般在 -70℃ ~ -40℃ 之间变化。

南极之所以这么冷，不仅仅因为它处于地球极点，还因为南极表面都是白茫茫的冰块和冻雪，这些冰块和冻雪把吸收到的太阳辐射的 90% 的热量都反射到宇宙中去了。

南极洲的气温极少能达到 0℃ 以上。南极洲内陆是地球上气候最为干旱的地区之一，终年无降雨，也少有新的降雪，只有少数植物和昆虫可以在那里生存。

世界"旱极"

世界上最干旱的地方在南美洲智利共和国北部的一个沙漠里。据说那里在 1845—1936 年的 91 年里没下过一滴雨，奇怪吧！科学家称这里是世界上最干旱的地方。

科学家原来也很纳闷：智利的西部就是浩瀚的太平洋，本应该是多雨的地区，怎么会成为世界上最干旱的地方呢？经调查才发现，智利北部的这个沙漠正处于副热带高压地区，智利又正好是秘鲁寒流必经之处，寒流的温度自然很低，这就使得那里的空气状况常年处于一种很稳定的状态，空气运动就很少，阻止了水汽的进入，自然降水也就少了。

世界"雨极"

印度阿萨姆邦的乞拉朋齐是当之无愧的世界上雨量最多的地方。它在 1861 年一年就有了当时称为世界上雨量最多的地方纪录的 20447 毫米的降雨量，在这以后的 100 多年里，世界上没有一个地方的降雨量超过这个纪录，就在人们对乞拉朋齐这么巨大的降雨量暗暗称奇时，乞拉朋齐在 1960 年 8 月至 1961 年 7 月这一段时间内又有了 26461 毫米的降雨量，远远地超出了它在 1861 年的纪录。

乞拉朋齐有这么大的降雨量和它自己所处的地理位置有很大的关系，乞拉朋齐正处于印度洋最潮湿的地区，而印度洋本身就是世界最潮湿的地区，潮湿的西南季风在喜马拉雅山没有了去路，经过一系列的空气运动变成雨滴降落在了乞拉朋齐。

世界"热极"

一般来讲，温度要是超出一定的限度，我们就会难以忍受！我们一般在35℃左右就会感觉到很热。可是，在地球上有些地方，那里的温度高得让人不敢想象！比如，中国新疆地区的吐鲁番盆地附近，那里夏天的温度相当高，自古就有"火焰山"之称！1941年，有人从那里测到了47.8℃的高温！有人立马断定：这里就是世界上最热的地方了！

可是，还有比这更高的纪录呢！阿尔及利亚的瓦拉格拉地区早在1879年7月就测到了53.6℃的高温，这可不是"火焰山"的47.8℃能赶得上的！然而这还不是最高的！1913年7月，美国加利福尼亚州的岱斯谷出现了56.7℃的高温，比瓦拉格拉的53.6℃又高出了3.1℃！然而，到目前为止，在这场较量之中最终取得胜利的是利比里亚的加里延，那里在1922年曾经出现过57.8℃的绝对高温，到现在为止还没有什么地方能超过它！

世界上雷雨最多的地方

雷电交加、大雨滂沱的天气是在厚厚的积雨云条件下，通过大气垂直对流而形成的。这种自然现象集中出现在低纬度地区，比如印度尼西亚、非洲中部、墨西哥南部、巴拿马、巴西中部等。其中印度尼西亚的爪哇岛为世界上雷雨天气最多的地方。爪哇岛西部的茂物市，每年约有330个雷雨天。1916—1919年4年内，茂物市曾出现平均每年332个雷雨天的最高纪录，打雷次数在数千次以上，号称世界"雷都"。因为雷雨天气很多，所以那里气候凉爽，常年平均气温25℃左右，是著名的避暑胜地。

茂物地处赤道附近，南面紧挨多座火山，大气的热力对流相当旺盛，再加上从爪哇海来到这里的湿热气团迫于地形所阻而急剧上升，极易形成积雨云。茂物每日的天气变化很有规律：上午天气晴朗；中午，积雨云越积越厚；午后，瞬间便雷电交加，暴雨倾盆；很快就雨过天晴了，雨后空气特别清新，行人身上被淋湿的单薄衣着很快也就被晒干了。

世界上平均气温最高的地方

世界上平均气温最高的地方是埃塞俄比亚的达洛尔。这个地区1月份的平均气温为26℃左右，7月份的平均气温为35℃，全年平均气温为34.4℃。一年到头，几乎天天都是盛夏。

最重的冰雹

冰雹即空中降下的圆球形或圆锥形

冰雹的中间是雹胚，一般是个小冰粒，外面包裹着一层透明、一层不透明的冰层，好似夹心饼干一样。这种透明与不透明的交替层，可达4～5层，最大冰雹的直径有10多厘米。

的冰块，多在夏季和春夏之交伴随雷阵雨而来。冰雹直径一般为 5～50 毫米，最大的可达 10 厘米。小的像绿豆、黄豆，大的像核桃、鸡蛋。在 1970 年 3 月 9 日，美国堪萨斯州科菲维尔的一次降雹中，有一颗冰雹重达 750 克，是当时最重的冰雹。目前有纪录的最重的冰雹出现在孟加拉国。在 1986 年 4 月 14 日的一场冰雹中，有一颗冰雹重达 1 千克。那场冰雹导致孟加拉国高帕尼地区 92 人丧生。

世界上闪电最多的国家

闪电是云与云之间、云与地面之间，或者云层内部的强烈放电现象，一般发生在积雨云中。

巴西是世界上闪电次数最多的国家。巴西国家太空研究所公布的资料显示，每年在巴西纪录到 5000 万～7000 万次闪电，每年约有 100 人死于雷击闪电，每年因闪电造成的经济损失达到 1.8 亿美元。巴西之所以会有如此频繁的闪电，是因为那里有广阔的热带雨林，空气潮湿，很容易形成积雨云。

值得一提的是，巴西没有一个居民点进入世界十大"闪电"城市。位居十大"闪电"城市之首的是东非卢旺达的坎梅姆贝市，居第二位的是非洲中部刚果的博叶德市。

世界上看彩虹的最佳地点

檀香山，又称"火奴鲁鲁"，是美国夏威夷州的首府。那里是世界上看彩虹的最佳地点，几乎每天都可以看到大大小小的彩虹，因而被称为"彩虹之城"。伫立在威基基海滩的酒店就干脆把彩虹涂到外墙上，时刻提醒大家现在身处的就是被称为"彩虹之

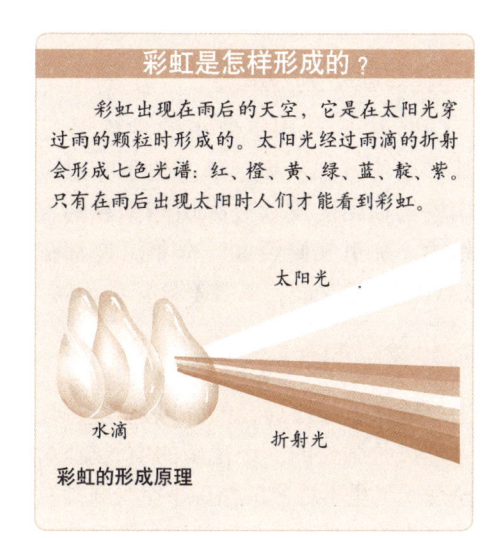

彩虹是怎样形成的？

彩虹出现在雨后的天空，它是在太阳光穿过雨的颗粒时形成的。太阳光经过雨滴的折射会形成七色光谱：红、橙、黄、绿、蓝、靛、紫。只有在雨后出现太阳时人们才能看到彩虹。

彩虹的形成原理

城"的檀香山。

檀香山北倚由火山熔岩形成的库劳山，南临太平洋，气候温和宜人，2 月平均气温 22℃，8 月平均气温 26℃，四季草木苍翠，空气清新，风景优美。因此檀香山是非常受欢迎的旅游胜地。

年温差最大的地区

世界上年温差最大的地区位于俄罗斯的上扬斯克。上扬斯克又译为"维尔霍扬斯克"，位于西伯利亚东北部亚纳河畔，东南距雅库茨克约 900 千米，地处北极圈以北。11 月末至次年 2 月末，昼夜平均气温低于 -40℃，绝对最低温曾达 -71℃，为北半球寒极之一。也是世界上年温差最大的地区，最大的年温差达 107.7℃。

俄罗斯奥伊米亚康盆地的村庄位于西伯利亚东北部因迪吉尔卡河上游，是北半球"寒极"之一，也是世界上气温年较差最大的地区之一。12 月至次年 1 月，昼夜平均气温均低于 -45℃，有的年份甚至在 -60℃ 以下，绝对最低气温曾达 -71℃，绝对年温差达 101.8℃。

年温差最小的地区

世界上年温差最小的地区是厄瓜多尔的首都基多。基多位于赤道以南安第斯山区皮钦查火山东南麓的谷地中。那里气候温和，全年温度都在13℃～14℃之间，年温差只有0.6℃。

最快最猛的强风

地球上最快最猛的强风是龙卷风。龙卷风是强烈的、小范围的空气旋涡，是在天气极不稳定的情况下空气强烈对流产生的。当积雨云底部出现下垂的漏斗状云时，它附近就会产生强烈的旋风。其风力可达12级以上，速度可达100米／秒。龙卷风一般伴有雷雨或冰雹。

龙卷风持续时间短暂，一般只有十几分钟，最长只有一两个小时，但是其破坏力是惊人的。强烈的气流可以把汽车、树木、铁路、轮船以及建筑物抛起、掀翻、摧毁。龙卷风可以把房顶掀起来，一旦房顶被卷走，房屋的其他部分也跟着土崩瓦解。最强大的龙卷风能够把汽车卷起来，使其在空中横飞100多米。

风力最大的地区

南极洲不仅是世界上最冷的地方，也是世界上风力最大的地方。那里每年风力平均达到8级以上的大风天有300天，年平均风速19.4米／秒。南极风暴之所以这样强大，是因为南极大陆雪面温度低，附近的空气迅速被冷却收缩而变重，密度增大。覆盖在南极大陆上的冰盖中间厚、四周薄，形成了中心高原与沿海地区的陡坡地形。变重了的冷空气从内陆高处沿斜面急剧下滑，随着地势的下降，冷气流下滑的速度逐渐加大，

龙卷风的生成与消失

1. 云墙

这组图片清楚地展示了龙卷风形成的过程。龙卷风漏斗从雷雨云上降下，在其中心低压区，空气中的水分凝结成一个云柱。

2. 低压漏斗接触地面

龙卷风经过了满是尘土的农场，当龙卷风的底部接触到地面时，漏斗变成几部分，因为旋风和上升的气流带起大量灰尘，龙卷风底部四周变得昏暗不清。

3. 逐渐消失

因为龙卷风强大的吸力，许多物体被抛到了天空中，当龙卷风的力量消失时，这些东西渐落回地面上。最终龙卷风会收缩，回到产生它的雷雨云中。

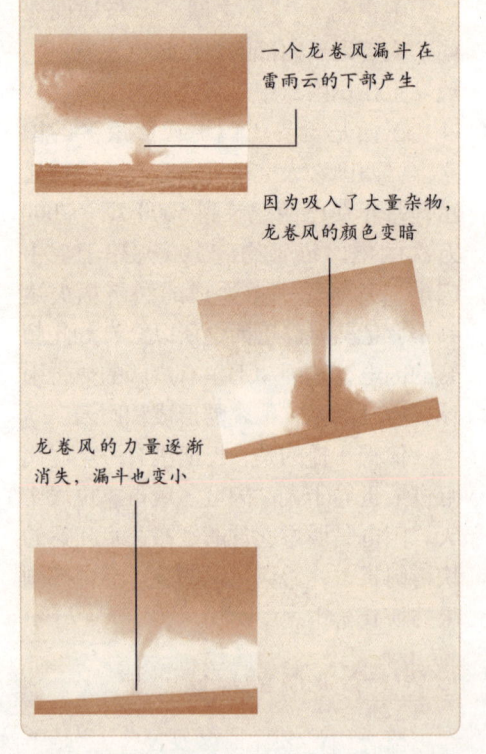

一个龙卷风漏斗在雷雨云的下部产生

因为吸入了大量杂物，龙卷风的颜色变暗

龙卷风的力量逐渐消失，漏斗也变小

于是形成了强劲的、速度极快的下降风。

1972年，澳大利亚莫森站观测到的最大风速为82米／秒。法国迪尔维尔站曾观测到风速达100米／秒的飓风，这相当于12级台风的3倍，是迄今为止世界上有记录的最大风速。

第五章
国家与城市之最

国家和地区之最

世界上最早成立的共和国

罗马共和国建立于公元前509年，是罗马帝国的前身，也是世界上成立最早的共和国家。罗马共和国刚刚建立时，领土面积很小。公元前264年至公元前148年间，罗马共和国先后经历了三次与迦太基之间的布匿战争，四次与马其顿之间的马其顿战争，最终建立起了一个横跨亚、欧、非三大洲，称霸地中海的实力大国。

罗马共和国实行元老院、执政官和部族会议三权分立的政体形式。它是古代历史上最早的实行三权分立政治体制的国家之一。由于民族内部的矛盾以及统治阶级内部各派别之间的矛盾不断激化，公元前44年，罗马共和国统治者恺撒遇刺，大权在握的屋大维称帝，罗马共和国改为帝国君主制度。

历史上最大的帝国

1206年，由成吉思汗建立的蒙古帝国，横跨了欧亚大陆的4500多万平方千米的土地，占世界陆地面积的30%，国内人口高达1亿人之多。它是历史上最大的帝国。

蒙古人是鲜卑族的后代。1200年左右，西迁的蒙古势力逐渐强盛。1206年，成吉思汗结束了蒙古内部长期的分裂战争，统一了蒙古部落，建立起"大蒙古国"。直到1227年成吉思汗去世，蒙古帝国的领土包括了蒙古高原，中国西北、东北和华北的一部分和中亚、西亚大部。后来经过成吉思汗后裔的不断扩张，蒙古帝国的领土东面达太平洋，北抵贝加尔湖，西达黑海沿岸（鼎盛时达匈牙利），南至南海。在领土扩张过程中，国内先后建立起了窝阔台汗国、察合台汗国、钦察汗国和伊儿汗国四大汗国。

最早的横跨亚欧非的世界性帝国

波斯帝国建立于公元前550年，又称阿契美尼德王朝，是世界上最早的横跨亚、欧、非的世界性帝国。在波斯帝国最为鼎盛的时期，它的领土横跨美索

公牛雕塑镶嵌在柱子的顶部
进入大厅的门
浮雕显示捧着贡品的士兵

波斯波利斯城内的宫殿
大流士一世和薛西斯一世在波斯波利斯城修建了宏伟的宫殿。可沿着巨大的楼梯向上进入宫殿，楼梯是如此宽大，可以供8匹马并排行走。从帝国各地来的人们向坐在高高王位上的国王敬献贡品。

不达米亚平原直达印度，由里海延伸至波斯湾，势力范围囊括了今天的伊拉克、伊朗以及阿富汗等地区。

波斯帝国建国后不久，便开展了一系列的扩张活动。它先后同罗马人、拜占廷人作战，征服了小亚细亚、两河流域以及叙利亚等地区。波斯帝国实行宗教自由化、政治自由化政策，在其统治范围内，腓尼基、犹太、阿拉米、米底、巴比伦等民族相处融洽。但是长期的扩张战争，以及统治阶级内部争权的斗争，逐渐激起了波斯帝国人民的强烈不满。公元前5世纪初至公元前4世纪，国内经常发生反波斯统治的暴动。公元前330年，波斯帝国最后一任大帝大流士三世被杀，波斯帝国灭亡。

最久远的帝国

拜占廷帝国素有"千年帝国"之称，是世界上最久远的帝国。它建立于395年（另有观点认为是435年），1453年奥斯曼土耳其攻占君士坦丁堡，拜占廷帝国最后一任国王君士坦丁十一世被杀，拜占廷帝国覆灭。

拜占廷之名源于一个靠海的古希腊移民城市，这里曾经是罗马帝国的陪都。因为这座城是由罗马大帝君士坦丁一世建立，所以将其命名为君士坦丁堡。378年的哈德良堡战役之后，罗马帝国一分为二，东罗马由阿尔卡狄乌斯统治。从395年开始，东部的帝国便被人们称之为"东罗马"或"拜占廷"帝国。

拜占廷帝国以希腊语为主要交流语言，但是拉丁语却是他们的官方语言。拜占廷帝国中有希腊、弗拉赫、亚美尼亚、犹太、埃及等多个民族，各民族以具有拜占廷独特风格的基督教为主要信仰。

领土面积最大的国家

俄罗斯又称俄罗斯联邦。它横跨亚欧大陆，覆盖了从极地到亚热带的10个自然气候带。国土面积1707.54万平

圣巴索大教堂因其众多洋葱头形圆顶而成为莫斯科的标志性建筑物之一。

方千米，占全球陆地总面积的1/8，堪称世界上领土面积最大的国家。

与俄罗斯相毗邻的国家，西北有挪威、芬兰；西面有爱沙尼亚、拉脱维亚、立陶宛、波兰、白俄罗斯；西南有乌克兰；南面有格鲁吉亚、阿塞拜疆、哈萨克斯坦；东南有中国、蒙古、朝鲜；东面与美国、日本隔海遥遥相望。

在俄罗斯广袤的土地上，纵横着12多万条河流，十几座山脉。俄罗斯被这些山脉河流分成了东欧平原、西伯利亚平原、中西伯利亚高原和山地、东西伯利亚山地和远东山地等部分。

俄罗斯是个自然资源丰富的国家。其森林覆盖面积达到了国土面积的51%。天然气储量位居世界第一，铝、铁、铀等金属矿物质的储量也居世界前列。这些丰富的资源为俄罗斯的重工业发展，提供了坚实的能源和原材料基础。

领土最狭长的国家

世界上领土最狭长的国家是地处南美洲西南部的智利。

智利位于南美洲西南部、安第斯山脉西麓。智利的国土面积虽然不大，但是却有1万千米的海岸线，更令人称奇的是智利南北之间的距离居然有4352千米，而东西之间最宽处也不过362.3千米，从高空看下去，远远的就像是漂在太平洋边上的一条美丽的纱带，几乎跨越了整个南半球。智利东边与阿根廷为邻，西边是太平洋，北边是秘鲁和玻利维亚，南面与南极洲隔海相望。由于跨越的纬度比较大，气候从北至南的差异也大，可以分为北、中、南三个不同的区域：北区主要是沙漠气候；中区主要是亚热带地中海气候；南区大部分地方是温带阔叶林气候。

领土面积最小的国家

世界上最小的国家是位于意大利首部罗马西北一个高冈上的梵蒂冈。它的国土总面积只有0.44平方千米，人口只有1000多人。梵蒂冈的国家元首就是天主教教皇，他自命为世界天主教会的"上帝在人间的代言人""精神领袖"，这是一个特殊形态的政教合一的国家。现教皇是方济各，梵蒂冈虽小，但它在精神上对全世界的天主教徒有重要影响，在国际事务中也有着广泛影响，它同120多个国家和地区建有正式外交关系。不仅如此，它还在许多国家投资有数百亿美元，拥有数目庞大的动产和不动产，是一个庞大的国际金融托拉斯，着实不可小看。

最小的岛国

世界上最小的岛国是瑙鲁，瑙鲁的全称是瑙鲁共和国。瑙鲁位于所罗门群岛东北，是一个椭圆形的珊瑚岛国，它的国土面积只有21.1平方千米，人口也不过1.2万。瑙鲁的人口主要以瑙鲁人为主，此外，还有部分欧洲人、华人以及来自太平洋其他岛国的人。

瑙鲁处于赤道附近，常年炎热、多雨，降水量大，大约每年平均降水量在2000毫米左右。但由于国土面积太小，并且土壤奇缺，所以淡水资源几近于零，连最起码的生活用水都很难满足。但是瑙鲁有世界上其他地方非常稀少的磷酸盐矿藏，岛上的居民基本上就是靠这些矿藏来维持生活的。

最北的共和国

芬兰是世界"最北的共和国"。它位于欧洲北部,有1/4的面积在北极圈内。它东接俄罗斯,南邻芬兰湾,西靠波的尼亚湾,北濒挪威,西北与瑞典相连。芬兰地形东西窄,南北长,地势北高南低,多为丘陵和平原。芬兰全国有大大小小近6万个湖泊,所以它有"千湖之国"之称,芬兰境内最大的湖是西南部的塞马湖。芬兰地处高纬度,属于亚寒带大陆性气候,其气候特征是夏季短暂而温暖,冬季漫长而寒冷。

森林资源是芬兰最重要的自然资源,森林面积占芬兰全国陆地面积的68%,在世界上排名第二,仅次于加拿大,居欧洲之首。

最大的内陆国

哈萨克斯坦地处中亚,北临俄罗斯;东面与中国共同拥有长达1700千米的边界线;南面国土与乌兹别克斯坦、土库曼斯坦和吉尔吉斯斯坦相接;西面濒临里海。国土总面积为272.49万平方千米,是世界上面积最大的内陆国。

哈萨克斯坦是一个以平原、低地为主的国家。国土面积的60%被荒漠、半荒漠占据。由于地处内陆,哈萨克斯坦的气候以冬冷夏热,干旱少雨的温带大陆性干旱、半干旱气候为主。境内矿产资源丰富,铁、锰、铬、黄金等的储量位居世界前列,其中锌、钨的储量位居世界第一。国内棉花产量位居世界第四位,这里的小麦产量很大,以前号称是俄联邦"粮仓"。

哈萨克斯坦是一个民族风情很浓的国家,国内分布着130多个民族,近45%的哈萨克人信奉伊斯兰教。如今的哈萨克斯坦实行的是总统共和制,国家政权采取立法、司法、行政三权分立又相互制约的原则。对外采取主权独立完整的平衡外交政策。

最长的边境线

美国与加拿大是北美洲的两个国家,它们之间的边境线长6416千米,是世界上最长的边境线,也是世界上唯一一个不设防的边境线。

美国与加拿大以北纬49°作为两国边境的划分,沿线不设任何军事防御措施,两国公民可以自由穿梭国境线,甚至在对方国家逗留三个月之久。两国边境线上,有号称"世界七大奇景"之一的尼亚加拉瀑布。在尼亚加拉瀑布河谷上,横架着一座"和平桥",美国、加拿大的分界正好位于"和平桥"的中央。桥下,尼亚加拉瀑布奔腾浩瀚,气势磅礴,吸引了大量国内外游客前来观光游览。

陆上邻国最多的国家

中国位于亚洲东部,领土东西横跨60多个经度,5个时区,南北跨越50多个纬度,是亚洲领土面积最大的国家,也是世界陆上邻国最多的国家。

据统计,与中国陆地相邻的国家有14个。南面与中国相邻的国家有缅甸、老挝、越南;西南与中国相邻的国家有印度、尼泊尔、不丹;西面与中国相邻的国家有阿富汗、巴基斯坦;西北与中国相邻的国家有哈萨克斯坦、吉尔吉斯斯坦、塔吉克斯坦;北面与中国相邻的国家有俄罗斯、蒙古;东面与中国相邻的国家有朝鲜。

除此之外,与中国隔海相望的国家

还有东面的韩国、日本；东南的菲律宾；南面的马来西亚、文莱、印度尼西亚。

跨纬度最多的国家

中国领土南起北纬3°51′，北至北纬53°33.5′，南北跨越的纬度近50度，约5500千米，是世界上跨纬度最多的国家。

由于中国南北跨度大，世界上大部分气候类型，在中国基本上都可以找到。中国领土南沙群岛南端的曾母暗沙群岛位于北纬3°51′，东经112°16′，是中国的最南端。由于靠近赤道，南沙群岛常年高温多雨，气温年较差小，终年皆夏，以热带海洋性气候为主。中国最北端位于漠河以北的黑龙江主航道上。漠河素有"神州北极"的美誉，位于漠河县边境上的北极村号称"中国最北之家"，这里不仅有北国特有的冰天雪地，还是中国唯一一个北极光的最佳观测点。

地势最低的国家

位于欧洲西部、西北部濒临北海的荷兰，正式国名为尼德兰王国。在日耳曼及英语中，译为"低洼之地"。据统计，荷兰将近25%的陆地位于海平面之下，另外还有超过20%的陆地几乎与海平面持平，是名副其实的世界上地势最低的国家。

荷兰拥有人口1635.6万人，为了解决人口与土地的关系问题，荷兰采取填海造陆的国策。在40884平方千米的国土中，有25%的土地是填海而来。除了土地问题之外，由于地势低洼，防御水患是荷兰人面临的最大问题。为了防止近一半的国土被淹，早在13世纪，荷兰人已经开始筑坝截水。15世纪初，上万座风车的出现承担了荷兰的排水任务。因而，风车众多的荷兰又有"风车之国"的称号。

海拔最高的国家

莱索托是南部非洲的一个小国，山川秀丽，风景独特。莱索托以"空中王国"而著称于世，全国的每寸土地都在海拔1000米以上，是世界上海拔最高的国家。其境内有许多座锯齿形的山峰和一片片绿茵茵的草地，因此又有"非洲瑞士"的美称。

莱索托是一个小国，面积不过3万平方千米，人口不满130万。由于整个国土都坐落在南非境内，所以在政治、经济、军事等方面与南非关系紧密，与梵蒂冈一样，是"国中之国"。

高峰最多的国家

尼泊尔是南亚山国，面积不超过14.1万平方千米，然而世界上大部分海拔最高的峰峦都云集在这里。这个国家地处喜马拉雅山脉最为雄伟高峻的中段，境内有240余座雪峰海拔在6100米以上，其中有50余座雪峰海

荷兰的田园风光

拔在7620米以上。尤为惊人的是，世界上名列前茅的10座超过8000米的高峰中，耸立在尼泊尔或尼泊尔与中国、印度接壤的边界线上竟有8座，它们是世界之巅——8844.43米的珠穆朗玛峰，第三峰——8585米的干城章嘉，第四峰——8501米的洛子，第五峰——8470米的马卡露，第六峰——8172米的道拉吉里，第七峰——8157米的马纳斯卢，第八峰——8153米的卓奥友，第十峰——8090米的安纳布尔纳。

海岸线最长的国家

加拿大北临北冰洋，东临大西洋，南面与美国相接，西濒太平洋。陆地面积997.061万平方千米，国境线长达8892千米，海岸线约长24万千米，是世界上海岸线最长的国家。

加拿大有3361万人口，是一个以移民为主的国家。其中英裔居民占42%，法裔居民约占26.7%，其他欧洲人后裔占13%，土著居民（印第安人、米提人和因纽特人）约占3%，其余为亚洲、拉美、非洲裔等。受早期迁入者所持语言影响，加拿大人以英语、法语为主要交流语言。

加拿大的河流湖泊分布众多。其水域面积占陆地总面积的8.92%，拥有世界1/7的淡水储量。其森林覆盖面积占全国总面积的44%，是一个渔业、森林、矿藏都很发达的国家，位于西方七大工业国之列。

最大的群岛国家

位于亚洲东南部的印度尼西亚素有"千岛之国"的美誉。实际上，横贯赤道的印度尼西亚，分布着大大小小约17508个岛屿，是名副其实的世界上最大的群岛国家。

在印度尼西亚境内，有人居住的岛屿高达6000座。世界排名靠前的加里曼丹、苏门答腊等岛屿都位于印度尼西亚群岛中。其中面积约为81万平方千米的伊里安岛，是太平洋上最大的一个岛。

受地理位置影响，这里火山分布众多。天然橡胶林、椰子树遍布岛上。其常年高温多雨的气候，尤其适合茶叶、咖啡、油棕等作物的生长。印度尼西亚是自然风光绮丽的海岛。阳光、沙滩、雨林等自然美景吸引了很多国外游客来到这里旅游度假。人们不仅可以在这里感受"长夏之国"的怡然惬意，还在无形中促进了印度尼西亚第三产业的发展。

湖泊最多的国家

位于欧洲北部的芬兰，国土面积33.8万平方千米。国内水域面积占全国总面积的10%，拥有湖泊数量约18.8万个，堪称世界上湖泊最多的国家，有"千湖之国"的美誉。

芬兰靠近北极圈，几十万年的冰川运动，造成芬兰境内凸凹不平的地理形态。受全球气候变暖的影响，覆盖在土地上的冰雪逐渐融化，部分融化了的冰雪填充了原本凹陷的土地，逐渐形成了芬兰境内湖泊众多的现状。

芬兰地处北温带，除了星罗棋布的湖泊之外，占国土面积71%的森林是芬兰的又一显著特色，其树种以松树和云杉为主。国内蕴含丰富的铜、锌、金、铬、钴、钛、钒等矿藏。首都赫尔辛基是一座美丽的现代花园城市，号称"波罗的海明珠"。

火山最多的国家

印度尼西亚位于环太平洋地震带上，是一个多火山、多地震的国家。据调查，印度尼西亚有火山500多座，其中177座属于活火山，是世界上拥有火山数量最多的国家。

印度尼西亚由分布在赤道两侧的17508个岛屿组成，这些岛屿正处于印度洋、太平洋、亚欧三大板块的交界处。受频繁的地壳运动影响，印度尼西亚地下100～150千米深处的岩浆不断冲击地表。长年累月，岩浆冲出地表最终形成大大小小的火山。

美丽的火山景观为印度尼西亚带来丰富的旅游资源的同时，也给印度尼西亚带来毁灭性的灾难。由火山喷发引起的泥石流、滑坡、地震等相关灾害，造成了印度尼西亚大量人口死亡。1815年，坦博拉火山喷发，印尼10000余人失去生命，随后带来的食物短缺以及疾病蔓延又夺走了80000人的生命。

最热的国家

科威特位于亚洲西部、波斯湾西北角。国内大部分土地被沙漠覆盖，以热带沙漠气候为主。在科威特，只有夏季和冬季两个明显的季节。通常情况下，科威特夏季的日平均气温可达40℃以上，最高温度可达50℃以上。它是世界上最热的国家。

科威特的夏季时间较长，持续的高温天气可以达到半年之久。科威特的夏季高温干旱，当科威特街道两旁树荫下的气温达到51℃的时候，科威特的公路路面温度可达到将近80℃。

水最昂贵的国家

科威特是波斯湾国家中最为著名的石油出产国。除西南以及东北部分地区为高原、平原外，其余大部分科威特土地是荒漠。受热带沙漠气候影响，科威特境内没有常年有水的河流和湖泊，年降水量也仅为25～170毫米，淡水资源十分匮乏，是世界上淡水消费最为昂贵的国家。

最初，为解决水资源缺乏问题，科威特人采取从伊拉克的阿拉伯河运水的措施。随着石油业的发展，20世纪初，科威特逐渐成了世界上最富有的石油国家，人口数量也逐渐增多。单从伊拉克运水，已经无法解决人水之间的矛盾。于是，科威特投巨资建造起了很多海水淡化加工厂。

如今，科威特人的淡水主要是由国内像蘑菇一样的海水淡化处理设备——水塔——提供。造型美观的水塔成了科威特城一道亮丽的风景线。但是海水处理过程中的巨大资金消耗，也成了困扰科威特的一个新问题。

接待游客最多的国家

法兰西共和国位于欧洲大陆西部，是西欧面积最大的国家。它三面临海，国内土地大部分被平原、丘陵占据着。受地理位置影响，法国的西部为温带海洋性气候，南部属于地中海气候，中东部地区为温带大陆性气候。这里是一个浪漫的国度，又是一个礼仪之邦。据统计，法国人口6340万，每年接待的外国游客人数高达7500万，是世界上接待游客最多的国家。

法国首都巴黎，享有"世界花都"

的美誉。这里有美丽的塞纳河,世界上最漂亮的香榭丽舍大街,世界著名的埃菲尔铁塔,规模宏大的巴黎圣母院,高贵华丽的卢浮宫……这些极具浪漫气息与文化氛围的景点,为法国吸引了大量慕名而来的游客。位于地中海沿岸的小城戛纳,是世界电影最高荣誉——金棕榈奖——的颁奖地,每年的戛纳电影节会吸引众多明星云集于此。

埃菲尔铁塔是一座很别致的建筑,今天,它仍然是法国最著名的标志性建筑之一。

玫瑰最多的国家

位于欧洲东南部巴尔干半岛上的保加利亚,东临黑海,其国土与罗马尼亚、塞尔维亚、马其顿、希腊和土耳其接壤。这里有近300多年的玫瑰培育史,近7000多个玫瑰品种,是著名的"玫瑰王国",堪称世界上玫瑰最多的国家。

保加利亚的玫瑰主要产自于国土中央的登萨河谷,这里有最适宜玫瑰生长的肥沃土壤和暖湿多雨的天气。保加利亚人认为,品种多样、颜色绚丽、迷人芬芳的玫瑰是纯洁、智慧的象征。人们通过培育玫瑰,将保加利亚人勤劳、热爱生活的性情尽展无遗。每年的6月第一个星期天,是保加利亚最为隆重的"玫瑰节"。

保加利亚不仅生产玫瑰,还是一个提炼玫瑰精油的大国。每年,产自保加利亚的玫瑰精油占世界市场份额的40%之多,这也是保加利亚财政收入的重要来源之一。

对足球最狂热的国家

巴西是南美洲面积最大的一个国家。它位于南美洲的东南部,是世界著名的"咖啡王国",更是世界公认的"足球王国"。

对巴西人来说,足球是人们文化生活的主流。巴西最大的城市里约热内卢素有"足球之都"的美誉,这里有世界上最大的马拉卡纳体育场。每逢重大国内国际足球比赛进行时,巴西人都会齐聚球场,场面颇为壮观。比赛结束后,跳着桑巴舞庆祝的巴西人涌满了大街小巷。

几乎所有的巴西人都是足球迷,城市乡野,到处都是以足球为乐的人。巴西十分重视足球人才的培养,全国各地重点培养12~13岁的儿童,现有约202万名国家级足球运动员。历史上有名的"球王"贝利是巴西人的骄傲,也是巴西人心目中最伟大的球员。

最讲秩序的国家

德国是欧洲西部邻国最多的国家,这里有着高度的文明,是世界上最讲秩序的国家。

德国人有着保守而又礼貌的绅士风度。每个德国人身上都洋溢着和善友好的气息。据调查,德国人讲秩序、重原则的民族风格在其国家的交通秩序上体现得最为明显。

通常情况下,德国的车辆都会礼让行人。尽管马路上的车速并不是十分缓慢,但是只要有人通过,司机都会将车停下来,让行人先过。政府规定,德国车辆停驶时,必须关闭引擎,以防意外发生。尽管政府对这项政策的监管力度不是很大,但是德国的所有司机都会自觉遵守。在德国的大街上,很少有交通事故发生,更不容易听到喇叭轰鸣的声音。讲秩序已经成了德国人的生活习惯。在德国的大街小巷,经常能够看到排队等候的人群。人们认为,只有在细节上讲究秩序,社会才会和谐,生活才会井井有条。

养羊最多的国家

养羊业最发达的国家是澳大利亚。据统计,澳大利亚1978年共养羊1.3亿多只,人均占有量为9只。羊毛产量67.74万吨,约占世界羊毛总产量的1/3,居世界第一位。

美利奴羊占澳大利亚的羊总数量的75%。这种羊产毛多,毛细质软,一只美利奴羊可剪羊毛5千克以上。近年来,在澳大利亚发展很快的是安卡拉羊。它的毛细长柔软,是一种优质毛料,适于和化学纤维混纺。

牛奶产量最多的国家

据统计,印度至少有约3亿多头牛,约占世界上牛的总数的1/5。印度凭借590万升/天的牛奶产量,成为世界上牛奶产量最多的国家。

印度的奶业合作社十分发达,在印度,大约有77500个牛奶合作社,约1000万的奶农成员。这种合作模式的经济组织,为印度稳定的牛奶产量提供了坚实的内部机构保障。奶农们可以宏观地掌握市场动态,持续稳定地提升牛奶的产量,调整牛奶的市场价格。除此之外,印度政府的大力扶持也是印度牛奶产量持续攀升的另一个原因。为了保证印度牛奶产量的自给自足,以及印度奶业的迅速发展,印度政府采取了政策上倾斜、立法保障、资金扶持、经济引导等措施,使得印度的牛奶产量稳居世界榜首。

渔产品出口最多的国家

世界上渔产品出口最多的国家是加拿大。它有75%的渔产品出口,主要渔产品是白鱼、鲑鱼和金枪鱼。加拿大渔业发达,渔场总面积达50余万平方千米,从事渔业生产的有10万余人,其中有2.6万人从事渔业加工。

加拿大渔业如此发达,与它的地理位置有关,它位于北美洲北部,东临大西洋,西濒太平洋,西北与美国阿拉斯加州相接,南接美国12个州,北与北冰洋相邻,东北与丹属格陵兰岛仅隔巴芬湾。其海岸线长度达2万余千米。

加拿大渔民

最早酿酒的国家

据相关的考古发现表明，大约公元前9000多年前的新石器时代，生活在河南省舞阳县北舞渡镇贾湖村的古人就已经懂得发酵酿酒了，这个时间比中东最早的酿酒纪录早了1600多年。

20世纪，中外考古专家在中国著名的新石器时代早期遗址——河南省舞阳县北舞渡镇贾湖村遗址发现了大量的从陶器皿中遗留下来的残渣，经有关专家鉴定：这些距今已有9000多年历史的残渣就是酿酒发酵用的原料。这说明中国的酿酒历史可以追溯到9000年前，这也证实了中国是世界上最早酿酒的国家。

最早的葡萄酒酿造国

早在7000多年前，葡萄酒就已经成为人类的饮料。据史料记载，最早种植葡萄的地区位于中东一带。后经旅行者传播以及殖民扩张等原因，葡萄种植流传到了埃及以及欧洲地区。

1966年，在伊朗北部的扎格罗斯山脉上的古村里，考古学家挖掘出了一个陶罐的碎片。在这个陶罐碎片上，残留着些略带红色污迹的残渣。经专家分析证实，这是一种葡萄中特有的酒石酸和防止葡萄酒变成醋的树脂混合物。也就是说，这个产于公元前5415年的陶罐，曾经是装盛葡萄酒的器皿。于是专家认定，如今的伊朗就是最早酿造葡萄酒的国家。

最大的稻米产区

湄公河三角洲又名九龙江平原，是越南南部最大的平原。它由前江平原、后江平原和同塔梅平原三部分组成。发源于青藏高原的湄公河哺育着湄公河三角洲周边的国家。湄公河三角洲位于亚洲的热带季风区中心，每年的5—10月，是湄公河三角洲雨量最为丰沛的季节。

一望无际的稻田是湄公河三角洲最美丽的风光，湄公河三角洲周边国家80%以上的耕地都用来种植稻米。湄公河三角洲是名副其实的"鱼米之乡"，是世界上最大的稻米产区。流经泰国境内的蒙河是湄公河最大的一条支流。泰国是湄公河三角洲稻米产量最多的一个国家，每年的稻米产量约占世界稻米产量的1/5。

核电站最多的国家

国际原子能机构发布的一项报告表明，目前，全世界共拥有465座核电站，其中大部分位于发达国家，而被称为工业大国的美国就有117座（其中1座正在建设中）。另外，正在建设的21座核电站全部位于亚洲、中欧和东欧地区。可见，美国是世界上拥有核电站最多的国家。

在美国117座核电站中，总容量超过150万千瓦的核电站就有31座。据统计，美国有近19%的电力供应来源于核电站。其中，装机容量为375.1万千瓦的帕洛维德核电站，拥有3个核反应堆，供电能力为3800兆瓦，可供400万户居民用电。

博物馆最多的国家

有句英国谚语说："我不在家，肯定是在前往博物馆的路上。"这句话形象地概括了英国博物馆迷的生活状态，同时也道出了英国博物馆众多的事实。英国是世界上最早发展出博物馆学的国家，也是世界上博物馆数量最多的国家。这里的博物馆包括国家级收藏机构以及1000多个独立的博物馆，其中很多博物馆都是免费对外开放的。

据统计，仅英国首都伦敦，就至少有200多家博物馆。其中，位于市中心的大英博物馆与纽约的大都会艺术博物馆、巴黎的卢浮宫并称为"世界三大博物馆"。它始建于1753年，是一座规模宏大的古罗马柱式建筑。这里珍藏的文物以及图书资料堪称世界之最，是一座世界性的知识宝库。自1759年，这座展品在400万件以上的大型博物馆正式对外开放以来，吸引了无数的国内外游客前来参观。

最大的旅游消费国

美国是世界上旅游消费最大的国家。据一项世界旅游调查报告显示：美国作为全球旅游消费的龙头老大，仅2001年一年，美国人的国外度假开销就高达589亿美元。2008年，美国的度假以及非商务旅行消费总金额为649亿美元，与欧洲其他旅游消费大国相比较，美国的旅游消费至少要高出150亿美元，是亚太地区旅游消费的4倍之多。

在美国本土，旅游消费最高的5个州有夏威夷、华盛顿特区、纽约、内华达州、佛罗里达州。在这些地方，仅住宿和餐饮的消费就高达300美元以上。其中，尤以夏威夷的住宿餐饮消费最高，可达到792.76美元。

最大的铜消费国

据统计，2002年，全球铜的消耗量为1520万吨，其中有17%的铜是由中国消耗掉的。中国是世界上最大的铜消费国。

受经济发展、基础设施建设等因素的影响，中国的铜消耗近10年的平均增长率，超过了世界铜消费平均增长率的2.4倍。作为一种重要的生产生活原料，铜的产量是制约中国铜消费以及经济建设的一个重要因素。据统计，中国拥有747座铜矿山，其中大中型矿山仅有7座。经过几十年的开采，中国很多铜矿山中的铜矿资源几近枯竭。

目前，为了解决中国发展经济所需的铜资源问题，铝代铜技术正在悄然走盛。截至2006年年底，中国的铝材产量达到了814.8万吨，铝材加工总量跃居世界第一位，这也缓解了中国巨大的铜消耗与铜资源匮乏之间的矛盾。

填海造陆最多的国家

日本国土总面积377835平方千米，其中土地面积374744平方千米。第二次世界大战之后，为了发展经济，解决国土资源狭小、工业发展受限的问题，日本开始填海造陆。1945年至1975年间，日本政府累计在临海地区填海造陆11.8万公顷，规模之大，堪称世界之最。

在这些填海而来的陆地上，日本的工业基地迅速崛起，为日本经济持续快速增长提供了优越的地理条件。随着工业的迅速发展，日本填海造陆带来的负面影响也在日渐突出。海洋污染、生物多样性遭到破坏等问题成了日本面临的新环境问题。据调查，日本沿海的滩涂正以每年约2000公顷的速度迅速消失。仅1949年至1978年间，日本沿海滩涂就减少了约3.9万公顷。

现如今，日本正在增加造林面积，调整工业结构，以减少因工业污染等原因造成的水土流失、环境恶化。

城市之最

最独特的跨洲名城

土耳其是一个地跨亚欧两洲的国家，伊斯坦布尔是一座举世无双的跨洲名城。博斯普鲁斯海峡作为亚欧两洲的分界线，从该城中间穿过，市区沿海峡两侧和马尔马拉海滨伸展达40千米。金角湾是一条深入内地的狭长海湾，它把土耳其海峡两岸的欧洲部分分为两个小区，北为贝约卢区，南为旧城区，斯屈达尔区是指海峡东岸的亚洲部分。全市总面积约220平方千米。

伊斯坦布尔不仅控制着出入黑海的门户，而且正扼欧亚陆上交通要冲。一座横跨海峡，长1560米的公路大桥于1973年10月建成通车，贝约卢区和斯屈达尔区正好被其连接起来，从而大大方便了原先依靠渡轮的欧亚两洲之间的交往。

伊斯坦布尔将欧亚两大洲连在一起。由于欧亚大陆相连，所以该大陆也被称为超级大陆。

最香的城市

格拉斯是位于法国南部的一个小城。早在17世纪，这里就是欧洲人公认的世界最迷人的香水发源地，素有"香水之都"的美誉。格拉斯是法国重要的香水原料供应地，也是风靡世界的香奈尔5号香水的诞生地。

格拉斯坐落在阿尔卑斯山海拔200～500米的分支山麓上，面对地中海。这里有适宜各种花卉生长的海拔高度以及充足的阳光、湿润的气候。格拉斯人非常喜爱拥有迷人芬芳的鲜花。1614年，依仗得天独厚的自然资源，格拉斯人开始种植各种香料花卉。1730年，法国第一家香精香料生产公司在格拉斯成立。

每年圣诞节过后，金黄的黄绒花开满小城；5—6月份，各色的玫瑰遍布田间；8—9月份，淡雅的茉莉悄然绽放。格拉斯到处都充满了迷人的花香，是世界上最香的城市。

最热的城市

巴士拉是伊拉克东南端的一座城市，位于底格里斯河和幼发拉底河交汇的夏台·阿拉伯河西岸，是伊拉克最大的港口城市，也是连接波斯湾和内河水系的唯一枢纽。在这里，人们观测到，巴士拉的最高温度可达63℃。这座曾经被称为"东方威尼斯"的城市，堪称世界上最热的城市。

受副热带高气压带影响，巴士拉的天气终年干旱少雨。这里的地面温度最高时可达 70℃ 左右，如不采取保护措施，人的皮肤很容易被烫伤。正是这样炎热的天气，形成了巴士拉人特有的民族风格。巴士拉以悠久的历史、如画的风光吸引着很多外国游客前来观光，它是伊拉克著名的旅游胜地。

最冷的城市

维尔霍扬斯克位于俄罗斯西伯利亚东北部的亚纳河畔，地处北极圈以北。这里是世界上年温差最大的城市（107.7℃），也是世界上最冷的城市，其绝对最低气温达到 -71℃。

除此之外，俄罗斯的奥伊米亚康、加拿大的斯纳格·育空河以及俄罗斯的雅库茨克都是世界上最冷的城市之一。在这几个城市中，唯有俄罗斯的雅库茨克享有"冰城"的美誉。它位于北纬 62° 的永久冻土层上，建于 1632 年，1 月平均气温在 -40.6℃。

世界上既是最东又是最西的城市

世界上既是最东又是最西的城市是南太平洋岛国斐济塔佛乌尼岛上的中心城镇怀耶沃市。

斐济是处于太平洋上的一个岛国，陆地面积为 18272 平方千米，还有大面积的海域，周围有很多珊瑚礁环绕的火山岛，气候属热带海洋性气候，常常会受到飓风的袭击，年平均气温为 22℃～30℃。除此之外，它还有一个很有意思的地理现象，由于它正好位于西南太平洋的中心，地跨东西两个半球，形成了它在地理学上独特的地理位置，尤其是它的塔佛乌尼岛上的中心城镇怀耶沃市，恰恰处于 180°经线上，被称为是世界上既是最东又是最西的城市。

最北的城市

世界上最北的城市是地处北纬 69°43′ 的挪威境内的特里姆瑟城。

挪威地处北极附近，面积为 38.5 万平方千米。它的大部分地区气候属于温带海洋性气候。它也几乎是世界上最北的国家。它境内的特里姆瑟城被人们誉为世界上最北的城市。但奇怪的是，它并不像我们想象的那样常年处于冰封雪冻之中，科学家们分析这是因为它受到暖流影响的缘故，所以那里虽然地处北极圈内，但是常年不冻，于是成为了世界上闻名的水上飞机基地。另外，这里有丰富的渔业资源，还有着难得的世界知名的多种海产品。

最古老的城市

耶利哥（埃里哈）是最古老的城镇。它位于死海北部 8000 米处。根据考古学家对最低地层取得的标本用放射性碳做出的推断，大约有 3000 人早在公元前 7800 年就在这里居住着。而捷克斯洛伐克的特尔尼·凡斯多尼斯居民点被推断属于大约在公元前 2700 年的格拉瓦底文化遗迹。

最古老的首都

世界著名古城叙利亚首都大马士革，在古代曾有"天国里的城市"的美誉。它位于叙利亚西南巴拉达河右岸，面积约 100 平方千米。约建于公元前 2500 年前，是世界上有人居住的最古老的首都。661 年，阿拉伯倭马亚王朝定都于此。750年后属于阿拔斯王朝，后由奥斯曼帝国统治了4个世纪之久，独立前由法国殖民主义者统治了30多年。大马士革虽历尽沧桑，几经兴衰，今天却仍无愧于"古迹之城"的称号。古城旁边石砌的凯桑门，重建于13—14世纪。传说耶稣的使徒圣保罗就是通过此门进入大马士革的。后来，当圣保罗被基督教的敌人追逐时，他被教友放在篮子里，从大马士革的城堡上降落在凯桑门，从而逃出大马士革。后遂在这里建有圣保罗教堂，以资纪念。

桥梁最多的城市

意大利的威尼斯位于亚得里亚海的北端，坐落在离大陆4000米的拉古纳湖中的118个小岛上，是世界著名的水上城市。177条人工或天然的河道环绕在市内及其周围，其中有宽达70米的河道，而宽二三米的则占大多数，总长度可达45千米。河上修建了400多座各式各样的桥梁，最初是为了连接城市的各个部分，这也使得威尼斯成为世界上桥梁最多的城市。一座长4000米的铁路大桥建在威尼斯与大陆之间，此外，还有一座由228个桥拱组成的公路大桥。汽艇以及一种名叫"贡多拉"的小船是市内的主要交通工具。威尼斯人口大约有36万，每年从世界各地前来参观游览的人数有300多万，人迹所到之处，波光粼粼，船影幢幢，景色非常优美，别有一番水乡情趣。

人们常说"开门见山"，但在威尼斯却是"开门见水"。全城有177条河道，城内不见纵横交错的马路，却尽是弯弯曲曲的河流、小桥。威尼斯不但是著名的"水都"，也是世界上桥梁最多的城市。其中最耐人寻味的是"叹息桥"，它建于文艺复兴时期。桥上为石屋，桥左侧建筑是兜吉宫，右侧建筑是古监狱。古时判处死刑的罪犯被押送通过此桥时，可以通过桥上的窗户最后看一眼威尼斯市容。罪犯通过此桥，喟然长叹，故得此名。

离赤道最近的城市

在厄瓜多尔的首都基多，有一座世界著名的建筑——赤道纪念碑。这座纪念碑位于基多城北部，碑身高8米，碑的四面代表了东、西、南、北四个方向。纪念碑的顶端是一个南北指向的地球仪，一条代表赤道的白线横贯地球仪正中间。这座纪念碑是世界上最精确的赤道标志，基多也因为离赤道仅有20千米，而成为世界上离赤道最近的城市，也是世界上离赤道最近的首都。

虽然靠近赤道，但是基多却是世界上少有的几个赤道不热城之一。这是因为基多位于海拔2850米的高原之上，受低气压影响，白天气温在25℃左右，晚上则可能降到0℃，是世界上昼夜温差较大的一座城市。

在基多城的南端，有一座海拔183米的面包山，山上大型的基多女神石雕像是基多人民争取独立自由的象征。基

"贡多拉"是威尼斯城中最主要的交通工具。

多城也是拉丁美洲历史文化保存最为完好的一座古城。

离海岸最远的城市

世界上离海岸最远的城市是乌鲁木齐，它是中国新疆维吾尔自治区首府，距最近的海岸 2253.02 千米。

最小的城市

在荷兰海牙的市郊，有一座微缩城市——马德罗丹。马德罗丹的城市面积为 1.8 平方千米，城内汇集了荷兰国内 120 多座著名建筑以及名胜古迹的微缩建筑模型，城里住着数以千计寸把高的"小人"。1972 年，马德罗丹被"荷兰城市联盟"正式纳为会员，成为了世界上最小的一座城市。

马德罗丹建于 1952 年，城内的建筑是荷兰国内实际建筑的 1/25。在这里，不用东奔西走，几乎可以遍览阿克马的乳酪市集、海牙和平宫、乌特勒支的圆顶大教堂、阿姆斯特丹水坝广场旁的皇宫、国立博物馆等大部分荷兰特色建筑。

旋转的风车、鸣笛的油船、美丽的古堡等动态景观，为马德罗丹增添了神秘的童话色彩，这里是荷兰儿童的梦幻王国，也是给世界展示荷兰国风的最好的地点。

面积最大的城市

呼伦贝尔市是中国内蒙古自治区东部的一座城市。2001 年 10 月 10 日经国务院批准，呼伦贝尔市正式设立，辖区总面积 263953 平方千米。它是中国面积最大的一个地级市，也是世界上土地管辖面积最大的城市。

呼伦贝尔市东临黑龙江省，西北与蒙古国、俄罗斯接壤。全市有 1 个辖区、5 个县级市、4 个旗、3 个自治旗，总人口 270 万。它是中国最具民族特色的城市之一，全市有 23 万蒙古族居民，回、满、达斡尔、鄂温克、鄂伦春、俄罗斯、朝鲜等 32 个少数民族。有人将呼伦贝尔市比喻成雄鸡冠上的一颗明珠。市内的呼伦贝尔草原总面积 26.3 万平方千米，素有"北国碧玉"的美誉，也是世界上最优质的草原。

音乐气氛最浓的城市

奥地利首都维也纳有"世界音乐之都"的美称。全市共有 5 个大型交响乐团，此外还有不计其数的小型乐团、剧院以及大量的音乐厅。每天晚上，各个剧院座无虚席，观众都穿上最新颖、最漂亮的服装来观看演出，聆听音乐。无论是在大街上，还是在饭店、咖啡馆，维也纳处处充满了音乐之声。甚至按一

维也纳歌剧院与米兰斯卡拉歌剧院、纽约大都会歌剧院并称世界三大歌剧院。

下电话机上的按钮，也能听到动人的音乐，真不愧为音乐气氛最浓的城市。

拥有最多高层建筑的城市

上海位于长江入海口的经济腹地上，是中国重要的经济金融中心、交通枢纽以及科学产业基地。改革开放以

黄浦江江畔的"东方明珠"塔

来，凭借有利的地理位置以及国家政策的支持，上海的经济迅速发展。在长江三角洲上的这颗明珠上，一批极具民族特色和现代气息的高层建筑如雨后春笋般拔地而起。

据统计，截至 2001 年年底，上海高层建筑占地总面积为 7410 万平方千米，建筑数量高达 4226 座，其中至少有 100 座超高层建筑、500 多座智能型建筑。上海成为了世界上拥有高层建筑最多的城市。据专家推测，按照目前上海建筑拔起的速度，近几年内，上海的高层建筑有望突破 7000 幢。

上海的高层建筑主要集中在浦东陆家嘴和人民广场一带。这里不仅有 181 米高的电信大楼、143 米的静安希尔顿宾馆、283 米的明天广场、420.5 米高的金茂大厦等超高建筑，还有恒隆广场、城市酒家、锦沧文华等造型别致的精美建筑。

最安全的城市

根据犯罪率和社会安定程度两大指标综合评定，2005 年 3 月 15 日，美世人力资源顾问公司发布了"全球最安全城市"榜单。位于"千堡之国"卢森堡大公国南部旁帕依地区的中心城市——卢森堡力拔头筹，成为世界上最安全的城市。

卢森堡大公国首都卢森堡市是一座拥有 1000 多年历史的古城，曾是西欧的重要军事要塞。如今，依托于卢森堡大公国强大的经济实力，稳定的政治时局，人口 8 万有余的卢森堡市，其政治经济地位正在日渐凸显。市区内欧洲法院、欧洲议会总秘书处、欧洲投资银行、欧洲金融基金会等场所的设立，为卢森堡市吸引世界性投资增加了重量级的砝码。

城内极富古典韵味的古堡花园、不同国家风格的建筑，以及秀丽的自然风光，为卢森堡市吸引了大批观光游客。安乐祥和的"安宁之城"正以热情的姿态欢迎着世界各国游人的到来。

消费水平最高的城市

根据 2007 年《经济学人》杂志的调查显示，全球消费水平最高的城市当属挪威首都奥斯陆，这里被称作是"最昂贵的城市"。仅次于它的城市为法国的巴黎、丹麦的哥本哈根和英国的伦敦。这项调查报告是以全球 132 座城市为遴选对象，根据物价水平，即食品、日用品、公用事业等费用为参照标准而得出的最终结论。

在这之前，日本的东京一直是全球消费的"霸主"。随着各国货币汇率的变动，又因房租、物价等新评判标准的改变，俄罗斯因其住房价格的飞速上涨，生活消费水平的不断提升，曾一度超越了日本。

随着经济的不断发展、新参照依据的不断变化，世界各城市的物价排名也在发生着变化。时至今日，消费水平最高的城市依然以欧洲为主，兼有亚洲的一些国家。而消费水平较低的城市有近 25% 位于拉美地区。

第六章
文学艺术之最

文学作品之最

最早的史诗

《吉尔伽美什》于19世纪中叶出土于亚述古都尼尼微，现藏于大英博物馆，当时大英博物馆的著名的考古专家乔治·史密斯首先"发现"并注意到《吉尔伽美什》的史学价值和文学价值。《吉尔伽美什》是现存的人类有史以来最早的史诗，它完成于古巴比伦时代，是古巴比伦文化最高成就的代表，史诗内容全部都刻在12块泥板上面，全诗长达3500行。

《吉尔伽美什》主要讲述的是英雄吉尔伽美什一生的传奇故事。诗的语言质朴、平实，故事情节跌宕起伏，可读性极强，诗的题材虽然带有浓重的浪漫主义气息，但还是从一定程度上反映了当时的历史真实，因而有很高的历史价值和艺术价值。

最长的史诗

世界上迄今为止发现的最长的史诗是中国藏族的英雄史诗《格萨尔王传》。《格萨尔王传》产生于11—13世纪，单史诗部分就有100万~150万行。最早的《格萨尔王传》主要是以民间艺人"仲堪"的说唱形式流传的，随着历史的发展，《格萨尔王传》因为其不朽的文化底蕴、精彩的故事情节，吸引了一代又一代人的推崇。

《格萨尔王传》是在丰富的藏族古代神话、传说、诗歌和谚语的基础之上形成的，是古代藏文化最高成就的代表。全诗记述了一位不畏强暴、有着坚强毅力、全心全意造福人民的英雄格萨尔王。可以说，《格萨尔王传》就是一部"东方

《格萨尔王传》手抄本
现珍藏于中央民族大学，《格萨尔王传》是广为流行的大众文学作品，在长期流传过程中不断完善而定型，由民间艺人以口头说唱的形式传播。

的荷马史诗"，因为它在人们的眼里已经不仅仅是一部文学作品，而是一部研究古代藏族的阶级关系、社会历史、民族交往等问题的百科全书。《格萨尔王传》深刻地反映了藏民族发展的各个重大的历史阶段以及当时社会的基本结构形态，同时也细致入微地描述了复杂的民族关系及各个民族走向统一的全过程，具有很高的学术价值和社会价值。

世界上最早的诗歌总集

《诗经》是中国最早的一部诗歌总集，也是世界上最早的诗歌总集，具体的成书年代已无从考证，它一共收录了305首诗歌，所以它还有个名字叫《诗三百》。《诗经》这个名字是从汉代才开始有人叫的，现在我们所看到的《诗经》也是汉代的一个叫毛亨的人传下来的，所以有的学者也把它叫作"毛诗"，《诗经》的内容基本上是中国周代的社会总结，里面所涉及的内容包括社会的各个方面，《诗经》的内容可以基本分为风、雅、颂三类。"风"的意思是国风，可以看作是当时的民歌；"雅"是当时贵族阶层的作品；"颂"是当时社会用于祭祀的歌词。《诗经》作为世界上最早的一部诗歌总集，它的艺术价值、社会价值和历史价值都将永远无价！

最早歌颂劳动和正义的诗

世界上最早歌颂劳动和正义的诗是公元前8世纪末古希腊诗人赫西俄德的代表作《农作与日子》，又称《劳动与日子》。诗作从现实生活中选取素材，劝导弟弟不要巧取豪夺，要走正直劳动的道路，具有教化人们的意味。

全诗828行，作者采用大量的篇幅详细叙述了人类生活所经历的5个时代：黄金时代、白银时代、青铜时代、英雄时代、黑铁时代。追忆黄金时代的美好，指出黄金时代之后至当下时代世风日下、弱肉强食的社会现实，歌颂了农民的辛勤劳动，还介绍了大量的农事知识。诗作的整体风格清新自然，平易简洁。

最长的诗

世界上最长的诗歌是印度史诗《摩诃婆罗多》。它被誉为印度古代社会的百科全书，长达20多万行，是《荷马史诗》的8倍，据说是印度传说中的大圣人毗耶娑创作的，后来经过众多作家的共同参与修改，以古代梵文的形式于公元前4世纪左右完成。它含有9万个对句（两两相互押韵的诗句），讲述了许多关于古代印度王国——克鲁科斯黑特罗——的故事，集中反映了古代印度各阶层的生活，是世界上最长的史诗。在印度一年一度的庙会上，艺人们都要分段朗诵它，听众常常会被感动得流下眼泪。

最短的文章

16世纪英国某大学举办了一次短故事大赛，要求参赛者作品涉及宗教、皇室、性、神秘。一个大胆的女生只写了一行字："我的上帝！女王怀孕了，谁干的？"当时的女王伊丽莎白一生没有结婚，因此文章完全符合参赛作品的要求，并且这位大胆的女生获得了第一名。

1968年4月，美国《明星晚报》发表了一篇社论，标题是《约翰逊认输》，内容只有一个字"妙"。这个"妙"字是对约翰逊竞选总统失败的嘲讽。这篇社论堪称世界上最短的文章。

最早的寓言集

世界上最早的一部寓言集是《伊索寓言》。这本寓言集成书于公元前6世纪左右，其内容是古希腊流传的讽喻故事。全书包括三四百个小故事，一般以拟人化的动物为主角。寓言借动物之间及人与动物之间的故事，表达被人们所忽视的真理。这些小故事言简意赅，富有哲理，不但读者众多，在文学史上也具有重大影响。作家、诗人、哲学家、平常百姓都从中得到过启发和乐趣。到几千年后的今天，伊索寓言已成为西方寓言文学的范本，也是世界上流传最广的经典作品之一。

人们普遍认为这本书的作者是一个丑陋的黑人奴隶伊索，但是从作品内容来看，时间跨度很大，可见作品并不是一人一时所作，而是在相当长的时间内的集体智慧的结晶，可能伊索是其中一位重要作者。

最长的传记

由温斯顿·丘吉尔的儿子兰道夫及马丁·吉尔伯特二人共同写成的温斯顿·丘吉尔的传记应当是迄今为止出版史上最长的传记。全书约有821.4万字，其中兰道夫写了4832页，马丁·吉尔伯特写了13830页。

1903年2月13日生于比利时的列日的乔治·西蒙农从1972年至今已写了22部自传。

最早的长篇小说

日本作家紫式部的《源氏物语》是世界上最早的长篇小说，一般人认为该书在1001—1008年著成。

《源氏物语》绘画

日文中的"物语"即指"故事"或"杂谈"。物语文学于平安时代产生，其体裁是日本古典文学。它以日本本国民间评话为基础，并受中国六朝、隋唐传奇文学多方影响。这些物语，摆脱了民间故事以及神仙传说的桎梏，向独立故事过渡。《源氏物语》一书把创作物语和歌物语相结合，并在创作方法上对物语的写真传统加以继承和创新。

最长的小说

法国小说家路易·法利古尔（1885—1972年，又名朱丽斯·罗曼斯）自1932年开始出版其代表作《善心人》第1卷，14年后才出完最后的第27卷。彼得·戴维斯出版有限公司把这部长篇小说翻译成英语版同步出版，共14卷。英国读者称之为"连环小说"。这部小说的英语版共4959页，207万字，光索引就有100页。

日本小说家山冈庄八的力作《德川一家》于1951年开始在《日本每日新闻》报上连载，现已刊完。若结集出版，需40卷才能容纳。

最早的推理小说

推理小说因其曲折的情节，不仅为一般人所喜欢，甚至连大科学家也对此爱不释手。爱因斯坦曾在《物理学的进化》中提及福尔摩斯侦探。《福尔摩斯探案集》为英国作家柯南·道尔的杰作，虽然闻名世界，却非最早的推理小说。大家一致认为美国诗人、作家、新闻记者爱德加·爱伦·坡早于柯南·道尔，爱德加·爱伦·坡所著的推理小说中，《黑猫》《莫尔街凶案》等都享有盛名，它们均为19世纪30年代的作品。日本有的推理小说家却认为，中国的《包公案》才应属最早的推理小说。

最著名的流浪汉小说

世界上最早的流浪汉小说是西班牙小说《小癞子》，具体作者已经无从考证，但它还是被世界文学史公认为最早的流浪汉小说。

流浪汉小说是以西班牙流浪汉的生活经历和遭遇为题材的小说，这种小说在16世纪中叶到17世纪的西班牙曾经风靡一时，对西班牙文学产生了极其巨大的影响。像《古斯曼·德·阿尔法拉切》和《骗子外传》都是这种小说的代表作，《小癞子》就出现在这个时期，并且是第一部真正意义上的流浪汉小说，被认为是流浪汉小说的开山之作。《小癞子》的全名是《托美思河的小拉撒路》，大约成书于1554年，小说以主人公小癞子的自述方式描绘了小癞子富有传奇色彩的生活经历，开了流浪汉小说的先河。

最早的科幻小说

世界上最早的科幻小说是英国女作家玛丽·雪莱于1818年发表的小说《弗兰肯斯坦》。《弗兰肯斯坦》刚出现的时候就以它独有的怪异的故事情节吸引了大批读者，很快受到了世界文坛的注意。《弗兰肯斯坦》讲的是一个十分恐怖的故事：一个心理有点变态的学生弗兰肯斯坦从死人堆里收集了人的各种各样的器官，然后把这些器官重新组合成了一个新人——一个怪物！这个怪物比任何人都要强壮，以至于弗兰肯斯坦都制服不了他，最后这个怪物让弗兰肯斯坦失去了他所拥有的一切。小说的情节写得迂回曲折，极富吸引力。

《弗兰肯斯坦》的作者玛丽·雪莱生于伦敦，她也是英国著名诗人雪莱的妻子，《弗兰肯斯坦》是她的第一部作品，也是她的代表作。这部作品奠定了玛丽·雪莱在世界文学史上的地位。《弗兰肯斯坦》从出版的那一天起到现在已经无数次地被改编成电影和戏剧，受到了全世界读者和观众的好评。

最早的书信体小说

世界上最早的书信体小说是《波斯人信札》。

《波斯人信札》实际上是一部讽刺小说，小说以两个旅居巴黎的波斯青年以及他们与亲人朋友之间的通信展开故事情节，以波斯人的视角看待当时的巴黎社会，对当时法国贵族和宗教人士的种种腐朽的生活方式进行了无情的批判和揭露。

《波斯人信札》的作者是孟德斯鸠。孟德斯鸠生于1689年，死于1755年，是法国启蒙主义的代表人物。他一生致力于反对封建专制和宗教神权思想。他最著名的思想是"行政、立法和司法三权分立"。很多资本主义国家的政治制度就是建立在他的"三权分立"的学说之上的。

人物最多的小说

世界上人物最多的小说是中国四大古典名著之一的《水浒传》。

《水浒传》是中国古典四大名著之一，是中国乃至世界最著名的章回体小说之一。它大约成书于元末明初，作者是施耐庵。全书以梁山好汉的传奇故事作为线索，描写了大量的人物，塑造了许许多多个性鲜明的艺术形象，比如宋江、武松、林冲等都是我们耳熟能详的人物。据有关人士统计，《水浒传》一书中描写人物多达895位，这里面主要包括梁山好汉108位、有名有姓的其他人物577位、有名无姓的人物9位、无名有姓的人物99位以及书里提到但是没有出场的人物102位。在世界上所有的小说之中，再没有哪一部小说里的人物数量能超过《水浒传》的了！

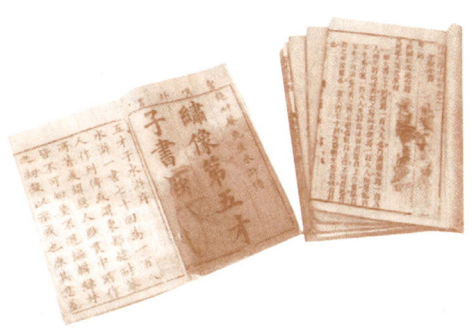

《水浒传》书影

最短的小说

"蔡裔有勇气，声若雷震。尝有二偷儿入室，裔附床一呼，二盗俱陨。"

以上文字是中国古代著名诗人陶渊明的作品《陨盗》。全文仅仅有25个字，但是写得生动传神！时间、地点、人物、事件以及故事情节都交代得清清楚楚，被认为是世界小说史上最短的小说。有人可能认为这么短的小说不存在叙述上的"难点"。其实并非如此，用这么简短的文字却能把故事交代得这么清楚，这本身就表明了作者高超的叙述能力和语言表达能力，尤其是文章中的几个动词的应用非常成功，比如"尝有二偷儿入室"中的"入"，"裔附床一呼"中的一"附"一"呼"，主人公蔡裔的形象一下子跃然纸上！

最畅销的日记

《安妮日记》是世界上最畅销的日记。它是犹太少女安妮·弗兰克在第二次世界大战中遗留下来的一本个人日记，真实地记述了她与家人以及另外两个犹太家庭为逃避纳粹迫害而躲在密室里度过的长达两年的隐蔽生活。安妮从13岁生日（1942年6月12日）开始写日记，一直写到1944年8月4日他们的隐居地被德国党卫军查抄前不久。

安妮在纳粹集中营中被伤寒病夺去了生命，当时距德军投降仅一个星期。1947年，死里逃生的安妮父亲将女儿遗留的日记付梓出版。这本日记已被转译成55种文字，共印刷3000万册，可谓世界上最畅销的日记。

安妮的日记在战后成为人们对那场残酷的迫害进行深刻反思的珍贵教材。她避难的房子已被辟为安妮故居博物馆，吸引着世界各地的游客前来缅怀那不堪回首的人间悲剧。

作家之最

最早的悲剧作家

世界上最早的悲剧作家是埃斯库罗斯。

埃斯库罗斯于公元前525年生于希腊一个古老的贵族家庭，公元前456年死于西西里岛上的革拉城，他被誉为是世界上最伟大的悲剧作家之一，有"悲剧之父"之称。他很小的时候就开始了诗歌创作，但一直到公元前472年他的戏剧《波斯人》成功上演，他才真正地引起人们的注意，从此以后他创作了很多世界知名的作品，总计有90多部剧作，但是今天只有7部完整地流传下来。他在希腊戏剧史上有着重要的影响，他首次在希腊话剧中引入第二个演员，在真正意义上改革了希腊戏剧。他的戏剧创作理念和创作风格一直到今天还影响着很多人，尤其是他的悲剧创作，在世界戏剧史上有着重要的地位。

最早的喜剧作家

世界上最早的喜剧作家是阿里斯托芬。

阿里斯托芬生于公元前450年，死于公元前385年，是古希腊时期最著名的戏剧诗人之一，素有"喜剧之父"的美称。他一生创做了44部作品，但遗憾的是现在流传下来的只有11部。他的喜剧创作最大的特点就是题材广泛，涉及了社会的方方面面，虽然是喜剧创作，但是他表现的主题都是当时社会上存在的种种弊端。轻松中见沉重和严肃是其喜剧作品的最大特色，主要作品有《骑士》《马蜂》《阿卡奈人》《和平》和《吕西斯特拉塔》等。作为世界上最早的喜剧作家，阿里斯托芬在生前和死后都得到了世人的推崇。他的好朋友柏拉图在他死后曾经给过他一个评价："阿里斯托芬用毕生的精力构筑了一座不朽的喜剧和诗的宫殿。"这也是对阿里斯托芬喜剧成就的最高肯定。

最早的女诗人

世界上最早的女诗人是萨福。

萨福大约生活于公元前7世纪末，是今天我们所知道的最早的女诗人。据说萨福生于一个贵族家庭，从小就个子矮小、面貌丑陋，但是却很有才华。一生写过9卷诗，但是保留下来的却很少。她的大部分诗作在1073年被统治者认为"伤风败俗"而被烧毁了。今天能看到的萨福的作品很少，《给阿那克托里亚》和《献给美神》是保留下来的最完整也是成就最高的作品，具有很高的艺术价值，尤其是她所运用的一种"三行长，一行短"的诗歌体裁曾经为欧洲很多诗人所袭用，被称为"萨福体"。

中世纪最后一位诗人和新时代的第一位诗人

但丁（1265—1321年）是著名的意大利诗人，欧洲文艺复兴时代的开拓者之一。恩格斯对他进行了很高的评价："封建的中世纪的终结和现代资本主义纪元的开端，是以一位大人物为标志

但丁的小舟
此图描绘了《神曲》的《地狱》中的一节，表现了但丁同维吉尔乘小舟渡过地狱之湖，受到永久惩罚的死亡者企图爬到小舟上的情景。

的，这位大人物就是意大利人但丁，他是中世纪的最后一位诗人，同时又是新时代的最初一位诗人。"

但丁一生著作很多，其中以长诗《神曲》最为著名。这部作品通过作者与地狱、炼狱及天国中各种著名人物的对话，反映出中古文化领域的成就和一些重大的问题，带有"百科全书"性质，从中也可隐约窥见文艺复兴时期人文主义思想的光辉。在这部长达14000余行的史诗中，但丁表达了执着地追求真理的思想，坚决反对中世纪的蒙昧主义，对欧洲后世的诗歌创作有极其深远的影响。

世界上最杰出的短篇小说家

法国19世纪后期著名的批判现实主义作家居伊·德·莫泊桑被誉为世界上最杰出的短篇小说家。

莫泊桑的小说艺术手法受到了全世界评论家和普通读者的推崇，尤其是在短篇小说的创作上。他的短篇小说非常重视结构、布局和行文，即使是很普通的故事情节在奇妙的结构和布局下也会显得引人入胜。小说情节的安排往往巧妙但不失真实，结局更是出人意料，但往往都在情理之中，可读性强。莫泊桑短篇小说的另外一个突出特点就是非常善于运用巧妙的语言揭示人物内心。莫泊桑一生的创作塑造了很多具有典型意义的艺术形象。短篇小说《羊脂球》《项链》等都是他的代表作品。

最高产的作家

世界上最高产的作家是19世纪法国积极浪漫主义代表作家大仲马。他一生笔耕不辍，在文坛上长盛不衰40多年，总共创作了300多部作品，其中以小说和剧作居多。

大仲马于1802年7月24日生于法国东北部一个十分普通的家庭，1870年死于法国西北部上诺曼底的迪埃普附近。大仲马大约在20岁时开始文学创作。1829年以处女作《亨利三世及其宫廷》在文坛上崭露头角，从此一发而不可收，一直到1870年，也就是他死去的那一年，共创作了300多部作品，其中不乏像《三个火枪手》和《基督山伯爵》这样家喻户晓的作品，是世界文学史上最高产的作家。大仲马虽然是当时积极浪漫主义的代表作家，并且他的创作也的确富有浓郁的浪漫主义气息，但是他的创作还是建立在当时的社会现实之上的，是对当时社会生活、历史背景的真实反映。

世界上最著名的意识流小说家

世界上最著名的意识流小说家是詹姆斯·乔伊斯。

詹姆斯·乔伊斯是爱尔兰人，1882年生于都柏林，接受过相当长时间的天主教教育，后来学过医，他一生都在流浪中度过，当然，流浪生活对他的小说创作产生了重要的影响。他的第一部小说是发表于1914年的《都柏林人》。《都柏林人》还是一部相当简单的小说。在以后的小说创作中，他主要转向用意识流手法进行创作，这方面的代表作是他的长篇小说，也是他的小说成就的代表作《尤利西斯》。《尤利西斯》在创作中广泛地运用了意识流手法，用隐晦、朦胧、看上去相当混乱的创作手法表现了一个报纸广告推销员的苦闷生活。詹姆斯·乔伊斯在这部小说中所用的意识流手法开了意识流创作的先河，在世界文学史上形成了一种崭新、独特的创作手法，乔伊斯也因此成为世界上最著名的意识流小说家。

最著名的童话作家

世界上最著名的童话作家是安徒生。

安徒生全名是汉斯·克里斯蒂安·安徒生，1805年出生于丹麦中部的奥登赛城，死于1875年。安徒生从小就生活在一个贫困的家庭，曾经梦想着当一名歌唱家、演员或者剧作家，也写过不少的小说、游记、剧本以及其他体裁的文章，但是真正为人称道的是他的童话。他生前就被誉为世界上最著名的童话作家。他一生创作童话160多篇，像《皇帝的新装》《夜莺》《卖火柴的小女孩》《小克劳斯和大克劳斯》和《豌豆上的公主》这些我们耳熟能详的童话作品都出自他之手。他童话中的人物形象包括皇帝、贵族、鞋匠、洗衣妇等各个阶层的人物。他的童话能让人在轻松中感受到社会的黑暗和剥削者的残酷。有评论家认为他的童话"同时适合6岁与60岁的人阅读"，这也是对他的童话的最高评价。1954年，国际儿童读书联盟设立了以安徒生的名字命名的世界儿童文学大奖——安徒生奖，这是国际儿童文学奖的最高奖项。

世界上稿酬最高的作家

世界上稿酬最高的作家是美国作家海明威。据说，他在1960年为美国《体育画刊》写了一篇短文，文章不过2000字左右，却有高达3万美元的稿酬，细想一下，一个字15美元的稿酬确实是无人能及，这也是有史以来已知的世界上最高的稿酬！

海明威于1899年生于一个普通的乡村医生家庭，在很小的时候他就对音乐和绘画表现出了极高的艺术天赋。他参加了两次世界大战，亲眼目睹了战争留给人们的苦难，他还在相当长的时间内担任过记者工作，这都对他以后的写作产生了巨大的影响。但海明威一生为伤病所困，最后于1961年在美国爱达荷州克特春地区的一所房子里面用猎枪结束了自己的生命。

他一生创做了许多经典名作，发表于他创作早期的代表作品《在我们的时代里》《没有女人的男人》等短篇小说曾一度有洛阳纸贵之势，后来发表的《永别了，武器》更是被人称作当时

丹麦广场上的安徒生与丑小鸭雕像，丑小鸭是安徒生塑造的经典童话形象之一。

"迷惘的一代"的代表作，接着他又发表了剧本《第五纵队》和小说《丧钟为谁而鸣》。他的代表作——中篇小说《老人与海》——曾经引发了美国文学史上的一场声势浩大的"文学革命"。他于1954年获得了世界上象征最高文学成就的奖项——诺贝尔文学奖。

作品发行量最大的作家

世界上作品发行量最大的作家是英国作家阿加莎·克里斯蒂，她的作品在世界上100多个国家发行，发行总量超过了20亿册。

阿加莎·克里斯蒂于1890年生于英格兰，死于1976年。她小时候没接受过正规的基础教育，曾经在第一次世界大战时担任过护理工作，这段经历对她以后的创作产生了极大的影响。1920年她发表了第一部小说，从此为读者所喜爱。她一生共创作长篇小说66篇，短篇作品集20多本。阿加莎·克里斯蒂的创作以其独有的逻辑、缜密的推理赢得了世界各地读者的喜爱。她的小说已经被翻译成40多种文字，版权费高达4亿美元，这在世界文学史上是一个奇迹！到目前为止，世界上还没有哪个作家的作品发行量能超过她。

作品被拍成电影最多的作家

作品被拍成电影最多的作家是英国作家莎士比亚。他的作品《罗密欧与朱丽叶》从诞生到现在已经19次被拍成电影。《罗密欧与朱丽叶》描写的是凄美的爱情故事，美丽多情的朱丽叶与英俊潇洒的罗密欧在一次宴会上一见钟情，双方从此坠入爱河。但是双方的家庭有着积怨很深的世仇，这成了横亘在他们的爱情之间的一道可怕的鸿沟，爱、恨、情、仇和复杂的现实交织在一起好像永远都没有个解脱。最终一对彼此深爱着的情人用他们的生命成就了他们的爱情。

莎士比亚被称为世界上最著名的戏剧家之一，他于1564年生于英国沃里克郡斯特拉特福镇的一个普通的市民家庭，1616年死于自己的家乡。他一生创作戏剧37部，还有154首十四行诗、2首长诗和其他诗歌。他的作品被翻译成多国文字，为全世界人所喜欢，他还被认为是欧洲文艺复兴时期人文主义文学的集大成者。马克思称他是"人类最伟大的天才之一"。

最早的侦探小说家

世界上最早的侦探小说家是美国作家爱德加·爱伦·坡。他发表于1841年的小说《莫尔街凶案》是世界上公认的最早的侦探小说。

爱德加·爱伦·坡于1809年出生在美国的波士顿，1849年死于华盛顿大学医院，是美国著名的作家、文艺评论家。他的一生动荡不安，家庭和爱情都不是很成功，这导致了他怪异的性格，也影响到了他后来的文学创作。他的创作受法国资产阶级文学颓废派的影响较大，一生提倡"为艺术而艺术"的创作观念，同时宣扬唯美主义和神秘主义，他于1841年发表小说《莫尔街凶案》之后，立即在美国文坛引起轰动，很快被文学界誉为"侦探小说的开山鼻祖"。

最著名的侦探小说家

世界上最著名的侦探小说家是柯南·道尔。

柯南·道尔刊登在《海滨杂志》上福尔摩斯系列作品中的一幅插图。图中间为好奇的华生医生，左边是福尔摩斯。

柯南·道尔于1857年生于苏格兰爱丁堡附近的皮卡地普拉斯。他从小学医，曾经做过多年的医生，之后由于经济原因开始创作小说，处女作是发表于1887年的《血字的研究》。《血字的研究》是他的第一部侦探小说，作品第一次把福尔摩斯和华生医生介绍给大家，但是读者反映平平。真正使他声名大噪的作品是其小说《四签名》，从此柯南·道尔便一发而不可收，在短短的几年之内，写了大量的侦探小说。由于他的这些小说都是以福尔摩斯和华生医生为主人公的，所以人们把它们称为"福尔摩斯系列小说"。福尔摩斯系列小说到现在还是世界上最受读者欢迎的小说之一，柯南·道尔也因此被人们誉为"世界上最著名的侦探小说家"。

最著名的科幻小说家

19世纪法国作家儒勒·凡尔纳（1828—1905年）是世界上最著名的科幻小说家，被誉为"科幻小说之父"。

1863年起，凡尔纳开始发表科学幻想冒险小说，以作品集《在已知和未知的世界中奇异的漫游》一举成名。凡尔纳总共创做了66部长篇小说及短篇小说集，还有几个剧本。代表作为三部曲:《格兰特船长的儿女》《海底两万里》《神秘岛》。此外，还有《气球上的五星期》《地心游记》《漂逝的半岛》《八十天环游地球》等著名长篇科幻历险小说。

收入最高的恐怖小说家

美国小说家史蒂芬·金是世界上收入最高的恐怖小说作家。史蒂芬·金于1947年出生在美国缅因州的一个贫困家庭。在州立大学学习英语文学。毕业后因工资菲薄而走上写作之路，20世纪70年代中期声名渐起，被《纽约时报》誉为"现代恐怖小说大师"。自20世纪80年代至90年代以来，历年的美国畅销书排行榜，他的小说总是名列榜首。他是当今世界上读者最多、声名最大的美国小说家。1979年，在他32岁时，成为全世界作家中首屈一指的亿万富翁。如今，他的每部作品的版税均逾千万美金，仅1998年一年他就收入了4000万美元。

他的每一部作品都成为好莱坞制片商的抢手货。他的许多作品都被成功地搬上了银幕，比如1974年的《魔女嘉莉》、1978年的《闪灵》、1983年的《宠物公墓》和1987年的《危情十日》等。

世界上最早获得诺贝尔文学奖的诗人

世界上最早获得诺贝尔文学奖的诗人是20世纪法国巴那派诗人苏里·普吕多姆（1839—1907年）。他追求完美的诗歌创作形式，偏重自我分析，其作品带有教诲色彩。主要作品有《长短诗集》《寂寞集》《徒然的爱》和哲理长诗《正义》与《幸福》等。

1901年，瑞典皇家科学院认为他的诗作是"高尚的理想、完美的艺术和罕有的心灵与智慧的结晶之实证"，于是把首届诺贝尔文学奖授予了他。

最高龄和最年轻的作家

美国的萨拉·德拉妮和伊丽莎白·德拉妮姐妹在1994年10月出版了《生活中的智慧》一书，这一年她们分别是105岁和103岁高龄。1997年，萨拉107岁时又写了书的续集《107——我一个人住》。萨拉可以说是世界上最高龄的作家。

世界上最年轻的作家是特蕾西·司科特，她4岁就发表了著作《世界如何开始》。

世界上最早获得诺贝尔文学奖的女作家

世界上最早获得诺贝尔文学奖的女作家是瑞典的塞尔玛·拉格洛夫。她出生在军官家庭，在父亲和祖母的影响下开始文学创作。她的作品大多取材于瑞典民间故事和英雄传说，缅怀传统的农村生活，反映资本主义势力进入农村后贵族地主的没落破产。她在1891年出版的处女作《贝林的故事》使她一举成名。其他主要作品有《假基督的奇迹》《一座贵族庄园的传说》《耶路撒冷》《尼尔斯骑鹅旅行记》。

其中《尼尔斯骑鹅旅行记》被译成多种文字，并使她获得1909年的诺贝尔文学奖。《尼尔斯骑鹅旅行记》甚至被作为历史、地理教科书出版。这部童话巨著使她赢得了与丹麦童话作家安徒生同等的声誉。

最早被迫放弃诺贝尔文学奖的人

世界上最早被迫放弃诺贝尔文学奖的人是苏联作家鲍里斯·列昂尼多维奇·帕斯捷尔纳克。

帕斯捷尔纳克于1890年生于莫斯科一个富有文化氛围的家庭，他从小就受到了良好的家庭教育和文化教育。他一生创做了许多小说作品和诗歌，主要作品有诗集《在街上》《生活啊，我的姐妹》《主题与变奏》，当然最具影响力的是他的长篇小说《日瓦戈医生》。作品一问世，就受到了世界各地评论家和读者的好评，他也因此获得了1958年的诺贝尔文学奖，当时的诺贝尔奖评定委员会给出的获奖理由是："在当代抒情诗和俄国的史诗传统上，他都获得了极为重大的成就。"但是由于当时苏联国内许多人的反对，在被迫无奈的情况下他拒绝了这项荣誉，当时曾经震惊了世界文坛。

最早主动拒绝诺贝尔文学奖的人

世界上最早主动拒绝诺贝尔文学奖的人是法国作家萨特。

萨特于1905年生于法国，是世界著名作家、哲学家，法国存在主义哲学的代表人物。萨特在文学方面取得的成就一点也不逊色于他在哲学上的成就。他从小就对文学创作有着浓厚的兴趣，大学毕业后就立即投入文学创作。他的处女作是出版于1938年的《恶心》。《恶心》一出版就受到了读者的喜爱，被认为是萨特哲学内涵最丰富的小说作品。萨特的小说带有浓厚的哲学色彩，很有特色，为很多人所喜爱，尤其是他的自传体小说《词语》，这部自传体小说让萨特获得了1964年的诺贝尔文学奖，但是萨特做了一个惊人的决定——拒绝诺贝尔文学奖！这让当时的萨特在世界上名噪一时，他成了世界上第一个主动拒绝诺贝尔文学奖的人。萨特拒绝的理由是他认为诺贝尔奖有着强烈的政治倾向性，这可能与他自己所倡导的存在主义哲学有关。

绘画之最

最早的绘画

目前已知最古老的山洞壁画，是法国东南部的夏维特山洞壁画，发现于20世纪90年代，有约300幅新石器时期的动物画，据考证创作于3.1万年前。发现于法国西南部的拉斯科山洞壁画是上古洞岩画的精华，作于1.3万年前，保存情况极佳。西班牙西北部的阿塔米拉洞壁画，产生时代和拉斯科山洞壁画大致相当。

壁画是用随处可见的金属矿物的熔解物画上去的，所以很难脱落，虽然自成画到现在已经有上万年的历史了，但是这些壁画保存得还相当完好，当人们刚刚发现它们的时候甚至不敢相信它们是史前的画作！当然这与它们被画在岩洞里有很大关系，因为岩洞里不通风，有助于画作的保存。至于为什么要将画作画在岩洞的墙面上，并且画的内容基本上都是一些动物，现在还没有一个有说服力的解释。有人说是装饰画，也有人说是魔法仪式的产物，但都不是很有说服力。

世界最早的水彩画

世界上最早的一幅水彩画是德国画家丢勒的《一大块草皮》。

阿尔布雷特·丢勒是16世纪德国最著名的画家之一。他在很小的时候就对画画表现出了极大的兴趣和天赋，据说他13岁就能把自己的肖像画得很好。有人甚至把他和达·芬奇放在同样的地位上，可见他在绘画史上是相当有影响力的。丢勒一生画笔不辍，有很多作品。他是一位多才的画家，在绘画、版画、木版画和铜版画设计方面都取得了相当好的成绩。这方面的代表作主要有：《启示录》《小受难》《海怪》《浪荡子》《亚当与夏娃》《骑士、死亡与恶魔》等。除此之外，他还有一个不可埋没的功绩，那就是创做了世界上第一幅水彩画《一大块草皮》，在这以前从来没有人画水彩画，最多就是在素描上做些水彩色的补充。真正的水彩画创作是从丢勒开始的，丢勒一生创做了大量的水彩风景画，并且反响不错。

世界最早的漫画

世界上最早的漫画是英国著名油画家和版画家霍加斯的漫画《时髦婚姻》。漫画《时髦婚姻》成画于1743—1745年，由6幅油画组成。《时

这是《时髦婚姻》的第二幅《婚后不久》，选取了这对夫妻新婚之后某一天的情景进行描绘。客厅里一片凌乱，这是昨晚新娘与情人狂欢的迹象。新娘面带狂欢后惬意的微笑斜眼打量着她的丈夫。新郎的疲惫说明他刚刚在外放荡了一夜。管家拿着到期的期票想让这位一家之主一一过目，但主人好像还没有从醉酒中醒来，管家只好无奈地走了。

髦婚姻》用夸张、幽默的手法辛辣地讽刺了当时的某些社会现实。也正是由于《时髦婚姻》在艺术表现上的这些特点和现代漫画存在着很大的共性，人们才把它当作最早的漫画。

《时髦婚姻》的作者霍加斯是英国著名漫画家和版画家，生于1697年的英国，逝于1764年。他的作品基本上以揭露当时社会的某些上层阶级的丑恶面目为主，同时在他的作品中也表现了对下层劳动人民的同情。

世界上最早的油画

世界上最早的油画是荷兰画家凡·艾克兄弟于1415年绘制的《根特祭坛画》。在这幅画中，凡·艾克兄弟首次试验用油调色，使用新的涂料、松脂或乳剂，使画面能保持经久鲜润的效果。

《根特祭坛画》是世界上第一件真正的油画作品。此画是一种多翼式开闭形祭坛组画，分上、下两段和左、右两翼。上段中央是基督像，两旁是圣母马利亚像和圣约翰像，两翼的外侧是亚当和夏娃像，内侧画着天使。下段中央是《羔羊的礼赞》，两翼左侧是《骑士》和《裁判官》，右侧是《隐者》和《巡礼者》。这幅画选用了宗教题材，对人物的描绘细致，整幅画充满诗意和美感，具有无穷的艺术魅力。

世界上现存最早的版画

世界上现存最早的版画是我国唐代咸通九年（868年）刻印在《金刚经》扉页上的一幅木刻版画——《说法图》。这幅版画是由技工根据画家画稿刻印的。我国的木刻版画技术最早可能出现在隋唐之际，到了唐代咸通九年已经达到非常成熟的水平。

15世纪，德国著名版画家丢勒创做了大量版画，但是这些版画比《说法图》晚了将近700年。到18世纪，世界上才开始出现画家自己绘稿、自己制版、自己印刷创作的版画。

世界上现存最早的素描作品

世界上现存最早的素描作品是1世纪画在白大理石上的一幅素描。素描的作者是阿特那伊的亚历山大。人们在古罗马的赫尔库朗涅牟发现了这幅作品。画面表现了5位妇女，其中3人在做游戏。这幅素描的线条优美高雅，褐色的基调很准确，堪称古代素描佳作。

规模最大的古代风俗画

世界上规模最大的古代风俗画是我国北宋画家张择端的作品《清明上河图》。《清明上河图》高24.8厘米，长528.7厘米，画中描绘了北宋京城汴京和汴河两岸繁华的景象和自然风光。此画属于一级国宝，现在收藏在北京故宫博物院。

《清明上河图》以长卷形式，采用散点透视的构图法，生动地纪录了中国12世纪城市生活的风貌，这在中国乃至世界绘画史上都是独一无二的。画卷主要分为两部分，一部分是农村，另一部是市集。画中有814人，牲畜83只，船只29艘，房屋楼宇30多栋，车13辆，轿14顶，桥17座，树木约180棵。人物衣着不同，神情各异，栩栩如生，其间还穿插着各种活动，构图疏密有致，富有节奏感和韵律的变化。通过这幅画，可以了解北宋的城市面貌和当时各阶层人民的生活习俗。因此《清明上河图》具有极高的艺术水平和史学价值。

最长的绘画

迄今为止,世界上最长的绘画是由阿联酋扎耶德大学的 900 名师生集体创作的一幅水彩画,这幅画创作于 2002 年,画面高约 2 米、长约 340 米。在这以前,《吉尼斯世界纪录大全》记载的世界上最长绘画的长度也不过 280 米,所以由阿联酋扎耶德大学 900 名师生集体创作的这幅水彩画毫无疑问地获得了《吉尼斯世界纪录大全》证书。

据该校老师介绍,这幅画是在 2002 年 3 月阿联酋一年一度的迪拜购物节上完成的,900 多名学生和老师同时执笔花了将近 8 个小时才将全画完成,画的内容主要是以阿联酋的自然风光和文化遗产。

售价最高的油画

2006 年 11 月 3 日,美国著名的行动绘画艺术家杰克逊·波洛克的一幅作品《1948 年第 5 号》以 1.4 亿美元(约合 1.096 亿欧元)的高价,被一位不愿透露姓名的收藏家购去,成为世界上售价最高的油画。

该幅作品高 2.5 米,宽 1.2 米。这幅画 1949 年春季展出。当时波洛克画价大约为 1 平方米 400 美元,此画约 3 平方米,价格在 1200 美元左右。至今,此画涨了约 11000 倍,平均每年涨幅 200 多倍。

在这个世界纪录诞生之前,中国大多数人可能对波洛克一无所知。他是美国行动绘画艺术的鼻祖。然而无论生前还是死后,他都是一个非常有争议的画家。他 1912 年生于美国西部,1943 年举办了第一个画展,只卖出一幅小画,让波洛克倍感失望。舆论对他的评价也是两个极端,一方极其贬低:"这家伙简直是疯狂,叫人无法忍受!"一方推崇备至,认为一个继毕加索、米罗后的天才诞生。

耗时最长的油画创作

世界上耗时最长的油画创作是俄国画家伊凡诺夫的画作《基督显圣》。这幅油画从 1837 年画到 1857 年,历时 20 年。

伊凡诺夫出生在彼得堡,自幼学画,从事创作活动长达 30 年。他在体验到俄国社会悲剧之后,生起了悲悯之心,开始思考如何把人类从苦海中拯救出来。他试图把拯救人类的愿望通过绘画表现出来,于是用毕生的精力创做了《基督显圣》。画面描绘了圣约翰向犹太人宣布救世主已经到来的场景,坏人感到恐慌,而民众被他的精神所鼓舞。这幅画是俄国新时代画坛最重要的作品,目前陈列在莫斯科的特列恰科夫美术博物馆中。

最著名的绘画作品

《蒙娜丽莎》是一幅女性的肖像画,据说画中的女人是一个叫作佐贡多的富商的妻子。当年这名叫佐贡多的富商请达·芬奇画自己妻子的肖像,但是当达·芬奇历尽 4 年时间终于完成画作之后,怎么也舍不得把画作交给佐贡多,并且不管走到哪里都随身携带,可见达·芬奇对《蒙娜丽莎》的喜爱程度。

《蒙娜丽莎》最成功的地方在于画中的女主人公的微笑,《蒙娜丽莎》的笑容从不同的角度看就有不同的效果,她的笑容仿佛会动,能随着观赏者的角度的变化而变化。有时候人们会觉

达·芬奇的不朽名作《蒙娜丽莎》

得她的笑容很舒畅、很温柔，有时候却带着严肃，有时候又像是悲伤……5个多世纪过去了，有多少人曾努力要揭开隐藏在蒙娜丽莎的笑容背后的秘密，但均一无所获。

被盗次数最多的绘画作品

世界上被盗次数最多的绘画作品是伦勃朗创作的《雅各布三世·德·切恩》（创作于1632年）。这幅作品和绝大多数被盗绘画一样，具有两个鲜明的特征，一是出自名家之手；二是画幅很小，容易携带。

这幅画约有20.32厘米宽，25.4厘米高。至今这幅画已经被盗4次。有趣的是，每次被盗之后都被不知名的人还回来，因而没有人受到偷画的指控。目前收藏该画的伦敦多维兹画廊宣称，他们的安全防范工作无懈可击，这幅画再也不会被盗了。

价值最高的失窃名画

价值最高的失窃名画是达·芬奇的真迹《圣母与卷线轴》。2003年8月27日，这幅价值3000万英镑的名画在英国苏格兰的德拉姆兰里戈城堡遭窃。2007年，英国警方寻获了此画，逮捕了四名盗贼。

《圣母与卷线轴》是达·芬奇送给法国路易十二的国务大臣的礼物。画幅尺寸不大，画面描述了年幼的耶稣手持十字架形状的卷线轴和圣母马利亚在一起的情景，暗示耶稣为人类受难的命运。

最长的石窟画廊

世界上最长的石窟画廊是中国敦煌石窟中的莫高窟。莫高窟是敦煌石窟中的四窟之一，其他三个分别是西千佛洞、榆林窟、小千佛洞。

莫高窟是敦煌石窟中最大的石窟，又名千佛洞。莫高窟内现有大大小小的洞窟492个，壁画4.5万多平方米，塑像有2000多尊。之所以说莫高窟是世界上最长的石窟画廊，是因为有人计算了一下，如果我们把莫高窟内的所有壁画都连接起来，就可以得到一个长达25千米左右的画廊，这在世界上是绝无仅有的，先不说莫高窟的艺术价值，仅仅就是这样的规模也足以让世界震惊！

莫高窟壁画（局部）

摄影之最

最早的照片

世界上最早的照片拍摄的是一幅雕版油画，照片中一个少年牵着一匹马，因而被称为《牵马的少年》。这张照片拍摄于1826年前后。拍摄者是被世人誉为"照片之父"的法国人尼瑟佛尔·尼埃普斯。这张照片使用了被称为凹版照相的技术，也就是在一块铜板上涂一层沥青，这块铜板通过曝光产生图像，然后印在一张纸上。这张被公认为"世界上最早"的照片是法国的国宝，在法国国家博物馆里拍卖到39.2万美元。

世界上最早的实景照片

世界上第一张实景照片拍摄于1826年，被命名为《窗外景色》。照片的内容是楼顶上的鸽子窝，因此也叫《鸽子棚》。和世界上第一张照片一样，这张照片也是由尼瑟佛尔·尼埃普斯所拍。由于时间久远，这张照片的画面已经模糊不清。尽管如此，这张照片由于其特殊的历史地位，受到收藏家的追捧。2002年，苏富比拍卖行在巴黎举办的一场拍卖会上，这张照片以443220美元的高价成交。在拍卖之前，这张照片一直被法国国家图书馆收藏。

最早的具有实用价值的摄影技术

"银版摄影法"也叫达盖尔摄影法，是在1837年由法国人达盖尔发明的。这种摄影法是最早的具有实用价值的摄影技术。达盖尔因此被称为"现代摄影之父"。1839年，法国政府买下该发明的专利权，并于同年8月19日正式公布，因此这一天被定为摄影术的诞生日。

达盖尔首先把铺盖着银的铜板浸入碘中获得碘化银，然后把铜板放入暗箱进行操作，使它曝光15～30分钟，然后把汞在75℃的温度下覆盖到铜板上，使得银汞汽化。最后他用盐水定影，于是在铜板上留下拍摄的图像。图像必须从一个角度上才能看到，而且必须密封保护，还要防止手印，因此一般被装在一个前面是玻璃的盒子里。

在1860年达盖尔摄影馆转为摄影沙龙之后，该摄影术被广泛使用。这一发明带给世界栩栩如生的真实画面。

最早的银版人物照片

第一张银版人物照片叫作《巴黎寺院街》，拍摄于1838年。这张照片由发明银版照相的路易斯·达盖尔所拍摄。照片曝光有十几分钟，因此虽然大街上有许多马车和人物，但是它们都没有被拍上去，只有一个擦鞋的人由于站的时间足够久被拍上去了。这张照片成了第一张抓拍到人物形象的照片。

最早的历史人物照片

第一张历史人物照拍摄于1840年，由发明正片—负片摄影法的塔尔波特所拍。这张照片展现了一些人类历史上无法再现的事物。照片的内容是一个训练有素的男仆和一辆四轮马车。这意味着当时的四轮马车是重要的交通设备，但

1843年，威廉·福克斯·塔尔波特在英国中南部城市雷丁建立了专业摄影工厂。图中的温室即为塔尔波特的肖像摄影工作室，尽管户外的光线要比温室内好得多，但他仍旧倾向于在室内摄影。

在接下来的40年里它一直未成为通用的交通设备，这只是皇室家族的专利。男仆要保持这个站立的姿态至少10分钟，才能在当时简单的摄影技术条件下被拍到。

最早的裸体摄影

1839年，达盖尔发明银版摄影术后不久，他就拍摄了世界上第一幅裸体照片，拍摄对象为两名女性。此后，希波雷德·贝亚德于1840年拍摄了世界上最早的男性裸体照片。

最早的彩色照片

第一张彩色照片拍摄于1861年，由詹姆斯·克拉克·麦克斯韦尔（James Clerk Maxwell）拍摄。拍摄的对象是格子呢绒缎带。他对着缎带拍了三次，每一次都在镜头上使用不同的滤色器，于是得到红、绿、蓝三个不同颜色的图像。对三个图像进行冲洗后，用三个投影机（与当初的相机使用相同的彩色滤光片）投射到同一个屏幕上，当三个图像对齐时，就呈现出我们现在看到的图片。

麦克斯韦尔是公认的彩色摄影原理的创立者。1861年5月17日，他在伦敦英国科普会演讲中，公布了拍摄彩色图像的方法，即用三原色相加混合的方法，也叫加色法。

最早的彩色风景照片

世界上第一张彩色风景照是由法国摄影师L.D.杜国·豪伦于1877年拍摄的。这张被命名为《安古连城镇风景》的彩色照片是由减色法拍摄的，能够呈现青色、洋红色和黄色。

L.D.杜国·豪伦是彩色摄影的先驱者，他早在1869年就阐述了减色法的成色原理，并一直致力于加减色法原理（红、绿、蓝）的研究。

最早的动感系列照片

最早的动感系列照片由爱德华得·麦布里奇拍摄。麦布里奇因使用多个相机而闻名，他用排列成直线的数部照相机拍下一匹奔跑的马，每部相机得到一张静态照片，几张照片连起来看，就可以体验到马匹运动的形象。他还发明了一种装置称为"zoopraxiscope"，它是先进的现代电影放映机的前身。

世界上最早的人像摄影室

1840年3月，美国摄影师沃尔科德和约翰逊合作，在美国纽约开设了一家人像摄影室。这是世界上最早的人像摄影室。1841年3月23日，商人比亚德和科学家高达德在欧洲开设了世界上最早的一家营业照相馆。

最早的旅游摄影

摄影术发明以后，很多人希望用摄影技术纪录旅游中看到的风景。但是，达盖尔摄影法需要沉重的设备和昂贵的消费，不适用于旅游摄影。直到 19 世纪 50 年代，胶棉（湿版）工艺的诞生才使旅游摄影成为可能。

英国的 F. 弗里恩就是最早将胶棉工艺用于旅游摄影的摄影家。他在 1856 年到 1860 年间，三次到尼罗河旅游，拍摄了数百张埃及、叙利亚的胜地景色照片。他于 1856 年拍摄的埃及金字塔，成为早期旅游摄影中的经典之作。

1888 年，柯达公司的创始人乔治·伊斯曼推出"柯达一号"摄影机之后，旅游摄影才得到普及。

最早的广告摄影

摄影术发明后，人们很快就发现其商业价值。早在 1840 年，众多广告主争相运用这种具有强烈视觉表现力的媒体形式，在商业推销上取得了良好的效益。最初，聪明的推销员使用照片介绍产品，他们把产品照片带到批发商和众多零售店，这样可以很快地把最新产品推向市场，免却了携带笨重产品样品之苦。

1856 年，美国纽约的《每日论坛》报第一次采用湿版法照片为一家帽子店做广告。从那时起，广告摄影的形式不再局限于靠推销员单纯使用照片，开始与印刷媒体结合以提高传播效率从而进入真正实用阶段。19 世纪末，网版印刷技术的出现使照片的印制在经济上和质量上真正为广告客户所接受。

最早的缩微摄影

缩微摄影是把原始信息原封不动地以缩小影像的形式记录在感光材料（通常是胶片）上的摄影技术。1839 年，英国摄影师丹赛用摄影的方法通过显微镜第一次把一张 20 英寸的文件拍成 1/8 英寸（约 3.2 毫米）的缩微影像，将文字缩小为原来的 1/160。这是世界上最早的缩微摄影。

最早的新闻照片

摄影史上第一幅新闻照片是比欧乌和 K.F. 斯特尔茨纳两人在 1842 年 5 月 5 日拍摄的《大火后的汉堡》。当时德国汉堡发生了一场大火，比欧乌和 K.F. 斯特尔茨纳拍摄了大火后的景象。这次拍摄也是世界公认的第一次新闻摄影活动。

最早的战地照片

1855 年，英国早期摄影家罗杰·芬顿和他的助手在克里米亚战争中进行拍摄，历时 3 个月，拍摄了 360 幅（一说 312 幅）玻璃底版。这些反映战争场景的照片成为摄影史上最早的战地摄影作品。归来后，他们于同年 10 月在伦敦举办了自己的影展，这是世界首届新闻摄影展览，展出照片 312 幅。摄影作为一种艺术和纪录事实的手段产生了震撼的效果。

最早的航拍

1858 年 12 月里的一天，巴黎市民仰望着空气中的热气球，吊篮里有位摄影师正在拍摄巴黎市的鸟瞰照片。他就是法国著名的摄影家纳达尔（Nadir）。纳达尔原名叫加斯帕德·贾利克斯·图尔纳松。他在摄影上富有创新精神，航拍就是他的一项伟大尝试。

1863 年，纳达尔主持制造了一个当时世界上最大的气球，直径达 27.43 米，取名为"巨星"。他试图在法国开创为顾客服务的空中摄影。同年，"巨星"号在巴黎的练兵场第一次升空获得成功。

雕塑之最

最早的塑像

大约产生于公元前3万年的雕塑《维林多夫的维纳斯》被认为是人类历史上最早的雕塑。

《维林多夫的维纳斯》用非常夸张的手法塑造了一位生育女神的形象。作品大约高10厘米，宽5厘米，雕像上女性的胸、腹、臀、会阴等部位都被夸张地处理了，但是脸部特征却并不明显，有关专家认为这是当时母权意识和生殖意识的强烈反映。雕像虽然不大，但却是雕塑艺术开端的象征，经过考古专家的仔细研究发现：这尊雕像大约出现于3万年前的旧石器时代，是人类迄今为止发现的最早的雕塑作品。由于它被发现于奥地利摩拉维亚的维林多夫山洞中，再考虑到雕塑的内容，美学专家把它的名字定为"维林多夫的维纳斯"。

最古老的大型雕像

狮身人面像是位于埃及胡夫金字塔旁边的一座巨型雕像，是世界上最古老的大型雕像，也是最有代表性的古代遗迹之一。它坐落在离胡夫金字塔372米的地方，形象是一个长有人头的卧姿狮子。狮身人面像高20米，长57米，脸长5米，头戴皇冠，额头上刻着圣蛇浮雕，下颌有帝王的标志——下垂的长须，一只耳朵有2米多长。希腊人称之为"斯芬克斯"。

关于这座巨型雕像的由来说法不一。考古学家认为这是为埃及法老胡夫建造的石像。相传公元前2611年，法老胡夫巡视自己快要竣工的陵墓——金字塔——时，发现采石场上还留下一块巨石。于是命令石匠们，按照他的脸型，雕一座狮身人面像，用它来镇守自己的墓地。石匠们经过数年精雕细刻，终于完成了它。在漫长的岁月里，狮身人面像曾多次被沙土掩埋，人们最后一次把它从土里刨出来是几十年前的事。

最贵的雕塑

世界上最贵的雕塑是一个价值5750万美元的母狮雕塑。

2007年12月5日，纽约索斯比拍卖行拍卖了一件古代美索不达米亚时期的母狮雕塑品。这尊母狮雕塑创作于5000年前，是由白色石灰岩雕刻而成的，高度只有8.3厘米。最终成交价为5720万美元，超出此前估价（1800万美元）3倍多，也创造了雕塑作品拍卖史上的最高纪录。

最美丽的雕像

世界公认的最美丽的雕像是断臂维

金字塔和狮身人面像

纳斯的雕像。这座断臂维纳斯雕像，也叫米洛斯的维纳斯，因为它是在爱琴海的米洛斯岛上发现的。这座雕像高达2.4米，由半透明的白云石雕成，站在鸡血白纹的白云石座上。据专家们考证，这座雕像是公元前100多年前的作品。

维纳斯是希腊神话中代表爱与美的女神。雕像体态丰盈，姿势优美，半裸的身体构成了一个十分和谐而优美的螺旋型上升体态，富有音乐的韵律感，充满了巨大的魅力。她那美丽的椭圆形面庞，希腊式挺直的鼻梁，平坦的前额和丰满的下巴，以及恬静的表情，流露出女性的柔美与端庄。整座雕像充满诗意，雕像的比例也耐人寻味，各个部分的比例几乎都符合黄金分割。她虽然缺少两个手臂，却仍然给人完美的感觉。很多艺术家尝试给她修复手臂，都没有成功，最终得出结论：保持断臂反而是最完美的形象。

长期以来，断臂维纳斯一直是最流行的雕刻作品，很多人都模仿它进行雕刻。

现存最大的金属雕像

世界上最大的金属雕像是矗立在美国纽约港口的自由女神像。这座雕像的高度是46米，算上基座，高达93米。雕像由钢和铜铸造而成，重达229吨。女神身穿古式长袍，头戴七叉冠，左手抱着刻有美国独立日的书板，右手高举象征自由的巨大火炬，脚下散落着被挣断的锁链。这座雕像也是世界上最高的纪念性建筑。

自由女神像是法国政府送给美国政府庆祝美国独立100周年的礼物。雕像由法国雕塑家巴托尔迪设计完成，铜像内部的钢铁支架由建筑师约维雷勃杜克和以建造巴黎艾菲尔铁塔闻名于世的法国工程师艾菲尔设计制作。这座塑像被认为是美国人崇尚自由精神的象征。

世界上最大的青铜坐佛

坐落在香港大屿山木鱼峰顶的天坛大佛被认为是当今世界上最大的青铜坐像。

天坛大佛佛身高度大约26.4米，要是加上莲花底座和基座的高度，总高度在34米左右，佛像重达250吨，一共由202块青铜块焊接而成，仅佛面就重达5吨多，佛面在浇注时加入了2000克黄金，看上去更显得流光溢彩、庄重、慈祥，甚为壮观。佛像右手齐胸屈举，五根手指平伸，表示"无畏印"，代表着"清除痛苦"的意思；而左手却下垂于脚上，返掌向外，表示"与愿印"，代表"施予快乐"的意思，寓意佛教里讲的"大雄大力、大慈大悲"。

天坛大佛于1973年开始筹划兴建，成千上万的佛教信众、佛教界人士、艺术家、技术工程人员为大佛的成功兴建呕心沥血，仅是大佛形象设计就曾经八易其稿，就是绘制图纸也用了5000多张，最后于1989年10月13日由中国航天科学技术咨询公司正式完成大佛的兴建工作，1993年12月29日（农历十一月十七），也就是佛教传说中阿弥陀佛的诞辰日，天坛大佛举行了隆重的开光仪式。

最大的青铜器

据有关部门考证，商朝后期制造的司母戊大方鼎，是迄今世界上发现的最大的青铜器，它于1939年3月在中国中部河南省安阳武官村北的农田

司母戊大方鼎模型

中出土。司母戊大方鼎重875千克，通高133厘米，长110厘米，宽78厘米。这么巨大的方鼎是做什么用的呢？原来司母戊鼎是祭祀的器物，专家们对"司母戊"三个字做出如下解释：祭祀母亲戊。据考证，司母戊大方鼎是商王祖庚祭祀他的母亲妣戊的。2002年4月，以出土而闻名的安阳殷墟终于把甲骨文和世界上最大的青铜器司母戊大方鼎申报为世界文化遗产，这是中华民族对世界做出的又一伟大贡献！

世界上最大的石刻坐佛

乐山大佛是世界上最大的石刻坐佛。它坐落在中国四川省乐山市的凌云山，高达71米，仅它的头部就有14.7米，它的耳朵也有7米长，眼睛也比一般人的身高还要高很多，大约有3.3米。这么巨大的乐山大佛看上去威风凛凛，甚是壮观！

乐山大佛于唐代唐玄宗开元元年最初修建，最初是由贵州著名僧人海通和尚募捐修建，海通死后，当时四川节度使韦皋继续完成了海通的遗愿。从713—803年，乐山大佛的修建历时90年之久。乐山大佛最奇的地方不在于它的大，而在于它是直接建造在山崖上的，在山崖上建造那样的一座雕刻简直是一个奇迹。乐山大佛面慈目善、两眼半开半闭、神色异常平静——表现了佛教里讲的"真"和"善"。人们习惯用一句话来形容乐山大佛："山是一尊佛，佛是一座山。"

世界上最高的立佛

位于日本茨城县的牛久大佛高达120米，是世界上最高的立佛。

牛久大佛从1985年动工，花费约10年时间才建成，内部是钢筋结构，完全采用现代设计。

世界上最大的塑像

美国著名雕塑家克尔扎克父子在怀俄明州东北部的黑丘山上雕塑了一座世界上最大的塑像。塑像位于萨得柯德山峰上，总高约171米，上面能站4000人。这座塑像是一个骑在马上率领人们向侵略者进攻的印第安酋长形象。这座塑像是世界上最大的塑像，比拉西莫尔山上的4位美国总统的塑像高10倍。

最早的大型石刻佛像

最早的大型石刻佛像是位于山西太原西南20千米处的蒙山南麓的西山大佛。这座佛像凿于北齐天宝二年(551年)，距今已有1400多年的历史。大佛高约63米，比四川乐山大佛略低，但是比乐山大佛早162年。西山大佛是开化寺的遗物，在历史上具有显赫的地位。662年，唐高宗和武则天曾瞻仰佛像，并为佛像披袈裟。元代末年，开元寺遭到严重破坏，残砖破瓦和山间泥石将佛像掩埋起来。

2005年，西山大佛才被发掘出来。

大佛被发现时，破损严重，头部缺失，后来经过复建工程恢复，佛像才得以重新开放供游人观赏。

世界上最大的金漆木雕大佛

世界上最大的金漆木雕大佛是我国河北承德普宁寺的千手千眼观世音菩萨。佛像高达27.21米，其中须弥底座高为1.22米，地下埋有木柱，深达3.7米。大佛腰围15米，重量为110吨，仅头部就重达5.4吨。大佛全部为木结构，腰部至莲花座用15根木柱来支撑大佛上部。正中使用1根柏木中心柱，4根戗柱，10根边柱。中心柱直达大佛顶部。整尊佛像是由120立方米的松、柏、杉、榆、椵五种木材拼制而成后，分三层雕刻成型的。

这尊佛像比例匀称，纹饰细腻，具有很高的艺术价值。大佛共有42只手臂，除去合掌的双手外，其余40只手都持有法器。这在我国大型的佛像雕塑艺术上是十分罕见的。前来瞻仰佛像的游客和信众都能感受到佛的宝相庄严。

世界上佛像最多的地方

世界上佛像最多的地方是我国的云冈石窟。云冈石窟位于我国山西省大同市西15千米处的武周山南麓。石窟依山而凿，呈东西走向，延绵1000米，共有佛洞53个。据统计，各洞内的佛像多达5.1万个。这些佛像大部分是北魏时期的产物，距今已经有1500多年的历史。雕像大至十几米，小至几厘米，石雕林立，蔚为大观。这些雕像栩栩如生，神采飞扬，有的正襟危坐，有的载歌载舞，或击鼓，或敲钟，或手捧短笛，或怀抱琵琶。雕像融合了我国传统的雕刻艺术、印度犍陀罗艺术以及波斯艺术，对研究雕刻、建筑、音乐、宗教都是极为珍贵的资料。

云冈石窟是世界闻名的石雕艺术宝库。1961年被列为全国重点文物保护单位，2001年被列为世界文化遗产。

世界最重的绿松石石雕

20世纪60年代末，我国湖北郧县出产了一块大型的绿松石。这块绿松石毛重128千克。经当地5位颇有经验的玉石师悉心雕刻6年，完成了一件绿松石石雕，成品重42千克，长70厘米，宽40厘米，高53厘米，厚13厘米。虽然上了9层蜡，看上去仍色泽碧绿。石雕正面是神话故事中的观音、韦陀、嫦娥等30个人物，背面则是自然清新的山水园林图。雕刻的人物、风景线条优美，极为精致。

1992年，一位宋先生见到石雕后便一见钟情，萌生求购之意。他耗资400万元购得这件艺术品，收藏至今。

世界上最大的摩崖石刻造像

世界上最大的摩崖石刻造像位于我国重庆丰都鬼王石刻风景区。主体"鬼王"石刻身高138米、体宽217米、嘴大20米、舌长81米、雕凿深度26米。1996年7月10日，上海大世界吉尼斯总部颁证，确认其为世界目前最大摩崖石刻造像。

丰都鬼王风景区占地175亩，以鬼文化为背景，以世界最大摩崖石刻鬼王为依托，是集旅游、休闲、娱乐于一体的综合旅游场所。该风景区是长江三峡旅游线上的一个重要景区。

乐器与音乐作品之最

最古老的乐器

2009年，德国蒂宾根大学考古学家在德国西南部的一个岩洞中发现了一支古老的骨笛。根据放射性碳同位素测年法，考古学家测算出这支骨笛距今至少已有3.5万年。蒂宾根大学的尼古拉·科纳尔说："它毫不含糊地成为世界上最古老的乐器。"

这只骨笛由秃鹫骨头制成，有5个按孔，长约218毫米。最初考古学家只是发掘出12个断片，后来把它们组合起来便成为一支几乎完整的骨笛。

考古学家还发掘出了奥瑞纳文化早期制作的象牙笛碎片。这些发现说明音乐在当时居住在德国西南部的远古人类的生活中扮演着重要角色。

最古老的大型乐器

世界上最古老并且保存最完整的大型乐器是我国的编钟。编钟是一种打击乐器，由青铜铸成，大小不同的编钟按照音调的高低悬挂在一个巨大的钟架上，按照乐谱敲打就可以演奏出美妙的乐曲。我国西周时期就有了编钟，那时的编钟数目为三枚，到了春秋战国时期编钟数目逐渐增加。

从战国早期的曾侯乙墓中发掘出来的一套编钟非常完整，共65枚，重2500多千克。这套编钟之大，足以占满一个现代音乐厅的整个舞台。曾侯乙编钟虽然在地下埋藏了2400多年，但是音乐性能仍然良好。全套编钟音质纯正、音色优美、音域宽广，能够演奏古今各种乐曲。这套古老的乐器是中华民族文化艺术瑰宝，被誉为"世界奇观中独一无二的珍宝"。

编钟

最古老的拨弦乐器

世界上最古老的拨弦乐器是竖琴。目前被发掘出的最早的拱形竖琴，出现在美索不达米亚平原，年代为公元前2500年。它与缅甸竖琴相似，有13或14条琴弦。从当时古墓上的图片可以看出，演奏者以左手拨弦，右手则负责按弦止音。现在有些中非、西非地区，仍能见到这样的竖琴。

早期的竖琴只具有按自然音阶排列的弦，所奏调性有限。现代竖琴是由法国钢琴制造家S.埃拉尔于1810年设计出来的，有47条不同长度的弦和7个踏板，可改变弦音的高低，能奏出所有的调性。

最早的钢琴

钢琴的前身是用羽管拨动琴弦的，所以被称为"羽管键琴"。意大利人克利斯托福里（1655—1731年）原是一位羽管键琴的制造者。1710年前后，他发明了一架外形与羽管键琴完全相同，但内部琴弦发音装置不一样的钢琴。这是世界上第一台钢琴。

钢琴具有带小槌的机械键盘，演奏者可以通过控制力度来改变音量，随心所欲地弹出弱、强、渐弱、渐强、突弱、突强等力度变化、对比，所以当时将这种乐器命名为"有强弱变化的羽管键琴"，弱（piano）和强（forte）两个字合并起来就是"pianoforte"，后来几乎所有语种都将钢琴简称为"piano"。

最早的小提琴

小提琴是现代管弦乐队弦乐组中最主要的乐器。它的音色优美，音域宽广，表现力强，从诞生之日起，就赢得了人们的喜爱，被誉为"乐器中的王后"。

小提琴的起源可以追溯到2000多年前的乐器"里拉"（Lyre）。15世纪，有人对其进行了改革，并用马尾制成的弓子拉奏，定名为Violin，即小提琴。最早的现代意义上的小提琴大约产生于16世纪中叶。从史料记载来看，最早的小提琴是由住在意大利北部城镇布里细亚的达萨洛（1542—1609年）制成的。但在同一个时期，格里蒙那城中的阿玛蒂（1520—1580年）也制做了与现代小提琴更为相近似的小提

小提琴和琴弓

琴。从16世纪到18世纪，意大利小提琴制作业得到空前发展，那时的许多旷世杰作至今仍保存在欧洲的一些博物馆中。后来又经过多年的演变，小提琴的形状与制作才基本固定下来。

最昂贵的小提琴

世界上最昂贵的小提琴是一把名叫"维奥当"的小提琴。这把小提琴价值2000万美元，堪称小提琴中的"王中之王"。"维奥当"是一把制作于1741年的古董小提琴，制作者为意大利著名制琴师瓜奈里。

"小提琴大师"梅纽因的一段话足以显示这把琴的价值，他说："当这把'维奥当'和我自己的斯特拉迪瓦里名琴都陷入火海时，如果我只能抢救其中一把琴，那将是这把'维奥当'。"

世界上最早的萨克斯管

萨克斯管是由比利时人阿道夫·萨克斯（1814—1894年）于1840年发明的。阿道夫是一位敢于创新的乐器制造者，擅长黑管和长笛演奏。他最初的设想是为管弦乐队设计一种低音乐器，比奥菲克莱德号吹奏灵活并能适应室外演出。他将低音单簧管的吹嘴和奥菲克莱德号的管身结合在一起并加以改进，创造了一种新型乐器，并以自己的名字命名。

1841年，第一支低音c调萨克斯管在布鲁塞尔向公众展出。传说那支萨克斯管曾被人恶意踢坏而无法展出，也有人说当时是在幕布遮盖下展出以防止剽窃。1846年6月29日萨克斯管家族获得了法国的专利。1928年法国古典萨克斯管手Marcel Mule建立了第一

个萨克斯管四重奏团体。

世界上最早的铜鼓

铜鼓是一种比较特殊的青铜器，是祭祀、庆典仪式中使用的乐器，此外还是上层统治阶级拥有权力和财富的象征，曾长期流行于我国南方一些地区，以及东南亚一些国家。

世界上最早的铜鼓是1976年从云南楚雄万家坝23号墓出土的万家坝型铜鼓，一共有四面。万家坝铜鼓制作于春秋时期，鼓面饰太阳纹，腰部饰对称双耳，鼓身上还可见简单的云纹、网纹等纹饰。其他类型铜鼓都是在万家坝型铜鼓的基础上发展、演变而形成的。

经测定，万家坝铜鼓音律准确，四鼓之间包含有小三度、纯四度、大二度、小二度的音程关系，音响效果达到了一定的水平。万家坝铜鼓现在珍藏于云南省博物馆。

世界上最大和最重的鼓

世界上最大的鼓在美国，它是1872年波士顿为庆祝世界和平日而造的。这只鼓的直径为3.7米，重272.2千克。

在我国西安的鼓楼里有一面大鼓——闻天鼓。鼓面直径2.83米，高1.8米，重达1800千克。它是世界上最重的鼓。

世界上最轻便的键盘乐器

世界上最轻便的键盘乐器是口风琴。口风琴是由日本著名乐器发明家铃木万司于20世纪60年代发明的，至今已有40多年的历史。它既保持了键盘乐器的特性，又吸取了吹奏乐器的特点，所以说它是一种能吹奏的键盘乐器。口风琴体积小，携带方便，价格便宜，而且比一般的键盘乐器容易学，因此是一种理想的音乐入门乐器。

世界上最普及的乐器

世界上最普及的乐器是吉他。吉他，又叫六弦琴，是一种弹拨乐器。吉他的祖先，可以追溯到公元前两三千年前的古埃及、古巴比伦和古波斯的各种古弹拨乐器。18世纪末，吉他在意大利、法国、西班牙流行起来，并很快成了专业音乐家用的高难度的乐器。很多著名的作曲家都曾经为吉他作曲，比如韦伯和舒伯特。

吉他能在20世纪蓬勃发展并达到前所未有的辉煌，在很大程度上应归功于"近代吉他之父"泰雷加对吉他从制作到演奏技术直至曲目等各方面的深入研究和革新。吉他的形式多种多样，有古典吉他、民谣吉他、爵士吉他、电吉他、电贝斯等。如今，吉他已经成为年产量最高的乐器，几乎在所有现代乐队中都能看到吉他的身影，很多年轻人都以能弹一手吉他为荣。

世界上最小的乐器

世界上最小的乐器是中国的少数民族民间乐器"口弦"。"口弦"，又叫"口琴""响篾""吹篾"或"弹篾"，是在一支细薄的竹片上挖出簧牙，放在嘴边用指弹拨或抻动而发音的乐器。口弦可分为1片（发1音）、3片（发3音）、5片（发5音）等，即使5片的口弦也只有10克左右，是管风琴重量的1/100。口弦在我国彝族、苗族、景颇族、哈尼族等少数民族的音乐生活中占有重要地位，可以独奏、齐奏、合奏或为歌舞伴奏。

现在，口弦已登上舞台，成为一种具有浓郁民族色彩的独特乐器了。

世界上最大的乐器

世界上最大的乐器是管风琴。管风琴大约产生于公元前 200 年左右，曾经是纯粹的宗教乐器，在欧洲教堂里往往能看到管风琴。

管风琴是有史以来体积和重量最大、音域最宽广的乐器。现存最大的管风琴是美国新泽西州大西洋城的一个礼堂里的一架管风琴。这架管风琴建于 1930 年，造价高达 50 万美元。该琴有 33112 支从 0.48 厘米到 19.5 米的音程管，1477 个控制音栓，19 个音色区和 7 排键盘。

这架管风琴过于巨大，以至于无法靠人力鼓风来演奏，因此专门安装了一台 365 马力的鼓风机，它的风压巨大，要用液压传动装置进行操作。这架管风琴在演奏时，发出震耳欲聋的声音，音量相当于 25 个铜管乐队的总音量，比六台蒸汽机火车的汽笛声还要响。

最古老的古典音乐

有史料记载的最古老的音乐是中国的古典音乐。中国的古典音乐理论可追溯到 2000 多年前孔子提倡音乐的时代。当时中国已提出了"宫、商、角、徵、羽"的"五音"学说，相当于现行简谱上的 1、2、3、5、6。

最早的节拍器

世界上最早的节拍器是由德国的约翰·内波穆克·梅尔采尔于 1816 年发明的。约翰·内波穆克·梅尔采尔是机械乐器的创制人，曾研制出百音琴（即机械乐队）、助听器以及音乐节拍器。1816 年，他发明的第一只较完善的节拍器在奥地利首都维也纳首次与公众见面，从此，节拍器受到全世界音乐爱好者的欢迎。

世界上最昂贵的音乐手稿

莫扎特（1756—1791 年）的 9 部交响乐手稿，于 1987 年 5 月 22 日在英国伦敦沙斯比拍卖行售出时，标价高达 439.45 万美元。这是目前世界上最昂贵的音乐手稿。这批手稿中包括交响乐第二十二号到第三十号，它们都是莫扎特于 1773 年至 1774 年在奥地利萨尔兹堡创作的。当时的莫扎特只有十七八岁。

现存最早的琴曲谱

在我国古代，"琴棋书画"历来被视为文人修身养性的必由之路。古琴在春秋时期就已经非常盛行了。《诗经》中有不少关于琴的记载，孔子酷爱弹琴，战国时期伯牙与子期"高山流水遇知音"的故事广为流传。

虽然古琴的历史非常悠久，但是流传下来的古琴曲谱少之又少。最早的古琴曲谱是保留在日本京都西贺茂神光学院的《碣石调·幽兰》。这是迄今为止唯一一首用原始文字记谱法保留下来的琴曲。这首琴曲谱共 4954 个字，记载了一种两手在琴上演奏的指法，记谱年代大约在 648—714 年。1885 年，我国学者杨守敬在日本访求古书时发现了这本琴谱。

根据琴谱前面的介绍可知，《碣石调·幽兰》传自南朝梁代隐士丘明（494—590 年）。整首曲子节奏缓慢，清丽婉转，表达了伤感的情绪和淡雅的意境。

世界上最长的休止符

美国音乐家约翰·凯奇是20世纪最具争议的先锋派大师。他创做了著名的无声乐曲《4分33秒》，该曲休止符长达4分33秒，创下了世界上最长的休止符纪录。同时，这也是世界上音符最少的乐曲。

约翰·凯奇请钢琴家上台在钢琴前坐下，观众们坐在灯光下安静地等着。1分钟过去了，钢琴家没有动静；2分钟，还是没有动静；3分钟，人们开始骚动，想知道到底怎么了，到了4分33秒，钢琴家站起来谢幕："谢谢各位，刚才我已成功演奏了《4分33秒》。"

如果你在听广播或看电视的时候，突然没有声音，不要急着换台，也许你正在欣赏《4分33秒》。

世界上演出时间最长的芭蕾舞曲

世界上演出时间最长的芭蕾舞曲是由俄罗斯作曲家柴可夫斯基创作的《睡美人》。1889年春夏之交，著名的芭蕾舞编舞大师马缅丝·皮季伯创做了一个三幕五场的芭蕾舞剧本《睡美人》。他邀请柴可夫斯基为这部芭蕾舞剧作曲。柴可夫斯基用了42天完成了《睡美人》的钢琴谱，这首舞曲的演出时间长达5个多小时，成了有史以来演出时间最长的芭蕾舞曲。尽管演出时间超长，但是这个作品获得了巨大的成功。《睡美人》成了经典的芭蕾舞剧。

世界上最长的古典交响乐

世界上最长的古典交响乐是奥地利音乐家马勒创作的《第三交响乐D调》，创作于1895—1896年。马勒出身低微，他的作品在他生前并没有被世人接受。他死后不久，他的作品才得到全世界的认可。他创作的《第三交响乐D调》出奇的长，仅第一乐章就45分钟，比贝多芬的《第五交响乐》的全部长度还要长很多，演奏完六个乐章需要1小时34分钟。

最早的唱片

世界上最早的唱片是由美国工程师埃米尔·别尔利赫尔于1888年录制而成的。这张唱片现存于美国华盛顿国家博物馆里。早期的唱片中间有两个孔，唱针由里向外转动。唱片只录一面，背面贴有文字说明卡。

最早的爵士乐唱片

在1917年3月7日开始销售，由美

第一张爵士乐唱片："新奥尔良爵士乐队"的音乐在当时十分流行。

国新泽西州卡姆登的皮克塔公司出版的一面录有《紧张、坚定的一瞬》、另一面录有新奥尔良爵士乐队歌曲的唱片，是世界上最早的爵士乐唱片。演奏者是尼克·拉罗卡的原新奥尔良爵士乐队。

最早的歌剧唱片

世界上最早的歌剧唱片是由法国帕台·弗雷贝公司于1896年开始销售

的。这张唱片灌制的均是当时著名歌剧演员的歌剧录音。这张唱片呈圆形。内容包括由歌剧作家列昂卡瓦洛亲自指挥的歌剧作品《丑角》，于1903年由格拉莫冯公司的弗雷德·盖斯巴格在意大利米兰录制完成，这张唱片成为世界上最早的歌剧金曲唱片。

世界上最畅销的个人专辑

世界上个人专辑的销售量的最高纪录是由迈克尔·杰克逊（1958—2009年）创造的。迈克尔·杰克逊是世界流行音乐象征性的人物，他在全世界拥有极高的知名度和影响力，被称为"流行音乐之王"。他是全世界唱片销量最高的艺术家。

迈克尔·杰克逊灌制的8张专辑在全世界共销售出了8.75亿张，由于他在歌坛久盛不衰，所以他的这一纪录还在不断地直线上升。在他的所有专辑中销量最高的是《战栗》。这张专辑的销量已达1.11亿张，被载入《吉尼斯世界纪录大全》。在美国权威音乐排行榜上，它曾经连续80周占据前十名的位置。迈克尔·杰克逊在这首单曲中融合了黑人节奏蓝调与白人摇滚，形成自己的独特风格，时而高亢激愤、时而柔美灵动。《战栗》的音乐录像带是全球第一张现代MV，被称为"最伟大的录像带"。

卖得最快的唱片专辑

甲壳虫乐队（又译作"披头士"或"披头四"乐队）是20世纪60年代风靡全球的一个英国音乐组合，成员有约翰、保罗、乔治和林戈。这个乐队是摇滚史上最成功的乐队。他们把摇滚音乐和简单而动人的歌词相结合，赢得了世

甲壳虫乐队成员，自左向右依次是：保罗·麦卡尼、林戈·斯塔尔、乔治·哈里森以及约翰·列农。

界各国年轻人的喜爱，每张唱片都能保证销售100多万张。他们的长头发和穿衣风格在全球都有巨大影响。他们随心所欲地编曲，产生了许多丰富多彩的歌曲，有节奏复杂的曲调（如《平装书作者》），也有叙述歌（如《昨天》），有儿歌（如《黄色潜艇》），也有社会评论歌曲（如《埃莉诺·里格比》）。

甲壳虫乐队卖得最快的唱片专辑是《1》，在发行的第一天就卖掉了360万张，第一个月内卖掉了1350万张。这张专辑也是世界上卖得最快的唱片专辑，这张专辑的受欢迎程度可见一斑。到了2000年，尽管这张专辑已经发行了30年，但是它仍然是全世界35个国家中最畅销的专辑。

世界上最早的金唱片

"金唱片"并非金质的唱片，而是一种荣誉，是西方国家专门为了奖赏灌制唱片的歌唱家而设置的。某张唱片只要卖出了100万张，那么第100万张就称为"金唱片"。世界上第一张金唱片录制的是列昂卡瓦洛（1858—1919年）所作的歌剧《丑角》中的一段咏叹调，是由意大利著名男高音歌唱家恩里科·卡鲁索（1873—1921年）演唱的。

音乐家与乐队之最

最早创建欧洲古典音乐的音乐家

最早创建欧洲古典音乐的音乐家是德国伟大的古典音乐家巴赫。巴赫的全名是约翰·塞巴斯蒂安·巴赫，被称为"西方音乐之父"。他是所有著名作曲家中水平最高的艺术家，他谙熟他那个时代的任何音乐形式，对任何一种音乐都能运用自如。他萃取意大利、荷兰、法国和德国音乐中的精华，将西欧不同民族的音乐风格融为一体，对后来将近300年的德国音乐乃至世界音乐产生了深远的影响。

巴赫的作品主要以复调手法为主，构思严谨，富有哲理性和逻辑性，曲风深沉、悲壮，达到了巴洛克音乐发展的巅峰。巴赫是一位多产的作曲家，共创做了800多首严肃乐曲。除了声乐作品外，巴赫奠定了现代西洋音乐几乎所有作品样式的体例基础。他把音乐从宗教附属品的位置上解放出来，不仅歌颂上帝，也歌唱平凡的生命。他把复调音乐发展成主调音乐，大大丰富了音乐的表现力。他还确立了键盘乐器十二平均律原则。因此巴赫被后世尊称为"不可超越的大师"。

世界上最著名的神童作曲家

奥地利作曲家莫扎特很小就表现出了非凡的音乐才华。莫扎特在3岁时就显露出了极佳的音乐天赋；4岁时跟着身为宫廷乐师的父亲学习钢琴；5岁时就弹得一手流利的钢琴；6岁时父亲带领他到慕尼黑、维也纳和普雷斯堡等地进行巡演，所到之处引起巨大的轰动，甚至被奥地利皇帝请到皇宫进行表演，8岁时就写了3首交响乐和几首奏鸣曲，据说他在不会写字的时候，就开始作曲了；12岁时为维也纳歌剧院写了歌剧《假傻姑娘》；14岁时为意大利米兰歌剧院写了歌剧，并亲自指挥演出，连演20场，场场爆满。

莫扎特是古典乐派的代表人物之一，对欧洲音乐的发展做出了巨大贡献。他的主要作品有22部歌剧，以《费加罗的婚礼》《唐璜》《魔笛》最为著名；41部交响曲；27部钢琴协奏曲；6部小提琴协奏曲。此外，还有大量各种体裁的器乐和声乐作品。

世界上作品最多的作曲家

世界上作品最多的作曲家是德国18世纪作曲家特利曼（1681—1767年）。他在作曲生涯中创做了78种在不同场合使用的乐曲和12套供一年中不同时节使用的礼拜乐曲。此外，他还创做了700首管弦乐曲、40部歌剧、44首受难曲和若干首协奏曲和室内音乐。

创作交响乐最多的作曲家

世界上最多产的交响乐作曲家是德国作曲家卡利·莫尔特（1695—1765年），他一生共创作出交响乐165部，从青壮年直到老年，平均每年要创做出不同特色的交响乐3部之多。他创作的交响乐数量超过被誉为"交响乐之王"的海顿，但是水平却远不如海顿。

世界上最伟大的作曲家

世界上最伟大的作曲家是德国作曲家贝多芬（1770—1827年）。贝多芬的全名是路德维希·凡·贝多芬，他是维也纳古典乐派的代表人物之一，也是19世纪浪漫乐派的开山之父，对同时代以及以后的欧洲音乐的发展做出了巨大贡献，被后世尊称为"乐圣"。

贝多芬曾经师从莫扎特，莫扎特听过他的演奏之后，就预言有朝一日贝多芬将震动全世界。他30岁才开始写第一部交响乐，创作过程虽然迟缓，但是很稳固。他的作品包括9部交响曲，32部钢琴奏鸣曲，5部钢琴协奏曲，10部钢琴小提琴奏鸣曲，一系列弦乐四重奏曲、声乐曲、剧乐曲，以及许多其他乐曲。其中著名作品有《第三英雄交响曲》《第五命运交响曲》《第六田园交响曲》《第九合唱交响曲》《第三、第四、第五皇帝钢琴协奏曲》《月光曲》《悲怆钢琴奏鸣曲》《庄严弥撒曲》，等等。贝多芬在生命的最后10年完全失聪，而且生活贫困，但是他仍以惊人的毅力创做了一生中最伟大的作品——《第九合唱交响曲》。

贝多芬

世界上作曲最快的音乐家

奥地利作曲家舒伯特是音乐史上著名的"突发天才"，他那些优秀的音乐作品都是在很短的时间内创做出来的。比如著名的《听！云雀》和《摇篮曲》就是他在酒后的十几分钟内创作的。他一生中共创做了600多首艺术歌曲，几乎都是一挥而就。因此，舒伯特是世界上作曲最快的音乐家。

舒伯特被称为"歌曲之王"，他创作的最有代表性的歌曲有《魔王》《野玫瑰》《圣母颂》《菩提树》《鳟鱼》《小夜曲》，声乐套曲有《美丽的磨坊女》《冬日的旅行》等，另有18部歌剧、歌唱剧和配剧音乐，10部交响曲，19首弦乐四重奏，22首钢琴奏鸣曲，4首小提琴奏鸣曲以及许多其他作品。

世界上最多产的指挥家

世界上最多产的指挥家是奥地利著名指挥家赫伯特·冯·卡拉扬（1908—1989年）。他在一生中录制了800多张古典音乐唱片。卡拉扬是20世纪最著名的指挥大师，他从18岁开始担任乐队指挥，先在德国的两个小歌剧院担任指挥，后来在伦敦爱乐乐团、维也纳国家歌剧院乐团、米兰拉斯卡歌剧院乐团和柏林爱乐乐团担任指挥。

卡拉扬精通指挥艺术，他知道歌手需要什么，知道应该怎样与歌手合作，他的指挥技巧很奇特。他在指挥时，坚持要乐队的乐手们互相倾听，为歌剧演奏时，则要求乐队必须听舞台上的歌手演唱。

卡拉扬还关心音乐美学和音乐治疗等相关学科的研究，并于1967年创立了萨尔茨堡国际音乐节。1989年7月16日，81岁高龄的卡拉扬在为萨尔茨堡国际音乐节排练歌剧《假面舞会》的时候离开了人世。

世界上最著名的三大男高音歌唱家

　　世界最著名的三大男高音歌唱家是帕瓦罗蒂、多明戈和卡雷拉斯。

　　帕瓦罗蒂（1935—2007年）是意大利人，是国际歌剧舞台上的最佳男高音之一。他的音色非常漂亮，在两个八度以上的音域中，每个音都迸射出明亮的光辉。被一般男高音视为畏途的"高音c"，他也能唱得清畅、圆润而富于穿透力，因而被誉为"高音c之王"。他著名的作品是《我的太阳》。

　　多明戈是西班牙著名男高音，他的嗓音宽厚，以抒情见长，具有戏剧性的征服力。他是公认的威尔第和普契尼作品的诠释者。1974年和1975年他成功饰演了威尔第歌剧中难度最高的两个男高音角色：《西西里晚祷》中的阿里戈和《奥赛罗》中的奥赛罗。

　　卡雷拉斯是西班牙著名男高音，他的嗓音流畅清晰、抒情柔美，气息均匀，任何时候都不放纵声音。他在20世纪70年代中期被著名指挥家卡拉扬挑选为威尔第《安魂曲》的男高音演唱者。他是目前西方最负盛誉的男高音之一。

唱出最高音的女歌手

　　玛丽亚·凯莉是美国非常著名的歌手，被称为流行乐坛的天后。她是美国音乐史上拥有最多流行榜冠军单曲的女歌手，同时也是拥有最多流行榜冠军单曲的独唱歌手（18首），并拥有在流行榜上连续停留榜首最久的单曲——与"男孩到男人"组合合作的单曲《One Sweet Day》（16周）。

　　玛丽亚·凯莉是一位擅用海豚音的歌手，被认为是世界最高音歌手。在一次演唱美国国歌时，她唱出了G7音节。另有纪录她在一场颁奖晚会上唱出了六个八度的音阶。（其高音纪录仅次于巴西女歌手G.Brown，而后者的音乐成就显然无法与之相提并论。）

历史上报酬最高的艺术家

　　迈克尔·杰克逊是历史第一个赚进上亿美元的艺术家，也是历史上报酬最高的艺术家。1991年11月26日，迈克尔发行了新专辑《危险》，并与索尼唱片公司签订了高达8.9亿美元的天价合约。他拥有披头士乐队一半的歌曲版权，拥有猫王的许多歌曲的版权，拥有欧美众多著名歌手数不清的歌曲的版权，因为他拥有全球第二大音乐公司索尼唱片公司的全部歌曲的50%的版权，也就是说，索尼公司每发行一首歌曲赚到的钱，都要分一半给迈克尔·杰克逊。

　　2006年，吉尼斯世界纪录为迈克尔·杰克逊颁发了一个认证：世界历史上最成功的艺术家！他是一个杰出的人道主义者，赚到的钱很大一部分捐赠给了慈善事业。他一个人支持了世界上39个慈善救助基金会，是全世界以个人名义捐助慈善事业最多的艺人。

世界上谢幕次数最多的歌唱家

　　世界上谢幕次数最多的歌唱家是著名男高音歌唱家帕拉契多·多明戈。1983年7月5日，多明戈在奥地利维也纳国家歌剧院演出普契尼的歌剧《波希米亚人》，深厚的演唱功底使他的演唱特别出色。当他的领唱结束后，雷鸣般的掌声竟然长达一个半小时。多明戈谢幕达83次，才使观众停止鼓掌，这成为歌剧史上演员所获得的最高殊荣。

世界上登台次数最少的演奏家

登台次数最少的演奏家是我国盲人演奏家阿炳。阿炳原名华彦钧，江苏无锡人，他精通鼓、笛子、二胡、琵琶等民族乐器，但是由于出身卑微，一直没有登台表演的机会。1950年，中央音乐学院的师生为了保存民族音乐，专程到无锡为他录制《二泉映月》《听松》《寒春风曲》3首二胡曲和《大浪淘沙》《龙船》《昭君出塞》3首琵琶曲。在1951年无锡市的春节晚会上，他终于第一次登台演出，但是此后不久就去世了。

最早的弦乐四重奏乐队

18世纪以前的乐队并没有任何固定的编制，乐队成员的多少和乐器的种类，是由贵族雇用乐队的条件或作曲家的要求而定的。最初的器乐曲通常是用两只小提琴合奏同一旋律，用大键琴伴奏。由于大键琴的音量较弱，低音部分有时就需要用大提琴来加强。

1755年，23岁的奥地利作曲家海顿受聘于冯贝格伯爵，在宫廷里专职作曲。冯贝格伯爵的乐队一共只有四个人，两个小提琴、一个中提琴和一个大提琴，没有大键琴。这样的一个乐队编制使海顿颇伤脑筋。经过反复的研究，他决定把两只小提琴分为两个声部，让中提琴充当内声部，使和声效果更为丰富，用大提琴替代大键琴来演奏低音部。这样，第一个弦乐四重奏乐队就成

协奏曲所用的乐器

立了。海顿一生中共谱写了77首弦乐四重奏曲。

迄今为止，弦乐四重奏仍一直被认为是最高雅、最富于表现力的一种音乐形式。

最大的军乐队

1985年4月1日，在美国洛杉矶道吉斯体育馆里汇集了世界上最大的军乐队。这个巨型军乐团包括3182名音乐家、1342名军乐队队长、旗手以及来自这个地区52所高中的操练人员和指挥。在总指挥邓尼凯的指挥下，该军乐队共演奏了国歌等4首乐曲。

世界上最小的乐队

世界上的乐队，大的由几十人或上百人组成，小的由几个人组成。乐队成员各司其职，有的负责吹笛子，有的负

责拉小提琴，有的负责弹钢琴。但是，世界上竟然有一支乐队由一个人组成。美国人克里斯托弗·特里一个人组成了世界上最小的乐队。演出时，他在舞台上迅速地来回奔忙，一会儿吹黑管，一会儿吹长笛，一会儿打鼓，一会儿敲锣……他演奏的时候得心应手，有条不紊。据说，这个最小的乐队曾在世界上许多国家巡回演出，受到观众的欢迎。

最大的音乐演出团

1872年，"圆舞曲之王"小约翰·施特劳斯应波士顿和平节组织者之邀到美国马萨诸塞州指挥演出。当施特劳斯第一次来到音乐会排练场时，他被眼前的景象惊呆了。原来，参加排练的是一支庞大的合唱队，大约由近2000多名乐师和2万人组成，乐队还增配了一个参差不齐的钢轨和大小铁砧、火警钟所排成的"编钟"以及由一个直径约为5.5米的"鼓王"为主所组成的打击乐器组。施特劳斯站在一个像瞭望塔似的指挥台上挥动着两臂，几十名副指挥用望远镜观察着他，再模拟他的每一个动作，然后指挥自己负责的那部分演奏者。遇到强拍时，整个乐队就像大炮似的一阵乱轰。素来强调音节准确的小施特劳斯面对这个巨型演出团一点办法也没有，只

指挥演出的小约翰·施特劳斯

能"望洋兴叹"。

最早的爵士乐队

爵士乐是20世纪初产生于美国新奥尔良的一种具有舞曲性质的现代音乐，其突出特点是即兴创作并演奏。乐队中的每个演员必须独立地处理节奏和旋律，但又必须使整个乐队融合为一体。主要旋律乐器有单簧管、萨克斯管、小号、长号，主要伴奏乐器则为钢琴与架子鼓，乐队通常由5～10人组成。

1900年前后，新奥尔良黑人音乐家巴迪·波尔汀组建了世界上最早的爵士乐队。这个爵士乐队的演奏风格对以后爵士乐的发展产生了很大的影响。而世界上最早录制爵士音乐唱片的乐队则是美国新奥尔良城的另一支爵士乐队，1919年4月7日，他们还在伦敦举行了首场公开演出。

最大的行进乐队

乐队一般在剧院或室内音乐厅里演奏，但有时由于某种需要，也可以在行进中一边走一边演奏。从演奏的要求来说，后者更加困难一些。首先，行进时引起的身体摇动，使人不容易掌握乐器；其次，行进中的乐队不容易指挥，这一点同剧场条件相比，更为突出。

1973年1月20日，在美国首都华盛顿宾夕法尼亚大道上出现了一支世界上最大的行进乐队。这个乐队由1976名演奏员组成，为了使乐队演奏得整齐划一，整个乐队共有54名指挥。这次游行是为了庆祝尼克松总统就职而组织的。队伍在大街上吹吹打打地行进了3.2千米，热闹非凡。

电影与电视之最

最早的电影

早在 1885—1887 年，纽约的华盛顿高地聋哑人学校的白粉墙上放映了由路易斯·爱美·奥古斯丁·雷·普林斯拍摄的模糊移动的轮廓。他用在英国申请专利的摄像机，拍摄了英国西约克郡，利兹的鲁恩岱他岳父约瑟夫·怀特雷的花园，用的是每秒 10～12 张的拍摄速度，这 5.4 厘米宽的胶片是幸存下来的最早的影片胶片了。

1894 年 4 月 14 日由托马斯·奥尔华·爱迪生的助教威廉·K.L. 迪克森制作的由双排活动电影放映机放映的电影在纽约市百老汇 1155 号的荷兰布劳丝活动电影放映厅隆重上映。观众花 5 美分就能看一部电影，这也是第一部商业性放映的电影。

由卢米埃尔兄弟、奥克斯特·玛里·路易斯·尼古拉斯和路易斯·简于 1894 年 8 月或 9 月在法国里昂拍摄的电影《一群矿工在荒地》于 1895 年 3 月 22 日在巴黎 44 号大道公映，这也是第一部在银幕上公开放映的电影。

最早的有声电影

尤金尼·奥古斯汀·劳斯特是最早试制成功有声电影的人，1906 年 8 月 11 日，他为自己的制作方法申请了专利。1910 年，劳斯特在伦敦斯道克威尔的本尼迪克特路制作了一个播放系统，这个切实可行的系统是用一个串联电流计制作而成的。

1922 年 9 月 17 日用三尔格制作法放映的电影在德国柏林的阿尔哈姆布拉电影院公开放映，这也是最早公映的有声电影。

李·德·福莱斯特博士是美国第一部有声电影《爵士歌王》的制作者，这部影片于 1923 年 4 月 15 日在纽约市丽奥托剧院上映。1928 年 7 月 6 日在纽约市斯特兰德剧院放映的《纽约的灯火》是第一部全部有声的电影，这部影片是瓦纳·布劳斯制作的。

最早的彩色故事片

世界上最早的彩色故事片是鲁宾·马莫利安于 1935 年拍摄的《名利场》。本影片根据英国 19 世纪小说家萨克雷的成名作品《名利场》改编，由米里亚姆·霍普金斯主演。

影片中蓓基和爱米丽亚是同窗女

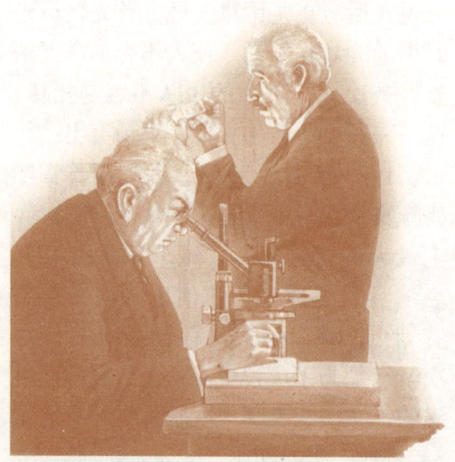

卢米埃尔兄弟于 19 世纪 90 年代在法国首次进行电影放映。

电影小历史	
时间	事件
1895 年	第一部公平放映的电影在巴黎上映
1905 年	第一家电影院在美国开放
1907 年	好莱坞建成
1923 年	《爵士歌王》（美国第一部大型有声电影）公映
1928 年	奥斯卡奖设立
1935 年	卡通动画片制作家迪斯尼（1901—1966 年）在电影《汽船威利》中创做出最流行的卡通角色米老鼠
1947—1954 年	第一部彩色电影上映
1953 年	非美活动调查委员会插手调查好莱坞 第一部立体声宽银幕电影上映
1995 年	《玩具总动员》——第一次用计算机合成制作的电影上映

友，但蓓基来自于下层社会，她尝够了贫穷的滋味，一心要摆脱困境，进入上流社会。她设法进入了富商的女儿爱米丽亚的家庭，并结识了她所有的朋友。她不择手段，凭谄媚奉承攀上高枝，但是却破坏了其他许多恋人们的生活，同时也破坏了自己的生活，变得多病、虚弱和孤独。影片辛辣地讽刺了"名利场"中各种丑恶现象。在影片中，我们了解到当时英国社会的等级差异，也了解到拿破仑战争时期军队的状况。

20 世纪 40 年代以后，彩色电影成为了电影的主流。

最早的电影音乐

20 世纪初电影经历了一个从无声到有声的转变过程。无声电影的剧情用音乐来渲染，同时音乐可以掩盖放映机的噪声，电影人由此受到启发，就尝试在电影中加入音乐。世界上最早的配乐纪录影片《基督教的士兵》于 1900 年 9 月 13 日上映。N.马卡诺里为影片配乐作曲。世界上最早的配乐故事片是 1908 年 11 月 17 日在法国巴黎公开放映的《基斯大公的暗杀》。卡米尤·桑萨恩斯为这部影片作曲。

最早的立体声音乐电影

1935 年，在巴黎的帕拉马温特影剧院首次上映了一部配上立体音响的电影，这部电影是于 1932 年由巴黎的电影制片人阿贝尔·甘斯和安德雷·戴布利根据甘斯的无声电影巨作《拿破仑》改编而成的，他们还获得了该项专利。

1941 年，美国无线电公司和沃尔特·迪斯尼制片厂联合为迪斯尼制片厂摄制的动画片《幻想曲》制做了立体声音乐。该影片的音乐指挥是列奥波尔德·斯托科夫斯基，由费城交响乐团演奏。

最长的影片

由约翰四世·亨利·蒂米斯导演拍摄的美国影片《治疗失眠症》，于 1987 年 1 月 31 日—2 月 3 日在美国芝加哥的艺术流派学院举行了首映式。整个影片长达 85 小时，其中很大部分内容是 L.D.格罗班对着镜头朗读他的那首 4080 页的诗，有色情内容的镜头和一些摇滚乐穿插在中间播放。

最长的系列电影

世界上最长的系列电影是《黄飞鸿》。根据香港电影资料馆的香港电影史专家余慕云的介绍，自 1949 年的《黄飞鸿传上集之鞭风灭烛》，到 1997 年的《黄飞鸿之西域雄狮》，香港一共出产过 100 部黄飞鸿电影。其中，59 部是由胡鹏导演的，余下分别由王天林、凌云、罗志雄、陈国华、丁零、徐克、刘丹青、李钊、元彬、袁和平等导演。关德兴主演了77部，余下23部分别由13位演员主演，他们是白玉堂、谷峰、史仲田、刘家辉、成龙、李连杰、谭咏麟、钱嘉乐、王群、赵文卓、曾思敏、王钰、季天笙。其中李连杰主演的黄飞鸿最为深入人心。

黄飞鸿系列电影主要以武打的形式表现了黄飞鸿惩恶扬善，与恶势力做斗争的精神。

耗资最大的影片

1997年，派拉蒙公司耗资2.5亿美元打造的影片《泰坦尼克号》成为历史上耗资最大的影片。该片由詹姆斯·卡梅隆执导，列奥纳多·迪卡普里奥和凯特·温斯莱特分别担任片中的男女主角。由于拍摄完后出现的一些问题，这部原定于1997年7月发行的影片一直拖延到1997年12月，使制作费用增加了0.2亿美元。

但如果把物价上涨因素计算在内，以实际成本来算，由约瑟夫·曼凯维奇1963年执导的美国影片《埃及艳后》应当算是历史上耗资最大的影片。这部由伊丽莎白·泰勒和理查德·伯登主演的影片共耗资4.4亿美元（按当时的物价及通胀折算而成）。

票房总收入最高的影片

1997年12月19日发行的美国影片《泰坦尼克号》创下了历史上票房收入的最高纪录，到1999年5月止就获得了18.35亿美元的票房总收入。

但是，如把物价和票价上涨的因素

《泰坦尼克号》剧照

考虑在内，美国最高票房收入影片榜上名列第一的应该是《乱世佳人》；而《泰坦尼克号》仅仅位居第五。由米高梅公司1939年发行的影片《乱世佳人》仅在北美一地区就售出电影票1.9755亿张，收入相当于今天的8.853亿美元。

票房总收入最高的喜剧片

1999年，美国导演奥斯汀·鲍威尔斯执导的影片《与我有染的间谍》在发行后的第一个周末就获得了票房收入0.5492亿美元，创下了喜剧电影票房收入的最高纪录。该片在两天之内收入即超过了鲍威尔斯1997年执导的影片《神秘的国际人》的全部收入。

票房收入最高的恐怖片

1996年，耗资1500万美元，由派拉蒙影业公司发行，韦斯·克雷芬执导，德鲁·巴里摩尔和尼芙·肯培尔主演的恐怖片《夺命狂呼》到1997年7月止，就已获得1.616亿美元的票房收入。而由大卫·阿凯特和科特妮·考克斯主演的《夺命狂呼2》在上映后第一个周末就获得了3300万美元的票房收入，从1997年12月到1998年8月共收入1.605亿美元。

但如把票价和物价上涨的因素计算在内，历史上票房收入最高的恐怖片应该是1973年由威廉·弗里德金执导的影片《驱魔人》，按照今天的标准计算，该片票房收入相当于3.81亿美元还要多。

票房总收入最高的科幻片

如把票价和物价上涨的因素计算在内，由乔治·卢卡斯1977年和1997年导演的《星球大战》老、新版创造了科幻片票房收入的最高纪录，达到11.9亿美元。

而1996年，由美国福克斯公司发行的影片《独立日》在世界各地获得8.11亿美元的票房总收入，创下了科幻片初次发行票房总收入新高。

最早的动画片

1888年，法国人雷诺试制了"光学影戏机"，并用此机拍摄了世界上第一部动画片《一杯可口的啤酒》。

第一部接近现代动画概念的影片是美国人J.Steward在1906年制作的《滑稽面孔的幽默形象》。他经过反复琢磨推敲，不断修改画稿，最终完成了这部接近动画的短片。

1908年，法国人Emile Cohl制做了世界上第一部动画系列影片《幻影集》。他首创了用负片制作动画影片。

1909年，美国人Winsor McCay用10000张图片表现一段动画故事，这是迄今为止世界公认的第一部成熟的动画短片。从此以后，动画片的创作和制作水平逐渐提高，人们已经开始有意识地制作表现各种内容的动画片。

最早的动画卡通形象

世界上最早的卡通形象是诞生于1919年的菲力猫。菲力猫是派特苏利文公司制作的动画片《猫的闹剧》中的主角，它一出现便引起了强烈的反响。可爱的菲力猫的受欢迎程度足可与迪斯尼公司的众多卡通人物媲美。

菲力猫的系列影片中包含了很多表现动画特性的视觉艺术，独特的表情和姿势赋予了菲力猫一种无法复制的个性，使得菲力猫成为美国连续10年最受欢迎的卡通明星。菲力猫也是首个成为商品的卡通角色，菲力猫玩具、菲力猫唱片、菲力猫贴纸等琳琅满目的商品备受孩子们的欢迎。

最长的动画片

世界上最长的动画片是日本动画片《哆啦A梦》，也叫《机器猫》。这部动画片是由藤子·F.不二雄创作的漫画改编的。漫画中的哆啦A梦是一个来自未来世界的猫形机器人，它从自己神奇的百宝袋中掏出各种奇妙的道具帮助大雄解决困难。1969年，《哆啦A梦》开始在小学馆的学年志上连载，并受到广大观众的喜爱。

首部哆啦A梦动画片于1979年播出后，同样受到了广泛欢迎。截至2005年3月18日播放完毕，共播出1984集（包括所有电影和中篇）。动画片中使用的道具多达2100个。2005年，日本开始重新制作《哆啦A梦》系列动画片。

藤子·F.不二雄于1996年在绘画的时候逝世。他的遗愿是让世界各地把他笔下的这个可爱的蓝色猫形机器人统一使用本来的名字——ドラえもん（哆啦A梦）。

最早的电脑三维动画

1995年，皮克斯公司制作出第一部完全用电脑制作的长篇三维动画《玩具总动员》。这部动画片全长不过77分钟，制作成本却高达3000万美元。该片一经推出便风靡全球，票房收入近4亿美元，而且获得了1995年奥斯卡音乐大奖及金球奖最佳影片、最佳原创音乐等多项大奖。导演约翰·莱塞特还获得当年奥斯卡特殊成就奖。

《玩具总动员》开创了用电脑制作取代手绘动画的先河，在电影史上具有重要地位。影片讲述了玩具牛仔胡迪和玩具宇宙警察的一段冒险故事，人物造型逼真传神，连街道风景、落日余晖、倾盆大雨都表现得特别逼真，营造了梦幻般的视觉效果。

世界上获利最多的系列影片

世界上获利最多的系列影片是英国特工007邦德系列影片。邦德系列影片是根据伊恩·弗莱明的小说改编的。截至2016年，米高梅影视公司一共出品了24部007系列电影。

第一部007影片是1962年上映的《诺博士》，由肖恩·康纳利扮演邦德。此后，肖恩·康纳利主演了6部007电影。罗杰·摩尔出演过《生死关头》等7部007电影。乔治·拉赞贝和提摩西·达顿也饰演过邦德的角色。最受观众欢迎的是第五任邦德——皮尔斯·布鲁斯南。他主演了《黄金眼》《择日而亡》等007影片，展现出了惊人的魅力。在他之后，丹尼尔·克雷格主演了4部007电影。

世界上最昂贵的电影上映权

百老汇的音乐剧《安妮》是上映权最贵的电影，其上映权费用为950万美元。该片于1982年发行，由约翰·休斯顿执导，阿尔伯特·费尼主演。

音乐剧《安妮》是由漫画《孤女安妮》改编的。孤女安妮在孤儿院过着非人的生活，后来一个百万富翁选中安妮陪他过圣诞，把她接到豪宅中。富翁帮助安妮寻找亲生父母，出钱悬赏能够提供线索的人。结果招来了形形色色的骗子，甚至有人为了勒索富翁，绑架了安妮。富翁几经周折找到了安妮，并收她为养女。

拍摄时间最长的影片

迄今为止，拍摄时间最长的电影是《紧闭双眼》。这部电影由库布里克执导，克鲁斯和基德曼主演，一共拍摄了15个月，其中包括46周的不间断拍摄。库布里克在电影发行前去世。

最早的国际电影节

创办于1932年8月6日的意大利威尼斯国际电影节是世界上第一个国际电影节。威尼斯国际电影节每年8月底到9月初在意大利威尼斯利多岛的电影宫举行，为期2周，每期都有一个主题。其宗旨是提高电影的艺术水平，促进电影工作者的合作与交往，为电影事业的开展提供便利。电影节期间会放映大量影片以供观摩，包括在其他电影节上得过奖或未入选的影片，此外，还会举行各种讨论会和纪念活动。

威尼斯电影节的一个重要项目是评选和奖励优秀电影，奖项有金狮奖、银狮奖和铜狮奖，其中最高奖项是金狮奖。我国著名导演张艺谋执导的电影《秋菊打官司》在1992年的威尼斯电影节上获得了金狮奖。

规模最大的国际电影节

戛纳电影节，又译作康城电影节或坎城电影节，是世界上规模最大的电影节。1946年9月20日，在法国南部旅游胜地戛纳举办了首届戛纳电影节。除了1948年、1950年停办和1968年中断外，每年举行一次，为期2周左右。原来每年9月举行。1951年起，为了在时间上争取早于威尼斯国际电影节，改在5月举行。1956年最高奖为"金鸭奖"，1957年起改为"金棕榈奖"，授予最佳故事片、纪录片、科教片、美术片等。此外，历年来还先后颁发过爱情心理电影、冒险侦探电影、音乐电影、传记片、娱乐片、处女作、导演、男女演员、编剧、摄影、剪辑等奖。1993年，我国导演陈凯歌执导的电影《霸王别姬》获得了金棕榈奖。

戛纳电影节因为有大海、美女和阳光（Sea Sex Sun）而被称为"3S"电影节。每年盛事期间，在著名的海滨大道及附近的海滩上都会有众多美女云集。她们期待着结识影界大腕或者被星探们发掘，以圆她们的明星梦。

最大的电影城

闻名世界的美国好莱坞电影城，是世界上公认的最大的电影城。它坐

贝佛利山上的"好莱坞"标志告诉游客他们已经到达世界电影业的中心。

落在美国加利福尼亚州的西南部靠近太平洋的洛杉矶市的西北部。

好莱坞最初只是洛杉矶郊外的一个小村，1908年被拍摄《基督山伯爵》的摄制组发现。那里风景秀丽，很适合拍外景。到了1928年，好莱坞形成了以福克斯、米高梅、哥伦比亚、华纳、联美、派拉蒙、环球和雷尼屋八大影片公司为首的强大阵容。美国的电影制片厂、电影洗印厂和电影机械厂等绝大部分电影艺术工业都集中在这里。同时，好莱坞还云集了大批世界各地顶级的导演、编剧、明星、特技人员。好莱坞生产的影片不仅满足美国电影市场的需要，还出口到世界各地。好莱坞输出美国文化的同时，也为好莱坞投资人带来了丰厚的利润。

环球影城是好莱坞最吸引人的地方。那里有世界上最大的电影制片厂，占地1.7平方千米，有561座建筑物、34个音响舞台。你可以参观电影的制作过程，还可以亲临拍摄现场体验电影的拍摄过程。影城内有3个游览区，分别是电影车之旅、影城中心和娱乐中心。

最早出现的3D电影

3D电影也叫三维立体电影。3D电影展现出一幅幅连贯的立体画面，能让人产生强烈的"身临其境"感，

使观众感到景物扑面而来，或进入银幕深凹处。观众观看 3D 电影时需要戴上特制的眼镜，左眼只能看到左像、右眼只能看到右像，通过双眼汇聚功能将左、右像叠合在视网膜上，由大脑神经产生三维立体的视觉效果。

1922 年，世界上第一部 3D 电影《爱情的力量》上映，遗憾的是，该影片已经遗失了。早期的 3D 电影都是以展示立体效果为主，片中常以指向观众的枪、扔向观众的物体为噱头。

3D 片在 20 世纪 50 年代进入了黄金时期。1951 年，环球公司推出最有名的 3D 恐怖片《黑湖妖谭》。1952 年，讲述非洲探险的《非洲历险记》被认定为是史上第一部真正的 3D 长片。该片的口号是"狮子在你腿上，爱人在你怀里"。尽管有人认为该片"廉价、荒谬"，但观众们仍然热情地挤进电影院去体验身临其境的感觉。1953 年，《恐怖蜡像馆》等一批 3D 恐怖片应运而生。

好莱坞年龄最大和最小的导演

好莱坞年龄最大的导演是乔治·科克（1899—1983 年）。1981 年，他以 81 岁高龄导演了平生最后一部电影——《富裕和闻名》。这部影片是由米高梅公司制作的。

好莱坞年龄最小的导演是斯蒂芬·保尔，他在 1980 年导演《再度恋爱》时，年仅 20 岁。

世界上最早的电影制片厂

1893 年，美国发明家爱迪生在新奥尔良的新泽西建成了世界上第一个摄影厂棚——"黑玛丽"。这个世界上最早的摄影厂棚被人们称之为"黑囚车"。

1897 年，法国人梅里爱成立了"明星制片公司"，并在巴黎附近的蒙特路伊，按照罗培·乌坦剧院的大小建造了一个玻璃屋顶的"摄影棚"。这个"摄影棚"是以后全世界电影制片厂效仿的模式。然而，这个"摄影棚"就像个大照相馆，"摄影棚"的一端是摄影机，而另一端是一个设有机关布景装置的舞台空间。用梅里爱自己的话说，这是摄影师的工作室和剧院舞台的结合。

最早的电影奖项

世界上最早的电影奖项是奥斯卡奖。1927 年 5 月，美国电影艺术和科学学院为了促进电影艺术质量的提高设立了"美国电影艺术和科学学院奖"。其奖品是一个小金像，造型是一个手持长剑的武士站在电影胶片盘上。主要奖项有最佳影片奖、最佳导演奖、最佳女演员奖、最佳男演员奖、最佳摄影奖、最佳外语片奖等 14 项，此外还设有 1 项特别荣誉奖。

1931 年，学院图书馆馆员玛格丽特·哈里克曾说这尊金像很像她的奥斯卡叔叔，于是记者和学院的成员们开始以这个名字称呼它。1934 年，沃尔特·迪斯尼在领奖时引用了这个名字，从此"奥斯卡奖"这一别称日渐被人们所熟悉。但美国电影艺术与科学学院一直到 1939 年才开始正式使用这个名字。

奥斯卡奖也是世界上最有影响力的电影奖项，几乎每个电影人都以获得奥斯卡奖为最高荣耀。

最早的奥斯卡影帝

埃米尔·强宁斯（1884—1950 年）

是第一个奥斯卡影帝。他是德国著名演员，德国默片黄金时代最重要的参与者之一。刘别谦导演的影片《杜巴里夫人》（1919年）是其电影成名作，随后他还在许多经典影片中有精彩表演，如《最卑贱的人》（1924年）、《杂耍场》（1925年）、《浮士德》（1926年）、《塔度夫》（1927年）、《蓝天使》（1930年）等。

1926年，强宁斯从派拉蒙电影公司得到一纸优厚的合约，前往美国。1929年，由于在影片《最后命令》（1928年）和《肉体之道》（1928年）中的出色表演，强宁斯获得第一届奥斯卡金像奖"最佳男演员"奖，由于他在颁奖前即要返回欧洲，奖项被提前颁出。

年龄最小的奥斯卡奖得主

年龄最小的奥斯卡奖得主是美国著名的童星秀兰·邓波儿。她于1928年4月23日出生于美国加利福尼亚州。她4岁开始演电影，在银幕上塑造了可爱甜美的形象。1935年2月27日，不到7岁的秀兰·邓波儿获得了奥斯卡青少年特别奖。同年，美国电影科学学会还授予她"1934年最杰出个人"称号。

秀兰·邓波儿主演的影片有《小公主》《小安琪》《小情人》《小军官》等。成年后的秀兰·邓波儿退出演艺圈，20世纪60年代进入政界，并成为活跃的政治家。但是，她那浓密的鬈发和灿烂的笑容永远留在了电影史上。

收到影迷来信最多的明星

卓别林（1889—1977年）是早期电影的著名演员，他演出的喜剧默片受到全世界的欢迎。他留着一撇小胡子、头戴圆顶礼帽、手持竹手杖、脚蹬大皮靴、像鸭子一样走路的形象深入人心。他是收到影迷来信最多的明星。1921年，仅在伦敦的3天内，卓别林就收到影迷的来信7.3万封。

卓别林出生于英国。1913年，他随一个哑剧团去美国演出，被一位美国导演看中，从而成为一名电影演员。1914年，他主演了影片《阵雨之间》。这部电影成为卓别林喜剧片的标志。

查理·卓别林穿宽松裤、戴圆顶硬礼帽、手拿拐杖的"小丑"角色已世界闻名

1919年，卓别林开始独立制作电影，他一生中共拍摄了80部喜剧电影。其中著名的有《淘金记》《城市之光》《摩登时代》《大独裁者》《凡尔杜先生》《舞台生涯》等。他用精湛的表演艺术表达了对下层劳动人民的同情和对种种社会弊端的讽刺。1972年，美国电影界将卓别林邀请到好莱坞，授予他奥斯卡终身成就奖，称他"在本世纪为电影艺术做出不可估量的贡献"。

世界上最大的全球性电视网

最大的全球性电视网络是美国有线电视新闻网，简称CNN。全球有212个国家和地区的1.84亿户家庭可以收看它的节目。

1980年，美国人特德·特纳买下

了一个濒临倒闭的小电视台，创办了美国有线电视新闻网。由于CNN在1986年成功报道美国航天飞机"挑战者号"失事的实况，在众多电视台中脱颖而出，名气大盛。

此后，CNN形成了快速、及时、详尽、准确地做现场报道的特点，在新闻类节目中占据了霸主地位，并逐渐成为世界上最大的全球电视网络。

世界上最大的城市独立有线电视网

上海有线电视网是目前世界上最大的城市独立有线电视网。其终端用户已突破310万户，市区网络覆盖率达到99%。

上海有线电视与一些发达国家相比虽然起步晚了近30年，但其坚持高起点、高标准的方针，避免了很多弯路，迅速赶上了国际水平。1992年上海有线电视台开播时联网用户仅7万，短短一年就扩展了10倍，近几年更呈几何级数态势递增。

1999年，上海有线电视双向宽带网改造工程开始实施，改造后的双向有线电视网络集上网、看电视、影视点播和IP电话于一体。市民足不出户便可随心所欲地点播自己喜欢的电视节目，同时还可通过宽带网络，浏览信息、购物、付费、听音乐、玩游戏、工作、拨打国际长途……有线电视网为上海架起了一座通向世界的信息桥梁。

最大的音乐电视台

MTV全球音乐电视台创立于1981年，是隶属于美国维亚康姆集团的一个电视传媒机构。经过几十年的成功经营，已经成为全球最大的音乐电视台。MTV音乐电视台已从美国本土延伸到世界各地，包括拉丁美洲、亚洲、欧洲和澳洲等地，覆盖了世界166个国家和地区的近4亿家庭用户。

1996年，MTV全球音乐电视台开设了MTV亚洲频道。MTV音乐电视台亚洲部是全亚洲收视率最高并拥有最多年轻观众的音乐电视频道。在2002年的亚洲电视大奖赛上，它荣获了"年度有线及卫星电视频道"称号。MTV音乐电视台亚洲部拥有10个24小时播放的音乐电视频道，覆盖超过1.5亿个亚洲电视家庭用户。根据AMI-PAX 2000年的调查，MTV是全亚洲排行第一的音乐电视频道。

电视观众最多的结婚典礼

电视观众最多的结婚典礼是英国查尔斯王子与戴安娜王妃的结婚典礼。

1981年2月24日，白金汉宫公布了查尔斯王子与戴安娜订婚的消息后，英国新闻界和出版界做了大量的报道，掀起了筹备婚礼的高潮。他们每天的言谈举止都成了各家报纸争相报道的热门消息。7月29日，他们在来自世界各地的3500名国内外来宾的见证下在圣保罗大教堂结婚。婚礼当天，英国两家电视台对婚礼实况进行了长达六七个小时的现场直播，并使用30种语言向全世界做了报道。共74个国家的7.5亿观众收看了这场盛况空前的婚礼。

这个举世瞩目的童话般的婚姻并不美满，15年后，戴安娜与查尔斯劳燕分飞。1997年，戴安娜因车祸不幸去世，引起全世界的哀悼。

建筑之最

最大的庙宇

吴哥窟是宗教建筑，坐落在柬埔寨，面积为162.6万平方米，为苏耶跋摩二世于1113—1150年为印度教的神祇毗湿奴建造。因此，吴哥窟堪称世界上最大的庙宇。

最大的古老佛塔

婆罗浮屠是著名的佛教建筑，被誉为古代东方五大奇迹之一。它位于印度尼西亚爪哇岛中部日惹市西北39千米处，在默拉皮火山山麓的一个长123米、宽113米的小山丘上。

婆罗浮屠梵文意为"山丘上的佛塔"，约建于8世纪后半期至9世纪初。印尼夏连特拉国王为了收藏释迦牟尼的一小部分骨灰，动用了十几万农民和奴隶，用了10多年的时间建成。婆罗浮屠是实心的佛塔，没门窗，也没有梁柱，完全用附近河流中的安山岩和玄武岩砌成，约用225万块石头，底层石头每块重约1吨。佛塔的基层呈四方形，塔基地面部分占地1.23万平方米。从塔底到塔顶最尖端，原高42米，塔顶钟形大佛龛的尖端因雷击而被毁掉，因而现在实际高度只有约35米。

15世纪，婆罗浮屠被火山灰及丛莽湮没，直至1814年才被重新发掘。这座著名的佛教圣殿，在联合国的援助下得以重建。整个建筑分为三层。基座是五个同心方台，呈角锥体；中间是三个环形平台，呈圆锥体；顶端是佛塔。四周围墙和栏杆饰以浅浮雕，总面积2500平方米。围绕着环形平台有72座透雕细工的印度塔，内有佛龛，每个佛龛供奉一尊佛像。

最大的观音殿

世界上最大的观音殿是位于三亚的圆通宝殿，殿高38米，总建筑面积达1.5万平方米，建成于2002年12月20日。这个圆通宝殿是"108米南山海上观音"项目海上基础工程的重要组成部分，位于海上观音塑像的海上基座之上。八根直径1.1米钢柱组成的护法柱矗立在圆通宝殿内，成为108米南山海上观音像的坚实基础，直接支撑着观音像数千吨的重量。

"108米南山海上观音"建造工程是南海三亚南山佛教文化园区规划的重要组成部分，也是南山旅游区的重点工程。建成后的圆通宝殿将迎请各地信徒供奉的99999尊观音像供奉于此。

规模最大的神庙群

世界上规模最大的神庙群是位于尼罗河上游卢克索古城的卡尔奈克神庙

佛教起源于印度，横跨东南亚，传播至印度尼西亚群岛。婆罗浮屠佛教神殿遗址就位于爪哇岛上。

群，它是古埃及帝国时代遗留下来的最壮观的神奇神庙。整个建筑群包括20余座大小神庙，占地达30多万平方米，主体建筑为供奉太阳神的阿蒙神庙。主殿内有134根巨型石柱，其中12根石柱有20多米高，周长10米多。这些石柱已经有3000多年的历史了，如今仍然挺拔屹立，再加上石柱上的精美雕刻以及方尖碑，所有这一切成就了卡尔奈克神庙群的辉煌。

最大的坛庙建筑群

世界上最大的坛庙建筑群是位于中国首都北京正阳门外的天坛。它建于1406—1420年（明永乐四年到十八年），距今已有580多年的历史了。总面积约为273万平方米，相当于紫禁城的3倍、故宫的4倍。天坛是明、清两代举行祭天仪式的地方。天坛整个建筑呈"回"字形，布局严谨，设计精巧，造型独特。天坛分内坛和外坛两大部分，北圆南方，象征中国古代的"天圆地方"。内坛中以祈年殿、皇穹宇和圜丘坛三大主要建筑最为著名；外坛种植着大量苍松翠柏，使得天坛显得更加庄严雄伟。

最高的教堂

世界上最高的教堂是德国的乌尔姆敏斯特大教堂。这座教堂位于德国南部乌尔姆市的中心。乌尔姆敏斯特大教堂是典型的哥特式建筑，长126米，宽52米，共有三座塔楼。东侧双塔并立，西侧教堂主塔高达161.6米。

在乌尔姆建造一座大教堂的计划始于1377年，同年6月30日埋下基石。当地建筑师恩辛格主持建造砖石架构的教堂主塔，设计高度156米，但经过恩辛格及其子孙三代人的努力，仍未能实现设计者的愿望。15世纪末以后，该教堂的建造断断续续，几经反复，一代又一代建筑师和难以计数的石匠参与垒建教堂主塔，直到1890年，在建筑师拜尔的主持下终于实现了恩辛格的设想。教堂主塔高度达161.6米，超出举世闻名的科隆大教堂4.6米。第二次世界大战期间，一枚流弹将教堂主塔穿了个窟窿，第二次世界大战后，修复工程历时10年，到1970年基本恢复原貌。

教堂主塔在70米、102米、143米高度设有环型平台，768级台阶盘旋而上，通道仅一人多宽，两个胖子侧身也不能同时通过。

最大的陵墓

世界上最大的陵墓是中国的秦始皇陵。秦始皇陵位于陕西西安市临潼区东，总面积达57平方千米，呈南北长方形。秦陵的东面1500米处是大型的兵马俑坑，西面是车马陪葬坑及大批刑徒的墓地。据历史记载，墓内有大量的珠宝玉器，为防盗墓，里面设有暗器机关。地底下灌注水银，造成江河、大海川流不息的情形，又用鱼油膏做成蜡烛长明不熄。这么巨大的陵墓在世界上是绝无仅有的！但这还仅仅是已发现的一部分，

天坛

真正的陵墓现在还没有被发现呢！已发现的部分秦始皇陵气势恢宏壮观，仅仅那两个大型的兵马俑坑，就足以震惊世界，更何况还有没被发现的主陵墓群！想象一下，那又是怎样的气派呢？有资料记载，秦始皇13岁即位时，就开始着手建造自己的陵园，直到死后才完成，历时37年。这座陵墓工程浩大，当时征发的劳役就有70万人。秦始皇陵是世界上最大的帝王陵园，是中国重点文物保护单位，并已列入世界文化遗产名录。

最大的皇家墓地

埃及除了蜚声世界的金字塔之外，还有一处令旅游者向往的地方，那就是世界上最大的皇家墓地——帝王谷。帝王谷位于埃及尼罗河西岸的一条荒无人烟的石灰岩峡谷中，那里集中了许多古埃及国王和王室成员的陵墓。

帝王谷是古代埃及新王国时期（公元前1570年—公元前1090年）安葬法老的地点。那里埋葬着古埃及第十七王朝到第二十王朝期间的64位法老。每一座墓穴中都埋藏了大量财宝。帝王谷中最大的一座坟墓是第十九王朝法老塞提一世之墓。这座墓从入口到最后的墓室，水平距离210米，垂直距离是45米。其豪华程度令人难以想象。这些豪华的墓穴是盗墓者的天堂，3000年来，一批又一批盗墓者已经把这片山谷洗劫一空。神秘的帝王谷还吸引了大批冒险家、考古学家和文物贩子，古墓中一切有价值的东西就这样被明目张胆或偷偷摸摸地弄走了。

最长的建筑物

世界上最长的建筑物是我国的长

万里长城是有史以来最长的建筑物

城。长城是我国古代劳动人民创造的伟大奇迹，是中国悠久历史的见证。它与天安门、秦始皇陵兵马俑一起被世人视为中国的象征。它像一条巨龙，从西北甘肃的嘉峪关向东，翻越祁连山，沿贺兰山、阴山、燕山，越沙漠，过草地直达鸭绿江畔，横跨10个省、市、自治区，全长12700多里，通称"万里长城"。

春秋战国时期，诸侯各国为了防御匈奴入侵，修筑烽火台，用城墙连接起来，形成最早的长城。秦始皇统一六国后，下令以原来的燕、赵、秦北方的长城为基础，修筑一条新的长城。据记载，有近百万劳动力参加长城的修筑，占全国人口的1/20。当时没有任何现代机械，全部劳动都得靠人力，而工作环境又是崇山峻岭、峭壁深壑，完成如此巨大的工程，堪称"世界奇迹"。以后历代君王不断加固增修，逐渐具备了今天我们看到的规模。

规模最大的皇宫

北京故宫是中国现有的最大最完整的古代宫殿建筑群，也是世界上最大的皇宫。该皇宫建于明代永乐年间，距今已有580余年的历史。它占地72万平方米，南北长960米，东西宽760米，建筑面积约为15万平方米，共有殿宇

9999.5间，四周有10米多高的城墙环绕，墙外是护城河，有52米宽。在这座紫禁城的四面都有高大的城门。城的四角各有一座风格独特的角楼，称为"九梁十八柱"。

故宫是中国古代宫廷建筑的杰作，是世界建筑艺术史上一颗耀眼的明珠，为人们研究文物、回顾历史和欣赏艺术提供了最佳场所。

海拔最高的古代宫殿

位于中国西藏自治区首府"日光城"拉萨市区西北的布达拉山（即红山）上的布达拉宫，据传为7世纪初松赞干布为迎娶文成公主而建，后来经过整修，成为历代达赖的冬宫，也是处理政教事务的中心场所。布达拉是梵文"普陀罗"音译，意思是"佛教圣地"，故得布达拉宫之名。这是世界上海拔最高，集宫殿、寺院和城堡于一体的雄伟建筑群。宫内珍藏了大量壁画、佛像、珠宝、古玩、藏经册印，具有极高的艺术价值和学术价值。宫堡依山而建，威武凝重，最为精致华美的要数8座达赖灵塔。因此，布达拉宫被称作世界上海拔最高的宏伟建筑群。

保存最完整的古罗马建筑

万神庙位于意大利首都罗马圆形广场的北部，是罗马最古老的建筑之一，也是保存最完整的古罗马建筑。它的铜门和拱形屋顶完好无缺。前廊里有16根玫瑰色的花岗岩石柱。石柱的设计有鲜明的希腊特色，后面的圆形大厅是典型的罗马建筑。万神庙的大圆顶直径达43米，但是没有使用任何支撑物，这在建筑史上是一个奇迹。圆顶上部有一个圆形天窗，这是唯一的采光口，阳光从这里照进万神庙。

"万神庙"是为了纪念早年的奥古斯都（屋大维）打败安东尼和克里奥帕特拉（埃及艳后）于公元前27年建造的。这座庙在80年被焚毁。后来经过几次重建和改建。罗马皈依天主教后，万神庙曾一度被关闭。608年，教皇博理法乔四世将它改为"圣母与诸殉道者教堂"。到了近代，它成为意大利名人灵堂、国家圣地。

最古老的金字塔

用泥砖砌成的巨大的长方形的坟堆是埃及第三王朝（前2686—前2613年）以前皇室和百姓的陵墓形式。在第三王朝时有一个叫伊姆荷太普的青年人，准备以特殊的方式建造国王作赛的陵墓。为了实现这个愿望，他在人类历史上第一次建造成了一个用石块制造的巨大建筑。伊姆荷太普先用石块砌成高约8米、边长约63米的陵墓，以后又对修建作赛陵墓的计划不断加以修改，设计成在一层玛斯塔巴上面加上一层的重叠式，逐层缩小，一直加至6层。完成时底部东西长约109米，高约62米（现高58.80米）。埃及最早的沙卡拉六级梯形金字塔就是这座作赛陵墓。

最大的金字塔

以高耸巍峨而被列为古代世界七大奇迹之首的胡夫大金字塔是世界上最大的金字塔。直至1889年巴黎埃菲尔铁塔落成，胡夫大金字塔在4000多年中始终是世界上最高的建筑物。

英国有位叫彼得的考古学者，据他估计，胡夫大金字塔由大约230万块石

胡夫金字塔位于埃及尼罗河畔的吉萨城。

块砌成，外层石块平均每块重2.5吨，约11.5万块，与一辆小汽车的大小差不多，而大的甚至超过15吨。若把这些石块凿成平均0.028317立方米的小块，然后再把它们沿赤道排开，其长度相当于赤道周长的2/3。

距今4000多年前的中古时代，生产工具十分落后，埃及人究竟是怎样采集、搬运数量如此巨大、每块又如此重的巨石的呢？至今仍是个不解之谜。

胡夫大金字塔底边原有230米长，由于外层石灰石脱落，现在底边减短了3米。塔原高146.5米，经风化腐蚀，现降至137米。塔的底角为50°51′。整个金字塔建筑在一块占地约5.29万平方米的凸形岩石上，体积约260万立方米。塔的四边面向东、南、西、北四个方向。

最古老的斜塔

虎丘塔位于中国江苏苏州虎丘山上，始建于五代吴越时期，建成于北宋建隆二年（961年）。塔为砖砌塔身，有八角七级，高47.6米，为仿木楼阁式塔。塔的每层都有平座、腰檐、斗和门窗。每一面用柱子分隔成三间，正中一间是塔门，左右两间砖砌假窗。塔身由底向上逐层收缩，形式精美，造型端庄，为宋塔少见的形制。此塔由于建于山上，塔基不稳，至第七层时已有倾斜，是世界上最古老的斜塔，比世界著名的比萨斜塔早100余年。虎丘塔塔内曾出土大批五代至北宋时期的文物，多是礼佛时的用品。

最古老的方尖塔

最早建于赫里奥波利斯（太阳城）的方尖塔是为了象征对太阳神的崇拜，后来随着信仰的传播，在全埃及普及开来。据记载，最高的方尖塔高达56.7米。方尖塔在中王国时代转而成为国王统治纪念碑的一种形式。

在赫里奥波利斯的一个方尖塔是现存最早的方尖塔。这座高20.27米的方尖塔建于中王国第十二王朝（公元前1750年左右），碑文为"全埃及之王、王冠之主、太阳之子申·努瑞一世即位30年祭建"。而埃及现存最大的方尖塔在卡纳克神庙前，高约29米，重约325吨。

现存最高的木塔

世界上最高的木塔是山西的应县木塔。应县木塔也是世界上现存最古老的木塔，全塔高约67.31米，底层直径30.27米，从外面看是5层，实际上还有暗层，所以它实际上为9层，这就是我们常说的"明五暗四"。应县木塔被人们称为"天下第一塔"，距今已有900多年的历史，流传甚广的民谣"沧州狮子应州塔，正定府里的大菩萨"中的应州塔就是指应县木塔。

最早的钢铁结构高塔

作为巴黎象征的埃菲尔铁塔是为迎接世界博览会在1889年建成的。埃菲尔铁塔采用十分轻巧的交互式结构,靠4条粗大的带混凝土水泥台基的铁柱支撑着塔身。人们可登塔至300米高处远望巴黎全景。铁塔内精心设置了上千盏照明灯,使埃菲尔铁塔每晚通明。如此美丽的夜景让人实在不忍错过……1889年5月15日是法国资产阶级革命100周年纪念日。这一天,巴黎沉浸在节日的欢乐之中。成千上万的人聚集在这里,为法国人民引以为傲的、世界上最早的一座钢铁结构的高塔——埃菲尔铁塔——举行了隆重的落成典礼。

埃菲尔铁塔坐落在巴黎市中心的塞纳河畔。它的4个塔墩是水泥浇灌的,塔身全部是钢铁镂空结构,共有1.2万个金属部件,用于连接的铆钉达250万个。铁塔的高度是327.7米,相当于100层楼高,共有4层,每层有一个平台。有电梯从地面通向塔顶,人们也可以沿着1710步阶梯步行登上塔顶。初到巴黎的人,为了饱览巴黎全城那迷人的景色,大都喜欢登上铁塔塔顶。

埃菲尔铁塔是世界建筑史上的一个创举。就建筑高度来说,当时也是世界上最高的。铁塔从1887年开始破土动工,历时26.5个月,花费了当时的金法郎780多万个,折合美元100多万。1889年3月,埃菲尔铁塔竣工。

这座铁塔之所以称为埃菲尔铁塔,是因为设计师居斯塔夫·埃菲尔的设计在众多的铁塔设计方案中被选中,因此以他的名字来命名。

最高的自承建筑

位于加拿大多伦多的CN塔,又称加拿大国塔,是由建筑师约翰·安德鲁斯、韦伯·泽拉法、门克斯·豪斯登和E.R.鲍德温共同设计的,建造于1973—1975年,耗资6300万美元。该塔高达553.34米,是世界上最高的自承建筑。

最高的自立式铁塔

东京铁塔号称日本第一塔,矗立于东京都港区芝公园西侧,被视为东京市区的象征性建筑。东京铁塔建于1958年,据说是以法国埃菲尔铁塔为蓝本。东京铁塔高333米,比埃菲尔铁塔还高13米,是世界上最高的自立式铁塔。

东京铁塔红白相间的塔身十分醒目,每到夜晚,更是灯火通明,一派辉煌景象。东京铁塔吸引了很多游人观光,此外,它还有更加重要的实际用途,即作为日本NHK等7大电视台、21家电视中转台和广播台的无线电发射塔。

东京铁塔在150米和250米处分别设有大展望台和特别展望台。你可以乘坐电梯直达150米的大展望台。如果想到更高的地方,可由大展望台另乘电梯,通达250米的特别展望台。从展望台的落地玻璃可看到整个东京市区的建筑布局,甚至西方的富士山和横滨地区,都一览无余。

最高的天线塔

波兰首都附近的华滋瓦无线电传送塔是世界上最高的天线塔。塔身用巨型钢管焊接而成,周围有15根拉索,高646.38米,重550吨。该塔于1974

年7月建成并投入使用。在此之前，1929年美国的克莱斯勒大厦超过埃菲尔铁塔高度成为世界最高的建筑。华滋瓦无线电传送塔为欧洲夺回世界最高建筑纪录。目前，华滋瓦无线电传送塔不再是世界上最高的建筑，但仍是世界上最高的天线塔。

最大的庙塔

古代的美索不达米亚地区建有许多宗教建筑物。其中有一种建筑物叫"庙塔"。现存最大、保存最好的是乌尔第三王朝乌尔·南姆王修建的庙塔。

这座庙塔原为三层，高约21米，现仅存两层，基层宽60米，长45米，高15米。正面有用长、宽各为30厘米，厚为8厘米的砖铺设的阶梯通往顶层，两旁设有小阶梯。塔底整齐地排列着排水孔，塔庙的第二层略小于基层，第三层略小于第二层，最上层的上面建有神殿，供奉主神"南那"。整座庙塔就是为了供奉这个主神而设计建造的。

最大的佛教金塔

最大的佛教金塔是仰光大金塔。仰光大金塔位于缅甸仰光市的圣山圣丁固拉达山之上。其高度为98米，由砖砌成，表面则铺上了一层金。据说由于历代不断修建，贴在上面的黄金已有7吨多重。塔顶完全由黄金铸成，并镶有5448颗钻石及2317颗红宝石和蓝宝石。塔尖还装饰着1065个金铃和420个银铃。它是缅甸最神圣的佛塔，因为它供奉了四位佛陀的遗物，包括拘留孙佛的杖、正等觉金寂佛的净水器、迦叶佛的袍及佛祖释迦牟尼的8根头发。

金碧辉煌的缅甸仰光大金塔，与印度尼西亚的婆罗浮屠塔和柬埔寨的吴哥窟一起被称为东方艺术的瑰宝，是驰名世界的佛塔，也是缅甸国家的象征。缅甸人把大金塔视为民族的骄傲，称大金塔为"瑞大光塔"，"瑞"在缅语中是"金"的意思，"大光"是仰光的古称。

最大的古代圆形剧场

意大利罗马的非拉维圆形剧场是世界上现存最大的古代圆形剧场，又被称为非拉维剧场。它于72年开始建造，数万名犹太人被迫参与营建，经过8个寒暑，到80年才完成。从地面看过去，整个建筑形状好似正圆，从高处俯瞰才知它呈椭圆形。其占地2万平

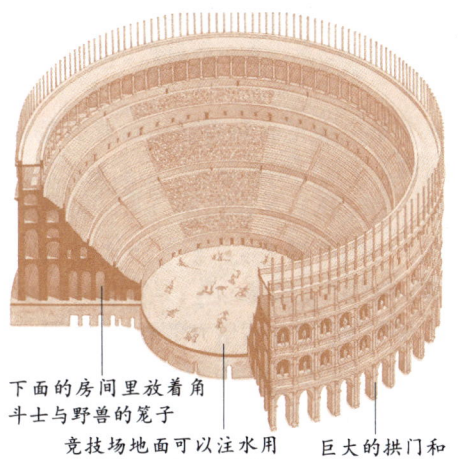

下面的房间里放着角斗士与野兽的笼子

竞技场地面可以注水用于模仿小型船只的海战

巨大的拱门和拱顶支撑着巨大的框架

罗马圆形剧场
罗马的皇帝举行大型的活动来博取罗马人民的欢心。

方米，短轴162米，长轴189米，周长527米，墙高57米，共4层，剧场中央是椭圆形的舞台。四间有4米多高的墙。台上铺木板，下面有供角斗士准备搏斗的小室和80多间关闭猛兽的笼子及乐池、道具间。

悬空寺

最早的建于悬崖绝壁上的木结构建筑群

我国山西恒山的悬空寺是世界上最早建于悬崖峭壁上的木结构建筑群。这也是我国现存唯一一座儒、释、道三教合一的寺庙。这座寺庙建于北魏太和十五年（491年），已有1500多年的历史。自古以来，悬空寺就是恒山的第一奇观。

悬空寺正面对着恒山，背面是翠屏峰，上面是峭壁危岩，下面是深谷沟壑。整座楼阁悬在山腰，共有殿阁40间，寺内有铜、铁、石、泥佛像80多尊。廊栏左右曲折相连，结构奇巧，虚实相生。悬空寺利用力学原理半插飞梁为基，巧借岩石暗托梁柱，上下一体。寺下岩石上"壮观"二字，是唐代诗人李白的墨宝。

远远看去，悬空寺好像浮雕一样镶嵌在悬崖峭壁之间。它不仅是中国的国宝，也是全人类的文化遗产。

最大的木结构建筑

东大寺位于日本奈良县，距今约有1200多年的历史，是由信奉佛教的圣武天皇为祈祷天下太平、万众丰乐于728年建造的。因建筑在当时首都平城京以东，所以被称作东大寺。大佛殿宽57米、深50米、高48米，成为现今世界上最大的木结构建筑。

东大寺的大佛殿内有一座16米高的青铜大佛，佛身贴有金箔。整座大佛殿发出灿烂的金色光辉，因此也叫"金殿"。

最古老的木结构建筑

法隆寺，又称斑鸠寺，位于日本奈良生驹郡斑鸠町，是圣德太子于飞鸟时代建造的佛教木结构寺庙，据传始建于607年，但是已无从考证，重建于8世纪。法隆寺因为完整保留中国隋唐时期的建筑样式而知名。法隆寺占地面积约18.7万平方米，寺内保存有自飞鸟时代以来的各种建筑及文物珍宝，被指定为国宝或重要文化财产的文物约190类、合计2300余件。

法隆寺分为东西两院，西院保存了金堂、五重塔，东院建有梦殿等。西院伽蓝是世界上最古老的木结构建筑群。法隆寺建筑群在1993年以"法隆寺地区佛教建造物"的名义列为世界文化遗产。这是日本第一个列入世界文化遗产的地方。

最大的地下石造建筑遗址

距墨西哥首都150千米处的丘鲁拉城有一座世界上最大的地下石造建筑遗址——地下金字塔遗址。据专家考证，这座地下金字塔是美洲最大的金字塔之一，每边有400米长。有人甚至认为，就面积来看，它比埃及的胡夫大金字塔还要大。从1931年开始，考古学家们整整花了25年时间，挖了8000米的隧道，才揭开了这座金字塔之谜。

丘鲁拉"大金字塔"最早由当地的奥尔梅克人（曾创造美洲最早文明，是玛雅文明和阿兹台克文明的源泉）建造于公元前5世纪，当时是用作祭拜神灵的祭台。在接下去的数个世纪里，奥尔梅克人遵循祖上的规定，每过52年，也就是一个"太阳年"，就在原来的金字塔基础上堆土，重新建造一座更大的金字塔。这座金字塔内外共建造了7层。

最高的办公楼

位于中国上海浦东新区的"环球金融中心"高达460米，是世界上最高的办公楼。在它之前，马来西亚吉隆坡的国家石油大厦是世界上最高的办公楼，1996年马来西亚政府又在这座88层高的大厦顶上加建了高73.5米的尖塔，从而使其达到451.9米。

最大的行政大楼

世界上占地面积最大的行政大楼要数位于美国弗吉尼亚州阿灵顿的五角大楼。这里是美国国防部的所在地。该楼于1943年1月15日竣工，耗资约8300万美元。五角大楼共有上下5层，室内总面积达60.4万平方米。

最大的会堂式建筑

中国的人民大会堂是世界上最大的会堂式建筑，南北长336米，东西宽206米，高46.5米，占地面积15万平方米，建筑面积达17.18万平方米。

人民大会堂位于北京市中心天安门广场西侧，建成于1959年，整组建筑呈"山"字形，正面呈"弓"字形。人民大会堂正门面对天安门广场，正门门额上镶嵌着中华人民共和国国徽，正门迎面有12根浅灰色大理石门柱，正门柱直径2米，高25米。建筑中部是著名的万人大会堂，会场呈扇形，共3层，可容纳1万人进行大型会议。穹窿形顶部有一颗巨大的五角星，周围是葵花环和3层水波形灯槽，纵横排列着500个灯孔。会堂北部是面积7000平方米的宴会厅，可以举办5000人的宴会。会堂南部是人大办公楼，包括各省、市、自治区、行政特区的会议厅。

人民大会堂每年举行一次全国人民代表大会和中国人民政治协商会议。五年一届的中国共产党全国代表大会也在此召开。目前，人民大会堂已向公众开放。

最高的摩天大楼

哈里发塔原名迪拜塔，又称迪拜大厦或比斯迪拜塔，位于阿拉伯联合酋长国迪拜境内。迪拜塔由美国芝加哥公司的建筑师阿德里安·史密斯设计，由韩国三星公司负责营造，在2004年9月21日开始动工，于2010年1月4日竣工启用，高度为818米，共162层，远远超越曾经的"世界第一高"——508米的"台北101大楼"。

迪拜塔采用了一种具有挑战性的单式结构，由连为一体的管状多塔组成，具有太空时代风格的外形，基座周围采用了富有伊斯兰建筑风格的几何图形——六瓣的沙漠之花。迪拜塔总耗资约80亿美元。迪拜塔37层以下是世界上首家ARMANI酒店，45层至108层为公寓，第123层是一个观景台，站在上面可俯瞰整个迪拜市。迪拜塔设有56部世界最快的电梯，速度达17.4米/秒，超过在中国台湾省台北市的101大楼的电梯。

最大的室内体育场

世界上最大的室内体育场是位于美国路易斯安那州新奥尔良市的超级体育场。它于1975年建成，耗资17300万美元，占地面积达21万平方千米，高83.2米。体育场内设有97365个座位，观看足球比赛时可容纳76791人。场内装有6台312寸的电视屏幕，能同步播放比赛实况。新奥尔良超级体育场的外观是一个巨大的白色穹顶式建筑。

当飓风来临的时候，这个超大型的体育场还能起到避难所的作用。

世界上最高的烟囱

世界上最高的烟囱在加拿大安大略省索德柏立市，由国际冶镍公司建造。这个大烟囱高达379.6米，底面直径35.4米，顶面直径15.8米，重39.006吨。该烟囱于1970年建成，施工共用了2个月时间，1971年开始启用。

世界上最大的穹顶

中国国家大剧院位于北京市中心，天安门广场西侧，建成于2007年9月，总投资额约31亿元人民币。国家大剧院整个壳体钢结构重达6475吨，东西向长轴跨度212.2米，是目前世界上最大的穹顶。大剧院总占地面积11.89万平方米，总建筑面积约16.5万平方米，其中主体建筑10.5万平方米，地下附属设施6万平方米。国家大剧院地下最深处深达32.5米，相当于往地下挖了10层楼的深度，是北京市最深的建筑。国家大剧院内部由2091个座席的歌剧院（含站席2398个）、1859个座席的音乐厅（含站席2017个）、957个座席的戏剧院（含站席1040个）、公共大厅及配套用房组成。

国家大剧院由法国建筑师保罗·安德鲁主持设计，造型新颖、前卫，是传统与现代、浪漫与现实的结合。建筑屋面呈半椭圆形，由具有柔和色调和光泽的钛金属覆盖，前后两侧有两个类似三角形的玻璃幕墙切面，好像整个建筑漂浮于人造水面之上，行人需从一条80米长的水下通道进入演出大厅，通道两侧被规划为艺术博物馆、艺术品商场等。在大剧院的壳体结构上安装有506盏蘑菇灯。夜幕降临时，蘑菇灯散发出点点光芒，如同夜空中闪烁的繁星。星光与水面的倒影交相辉映，形成别具一格的风景。

最对称的广场

世界上最对称的广场是位于梵蒂冈圣彼得大教堂前面的圣彼得广场。

圣彼得广场是罗马教廷用来从事大型宗教活动的地方，可容纳50万人，是罗马最大的广场。广场略呈椭圆形，地面用黑色小方石块铺砌而成。广场中央矗立着一座来自埃及的方尖石碑，前面有一条灰石铺成的国界线。两侧由两组半圆形大理石柱廊环抱，气势恢宏雄

梵蒂冈城圣彼得广场

这个广场是罗马教廷的广场，能容纳50万人，罗马教廷常在此广场上举行大型宗教活动。

伟。这两组柱廊为梵蒂冈的装饰性建筑，共由284根圆柱和88根方柱组合成四排，形成三个走廊。这些石柱犹如4人一列的队伍排列在广场两边。柱高18米，需三四人方能合抱。

朝广场一侧的每根石柱的柱顶，各有一尊大理石雕像，它们是罗马天主教会历史上的圣男圣女，神态各异，栩栩如生。这些雕像是由著名建筑师和雕刻家贝尔尼尼在1656年设计，用了11年时间建成的。广场两侧有两座造型讲究的喷泉，相传也是名家作品。

最大的城市中心广场

当今世界最大的城市中心广场是我国的天安门广场。天安门广场位于北京市中心，南北长880米，东西宽500米，面积达44万平方米，可容纳100万人举行盛大集会。

天安门广场因天安门城楼而得名。天安门城楼坐落在广场的北端，建于明永乐十五年（1417年），原名承天门，清顺治八年（1651年）改建后称天安门。城门五阙，重楼九楹，通高33.7米。在2000余平方米雕刻精美的汉白玉须弥基座上，建有高10余米的红白墩台，墩台上是金碧辉煌的天安门城楼。城楼下是金水河，河上有5座雕琢精美的汉白玉金水桥。城楼前两对雄健的石狮和挺秀的华表巧妙地配合，使天安门成为一座完美的建筑艺术杰作。

天安门广场上留下了我国人民不屈不挠的革命精神和大无畏的英雄气概，"五四"运动、"一·二九"运动、"五二〇"运动都在这里为中国现代革命史留下了浓重的色彩。1949年10月1日，毛泽东主席在天安门城楼上宣告中华人民共和国成立，并亲手升起第一面五星红旗。从此天安门城楼成了新中国的象征，它庄严肃穆的形象是我国国徽的重要组成部分。

新中国成立后，拓宽天安门广场，并在广场中央修建了人民英雄纪念碑，后又分别在广场的西侧修建了人民大会堂、东侧修建了中国革命博物馆和中国历史博物馆、南侧修建了毛主席纪念堂。

世界上最高的双子楼

目前世界上最高的双子楼是吉隆坡双子塔，也叫佩重纳斯大厦、双峰大厦、马来西亚国家石油大厦或国家石油双塔。这座双子塔位于马来西亚吉隆坡市中市KLCC计划区的西北角，建成于1996年，占地面积40公顷，高达452米，共88层。整座建筑非常壮观，就像两座高高的尖塔刺破长空。

吉隆坡双子塔是马来西亚标志性城市景观，由美国建筑设计师西泽·佩利（Cesar Pelli）设计。大楼表面使用了大量不锈钢与玻璃等材质，整栋大楼的格局采用传统伊斯兰教建筑常见的几何造型，包含了四方形和圆形，反映出马来西亚的伊斯兰文化传统。

这座建筑是马来西亚国家石油公司耗资20亿马币建成的，一座是马来西亚国家石油公司办公用的，另一座是出租的写字楼。在第40—41层之间有一座天桥，方便楼与楼之间来往。吉隆坡市内各处都很容易见到这座大厦，这座大厦也是游客从云端俯视吉隆坡的好地方。

世界上最大的冰建筑物

瑞典的朱卡斯加维冰旅馆是世界上第一家冰旅馆，也是世界上最大的冰建筑。创建冰旅馆的"朱卡斯 Jukkas-AB 公司"本来是一个旅游公司。1990年春，法国艺术家举办了一个冰雕艺术展。几个参观者睡在鹿皮袋里，在展厅里过夜。"朱卡斯 Jukkas-AB 公司"从中看到了商机，建起了冰旅馆。冰旅馆以冰雕、电影院、桑拿浴和冰吧为特色，受到游客的欢迎。其面积逐年增加，由最初的小冰室变为现在5000平方米的世界上最大的冰旅馆。整座建筑用去了 4000 吨冰块、3 万吨雪。尽管如此，房间仍然供不应求。

冰旅馆的整座建筑只有一层，几乎所有器具都是用冰做的，比如冰吧台、冰沙发、冰酒杯。走进旅馆，到处都能看到晶莹剔透的冰雕，仿佛进入了童话故事中的仙境。

天气转暖之后，整座冰旅馆就会逐渐融化，到了冬天再重新建起。因此，冰旅馆每年的造型和布局都不一样。

世界上最大的飞行器装配大楼

飞行器装配大楼不同于普通的工厂，它的生产线是用于生产火箭和航天飞机的，因而它的规模相当大。世界上最大的飞行器装配大楼位于美国佛罗里达州的肯尼迪航天中心。这里是美国航天项目的基地。这座飞行器装配大楼建于 1963—1965 年。如今，飞行器装配大楼经过多年的扩建，已比初建时扩大了 2 倍。目前的占地面积为415 万平方米。

航天飞机在这里装配完毕之后，由履带传送机运往发射台。20 世纪的"阿波罗"号宇宙飞船和"土星"五号月球火箭就是在这里装配而成的。

世界上最大的太阳能大厦

世界上最大的太阳能大厦是位于我国河北省保定市的中国电谷锦江国际酒店。

电谷锦江国际酒店是由英利集团投资建设、锦江国际酒店管理公司托管的五星级酒店，是一家集接待、娱乐、餐饮、会展、国际会议交流于一体的综合性的国际商务酒店，也是中国首座利用太阳能光伏玻璃幕墙与建筑相结合的建筑，成为国家新能源与能源设备产业基地及中国电谷的标志性建筑。

目前，世界上仅有德国、日本建有小面积太阳能光伏大厦。电谷锦江国际酒店有 22638 平方米的太阳能板，是世界上最大的太阳能大厦。整个电谷广场建成后的 1.5 兆瓦光伏并网发电系统，年发电量可达 171 万千瓦时，可替代 1400 吨标准煤，减少二氧化碳排放 1100 吨，同时整个大厦采暖、制冷、供生活热水，采用了污水源热泵系统，提高了可再生能源的利用效率，成为国内太阳能发电建筑一体化的示范基地。

最早的房屋建筑

原始人类以洞穴为房屋，但是洞是天然的，不属于人造建筑。后来人们学会了在树上筑巢，虽然是人工建造，但还是利用了很多自然条件，不算真正的房屋。最早的房屋建筑遗址是距今27000 年的捷克多尼维斯托尼斯建筑。那里有许多成排的圆形大兽骨，人们推测可能是建筑房屋的材料。

与捷克遗址相比，7000 年前我国浙江余姚河姆渡的建筑遗址更像现代意义上的房屋。那里有行行排列有序的木桩和大量带榫、卯的柱、梁以及企口板材，这显然是一处房屋建筑的遗址。根据对河姆渡遗址的地质调查，该建筑原来可能是在一片沼泽地的边缘，地势低洼潮湿。再从成排的木桩来看，估计是一种干栏式住宅建筑。这种建筑是用木（或竹）桩建成一个高离地面的基座，再在其上建造房屋。这样人们既可避免瘴疠的危害，又能防止虫蛇猛兽的袭击。干栏式建筑形式是从独木巢居、多木巢居发展来的，直到现在，我国西南地区的一些少数民族，还在使用这种建筑形式。

世界上最大的城市开发区

上海浦东新区位于上海市东部，长江三角洲东缘，与上海市区隔黄浦江相望，是世界上最大的城市开发区，占地面积520平方千米，人口140万。

浦东新区由陆家嘴金融贸易区、金桥出口加工区、外高桥保税区和张江高科技园区组成。1990年4月动工兴建，截至1999年2月共引进外资项目5548个。

20世纪80年代中期，时任上海市市长的汪道涵率先提出开发浦东，随后，上海市委、市政府按照中央的战略部署，制定了"开发浦东、振兴上海、服务全国、面向世界"的开发方针。经过几十年的精心谋划和发展建设，浦东新区取得了举世瞩目的成就，初步建立了外向型、多功能、现代化新城区框架，浦东已成为"中国改革开放的窗口"和"上海现代化建设的缩影"。

最大的半球体建筑

世界上最大的半球体建筑是瑞典斯德哥尔摩球体竞技场，又称"巨大体育馆"或爱立信国际体育馆。这个体育馆建成于1989年，体积达60万立方米，是瑞典的标志性建筑之一。这个体育馆建成之后举办过很多国际级的演唱会、体育赛事和大型活动。

最高的住宅建筑

世界上最高的住宅建筑是昆士兰第一楼，简称Q1大楼。这座大楼位于澳洲昆士兰黄金海岸旅游观光的中心地带，连同48米高的塔尖高达322.5米，以实际高度计则为275米高。

大楼外观像一栋办公楼，以玻璃帷幕覆面，层叠式的外观和天杆是建筑设计的焦点。虽然有人认为Q1的天杆应不计入高度内，然而总部设在美国的世界高楼协会（CTBUH）认为大楼高度应包括主体重要部分，这是整栋大厦设计的重要部分，必须计算在内。如此一来，它就成了当之无愧的世界最高住宅楼。

世界上最大的住宅公寓区

英国伦敦的巴比肯住宅区是世界上最大的住宅公寓区，总占地面积达16公顷，共有2014套公寓，停车场可停放1710辆汽车。1959年，建筑师钱伯林、鲍威尔和邦德共同设计了这个住宅区。

报纸、杂志、书籍之最

最早的报纸

我国的《邸报》是世界上发行最早、时间最久的报纸。它创办于2000多年前的西汉初期（约公元前2世纪左右），是宫廷发布消息的政府机关报。当时西汉实行郡县制，各郡在京城长安都设有驻京办事处，这个住处叫作"邸"，派有常驻代表，他们的任务就是定期把皇帝的谕旨、诏书、臣僚奏议等官方文书以及宫廷大事等有关政治情报，写在竹简上或绢帛上，然后由信使骑着快马，通过秦代建立起来的驿道，传送到各郡长官。这就是《邸报》产生的背景。自汉、唐、宋、元、明直到清代，《邸报》的名称虽屡有改变，但发行却一直没有中断过，其性质和内容也没有多大变动。到了唐代，《邸报》已经采用雕版印刷了；清代则采用活字版印刷。

发行量最大的报纸

世界上发行量最大的报纸是日本的《读卖新闻》。《读卖新闻》于1874年在日本东京创刊。从1997年开始，《读卖新闻》就是世界上发行量最大的报纸了。据统计，1999年3月，该报的发行量达1442万份。

《读卖新闻》现有记者2720人。下设东京、大阪、本部和中部4个总社和包括分社、总本部、总局、分局在内的遍布日本全国的350个采访点。此外，还在华盛顿、伦敦、曼谷和北京设有4个海外总局。《读卖新闻》是通俗浅显的大众性报纸，目前还推出了英文版和网络版。

《读卖新闻》的印刷点遍布全日本，仅在东京地区就有近10个印刷厂。印刷厂大都建在城郊高速公路旁，便于运报车进出。整个印刷和投递流程都由电脑操纵，一切秩序井然。无论远近，读者都能及时看到报纸。

最早定期出版的报纸

世界上最早定期出版的报纸是德国的《艾维苏事务报》。《艾维苏事务报》由出版商索恩创办于1609年，每周出版一次。不久，定期出版的报纸就在欧洲流行起来了。那个时候，各种消息报道一般来源于联系广泛的商人。

最早刊登天气预报的报纸

最早刊登天气预报的报纸是英国的《泰晤士报》。1875年4月1日，伦敦的《泰晤士报》刊登了天气预报，虽然只有简短的几个字，却引起了人们极大的兴趣。由于当时大气探测技术不够成熟，天气预报很难做到精确，常常使用表意模糊的词语，比如"晴转多云，偶有阵雨"。天气预报不准的情况时有发生，因此人们不太相信报纸上的天气预报。进入20世纪以后，随着科技的发展和气象卫星的应用，人们已经能比较准确地预报天气了。报纸上的天气预报得到了人们的认可，大部分报纸上都会刊登天气预报。

最早的日报

世界上最早的日报是德国的《莱比锡新闻》。这份报纸创刊于1660年，最初为周报，1663年改为日报。该报的特色是评论性文章较多，新闻较少。

销量最大的杂志

美国杂志《读者文摘》是世界上销量最大的杂志。1922年，美国华莱士夫妇以1800美元的资本创办了这本杂志，每月出版一期。这本杂志很快引起大众的广泛兴趣。它所涉及的内容涵盖了健康、生态、政府、国际事务、体育、旅游、科学、商业、教育以及幽默笑话等多个领域，其他固定的专栏还包括了笑话、谜语、测试、漫画及读者来信。文章风格简明易懂，并且富含恒久的价值和趣味，吸引了世界各年龄层次和不同文化背景的读者。

《读者文摘》畅销于世界60多个国家，它拥有48个版本，涉及19种语言，月发行量达2800万册，年销量3000多万本，拥有1亿人以上的读者群。《读者文摘》是通过为各个领域的读者提供他们所感兴趣的东西来吸引尽可能广大的读者群的。

近年来，《读者文摘》的销量开始下滑。2009年8月24日，《读者文摘》杂志社为其美国业务申请破产保护。由于该法只适用于美国，因此该杂志社在世界其他地区的业务不会受到影响。

最著名的财经杂志

《福布斯》杂志是美国最早的大型商业杂志，也是全球最著名的财经杂志，它的出版标志着美国商业新闻的起始。《福布斯》由苏格兰人B.C.福布斯于1917年创办，拥有450万名读者。它前瞻性强，有不妥协的精神，观点鲜明，反传统，不拘一格，简明扼要。

《福布斯》的宗旨是"创业精神、创富工具"。杂志内容着重于描写企业精英的思维方式，秉承"以人为本"的理念，不停留在新闻事实的报道上，而是着力洞悉新闻背景、把握动态信息和行业趋势，深入探讨和研究企业运作的经济环境。因此《福布斯》被称为"资本家利器"。全世界的企业家们无不把能登上《福布斯》杂志封面当作一种荣耀。福布斯富豪榜是全球最权威的财富榜。

最早以杂志命名的刊物

世界上第一本以杂志命名的刊物是英国的《绅士杂志》。英国人凯夫于1731年创办了这份杂志。杂志的内容包罗万象，包括文艺、科学、新闻等众多领域的内容。

发行量最大的新闻周刊

世界上发行量最大的新闻周刊是美国的《时代周刊》。《时代周刊》是美国最富有权威性的国际性时事周刊，有世界"史库"之称。这个刊物是1923年3月由亨利·R.卢斯和布里顿·哈登创办的。刊名最初为《事实》，后改用《时代周刊》，由时代华纳公司在纽约出版。该刊的宗旨是要使"忙人"能够充分了解世界大事。

《时代周刊》辟有多种栏目，如经济、教育、法律、批评、体育、宗教、医药、艺术、人物、书评和读者来信等。刊物大量使用图片和图表，是美国第一份用叙述体报道时事，打破报纸、广播对新闻垄断的大众性期刊，其编排广为国内外新闻杂志所效仿。读者主要是中产阶级和知识阶层。该刊拥有一批精明能干的撰稿人记者和一支庞大的研究人员队伍，覆盖面遍布全世界。

20世纪70年代，《时代周刊》就已经成为世界上发行量最大的新闻周刊。它现在的发行量已经超过600万份，在世界多个国家和地区都有发行。

世界上最早的无产阶级刊物

世界上最早的无产阶级文学刊物，是英国宪章派在1837年创办的通俗报刊《北极星》。刊物从工人阶级的切身利益出发，经常刊载工人的诗歌，其中也有著名作家琼斯、林顿等人的诗歌。这些诗歌短小精悍，具有很强的号召力和鼓动力，适合于集体歌唱。刊物的主旨是号召工人兄弟起来为争取自己的权利而斗争，具有明确具体的政治目的。这份刊物为宪章运动文学的形成和发展，奠定了一定的文化基础。

现存最早的有字竹简

现存年代最早的有字竹简是从曾侯乙墓中出土的竹简。竹简一般长约20厘米，但是曾侯乙墓中出土的竹简长72~75厘米，宽1厘米左右，是竹简中最长的。这是春秋末年或战国早期的竹简，距今已有2400多年的历史，是目前我们能看到的最早的竹简实物。竹简上记载着曾国的历史、曾国与楚国的关系，以及音乐、天文、葬仪、车马、兵器等各方面的内容，对研究中国先秦文化、文字、政治、军事等方面有着极其重要的意义。

这些竹简于1978年在湖北随州市擂鼓墩曾侯乙墓中发掘出土。大约有240枚，大部分是完整的。这些竹简经过整理后，全部有字的简，加上一枚只有方块形符号的简，共215块。全部简文共6696字。

世界上最早的书

郭店楚简，又称郭店楚墓竹简，是我国湖北省沙洋县纪山镇郭店一号楚墓内的竹简。这些竹简于1993年10月出土。经考证郭店楚简抄写成书的时间不晚于公元前300年，大约相当于战国中期，是到目前为止世界上发现最早的原装书。

郭店楚简共804枚，其中有字简726枚，简上字数13000余个。经古文字专家研究整理得知，郭店楚简全部为先秦时期的18篇典籍。其内容为儒家和道家两派著作。道家著作有《老子》（甲、乙、丙3篇）和《太一生水》，儒家著作有《缁衣》《鲁穆公问子思》《穷达以时》《五行》《唐虞之道》《忠信之道》《成之闻之》《尊德义》《性自命出》《六德》《语丛》（4篇）。众所周知，秦始皇的焚书坑儒政策将先秦大量的学术典籍付之一炬，但郭店楚简在此之前就已经深埋地下，逃过了这一劫难，得以保存下来。

现存最早的纸写书

世界上最早的纸写书，是我国晋朝人抄写的《三国志》。据考证，此书是在陈寿（233—297年）的《三国志》成书不久后抄写的，约在290年左右。这部书是1924年在我国新疆鄯善县出土的文物中发现的，是残卷，共有80行，1900余字。这份残卷已流入国外，国内仅有影印本。1965年在新疆吐鲁番的英沙古南城的一座佛塔遗址中，也发现了这部《三国志》残卷，有40行，570余字，内容写的是《孙权传》，存建安二十五年后半段和黄武元年的前1/3段，用隶书抄写。根据资料，目前还没有比这部书更早的纸写书。

现存最早的雕版印刷书

现存最早的一部雕版印刷书是唐朝咸通九年（868年）由王玠印制的《金刚经》。它也是世界上现存最早的有确切日期的印刷品。

《金刚经》是佛教的重要经典，大约在公元前994年成书于古印度。内容是释迦牟尼佛与众弟子的谈话纪录，经卷最后四句偈文"一切有为法，如梦幻泡影，如露亦如电，应作如是观"，被认为是整部经文的精髓。雕版印刷的《金刚经》全长16尺，高1尺，卷首绘有释迦牟尼佛说法的扉画。据说这部《金刚经》是王玠为父母祈祷消灾而印刻的。这部《金刚经》现存于英国大英博物馆。

世界上最大的丛书

由英国广播公司出版的《WHO博士》丛书是围绕一个主要人物编写的最大的小说系列丛书。1977年至1997年间，这套丛书原来的出版者目标出版公司共出版约150种，其中很多都再版和多次发行。1997年，英国广播公司开始接手这套丛书，又出版了82种。加在一起共售出800万本。1963年至1989年间，《WHO博士》节目曾在英国广播公司的电视上播出。

最早的百科全书

《永乐大典》是明代永乐年间完成的一部百科全书，原名《文献大成》，从永乐元年（1403年）开始编写，到永乐六年（1408年）全部完成。它不仅是我国文化史上最早、最大的一部百科全书，而且是迄今为止世界上最早的百科全书。

《永乐大典》收录有从先秦到明代的七八千种古书典籍，汇集了当时的天下群书。其中包括经、史、子、集、释藏、道经、医药、戏剧、农艺等。全书共有22877卷，3.7亿字，前后共有数千人参与编写，用了5年的时间最终完成。编辑规模之大、书中内容之浩繁，在世界文化史上都属罕见。

《永乐大典》的重要价值在于，它一字不差地收录了书籍，全部照着原著整部、整篇、整段地分别编入，因此它完好地保存了许多宋元以前佚散的古典文献。

页数最多的书

世界上页数最多的书是《四库全书》。

《四库全书》由79000多卷组成，分为36000多册，包括3461种书目，内容涉及经、史、子、集。"经"分为易、书、诗、礼、春秋、孝经、五经总义、四书、乐、小学10个小类；"史"分为正史、编年、纪事本末、别史、杂史、诏令奏议、传记、史钞、载记、时令、地理、职官、政书、目录、史评15小类；"子"分为儒、兵、法、农、医、天文算法、术数、艺术、谱录、杂家、类书、小说、释、道14小类；"集"分为

《四库全书》
全书采用传统的"经、史、子、集"四部分类法。每大类下又分若干子类,为了从外观上更直观,全书分别以绿、红、白、灰四色封面装帧。

楚辞、别集、总集、诗文评、词曲5小类。内容涉及范围如此之大,让《四库全书》成为中华民族传统文化最丰富的也是最完备的集成之作!这么庞大的著作在世界上也是相当少见的,它的页数多达853456页,这在世界上是绝无仅有的,因此,《四库全书》是世界上页数最多的书!

印刷最多的书籍

世界上发行范围最广的书是《圣经》。它被译成303种语言。其中一部分被译成1581种语言。据统计,从1815—1975年《圣经》共印25亿册,其中由教会出版社印刷出版的《圣经》就达15亿册。

列宁的著作被译成222种语言。

经非商业渠道统计,1968年由纽约的瞭望塔圣经和布鲁克林宗教小册子出版会出版的由耶和华见证人所著的《通向永恒生命的真理》,到1987年5月1日被译成116种语言,发行了106486735本。

最畅销的书

《圣经》是世界上发行量最大也最畅销的书,1815—1999年间估计发行了38.8亿册。

受版权保护的图书中,发行量最大的畅销书当属《吉尼斯世界纪录大全》。该书由吉尼斯高级出版社于1955年10月出版以来,被翻译成37种文字,到1999年发行量超过8500万册。

最畅销的丛书

英国人J.K.罗琳创作的《哈利·波特》丛书中的前三部书创造了系列丛书年销量最高纪录。1999年,这部书在美国售出1850多万册,在英国售出450多万册。

《哈利·波特》系列魔幻小说讲的是主人公哈利·波特在霍格沃茨魔法学校学习魔法,并与魔法界邪恶势力做斗争的故事。小说一经出版,立即受到了全世界少年儿童的追捧。到2007年7月,《哈利·波特》系列丛书共出版了7册,分别是《哈利·波特与魔法石》《哈利·波特与密室》《哈利·波特与阿兹卡班的囚徒》《哈利·波特与火焰杯》《哈利·波特与凤凰社》《哈利·波特与"混血王子"》《哈利·波特与死亡神器》。其中,《哈利·波特与火焰杯》首印量达480万册,是首印量最多的作品,相当于普通畅销书的40倍。

《哈利·波特》系列丛书已经被翻译成70多种语言,在全球200多个国家的总销量达3.5亿册以上。由这部作品改编的电影也受到了全世界儿童的欢迎。作者J.K.罗琳也借着小说和电影名利双收。

专著之最

最早的字典

世界上最早的字典是中国的《说文解字》。

《说文解字》是中国第一部按部首编排的字典。其作者是东汉的经学家、文字学家许慎。《说文解字》成书于汉和帝永元十二年（100年）到汉安帝建光元年（121年）。

许慎根据文字的形体，创立540个部首，将9353字分别归入540部。540部又据形系联归并为14大类。字典正文就按这14大类分为14篇，卷末叙目别为1篇，全书共有15篇。许慎在《说文解字》中系统地阐述了汉字的造字规律——六书，即"象形""指事""会意""形声""转注""假借"。

《说文解字》的体例是先列出小篆，如果古文和籀文不同，则在后面列出。然后解释这个字的本义，再解释字形与字义或字音之间的关系。《说文解字》中的部首排列是按照形体相似或者意义相近的原则排列的。《说文解字》开创了部首检字的先河，后世的字典大多采用这个方式。

世界上最大的词典

《牛津英语大词典》是当今世界最大的一部词典。它是牛津大学出版社出版的词典，出版于1884—1928年间，著名语言学家詹姆斯·默里爵士负责编辑。第一版《牛津英语大词典》，含有414825个词条和近200万条实例，共12卷。这部词典发行以来已成为世界公认的最伟大的英文词典，赢得了"词典中的圣经"的美誉。

1989年，出版社出版了《牛津英语大词典》第二版。共20卷，收词超过50万条，引证例句250万条，全部发音使用国际音标标注，词条及例句涵盖了所有英语国家的地方英语，包括北美、南非、澳大利亚、新西兰和加勒比，等等，并且给出了词源分析以及不同地方英语的拼写差异。

该辞典几乎囊括了1150年以来见于文献的所有语词，如乔叟、高沃尔和莎士比亚等著名作家只用过一次的罕见词。因此《牛津英语大词典》是一部追溯词源、查考历史词汇、具有极高学术价值和实用价值的英语词典。

收录汉语词汇最多的词典

出版于1986年的《汉语大字典》是收录汉语词汇最多的字典。这部字典是由中国国务院确定的文化建设的重点科研项目之一，凝聚了400多位专家15年的心血，收录了5万多个字头，收录汉语词汇37万多条，对汉字的形、音、义进行了一次全面、彻底的梳理，集古今中外汉语字典之大成，是研究汉语言文字的珍贵资料，具有很高的学术价值，被誉为"汉字的档案库"。

《汉语大字典》出版了多种版本，以适应不同层次读者的需要。各个版本之间在开本、卷数、字数等各方面都存在差异。

现存最大的一部类书

类书是指分类汇编各种材料以供检索的工具书。世界上现存最大的一部类书是清代康熙年间陈梦雷编纂的一部大型综合性类书——《古今图书集成》。此书原名《古今图书汇编》，雍正时蒋廷锡等重新编辑，改名为《古今图书集成》。乾隆将此书钦赐给宁波范氏天一阁，后来这部书就一直陈放在天一阁。

《古今图书集成》全书1万卷，目录40卷，约1.6亿字，内容包括哲学、自然科学、社会科学、应用技术等各个门类。编者陈梦雷说："凡在六合之内，巨细必举，其在十三经、二十一史者，只字不遗。其在稗史子集者，十亦只删一二。"直到今天，这部书仍有重要的文献价值和学术研究参考价值。

最早系统阐述文学理论的著作

最早系统阐述文学理论的著作是古希腊著名思想家亚里士多德（公元前384—公元前322年）所著的《诗学》。《诗学》原名《论诗》，据说是亚里士多德的讲义，可以分为五大部分。第一部分主要分析各种艺术所摹仿的对象、摹仿所采用的媒介和方式，以及各种艺术由此而形成的差别，指出诗的起源以及悲剧与喜剧的历史发展；第二部分包括悲剧的构成要素和写作风格；第三部分讨论史诗；第四部分讨论批评家对诗人的指责，并提出反驳这些指责的原则和方法；第五部分比较了史诗和悲剧的高低。

这部不朽的著作反映了比较成熟的诗学思想，是西方美学史上第一部最为系统的美学和艺术理论著作。它对西方后世文艺理论和文学创作的发展产生过巨大影响，其中的有些观点曾被近代新古典主义奉为金科玉律。

最早的教育论著

大约完成于中国战国时期的《学记》是《礼记》中的一篇，它主要记载的是先秦时期儒家的教育经验和教育理论以及当时社会各阶层的教育制度和教学方式，同时对教育有一个全面的论述，这些论述包括教育的作用、教育的目的和教育理念等方面的问题。它里面所提倡的一些教育理念在我们今天的教育之中也很有意义。为后来的教育起到了一个很好的引导作用。同时，作为2000多年前的教育论著，《学记》是世界上最早的教育论著，比起西方最早的教育论著《修辞术规范》来，《学记》早了100多年！

最早的一部关于纸的专著

北宋时期，随着造纸业的发展和进步，以及纸对社会生活的重要影响，造纸术日益引起人们的关注，因而出现了一些研究纸的专门论著。其中最早的一部是北宋苏易简撰写的《文房四谱》中的《纸谱》一卷，这也是世界上最早的一部关于纸的专著。

《纸谱》成书于北宋雍熙三年（986年）9月，分为叙事、制造、杂说、辞赋四部分，记述了纸的源流、名称、制作、加工、用途、特点等，具有很高的史料价值。

最早的茶叶专著

中国唐代陆羽所著《茶经》距今约有1200多年的历史，为世界首部茶叶专著。全书分为上、中、下3卷10节。

陆羽烹茶图 元

《茶经》不仅系统地总结了茶树的起源、产区、生长习性、栽培、采制、品类、煮调、茶具、品饮等方面的知识，并且对唐代以前的关于茶叶的科学知识及实际操作也进行了系统总结，这些都是前所未有的。该书是世界上首部研究茶叶的科学著作。它的著作对继承和发扬中国古代文化贡献巨大。故唐代后的历代茶商把陆羽奉为"茶神""茶祖"。

最早的地方植物志

现存最早的地方植物志是中国的《南方草木状》。此书于304年问世，为晋代嵇含所撰。全书共上、中、下3卷，分草、木、果、竹4大类。书中记载了80余种产于广东、广西及越南的植物。其中上卷记载29种草类植物，中卷记载28种木类植物，下卷记载17种果类植物以及6种竹类植物。同时还有关于生物防治的记载。此书是研究中国古代植物的重要资料。

最早、最大的区域性植物志

中国古代最早最大的区域性植物志是清代吴其（1789—1847年）所编著的《植物名实图考》。该书共分38卷，12大类。其中谷类2卷、草类24卷、蔬菜4卷、木类6卷、果部2卷，共计1714种植物，比《本草纲目》多519种。书中对各种植物的颜色、形态、性味、用途及药用价值都加以收录。所附插图极为精美，比以往任何本草都要清楚、细致、生动、形象、逼真。

世界上保存最早最完整的农业专著

世界上最早最完整的农业专著是北魏贾思勰所著的《齐民要术》。《齐民要术》大约成书于北魏末年（533—534年），书名中的"齐民"，指平民百姓。"要术"指谋生方法。

《齐民要术》由序、杂说和正文三大部分组成。正文共92篇，分10卷。全书11万字，其中正文约7万字，注释约4万字。书中内容相当丰富，涉及面极广，包括各种农作物的栽培，各种经济林木的生产，以及各种野生植物的利用，等等；同时，书中还详细介绍了各种家禽、家畜、鱼、蚕等的饲养和疾病防治，并把农副产品的加工以及食品加工、文具和日用品生产等形形色色的内容都囊括在内。因此说《齐民要术》对中国的农业研究具有重大意义。

最早的天文学著作

世界上最早的天文学著作是中国战国时期齐国人甘德著的《天文星占》

8卷和魏国人石申著的《天文》8卷。汉代时，这两部著作还是各自刊行的。后人把这两部著作合并，并定名为《甘石星经》。

《甘石星经》记载了水、木、金、火、土五大行星的运行情况，以及它们的出没规律。书中还测定了121颗恒星的方位，纪录了800颗恒星的名字。书中还提及日食、月食是天体相互掩食的现象。

后世许多天文学家在测量日、月、行星的位置和运动时，都要用到《甘石星经》中的数据，因此，《甘石星经》在中国和世界天文学史上都占有重要地位。

最早的历史文献著作

最早的历史文献著作是中国春秋时的《尚书》。《尚书》原称《书》，汉代时改为《尚书》，意思是上古之书。《尚书》是中国最古的官方史书，是中国第一部上古历史文件和部分追述古代事迹著作的汇编，它保存了商周特别是西周初期的一些重要史料。

《尚书》记事始于尧舜，中历夏、商、周各代，终于春秋中前期的秦穆公。其内容涉及重要的政治、军事、警戒、诰命或告语之词等，也有少数的记事篇。相传由孔子（公元前551—公元前479年）选编而成。秦代时焚书坑儒，《尚书》被毁。西汉初，《尚书》存29篇，为秦博士伏生所传，用汉时隶书抄写，被称为《今文尚书》。西汉前期，相传鲁恭王拆孔子故宅一段墙壁，发现另一部《尚书》，是用先秦六国时字体书写的，所以称《古文尚书》，它比《今文尚书》多16篇。但是这本《古文尚书》未能流布。另有东晋梅赜所献的伪《古文尚书》（较《今文尚书》多16篇）。现在通行的《十三经注疏》本《尚书》，就是《今文尚书》和伪《古文尚书》的合编本。

最早的纪传体历史著作

最早的纪传体历史著作是司马迁撰写的《史记》。《史记》记载了上自中国上古传说中的黄帝时代，下至汉武帝元狩元年（公元前122年），共3000多年的历史。全书包括十二本纪（记历代帝王政绩）、三十世家（记诸侯国和汉代诸侯、勋贵兴亡）、七十列传（记重要人物的言行事迹主要叙人臣）、十表（大事年表）、八书（记各种典章制度：礼、乐、音律、历法、天文、封禅、水利、财用），共130篇，52.65万余字。

《史记》对后世史学和文学的发展都产生了深远影响。其首创的纪传体编史方法为后来历代"正史"所传承。同时，《史记》也是一部优秀的文学著作，有很高的文学价值，在中国文学史上有重要地位，被鲁迅誉为"史家之绝唱，无韵之离骚"。

记载时间最长的历史著作

记载时间最长的历史著作是中国

伏生授经图　明　杜堇

的《二十四史》。《二十四史》是一套史书的总称，包括《史记》《汉书》《后汉书》《三国志》《晋书》《宋书》《南齐书》《梁书》《陈书》《魏书》《北齐书》《周书》《隋书》《南史》《北史》《旧唐书》《新唐书》《旧五代史》《新五代史》《宋史》《辽史》《金史》《元史》《明史》。

这24部史书记载了从传说中的黄帝（公元前2550年）到明崇祯十七年（1644年），前后历时4000多年的历史，用统一的纪传体编写。《二十四史》总共3249卷，约有4000万字，内容非常丰富，记载了历代经济、政治、文化艺术和科学技术等各方面的事迹，堪称"中华文明的百科全书"。

《二十四史》有三种版本，一种是清乾隆时官刻的"武英殿本"，清末以来各种翻刻本大都以此为依据；一种是民国时张元济主持商务印书馆时的影印"百衲本"；另一种是中华书局印行的"点校本"。新中国成立初，我国史学工作者对《二十四史》加以整理和校勘，以方便阅读研究。

世界上最古老的地理书籍

世界上最古老的地理书籍是中国的《山海经》。《山海经》大约成书于春秋战国时期，它的具体作者还没有定论，但对于"《山海经》是世界上最古老的地理书籍"，在专家们中间已经达成共识。

《山海经》由《山经》和《海经》两部分组成，《山经》有5卷，《海经》有13卷，一共有31000多字，字数不多，但却涉及了天文、地理、神话、宗教、民族、动物、植物、矿产等诸多内容。其中最有历史价值的是它关于中国早期的地理的记载，比如《山海经》里就有中国最早的地图，但遗憾的是其中的大部分都失传了。

世界上最古老的数学专著

《周髀算经》是世界上最古老的数学专著，同时也是一部天文学著作。《周髀算经》大约成书于西汉时期（公元前1世纪），书的作者不能确定。书中纪录了我国古代早期的数学成果，比如有理数四则运算法则、勾股定理在测量中的应用、开平方的问题、等差级数的问题，这些知识至今让人拍案叫绝。

《周髀算经》第一章就以商高回答周公问题的形式提出了勾股定理："故折矩以为勾广三、股修四、径隅五"。因此勾股定理又叫"商高定理"。商高提出勾股定理的时间比欧洲最早提出勾股定理的希腊哲学家毕达哥拉斯提出的时间要早500年。

世界上最大的数学专著

1939年，法国书店里突然出现了《数学原本》（第一卷），作者署名是尼古拉·布尔巴基（Nicolas Bourbaki）。这部书从那时候起，到1973年，已经出到第35卷，至今还没有写完。它是目前最巨大的数学专著。

其实，尼古拉·布尔巴基并非一个人，而是20世纪一群法国数学家的笔名。布尔巴基的目的是在集合论的基础上，用最具严格性、最一般的方式来重写整个现代高等数学。

《数学原本》是一部有崭新体系的数学专著，而并非东拼西凑的数学百科全书，它以吸收最新数学成果并加以剖析而受到重视。近几年，《数学原本》的前几卷已经重新修订，每卷又补充了近 1/3 的新材料。这部巨著是用法文写的，现已有英、日、俄等国文字的译本。翻译《数学原本》是一个巨大的工程，翻译成日文时还曾专门建立了一个委员会。

世界上最早最完整的建筑学专著

最早最完整的建筑学专著是北宋官方发行的一部关于建筑设计和施工的规范书——《营造法式》。北宋开国后，官府大兴土木，负责工程的官员不断从中得利，导致国库无法应付巨大的开支。为了加强对建筑行业的管理，1097年，宋代皇帝下旨命官府建筑的负责人李诫编修一本建筑规范用书。

李诫以自己 10 多年的建筑经验，参阅大量文献和旧有的规章制度，收集工匠讲述的各种操作规程和技术要领，用了 3 年时间终于编成了《营造法式》。这部书刊行于 1103 年。全书包括总释、制度、攻限和料例、图样，共 34 卷，前面还有"看样"和"目录"各 1 卷。《营造法式》翔实地纪录了当时整个建筑行业的科技水平和管理经验，填补了古代建筑发展史的空白。

最大的古代医学百科全书

我国明代医药学家李时珍编写的《本草纲目》是一部中医药物学专著，也是世界上最大的古代医学百科全书。

《本草纲目》是李时珍根据亲身实践经验对中药学进行全面整理总结，用尽毕生精力，用时 27 年编成。

全书 52 卷，近 200 万字，共收录药物 1892 种，其中植物药 1094 种，动物药 443 种，矿物药 161 种，其他类药物 194 种。此外，李时珍通过实

《本草纲目》书影

践检验后补入的药物 374 种。书中附有 1100 多幅药物图，11000 余副临床处方，方便读者确切地了解药物的形态和用途。在对药物的分类上，李时珍打破了以往将药物分为上、中、下三品的分法，而是采用了分纲别目的方法，将全书分为 16 纲，62 目。这种分类法条理清晰，使读者一目了然。

这本药典，不论从它严密的科学分类，还是从它包含药物的数目之多和流畅生动的文笔来看，都远远超过古代任何一部药物著作。

现存最早的伤科专著

世界上现存最早的伤科专书是唐代蔺道人所著的《仙授理伤续断秘方》，约成书于 841 年至 846 年。

全书共有医治口诀 24 条，治伤并方 20 条，介绍了如何治疗关节脱臼、跌打损伤以及止血、手术复位、牵引、扩创、填塞、缝合手术等内容。书中很多观点都是世界正骨学的首创，比如一般骨折复位后要用衬垫固定，并指出要注意关节活动，开放性骨折则应快刀扩创，避免感染。

现存最早的外科专著

世界上现存最早的外科专著是我国南北朝刘涓子等人于483年写成的《鬼遗方》，又称《神仙遗论》。这本书代表了我国南北朝时期外科的发展水平。

传说刘涓子在丹阳郊外巧遇黄父鬼之后，受其启发写成了这部外科专著。原书共10卷，宋代以后存有两种残卷。其中一残卷为《刘涓子鬼遗方》的5卷本。书中论述了痈疽症、金创、瘀血、外伤治疗，包括如何止痛止血、取出箭镞等方面的内容。全书记载着140余贴方子，对痈疽的辨证论治尤为详尽。

现存最早的医学理论著作

世界上现存最早的医学理论著作是《黄帝内经》，共18卷，162篇，包括《灵枢》《素问》两部分。这部著作假托黄帝之名，其实并不是黄帝写的，而是古代许多医学家共同的劳动成果，编成于战国时期。

《黄帝内经》是研究人的生理学、病理学、诊断学、治疗原则和药物学的医学巨著。在理论上建立了中医学上的"阴阳五行学说""脉象学说""藏象学说""经络学说""病因学说""病机学说""病症""诊法""论治""养生学""运气学"等学说。其医学理论是建立在我国古代道家理论的基础之上的，反映了我国古代天人合一的思想。

世界上最早的传染病专著

世界上最早的传染病专著是明末吴有性所著的《瘟疫论》。吴有性所处的年代正好是瘟疫流行的年代，他亲眼目睹了传染病流行的惨景，于是刻苦钻研医理，对流行性传染病进行详细研究，结合自己多年的经验，于崇祯十五年（1642年）编成了《瘟疫论》。

《瘟疫论》提出了当时传染病的病因是"非其时而有其气"，认为伤寒等病是由于感受天地之常气所致，而疫病则是"感天地之疫气"。书中将"瘟疫"与其他热性病区别开来，使传染病病因突破前人"六气学说"的束缚，第一次提出了由于机体抗病功能不良，感染戾气为发病原因的新论点，指出传染途径是空气和身体接触，"戾气"由口鼻进入人体而致病。人体感受戾气之后，是否致病取决于戾气的量、毒力和人体的抵抗力。

这部医学文献至今仍可用来指导临床医学，具有重要的现实意义和历史意义。

世界上最大的方书

中国中医著作中"方书"是一个重要的学术门类。晋代葛洪所著《肘后救急方》是我国现存第一部方书著作。此后，唐、宋、明、清几代的方书著作很多。其中明代的《普济方》是方书著作中选方最多、内容最丰富的方书。这部著作是明太祖第五子周定王主持，滕硕、刘醇等人执笔汇编而成。此书刊于1406年，初刻本已经散失。

《普济方》非常实用，在每个病症下面都列有治疗的方子。全书除历代方书之外，还兼收史传、杂说、道藏、佛典中的相关内容，保存了珍贵的医学材料。

世界上最早的性医学文献

世界上最早的性医学文献是我国湖南长沙马王堆汉墓出土的《十问》《天下至道谈》《合阴阳》等。此外，《养生方》《杂疗方》《杂禁方》和《胎产书》中含有大量性医学的内容。这些文献填补了中国汉代以前性医学文献的空白。

《十问》用问答的方式讨论了有关房事养生的问题，主要论述了房事如何顺应天地阴阳的变化。

《天下至道谈》强调房事养生保健的重要性，提出进行性教育的必要性，介绍了有利于养生的体位和方法，以及男女性生理反应的表现。

《合阴阳》介绍了房事的原则和方法，以及男女交合的适宜时机。

《养生方》是一部以养生为主的书，较大篇幅介绍了房中用药。

《杂疗方》残缺较多，记载了男女性功能方面滋阴壮阳的汤药方。

《杂禁方》讲了一些属于迷信的方术之法，但是书中谈到了用厌禁的方法调和夫妻关系，具有一定的意义。

《胎产书》对妊娠期胎儿发育特征和孕妇在不同月份的养胎方法做了详细论述。

世界上最早的针灸学专著

世界上第一部较完整的针灸学专著是晋代医学家皇甫谧所著的《针灸甲乙经》。

皇甫谧是一位史学家，年近50岁时，由于疾病缠身，开始研究针灸医术，学习《黄帝针经》《素问》《明堂孔穴针灸治要》三书，将其中的精要整理成《黄帝部针灸甲乙经》，简称《针灸甲乙经》。此书成书于259年，原书共10卷，南北朝时改为12卷。原书以天干编次，主论医学理论和针灸之法，故以《针灸甲乙经》命名。

《针灸甲乙经》在总结前人经验的基础上，提出了800多种适合针灸治疗的疾病。书中条分缕析地介绍了热病、寒热病、头痛、疟、黄疸、脾胃病、霍乱、癫、狂、耳眼口齿病、妇科病等疾病的治疗方法。

最古的草药书

世界上最古的草药专书是中国的《神农本草经》。遗憾的是，大约在唐末宋初之时，渐渐失传。不过，值得欣慰的是中国古代自然科学典籍将前人书籍中的有关内容基本保留下来，使后人得以了解它的概貌。

关于《神农本草经》的成书年代与作者，众说纷纭，莫衷一是。据考证，《神农本草经》最初只有1卷，为战国时代扁鹊弟子子仪所著，其余部分均为后代增补。《神农本草经》中记载了365种药物，包括草、米、谷、木、果、鱼、虫、家畜、金石等。原作者把它们分为上品、中品、下品3种类型。

《神农本草经》对中国药物学的发展有深远的影响。中国历代本草医药专书，都是以本书所载的药物为基础增添修订而成。如南朝陶弘景的《神农本草经集注》、唐代的《新修本草》、宋代的《开宝本草》、明代李时珍的《本草纲目》，追溯其本，都是从《神农本草经》发展而来。

最早的植物专书

晋代戴凯之撰写的《竹谱》是最早的关于竹子的专书。全书以四字一句的韵文形式，逐条注释。

北宋欧阳修所撰的《牡丹记》是最早的牡丹专书。全书共3篇，第一篇为花品叙；第二篇为花释名；第三篇记述了洛阳人赏花、接花、种花、浇花、养花、医花的方法等。

北宋蔡襄所撰《荔枝谱》是现存最早关于荔枝的著作。书中论述了荔枝的品种、产地及培养、加工、贮藏等方法。

北宋刘蒙所撰《菊谱》是现存最早的菊花专书，书中叙述了有名的菊花品种 35 种。

南宋韩彦直撰写的《永嘉橘录》是现存最早的关于柑橘的专书。书中介绍了柑橘 27 个品种的性状，以及种植柑橘的方法。

南宋赵时庚所著的《金漳兰谱》是最早关于兰花的专书。书中论述了各种兰花品种的形态特征和栽培技术。

南宋陈仁玉所撰的《菌谱》是最早的菌类植物专书。书中论述了 11 种菌类植物的生长期、形状和色味等。

世界上最早的兵书

世界上最早的兵书是中国春秋时期孙武所著的《孙子兵法》。《孙子兵法》又称《孙武兵法》《孙武兵书》等，是中国古典军事文化遗产中的璀璨瑰宝，是世界三大兵书之一（另外两部是克劳塞维茨所著的《战争论》和宫本武藏所著的《五轮书》）。

《孙子兵法》是孙武赠送给吴王的见面礼。一般认为，《孙子兵法》成书于专诸刺吴王僚之后至阖闾三年孙武见吴王之间，即公元前 515 至公元前 512 年。原书 82 篇，图 9 卷。后来散失，剩主要部分 13 篇。其内容博大精深，思想精邃，逻辑缜密。该书体现了丰富的辩证法思想，书中探讨了与战争有关的一系列矛盾的对立和转化，如敌我、主客、众寡、强弱、攻守、胜败、利害等。《孙子兵法》正是在研究这些矛盾及其转化条件的基础上，提出其战争的战略和战术的。

《孙子兵法》是千古奇书，被视为兵家宝典。该书被翻译成英、俄、德、日等 20 种语言文字，不少国家的军校把它列为教材。

最早提出人口理论的学者

世界上最早提出人口理论的学者是我国战国时代的韩非。他最早提出了人口按"几何级数"增长的理论。韩非说："今人有五子不为多，子又有五子，大父未死而有二十五孙，是以人民众而货财寡；事力劳而供养薄，故民争。"按照韩非的计算，每一代人相隔不到 20 年，大约 100 年左右，一对夫妻就发展成 600 余人的大家族。这个理论的提出比西方的马尔萨斯的《人口学原理》早 2000 多年。

韩非分析了人口增长与生活资料分配的关系问题。认为人口的增长速度总是超过生活资料的增长速度，因而必然造成社会财富分配的危机，进而导致"民争"，最后天下大乱。韩非在 2000 年前就看到了人口的再生产必须适应于物质资料的再生产，看到了人口的多寡会影响到人民生活水平的高低，这是很有见地的。

第七章
社会生活之最

饮食之最

最早的粽子

大约在中国的战国时期,楚国出了一位著名的爱国诗人——屈原。当时任楚国大夫的屈原体察民情、关爱百姓,深受百姓的爱戴!但是当时的楚国国王楚怀王却听信奸臣的谗言将屈原流放到了很远的地方。穷困潦倒的屈原在楚国亡国之后一气之下跳入了汨罗江!当地的老百姓为了不让河里的鱼和虾把他们所热爱的爱国英雄吃掉,就把糯米装在竹筒内放入河中让鱼和虾来吃。开始时,人们把这种装着糯米的竹筒叫作"筒粽",其实这就是原始的粽子,慢慢地这就成了当地的一种风俗,"筒粽"也慢慢地被人们改造成了现在我们所喜欢的粽子!

最大的圣诞蛋糕

1997年12月25日,泰国首都曼谷的墨丘利旅馆内载歌载舞,一片欢快的景象,因为这里产生了世界上有史以来最大的圣诞蛋糕,一块重达2.3吨的巨型蛋糕吸引了成千上万的人前来观看。

这块由10多名厨师花了将近360个小时制成的巨型蛋糕长约8.4米、宽也有60多厘米,光原料就用了210多千克面粉、300多千克糖、120多千克黄油、120多千克淡炼乳和594只鸡蛋。当晚正是圣诞节,成千上万的人蜂拥而来,争相品尝这块世界上最大的圣诞蛋糕。在展示之后的1个小时之内,这块巨型的圣诞蛋糕被切成了19212份送给客人们品尝。

最大的巧克力样品

在世界上的许多国家,巧克力是非常受欢迎的食品之一。据调查,在有的西方国家中平均每人每天都要消费一定数量的巧克力,巧克力文化在西方如此的繁荣简直就是一个谜。巧克力的生产在一些西方国家甚至已经是主要的产业之一,商家和销售商们想尽一切办法来吸引巧克力消费者的目光。在比利时的一个地方就生产过一个号称是世界上最大的巧克力样品来进行巧克力的促销活动。

这个号称是世界上最大的巧克力样品于1997年生产于比利时根特的一个叫作"里什蒙"的俱乐部里。这件样品全长14.97米，宽大约有4.7米，高7.47米，这么大的巧克力听起来都很过瘾，何况要把它摆在购物中心来吸引消费者的注意力！当这个样品陈列在当地一个名为佐伊特购物中心的时候，吸引了大量的消费者前来观看，促销活动也取得了圆满成功。

最早的罐装食品

1795年，拿破仑政府为了解决食品在长途运输过程中易腐烂、存储过程中易变质、军队供给没有保障的问题，针对食品存储方法提出了1.2万法郎的高额奖赏。为此，法国境内很多食品生产厂家以及食品工作者开始了贮存食品方法的研究。

在这些人中，经营烟酒糖果生意的尼古拉·阿珀特经过多次试验，终于在1804年，发现了长久贮存食物的有效

1924年的火腿罐头广告

方法。他不但获得了高额的奖金，还将这一技术投入生产，获得了高额利润。阿珀特发现：新鲜的或者没有经过特殊处理的食物很容易变质，但是如果将这些食物加工完毕，装入玻璃瓶中，在沸水中加热30～60分钟，然后将瓶子密封起来。由于食物经过加工，而且与空气隔绝，不易受细菌腐蚀，便可以长期保存。于是，世界上最早的罐装食品便诞生了。

最早的奶酪蛋糕

早在公元前1000年左右，古埃及、希腊、罗马等地的面包和蛋糕的制作技术已经初具规模。据史料记载，在古埃及，制作的面包及蛋糕种类可达16种之多。而且，在一幅出自公元前1175年的宫廷绘画作品中，还展示了古埃及底比斯城宫廷焙烤的场面。画作中烘烤面包、蛋糕用的模具，制作蛋糕的流程等清晰可见。

但是，世界上最早的奶酪蛋糕却是出自同一时期的罗马地区。据史料记载，古罗马的宫廷膳房分为面包、菜肴、果品、葡萄酒四个部门。当时的王公贵族以聘请高级厨师招待宾客为炫耀资本，于是，在众多高级厨师比拼的情况下，罗马人以蛋黄、奶油等调味品制成了奶酪蛋糕。现如今，世界上最好的奶酪蛋糕制作中心仍然归属古罗马所在地意大利。

最早的人造黄油

人造黄油又名麦淇淋。1869年，法国皇帝拿破仑三世提出"为海军及低收入的人研制黄油代用品"的招标政策。已经研究动物脂肪营养学7年之久的化

学家梅热·穆里兹响应这一政策，在提取动物脂肪不断实验的基础上，经过脱脂、加碳酸氢钠等物质加压程序后，合成了世界上第一块人造黄油。1869年7月15日，穆里兹为自己的这项发明申请了专利。

1871年以后，人造黄油的主要成分由动物油脂逐渐向大豆、向日葵等植物油脂转变，随着科学技术的进步，人造黄油中所含的营养成分也在增多。

最贵的蜂蜜

蜂蜜是一种由蜜蜂在开花植物的花中采集的花蜜酿制而成的蜜，它是一种纯天然的保健食品，不仅能够改善血液成分，促进心脑血管功能，还是一些慢性疾病的克星，而且蜂蜜也是女士美容的食用补品。

蜂蜜的种类繁多，世界上最贵的蜂蜜是产自于土耳其黑海地区安紫尔草原的安紫尔牌蜂蜜。受地中海气候影响，草原上盛开的70多种不同种类的花卉有了充足的水源，借助于这一有利条件，当地的蜂农养育了2500多万只蜜蜂专门用来采集花粉。在这些花卉中，有很多花卉具有药用功能，因而，采集回来的花蜜经过加工酿制，便成了拥有延年益寿、抗癌除菌等功效的珍贵蜂蜜。据当地农业和乡村事务部发布的一份报告表明，安紫尔牌蜂蜜的价格可以卖到每千克245美元。

最早的饺子

饺子是最具有中国传统特色的食品之一，距今已有2500年的历史。

1978年在山东省滕州出土的薛国故城里共挖掘了9个墓葬，其中有一座是春秋时代的薛国君主墓。在该墓出土的一套青铜礼器中，有一个锈蚀的铜器，里面整整齐齐地排放着一些白色食品。它们呈三角形，内包有屑状馅料。后经考察，此为今天的饺子和馄饨。这是迄今为止在我国所发现的最早的饺子。这说明早在春秋中晚期就有了饺子这种食品。

相传，东汉"医圣"张仲景发明了一种食物——"娇耳"。它是一种形状像耳朵，用皮包馅的水煮食品，接近于现代的饺子。三国时期，魏国张揖编著的《广雅》中就有关于这种食品的记载。在此之后，饺子在不同的历史时期叫过"扁食""馄饨""角儿"等名称。最终在清代时改名为"饺子"，意为"更岁交子"，吃法也渐渐由带汤一起吃演变成从水中捞出蘸料吃。

最早的冷冻食品

英国17世纪的哲学家弗兰西斯·培根曾经尝试把冰雪塞进鸡里冷冻它，结果自己受了寒，病倒了。其实，在培根的试验之前，人们已经知道寒冷能够阻

美国人克拉伦斯·伯宰正在给胡萝卜做脱水处理，希望脱水食物也会像他的冷冻食物一样受到欢迎。

止肉类变坏,很多庄园主设置冷藏食物的冰窖。这种早期的冷藏食品的方式并没有抓住冷藏的关键。事实上,冷冻的速度才是持久保鲜的关键。美国人克拉伦斯·伯宰发现了这一点。1912—1915年,克拉伦斯·伯宰在加拿大拉布拉多半岛看到印第安人在严寒中捕鱼,鱼出水后很快就冻硬了,数月后再化冻时仍和刚出水时一样新鲜。1924年,伯宰在美国马萨诸塞州建立了一个海产品公司,研究使冷冻加工食品商品化的生产技术。后来,伯宰把他的公司和冷冻加工技术卖给了波森塔姆公司,但产品需以"伯宰"为商标。1930年,波森塔姆公司生产出了第一批冷冻食品,有青豆、菠菜、木莓、樱桃、鱼、肉等。冷冻食品和速冻食品大大丰富了人们的餐桌,并削弱了食品的季节性。

最早的巧克力

巧克力是人们喜爱的一种甜味食品,在琳琅满目的巧克力品种中,丝丝柔滑的德芙是爱情恒久远的象征;浓郁香甜的金帝是爱情浓密的象征……总之,巧克力已经不仅仅是一种单纯意义上的甜品了。

巧克力的主原料为可可豆。早在墨西哥极盛一时的阿斯帝卡王朝最后一任皇帝孟特儒时期,可可豆制成的饮品已经成为人们顶礼膜拜的饮料。近日,一些考古学家在位于美国新墨西哥州西北部查科峡谷一座名为"普韦布洛－伯尼托"的印第安村落里,挖掘出了很多陶土做成的罐子。在这些罐子的碎片上,专家发现了一些食品的残留物。经过提取化验,专家证实,食品残留物中含有可可碱,这些约为公元前1100年的器皿可能是用来装盛可可饮料的。至此,专家断定,最早以可可豆为原料的巧克力距今已有至少3100年的历史了。

最古老的菜谱

菜谱是记载制作菜肴所需烹饪原料、烹饪方法以及烹饪技巧的载体。如今的菜谱多是一些编辑成册的书籍。在底格里斯河和幼发拉底河之间的美索不达米亚地区,考古专家发现了迄今为止世界上最古老的一份菜谱。这份菜谱是由一些出自公元前1700年的石制铭牌构成的。铭牌上,刻有将水牛、羚羊和鸽子肉制作成菜的方法。我国是烹饪大国,早在9世纪,我国就有了手抄本菜谱《烹饪津梁》,这是世界上最早的具有现代意义的菜谱。第一本正式印刷出版的菜谱,是1455年意大利人巴尔塔美奥特·沙希的《饮宴乐事》。

最早的方便面

方便面是以棕榈油将事先烹制好的面条压缩硬化处理,装入塑料包装袋或杯桶中,用热水冲泡即可食用的一种既经济又实惠的快餐食品。据统计,仅2002年一年,全球方便面消费就高达550亿袋。

1958年,日籍台湾人安藤百福首次向世界推出了"鸡汤拉面"这种既可以干食,又可以冲泡的食品,并且创立了世界上第一家方便面公司——日清食品公司。从此,方便面和它的仿制品们开始在世界食品市场上走俏。

但是在此之前的中国的清朝时期,就已经出现了方便面的雏形。相传,清代书法家伊秉绶有一次在家中举办宴会。厨师做出了一种油炸之后入汤烹煮,并配以鸡蛋的面食,当时的宾客对这种劲道爽滑的面条赞不绝口,称之为"伊面"。"伊面"的制作原理以及食用方法与之后发明的方便面极为相似,是世界上最早的方便面。

最早的味精

味精是一种可以使食物味道变得鲜美的食品添加剂。人们通常会在做菜的时候,加入少量的味精,以提升食物的口感。1908年的一天,日本东京帝国大学化学教授池田菊苗在享受妻子为他精心准备的饭菜时,发觉放了海带丝的汤格外鲜美。

经过分析,池田菊苗教授发现,海带中含有谷氨酸钠,这种物质与水或者唾液发生化学反应,可以电离成自由的钠离子和谷氨酸盐离子,这是致使汤菜味道鲜美的根源所在。于是,池田菊苗教授在这一科研成果基础上,从小麦、脱脂大豆等物质中提取原料,合成制造出了世界上最早的味精。1909年,池田菊苗教授为自己的这项发明申请了专利,并且在日本味之素公司投入生产。如今,这种白色的晶莹颗粒状物质已经成为人们日常生活中不可或缺的调料。

最早的糖精

在古埃及的文献中,有关于人们利用蜂蜜作为甜味剂的记载。甜味剂是人们生活中经常会用到的一种食品添加剂。其中,糖精就是最古老的甜味剂之一。1878年,具有现代意义的糖精被美国科学家人工合成。它的主要成分为糖精钠,是一种具有芳香气味的苯的衍生物。

人工合成糖精的甜度是普通蔗糖甜度的300~500倍,但是与天然蔗糖相比,这种甜味剂却是一种无营养型食品。自20世纪初开始,糖精是否有危害一直是人们讨论的焦点。1960年,科学家的一项研究结果表明,长期食用糖精,会造成人的食欲减退,而且,它还可能是一种高致癌物质。尽管有研究不断为糖精的无害佐证,但是现如今,很多国家都有明文规定限制糖精的使用量。

年代最早的酒曲实物

很多史书中都曾提到过一些历史事物,由于年代久远、战争、地理变迁等因素,考古学家只能从文献中寻找佐证,并没有实物证明。但也不乏数百年后文物出土与史实相符的情况。能够证明《尚书·说命》中记载的"若作酒醴,尔惟曲糵"的酒曲实物,是从河北省的石家庄市藁城台西商代遗址中保存较为完整的酿酒作坊里挖掘出来的。

这樽《尚书》中提到的酒曲酵母残骸重达8.5千克,经专家鉴定,它是世

①将酿酒原料蒸煮,加上酒曲(人工培植的酵母)。

②将煮好的酒料放在大口罐中,待其发酵。

③酿成酒,用漏斗装进储酒器内。

界上年代最早的酒曲实物。

最早的酸奶

酸奶是一种味道酸甜的发酵奶品。如今市场上销售的酸奶大都是以新鲜牛奶为原料，经过发酵剂发酵加工制作而成。相较于没有经过发酵的牛奶，它更易于被人体吸收，营养价值较高。

相传，公元前3000多年前，居住在土耳其高原的游牧民族以羊奶为日常饮品。为了方便携带，牧民们将羊奶装在水囊中。长时间的游牧加上空气的腐蚀作用，存放在水囊里的羊奶经常会变质。牧人们喝了这种变酸了的羊奶，觉得口味要比纯牛奶好很多。于是他们在变质的羊奶基础上，经过蒸煮等方式，制成了世界上最早的酸奶。公元前2000多年，保加利亚地区的这种酸奶制作技术被传到了欧洲以及更多的地方。因而，世界公认的最早酸奶产地为保加利亚。

20世纪初，俄国科学家伊·缅奇尼科夫长期研究发现，酸奶是一种长寿饮品。因而，第一次世界大战结束以后，酸奶进入了大规模的生产加工时代，酸奶成了人们最喜爱的奶制品之一。

葡萄酒的最早记载

早在7000多年前，葡萄酒就已经成为人们生活中的一种饮品。在公元前2500年左右的古埃及壁画上，就有关于葡萄酒酿造的纪录，这是有关葡萄酒的早期纪录。公元前1700年左右的《汉谟拉比法典》中，也有关于应用葡萄酒的相关规定。成书于公元前6世纪中叶的《荷马史诗》中，出现了人类酿造葡萄酒的字样："当奥德赛误入独眼巨人洞内面临死亡威胁时，他发动手下人四处采集野葡萄，用脚踩出葡萄汁，酿成葡萄酒……"这是《荷马史诗》中最早关于酿造葡萄酒的记载。

作为古希腊的一部典藏之作，《荷马史诗》在民间口头创作基础上，成就了希腊神话的经典之作。它将希腊当时英雄主义时代的自由理想展现得淋漓尽致，同时也反映出了当时希腊的地理形态、风土人情等真实场景。作为希腊最主要的一种酒品，葡萄酒被古希腊人视为人类智慧的源泉。而酒品醇香、历史久远的蕾契娜更是堪称"希腊国酒"。

最贵的茶

在第七届中国武夷山大红袍茶文化节上，重量仅为20克的母树大红袍茶叶竟然拍卖出了20.8万元的高价，是目前所有茶品中，价格最为昂贵的一种。

大红袍产于福建省的武夷山区，景区内的天心岩九龙窠是出产高品质武夷岩茶的地方，其中尤以大红袍最为名贵，号称"茶中之王"。大红袍是一种外形条索紧结，色泽绿褐鲜润，冲泡后茶水橙黄明亮、香气持久、滋味醇和的茶品。

清代，这种极为珍贵的茶品仅有母树6株，年产量不到1000克。20世纪80年代初期，科学家们试验的大红袍茶叶无性繁殖获得成功，大红袍茶树开始大面积种植开来。目前在武夷山区大红袍茶园有4万多亩。

最早的汽水

世界上最早的汽水诞生于18世纪，是由英国的约瑟夫·普利斯里发明的，同时他也是氧气的发现者。普利斯里在约克郡做牧师的时候，发现啤酒发酵后产生的气体溶于水中,会产生一种略有刺激性口感的饮品,经过反复试验,他最终研制出了能够产生很多气泡的汽水。

如今,汽水已经成为人们生活中常喝的一种饮料。它其实是二氧化碳气体的水溶液。市场上销售的汽水都是经过加压方法处理,使更多的二氧化碳溶解于水中,并加以糖、色素等其他辅料加工而成的饮品。

最畅销的饮料

世界上最畅销的饮料是被人称为"魔水"的可口可乐及其系列产品。

据统计,全世界将近有200多个国家在销售可口可乐系列产品,可口可乐及其系列产品在全球每日的消费量已经超过10亿杯。全球已经有1400家被特许生产可口可乐及其系列产品的企业。可口可乐及其系列产品占有全世界饮料市场将近一半的销售量,是饮料业绝对的老大。

可口可乐是由美国亚特兰大的一位普通的药剂师约翰·斯蒂斯·彭伯顿发明的。他先是于1886年发明了一种止咳糖浆,此后有人很意外地把糖浆与碳酸水混合起来形成了今天畅销全球的"魔水"——可口可乐。

最早的香烟

香烟是当今社会最受人们欢迎的一种享受消费品之一。从1492年,哥伦布发现新大陆来到美洲,发现了燃烧后能够发出浓馥香味的烟草,并将它带回欧洲开始,烟草便在世界各地传播开来。最初,作为一种消费品,烟草并没有固定的名称。人们吸烟的时候采用烟管、烟斗或直接咀嚼的方式汲取烟草中的烟味。

相传,1799年的战场上,一名土耳其士兵发明了世界上最早的"香烟"。受战争影响,战地上根本没有吸烟用的工具。这名守城的土耳其士兵实在抵抗不住烟瘾的冲击,便将裹子弹用的纸取了下来,将烟叶末卷入纸卷中,点燃吸了起来。后来,这种方法迅速传遍世界,当时人们称这种卷起来的烟为"卷烟"。

1880年,奥匈帝国生产出了世界上第一盒"尼尔"牌20支铁听香烟,从此,卷烟业纷纷效仿,以"香烟"称之,并且开始粘贴烟标。

最早的泡泡糖

泡泡糖是一种嚼起来香软可口,还能吹出五颜六色气泡的糖果,它是由美国费城的沃尔特·戴默会计研制出来的,但是那时的泡泡糖质量较差。后来,经过不断改良,1937年,一批质量相对较好的泡泡糖才推向市场。

泡泡糖一经推出,便迅速得到孩子和青年人的喜爱,给人们带来了无穷的乐趣。除此之外,它还能起到健齿的作用,是牙医们的好助手。

据考证,在沃尔特·戴默研制的泡泡糖以前,3世纪的玛雅文明时期,就已经出现了较为成熟的泡泡糖制作技术。当时的玛雅族人从墨西哥附近的犹达丹岛上生长的树胶中提取出乳胶,加以蜂蜜、甘蔗汁、天然色素等物质进行搅拌,制成了一种能够清洁口腔、齿垢,还可以吹出泡泡的弹性十足的软状胶糖,这种胶糖便是最早的泡泡糖。

家电之最

最早的电灯泡

世界上最早的电灯泡是由闻名全世界的美国著名科学家爱迪生发明的。

1879年10月21日，爱迪生经过1年多的苦心研究，在试用了上百种材料之后终于找到了自己要找的灯丝，发明了电灯泡。在这期间，爱迪生用其难以想象的毅力和持之以恒的精神做了上千次实验，到最终发现炭这种比较理想的灯丝，爱迪生花了将近1年的时间，这对于人的毅力来讲简直是一种难以想象的考验，但是爱迪生做到了。在这之后的1年之内，爱迪生又找到了比炭还理想的灯丝——毛竹。虽然这种灯丝的寿命也不过1000多个小时，但是，爱迪生的发明已经为他的后来人找到了电灯的基本构造和发光原理。后来奥地利人亚历山大·戚斯特和弗兰兹·那曼发明的钨丝灯都是建立在爱迪生的发明的基础之上。所以，爱迪生发明的电灯是世界上最早的电灯。

最早的洗衣机

最早的洗衣机是美国人汉弥尔顿·史密斯于1858年在匹兹堡发明的。这台堪称是世界上最早的洗衣机要用人力来帮助它转动，并且很容易损坏衣服，于是它后来并没有被人们广为采用，但是美国人汉弥尔顿·史密斯的想法却激发了很多正在思考的头脑。芝加哥的阿尔凡·费希尔就是这些被激发的人中的一个，他于1910年在芝加哥制成了世界上第一台电动洗衣机，并且受到了很多人的欢迎，但是人们对洗衣机的要求远远还没有得到满足。洗衣机真正在全世界范围内被使用是在1922年之后。1922年，霍华德·斯奈德继承了前人的想法，制成了世界上第一台真正意义上的洗衣机——搅拌式电动洗衣机，这种洗衣机也正是我们现在广泛使用的洗衣机。从此，洗衣机的历史才真正地开始了！

最早的电视机

电视机的发明者是英国人贝尔德。

贝尔德于1888年生于英国，从小家庭就比较困难，还身患重病，好多次差点失去生命，但是贝尔德有顽强的毅力和聪明的头脑，只是从朋友那里得到了一点点启发，就开始了自己长达20年之久的电视研究。为了圆自己的电视机梦，贝尔德可以说是倾家荡产，他把自己仅有的一点点财产变卖掉，买来实验材料进行研究，尽管他深受病魔折磨，但贝尔德毫不气馁，20年如一日，破烂的实验室就是他的家，面包就是他

贝尔德正在实验室研究他的电视机

的食物，实验材料就是他最好的知己。终于在 1929 年，也就是在贝尔德 40 岁的那一年，他成功地研制出了世界上第一台电视机，伦敦街头的人们向他欢呼喝彩。也就是在贝尔德发明电视的同一年，英国广播公司开始开展电视广播业务，电视机才真正地进入了人们的生活！

最贵的电视机

目前，世界上最贵的电视是由 Keymat 推出的 Yalos。这款售价超过 13 万美元的液晶电视是高科技与时尚的完美结合。在其纯平的显示屏周围镶嵌着 160 颗南非 A 级钻石，总重量为 20 克拉。在电视画面亮度的映衬下，这些钻石如同天上的星星般，给人以梦幻般的视觉享受；受钻石折射光的烘托，电视画面也如同镶嵌在水晶摆台中一般，唯美逼真。不仅电视机的显示屏如此高贵奢华，就连它的底座都是由白金制作而成的。可见，这台天价电视机必然有其昂贵的道理。

最早的家用录像机

世界上第一台家用录像机是由日本索尼公司于 1975 年推出的 β－max 型录像机。它改变了传统录像机大体积的模式，采用录像机使用 1/2 寸宽的盒式磁带，缩小了带盒的尺寸，但是录放时间却延长很多，并且提高了数据纪录的精准度。β－max 型录像机是一款性能良好而又售价低廉的实用型录像机。

由于仍采用磁带方式纪录数据，磁带消耗是限制 β－max 型录像机发展的弊端之一。1976 年，日本的 JVC、松下等公司推出的家用 VHS 型录像机逐渐替代了 β－max，成为标准的录像格式。如今，β－max 型录像机早已退出了录像机市场。

1947 年 6 月 7 日，美国沃尔多夫·阿斯托里亚旅馆展示的"雷神"雷达炉样品。

最早的微波炉

世界上最早的微波炉是美国人帕西·斯潘塞发明的，当时叫作"雷达炉"。

1945 年，美国人帕西·斯潘塞还是一名普通的电气工程师。一天，他在实验室做实验的时候发现了一个奇怪的现象：他在实验中所使用的一根磁控管将他口袋里的一块巧克力烤化了。他从这个奇怪的现象中得出结论：磁控管可以产生大量的带有热量的微波。这个结论给了他很大的启发：能不能用这种热量来加热食物或者是把食物烤熟呢？带着这种好奇，帕西·斯潘塞发明了世界上第一台微波炉。当时因为帕西·斯潘塞是在做关于雷达的实验的时候得到启发的，因此，帕西·斯潘塞把他发明的新炉具叫作"雷达炉"。后来，人们才慢慢开始根据它工作的原理改叫它"微波炉"。

最早的空调

1902 年英国发明家威利斯·哈维兰德·卡里尔设计并安装了第一部空调系统，因此他后来被称为"制冷之父"。

该空调的发明源于美国纽约的一位印刷商发现成纸的变形是由温度的变化造成的，从而导致有色墨水失调，卡里尔于是专门设计了该空调系统。1906年，卡里尔的该项专利得到注册。

最早的家用电冰箱

世界上最早的家用电冰箱是1913年诞生于美国芝加哥的一台名叫"Domelre"的电冰箱。此后，经过不断的改进，才形成了今天我们经常能看到的家用电冰箱。作为一种冷藏、冷冻贮存食品的容器，电冰箱具有贮藏、制冷、控制温度和保鲜四种基本功能。它为人们提供了一个更好地保存食物的方法。现在，电冰箱主要被用来冷藏肉、蛋、水果、蔬菜等易变质的食物；此外，还通常做科研、医学、商业等有关方面的冷藏物品用。

最早的电熨斗

欧洲人非常讲究绅士风度。从古至今，他们对穿着、饮食等各个方面的要求都很高。早在17世纪，欧洲人便已经开始熨烫衣服。由于科技尚不发达，人们熨烫衣服的工具是一种需要先在火中或热金属上加热，然后才能熨烫衣服的"平底板"。如果温度掌握不适当，衣料被烫焦的状况会经常发生，甚至还会发生皮肤被烫伤的情况。

1882年，美国发明家亨利·W·西利在加热水或煤炭的"空心熨斗"基础上，经过反复试验。最后，他在电熨斗的内部装上了一个金属丝元件，当电流通过时，金属丝会产生热量，从而向外发散热能，人们可以通过控制电流来控制熨斗的温度。这样一来，精致而又实用的电熨斗便诞生了。但是，受当时电能普及范围狭小的不利因素影响，西利的这项发明并没有给太多的人带来实惠，大多数人仍在使用着传统的熨烫衣服工具。

最早的高压锅

早在300多年前，法国物理学家丹尼斯·帕平便意外地发现：海拔越高，水的沸点就会越低，食物越不容易煮熟。根据这个发现，帕平以水代替食物，研制了一种密封的容器。当温度增加时，容器内的压力也会逐渐增加。由于容器中的空间有限，加热的温度达到一定的临界值时，容器内的压强便要高于外界很多倍。

这样一来，如果将水换成食物，那么，放在容器里加热的食物便很容易煮熟、煮烂，既省时，又节能。后来，又经过多次试验，帕平终于在1681年制造出了世界上第一只"高压锅"。当时的英国贵族听说帕平研制出了这样一种神奇的厨具，便率先尝试了这个厨具带来的美味。品尝之后，大家发现"高压锅"烹制出来的食物鲜、香、烂，对其赞不绝口。为了纪念帕平的这项发明，当时的人们便将"高压锅"命名为"帕平锅"。

最早的吸尘器

吸尘器在人们的日常生活中扮演着很重要的角色。它是人们家庭除尘的好帮手，也是工厂清理垃圾的"超人"。早在1860年以前，欧洲人的家庭中就已经出现了吸尘器，当时的吸尘器并不像现在的家用吸尘器这样轻便小巧，而是一种体积庞大的大木块式的动力吸尘器。人们清洁房屋时，搬动起来十分不方便。

最早的真空吸尘器

世界上第一台真空吸尘器是由英国工程师赫伯特·布思发明的，相较于现在轻便小巧的实用型吸尘器来说，它的体积可谓庞大。

有一次，赫伯特·布思在参观美国除尘新产品展示会的时候发现，一些除尘设备的除尘效果的确很好，但是除尘之后的尘灰处理却做得不够到位。于是，布思便有心解决这个问题。经过多次现场模拟，1901 年，布思制造出了一台具有高效过滤功能的真空吸尘器，这台真空过滤器不但能将灰尘清理干净，还可以将新鲜的空气置换出吸尘器。由于内部设计相对复杂，这台真空过滤器的体积很大，只适用于工厂的清理保洁，并不适合在家庭中推广。

但是，这台真空吸尘器却为美国发明家 J. 默里·斯彭格勒提供了参考凭证。他经过改装调试，制作出了一台体积较小的真空吸尘器。后经威廉·H.胡佛的在线生产，小巧而又适用的"胡佛"牌吸尘器在人们的生活中应用开来。

最早的留声机

世界上最早的留声机是由托马斯·阿尔瓦·爱迪生发明的。用爱迪生的话说，这是一项偶然的发明。爱迪生在研制电话的过程中发现：电话传声器中的膜会随着声音的高低起伏，发生不同程度的震颤。按照这种模式推断，人的声音也将会随着膜的震颤而被还原。

爱迪生发明的留声机

于是，爱迪生用一枚短针开始了震颤还原声音原理的反复试验。1877 年，爱迪生在助手的帮助下，制做出了一台由大圆筒、曲柄、受话机和膜板组成的机器。他将一张锡箔纸卷在了刻有螺旋槽纹的金属圆筒上，将机器上与受话机相连的细小针头调整好位置，放在了锡箔纸的上方，然后摇动机器上的手柄唱起了《玛莉的山羊》。随着机器的转动，针头在锡箔纸上留下了深浅不一的纹路。唱完之后，爱迪生将针头放回原处，继续摇动手柄，歌声果然从机器中传了出来。这项发明堪称 19 世纪最令人骄傲的三大发明之一。

最早的半导体收音机

半导体指的是在常温下导电性介于导体和绝缘体之间的材料。人们发现这种材料的电阻率特性、导电特性、光电特性、负的电阻率温度特性和整流特性之后，将半导体应用在了电频的接收领域。

1894 年，俄罗斯人亚历山大·斯塔帕诺维奇·波波夫发明了世界上第一个无线电接收器，这种装置实现了人们用电波传送信号的愿望，迅速成为军事通信工具，这种无线电接收器为人们发明收音机提供了素材。

人们根据半导体的特性，以及无线电接收装置原理，制成了世界上最早的半导体收音机——矿石收音机，这种收音机是一种利用矿石作为检波器，由天线、地线以及基本调谐回路等组成的无电源收音机，它主要用于中波公众无线电广播的接收。1906 年，世界上第一个无线广播电台在美国匹兹堡建立，从此，人们进入了电波时代。

生活用品之最

最早的牙刷

牙刷是人们用来清洁口腔的工具之一。早在古希腊和罗马时代，人们使用木炭、盐水、细砂、树枝等物来清理牙齿，考古学家还在公元前3000年的苏美人乌尔城邦的国王墓穴中挖掘出了人们清洁牙齿用的"牙棒"。但是，最早的牙刷雏形要数中国出土的1000多年前的辽代古墓中的两支骨制牙刷柄。

这两支牙刷柄虽然已经没有了刷毛，但是骨制手柄上依然清晰可见8个分成两排的植毛孔。据专家考证，这两把牙刷柄距今至少已有1049年的历史，它的形状与现在植毛牙刷十分相似，牙刷柄上所植的刷毛应该是动物鬃毛一类。1770年，英国人比威廉·艾迪斯发明的第一柄现代牙刷，比我国出土的959年的牙刷柄至少要晚了800多年。

最早的牙刷广告

最早的牙膏

在牙膏发明以前，人们使用白垩土、动物骨粉、浮石等物质作为洁牙剂。这种洁齿用品在2000～2500年前的古埃及人、希腊人、罗马人的历史文献中，都有记载。工业革命推动了人类文明的进步，洁齿牙粉也开始有了新的发展。

1893年，维也纳人塞格在传统牙粉以碳酸钙作为摩擦剂、以肥皂为表面活性剂的基础上，研制出了世界上第一管牙膏。它以焦磷酸钙为摩擦剂、焦磷酸锡为稳定剂，并且将法国人发明的金属软管应用到了牙膏领域。从此，牙膏代替牙粉，在人们的生活中扮演着更为重要的角色。1945年，美国牙膏中加入了氟化亚锡，世界上第一支加氟牙膏由此诞生。

最早的肥皂

相传，肥皂是公元前2708年，由埃及王宫中的一名小厨师无意间发明的。在一次盛大的宴会上，这名小厨师不小心将羊油洒在了灶灰中，他将混合了炭灰的羊油处理掉之后，用清水洗手时，惊奇地发现，手上顽固的油渍竟然清洗得十分干净。于是这种羊油灰便在埃及流传开来，继而传播到了罗马、希腊等地。

据史料记载，大约在公元前3000年，西亚的美索不达米亚地区便已经出现了肥皂的配方。当时的人们将一份油与五份碱性植物灰混合制成洁净剂，这便是肥皂的雏形。据考古学家在意大利的庞贝古城遗址中发现的制作肥皂的作坊证明，2世纪，肥皂的生产已经初具规模。

最早的化妆品

作为护肤保健的一种手段，化妆品对于人们来说并不陌生。但是最初，人们将各种色彩的颜料涂于面部等地方，并不是为了护肤或美观，而是作为人们生存所需的一种保护色。

化妆品作为装饰或者护肤品被人们广泛使用，源于4000多年前的古埃及。当时的人们以动植物油脂、矿物油和植物花朵等天然物质，作为滋润皮肤、装饰面容以及宗教祭祀和干尸保存的化妆品。据记载，当时的古埃及妇女十分喜爱将花粉、油脂等物质涂于眼睑、面部等地方，这些纯天然的粗糙物质便是世界上最早被使用的化妆品。

后来，罗马人开始对天然植物进行加工，从中提取出了一些原料，经过调配等方法，制作出了更为精细的化妆品。随着人类文明的不断进步，化妆品的生产也逐渐走上更为精良的道路。现如今，各种疗效、各式品牌的化妆品琳琅满目，充斥着人们的生活。

最古老的香水

香水是人们修饰、美体必不可少的一种物质。法国是世界上最著名的香水产地，但是这里却不是拥有香水最古老的地方。最近，一意大利考古队在一处古代遗址的香料店中，发现了许多具有浓烈香水味的小瓶子。这座埋有香水瓶的遗址位于距离塞浦路斯首都尼科西亚西南34千米的普格斯·马罗拉基遗址中。

考古专家从挖掘出来的文物，以及克里特古城科诺索斯的销售纪录断定，早在公元前2000年，这里就已经开始了香水的生产与使用，是世界上最早的香水生产基地。专家将陶土制成的香水瓶中残留的香精还原，惊奇地发现，4000年前的古人所用的香水，竟和现在人们所使用的香水相差无几。经过先进科学技术的加工与还原，专家还得到了肉桂、月桂、茵芹等香精。根据分析结果，专家得出结论：目前世界上所生产的香水，都源于一个地方——塞浦路斯。

最早的车轮

车轮的发明改变了人类出行以及交通运输的方式。根据考证，世界上最早有关车轮的记载是在公元前3500年。

早期的车轮由木头制成的，人们在长期的生活实践中发现，将重物放在圆木上拖着走，要比直接拖拽重物轻松得多，并且圆木直径越大，运输中的速度越快。后来，人们便在圆木基础上，发明了最早的木制车轮。公元前1350年前后，埃及法老将战车的车轮包上了一层皮革，具有现代意义的车轮便诞生了。之后又经过人们的不断改良，使用轮辐和轮缘加固的车轮出现。18世纪末至19世纪末，橡胶制轮胎代替了传统的木

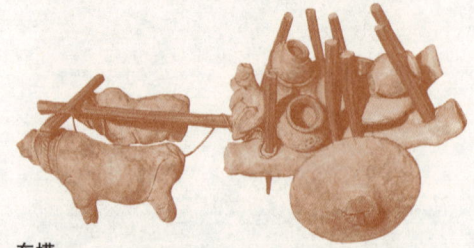

车模
这样的泥土模型由两头牛拉着，证明印度人使用车轮。他们使用大型的车运载粮食与其他产品。

质车轮。

最早的瓷器

陶瓷是古代中国的特产，它是中国古代劳动人民智慧的结晶，也是世界初识中国的媒介。以至于在西方文化中"中国"和"瓷器"成了密不可分的双关语。

早在新石器时代，我国就已经出现了制作陶瓷的工艺。西汉的繁荣昌盛，为陶瓷工艺的发展奠定了坚实的物质、经济基础。到了东汉，陶瓷作为高贵奢华的象征，其制作技术已经达到了炉火纯青的地步。随着人类文明的进步，对外文化交流活动的频繁，中国的陶瓷文化开始在世界范围内流传开来，瓷器的式样品种也变得更加丰富多彩。

1981年，考古专家在河南渑池仰韶文化遗址中，挖掘出了大量的釉陶片。经鉴定，这些陶片为新石器时代的原始瓷器，是目前为止世界上发现最早的瓷器。

最早的塑料制品

塑料是生活中一种常见的材料，尤其是塑料制成的袋子，它给人们生活带来方便的同时，也造成了地球的白色污染。

最早发明塑料制品的人是美国的约翰·卫斯里·海厄特。在19世纪的欧洲，台球是人们非常喜爱的一项娱乐活动，但是因这种象牙质的台球原材料不易得到，造价十分昂贵。1860年，一位美国工厂主开出10000美元的高额奖金，悬赏能够改良象牙质台球的人。经过潜心研究，海厄特终于在1869年，用纤维素二硝酸酯、樟脑及乙醇的混合物制成了象牙台球的替代品。这种名为"赛璐珞"，也叫"硝酸纤维素"的塑料冷却之后会变得十分坚硬，与象牙材质有相似之处，也是世界上最早的塑料制品。

最早的玻璃制品

玻璃是生活中常见的一种材料，它是由沙子、石灰石和碳酸钠等混合烧制而成的。据专家考证，世界上最早的玻璃制品出现在美索不达米亚地区或古埃及文明时期。

现存最早的玻璃制品是出自古埃及第十八王朝（公元前1570—公元前1320年）的玻璃瓶。这些带有各种颜色的小瓶子是古埃及人以碳酸盐和石英粉混合，放在回收器中加热着色制作而成，是用来盛装香水等液体的容器。而且，英国和德国的考古学家也在位于尼罗河三角洲东部的宽蒂尔－皮拉米西斯地区，发现了一座世界上最古老的玻璃制作作坊。专家推断，这个玻璃作坊的年代大约在公元前1250年。

最早的雨伞

人们出行的时候，总是喜欢带一把雨伞，晴天时，用来遮阳；雨天时，用来避雨。伞不仅成了生活必备用品，更成了时尚女性的装饰用品。

公元前2400年，世界上最早的雨伞出现在了美索不达米亚平原。当时的雨伞并不像现在的雨伞一样体积小巧、方便携带，它是一个单纯为人们遮蔽阳光的"篷子"，这个"篷子"堪称雨伞的鼻祖。

公元前1100年，中国出现了以竹子或檀香木作为伞骨、树叶或羽毛作为伞面的便携雨伞。到了春秋末年，我国古代著名木工师傅鲁班常在野外作业，若遇下雨，常被淋湿。鲁班妻子云氏想做一种能遮雨的东西，她就把竹子劈成细条，在细条上蒙上兽皮，收拢如棍，张开如盖。实际上，这就是后来的伞。

最早的浴盆

将出土的古代洗漱器物相比较后，专家断定，世界上最早的浴盆制造于公元前1700年左右，这个出自于希腊克里特岛的一个神殿中的浴盆，距今已有3700多年的历史。

最早的抽水马桶

1595年，世界上第一个抽水马桶安装在了女王伊丽莎白一世的里士满宫殿里。尽管它改变了清理倒空便器散发恶臭的现实，但是，这个由大臣约翰·哈灵顿爵士研制而成的抽水马桶，并没有得到当时英国普通人的认可。

从当时英国的国情来看，抽水马桶所需的排污管道、冲便自来水等必备条件并不能落实到实际生活中，这样一来，抽水马桶只能是部分贵族的奢侈用品。但是哈灵顿却将抽水马桶的发明写成了一本书，这部书的流传，为英国发明家约瑟夫·布拉梅提供了改进抽水马桶的资料。

1778年，约瑟夫·布拉梅以三球阀控制水箱出水量，U形管道存储部分清水隔离污水管的臭味的新型改良抽水马桶获得了抽水马桶的专利权。在此之后，抽水马桶才渐渐在欧洲普通家庭得到推广。

最早的自来水笔

很长一段时间里，欧洲人都是以鹅毛笔作为书写工具的。虽然鹅毛笔质地柔软，使用较为方便，但是由于长时间使用，鹅毛笔经常会出现笔尖磨损、墨水外漏的情况。

1829年，英国人倍利研制出了一种钢制的笔尖，这种笔本身并没有储存墨水的地方，相较于鹅毛笔有所改进，但是却依然没有解决笔尖漏水的问题。直到1884年，美国保险员沃特曼经过反复试验，利用压强原理，研制出了世界上第一支自来水笔。这种自来水笔的结构和现在的钢笔结构类型相差无几，都是用细小管道连结墨囊和笔尖，再用微型管道输送空气调整空气压强，以控制笔尖的墨水流量。

最早的圆珠笔

圆珠笔是一种使用方便、顺畅的书写工具。根据资料记载，它最初并不是用来在纸张上书写文字用的。1888年的时候，美国工匠约翰·劳德发现，传统的钢笔等书写工具只适合在纸张等地方留下印记。若想在皮革制品上做记号，钢笔之类根本无法做到。于是他设计了一种笔尖为钢珠，专门用来在皮革等硬质材料上做记号的书写工具。因为这种笔没有存储笔油的地方，后人便将它称为圆珠笔的雏形。

1916年，德国人利斯勃在这种圆珠

笔的基础上进行了改良，但是改良后的圆珠笔并没有在书写领域得到推广。1938年，匈牙利新闻工作者比罗经过反复试验，研制出了可以存储油墨，任何材质上都可以流畅书写的圆珠笔，并在1943年申请了专利。随着第二次世界大战的爆发，这种不漏油，又实用的书写工具备受美国空军的青睐。后来，美国商人雷诺以战争为契机，将其命名为"原子笔"，并且大量生产，投放市场，圆珠笔便在各国通用起来。

最有名的毛笔

毛笔是古代人最主要的一种书写工具，它和墨、纸、砚合称为中国的文房四宝。如今的毛笔种类繁多，同种笔类，大小粗细也各有不同。在毛笔家族中，最为有名的是原产于安徽宣州的宣笔。

宣笔又称"徽笔"。据史料记载，秦始皇统一全国以后，下令将书写工具改名为笔。在这以前，书写工具并没有固定的名称，而且都是一些制作工艺粗糙的毛笔。

公元前223年，秦国大将蒙恬带兵攻打楚国途中，路过现在的宣州一带时，发现这个地方的兔毫毛质上乘，便命工匠取兔毫，配以竹管制成了一批较为美观精细的毛笔。从此，宣州毛笔开始流行于世，尤以唐、宋时期最为盛行。它曾是唐代明文规定的"青毫六两，紫毫二两"的"贡品"。

如今的宣笔品种高达200多类，年产量近50万支。它以选料严格、柔软适度、毛纯耐用等优点远销日本、东南亚国家等海外市场。

世界上最早的植物纤维纸

关于纸的历史可谓久远。纸张是人们生活中一种重要的书写材质。在古埃及第一王朝（公元前3100—公元前2820年）的一个墓穴中，考古专家发现了一卷世界上最早的植物纤维纸张——莎草纸，从而揭开了植物纤维纸张的神秘历史。

莎草纸是由生长在尼罗河三角洲的纸莎草加工制作而成的，是古埃及人使用最为广泛的一种书写材质。作为莎草纸的生产原料，纸莎草是一种多年生常绿草本植物，草的叶子呈三角形，花的颜色为淡紫色。纸莎草的茎可以长到3米高，如同人的手腕粗细，其内部含有丰富的植物纤维，是制作莎草纸最为优良的原料。

莎草纸发明以后，远播古希腊、欧洲以及西亚等地。由于莎草纸受潮极易被霉菌腐蚀，在一段时间内，莎草纸甚至一度消亡。目前，世界上现存的莎草纸数量已经不多。

最早的手表

如今的手表种类可谓五花八门。在钟表发明之前，人们都是通过太阳的位置、沙漏等方法来确定时间的。13世纪左右，欧洲人发明了世界上第一个机械表，从此，钟表成了人们日常生活中精确掌握时间必不可少的装备。

第一次世界大战期间，一名战士为了能够准确地掌握时间，便把钟表绑在了手腕上。战后，瑞士钟表匠扎纳·沙奴受这种方法的启发，于1918年研制出了一种便于携带，两边设有可以安装表带，以便固定在手腕上的微型钟表。相较于普通钟表来说，这种表体积要比普通钟表体积小上几十分之一，这只钟表便是世界上最早的一只手表。

1926年，手表的式样又有了新的突破，发条动力手表诞生。随后，手表的式样种类不断翻新，电子腕表、石英手表相继出现，手表也开始大量生产起来。

最古老的钟

725年，唐代著名的天文学家张遂与发明家梁令瓒合力设计了一种名为"擒纵器"的装置。这种设备是当今钟表结构中齿轮嵌套的核心部分，被称作机械钟表的"心脏"。这也被视为历史上最早的一个钟表。1088年，北宋宰相苏颂等人设计出了一个大型的天文钟表，名为"水运仪象台"。这座装置中，除了安装有"擒纵器"之外，还具备观测天体坐标、演示天体运行规律的功能。据史料记载，它的时间精准率为99%，昼夜误差仅有1秒。

14世纪，欧洲出现了第一座机械钟，其核心部分的设计也是依据了"擒纵器"的原理。如今，这座仍在运行的古老机械钟正静静地伫立在英国威尔特郡索尔兹伯里大教堂里，从发明到现在，它的钟摆摆动次数已经超过了5亿次。

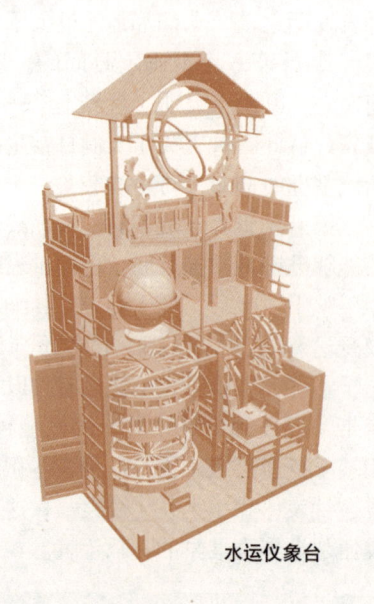

最早的石英钟

世界上最早的石英钟诞生于1929年。当时的科学家以石英的固有振荡频率代替传统报时基准，将石英晶体制成的振荡计时器放置在了电子钟表的核心机械中。经测定，这座世界上最早的石英钟每年的误差仅为3~5秒，是当时所有钟表种类中报时最为精准的一款。

早在1880年的时候，居里夫妇便发现了石英受压产生电流的特性。经过反复试验，居里夫妇将石英制成了石英晶体振荡器，这种振荡器受外界温度、湿度等因素的影响很小。当石英晶体受压时会产生微小电场，受外加交变电场影响，其表面会产生极其细微的电流并发生谐振。石英的性能稳定，振荡频率较稳定，以它的振荡频率带动钟表指针运动，报时更具有固定准确性。人们就是根据这一原理，将石英晶体振荡器装置于钟表核心机械中的。

最复杂的全手工机械表

世界上最复杂的全手工机械表是产自于瑞士的宝珀1735腕表。这款全手工机械腕表拥有超薄自动上链机芯、双指针飞返计时、陀飞轮、时刻分三问功能、万年历及月相盈亏六项功能，是历经6年时间研发，制表大师耗时一年半的时间制作出来的。

如今的宝珀钟表品牌公司仍然坚持着传统的人工组装制表流程，在其古老的农舍中，制表师们曾制作出很多刻有编号签名的世界制表艺术珍品。市场售价为636万元人民币的宝珀1735腕表，

水运仪象台

更是堪称全手工机械表中的极品。其精巧的机动系统内部有 30 多颗红宝石及约 300 片零件，都是制表师经过严格筛选调配，以手工镶嵌而成。虽然内部结构繁复，表心的厚度及直径却仅有 3.2 微米及 21 微米。全球能够制做出这样精细复杂手表的制表师也仅有 3 人。

最早的挂历

挂历是一种既美观又实用的日历。它不仅是一种记录日期的工具，而且是一种文化艺术展品。如今，式样繁多、花色各异的挂历已经成了日历家族中最美丽的一分子。世界上最早的挂历诞生于古罗马时代。当时有一种专门从事放贷业务的人，为了详细纪录何人、何时向谁借了贷，应该什么时候偿还，并且附加多少利息，这些人专门准备了一个本子，将一年中所有的月份、日期标注在本子上，日期旁边附有记事栏，以方便纪录放贷业务。这种"讨债本"便是最早的挂历雏形。

后来，人们发现这种"讨债本"是一种很受欢迎的纪录日期的方法。于是，人们开始在"讨债本"基础上进行了改进，"讨债本"逐渐演变成了现在的挂历，随着挂历的流行，各种文化挂历、广告挂历等也相继出现。

最早的剃须刀

剃须刀是男士刮胡子必备的工具。现如今人们已经不用再为刮胡子弄伤皮肤而小心翼翼了。因为，在剃须刀市场上，各式各样既先进又安全的剃须刀应有尽有，货品琳琅满目，满足了不同脸型的人的需求。

在这类剃须刀发明之前，人们使

吉列剃须刀刊登的一则广告，表现吉列公司认为自己生产的新安全剃须刀是多么安全。

用刀片刮胡子。这种工具虽然使用便捷有效，但是它容易对皮肤造成伤害，是一个不容忽视的缺点。1895 年的一天，金·坎普·吉列在众人关于剃须刀的讨论声中，决定发明一种安全实用的剃须刀。

经过一年多在亲朋好友身上的反复试验，吉列终于研制成功了一种"T"字形剃须刀。这种剃须刀可以根据人脸的轮廓变化，自行改变薄而锋利的刀片的角度。1901 年，吉列将这一项发明申请了专利，并且创办了"T"形剃须刀公司。一时之间，"吉列"牌安全剃须刀供不应求。

最早的秤

据史料记载，经济学家范蠡在长期的经商过程中发现，人们买卖东西没有一个统一的计量工具。人们只是根据经验目测或者将货物进行比较，来确定买卖货物的多少，这样确定出来的货物量并不是十分准确。后来，范蠡受吊水的杠杆原理启发，设计出了一种对等衡量货物的秤，这种秤是史料中记载的最早的一杆秤。

最初，范蠡设计的秤以十三两为一斤，在市场上应用了一段时间，范蠡发现，十三两为一斤的秤存在很多弊端。于是他根据南斗六星、北斗七星以及福禄寿三星，将秤改成了十六两为一斤，这样一来，既避免了商人在秤上做手脚坑骗百姓，也规范了市场货物交易的计量秩序。在这之后的2000多年里，范蠡发明的秤一直被人们使用着。

最早的火柴

火在人们生活中，占有重要位置。火柴的发明，可以说改变了人们原始取火的生存状态。

1669年，德国人H.布兰德提炼出了黄磷，人们依据黄磷氧化易燃的特点，将硫磺和黄磷放置在一起，两种物质发生化学反应，从而产生火光。经过不断的实验，1827年，英国人约翰·沃尔将硫磺和磷的混合物涂在了小木棒的顶端。涂了磷和硫磺的小木棒与砂纸或石头摩擦，便产生了火焰，从此世界上第一根火柴诞生了。

1833年，世界上第一家批量生产火柴的工厂在瑞典的贝里亚城建立。由于硫磺和磷燃烧容易产生剧毒物质，人们在生产火柴的同时，也在改良火柴头的配方。1855年，红磷和硫磺的混合材质的安全无害火柴诞生。从此，安全火柴开始在世界各地应用开来。

最早的安全锁

在公元前3000年的仰韶文化遗址中，考古学家挖掘出了古人使用的木锁。据史书记载，东汉时期，我国的三簧锁技术就已经达到了炉火纯青的地步。可见，锁的历史年代之久远。但是这些锁相对来说，都或多或少存在着安全隐患，并不是十分牢靠。

1784年，英国发明家约瑟夫·布拉默在原有固定榫槽锁的原理基础上，发明了一种套筒锁。这种锁与传统锁相比，多了一把小巧的钥匙，除了与自己型号相对的钥匙能打开锁之外，在不损坏锁身的情况下，几乎没有他法。为了证明这把锁的安全系数很高，布拉默开出200金币的奖金，悬赏能够打开此锁的人。结果，长达67年的历史中，竟无一人能够成功。因而，布拉默发明的这把套筒锁成为了世界上最早的安全锁。

最早的温度计

世界上第一支温度计诞生于1593年，由意大利科学家伽利略发明制造。这支温度计底端有一个核桃大小的玻璃泡，玻璃泡顶端是一个敞口刻有度数的玻璃管。测量温度时，将温度计底端的玻璃泡加热，然后将玻璃管插入水中，温度的变化就会随着玻璃泡中水面的升降，显示在玻璃管中的刻度上了。由于这种液体受温度、压强等因素的影响较大，它所显示的温度并不能十分准确地表示物体的真实温度。

1709年，荷兰人华伦海特将伽利略发明的温度计玻璃泡中的水换成了酒精，制成了一支更为精准的酒精温度计。后来，华伦海特在对比了各种物质的沸点基础上，经过反复试验后，对酒精温度计进行了改良，于1714年，制成了最为精准的水银华氏温度计。

最早的席梦思

席梦思是世界顶级床垫的代名词。它的出现改变了人们睡硬板床的生活习惯，为人们提供了一个柔软舒适的睡眠环境，它以外形高贵华丽、制作工艺精良、健康舒适等优点赢得了世界人民的喜爱。

1870年，美国家具商扎尔蒙·席梦思从人们的睡眠环境中发现了商机，他决定发明一种更加舒适的床垫。经过尝试，1900年，扎尔蒙·席梦思以弹簧为填充物，外面罩以柔软结实的布料，制作出了世界上第一张席梦思床垫。产品一经推出，立刻受到人们的欢迎。由于手工制作相对较慢，不能满足人们对席梦思床垫的需求。席梦思又历时3年时间，在机械师约翰·加利的帮助下，设计出了加工席梦思专用弹簧的机器。从此，席梦思床垫开始大量生产，走向世界各地。

最早的菜单

如今我们所说的菜单，指的是餐厅里点菜用的价目表或者说明菜品内容的菜肴清单，通常也指计算机程序中的一个项目。但是最早的菜单指的并不是这些内容。

据史料记载，16世纪初的法国宫廷菜肴并不似现在风靡世界的法国大餐一样，菜品多样，味道绝佳。1533年，法国国王昂里二世的王妃卡得里努来到宫中，这种式样简单的宫廷菜品模式才被打破。据说，这位美丽的王妃不仅带来了大量财宝作为陪嫁，还从佛罗伦萨带来了厨师团。这些陪嫁过来的厨师们为了在宫中一展厨艺，经常翻新菜品。为了方便记忆大量菜品的名称、烹饪技巧以及做菜的材料，厨师们便将这些内容摘录下来，记载在本子上，久而久之，这种厨师专用的菜单在法国宫廷流传开来。

1554年，侯爵布伦斯维克举行家庭晚宴的时候，将厨师用的菜单拿到了餐桌上，以便掌握厨师为晚宴准备的菜品。从这一时期起，这种面向顾客的菜单才真正流行起来。

现存最早的地毯

地毯曾是中世纪欧洲上层社会最奢华的一种象征。地毯的出现，也改变了人们家居装修坚硬冰冷的模式。目前，世界上现存最早的地毯是公元前5—前4世纪的阿契美尼王朝时期波斯生产的。这块经过精心修剪的毛绒地毯长2米，宽1.9米，中间为辐射状花瓣图案。它以红、黄、绿三种颜色为主色调，辅以其他色彩编制而成，色彩艳丽、做工精细的地毯上，每0.1平方米就有3600个目。这一块拥有很高编制技术的毛绒地毯是1949年被前苏联考古学家在阿尔泰地区的巴泽雷克第五号墓里发现的。

最早的针和线

在距今约5万年前的旧石器时代晚期，人们便已经开始了用针缝制衣物的历史。根据出土文物显示，在欧洲的奥瑞娜文化中，人们使用一种由骨头磨制而成，一端十分尖锐的针。无独有偶，在距今1.8万年前的我国山顶洞人文化遗址中，同样挖掘出了骨质的针。可见，世界上最早的针便是这种骨质的针。

关于线的历史并没有明确资料显示出现于何时。据专家推测，远古时期，人们以毛皮为遮体避寒的衣料，这些材质都是取材于自然。线的材料很可能也取自于自然物质，其中动物的韧带、植物的藤蔓是世界上最早的线。

休闲娱乐之最

最古老的游乐场

　　游乐场似乎无论什么时候都是最受欢迎的地方，尤其是受年轻人的青睐。但是谁又知道世界上最古老的游乐场出现在什么时候、什么地方呢？其实，丹麦的克拉姆鹏伯格的巴肯公园是世界上出现的最古老的游乐场。

　　丹麦的克拉姆鹏伯格的巴肯公园成立于1583年，并于同年开始向游人开放。当时巴肯公园还相当简陋，不过它已经拥有一条30米长的木制的过山车轨道，另外还有其他的水车车道和各种惊险乘坐设备，里面的许多设备和我们现在的游玩设备比起来已经初具规模。当时的游乐场一开放就吸引了许多人前来游玩，曾经是丹麦最有吸引力的地方之一。

世界上最早的皇家御花园

　　北海公园位于北京的市中心。公园主要由琼华岛、东岸、北岸景区三部分组成，是世界上现存最早的皇家御花园。

　　北海公园始建于辽代，是由北海园林扩建而来。1264年，元世祖忽必烈决定在旧中都城东北郊选择新址营建大都。1264—1271年间，忽必烈三次扩建琼华岛，并且重建广寒殿，从而，一个以琼华岛为中心的皇家御花园初具规模。在之后的朝代中，历代皇帝又在保留了原北海园林风格基础上，进行了扩建、复原。1925年，这座大型的皇家御花园正式对外开放。

　　如今，北海公园已经是一个占地面积69公顷的大型公园，琼华岛上苍松翠柏、画舫斋、静心斋、天王殿、快雪堂、九龙壁等集山水情调之优、亭台楼榭之长，既拥有北方园林的宏伟气魄，又有南方园林温婉浪漫的风格，景物与建筑浑然天成，相得益彰。

世界上最大的自然天成花园

　　2002年，云南省曲靖市罗平县的20万亩连片油菜种植园，被上海世界吉尼斯总部评定为世界上最大的自然天成花园。

　　罗平县全县45万亩的耕地面积中，有30万亩用来种植油菜。依托于气候温和、雨量充沛的得天独厚的自然条件，罗平县喀斯特地貌层层梯田上，一片片油菜随风飘荡。每年的2—3月份是油菜花开的季节，空气中散发着金黄的油菜花花香，放眼望去仿佛一片金色的海洋。20万亩连片的油菜种植园看上去气势磅礴。自1999年以来，罗平县已经举办了4届油菜花旅游节，每年都吸引了数十万名海内外游客前来观光。

最大的高空观缆车

　　2000年1月在英国朱比利花园举行了"伦敦之眼"高空观缆车揭幕仪式。该车是世界上最大的高空观缆车，其高度达136.1米，直径135米。共有座舱32个，每个座舱可载25人，视野范围48.28千米。它现已成为伦敦第四大建筑。该高空观缆车是由建筑师戴维·马克斯和朱丽亚·芭菲尔德为英国铁道公司设计的。

世界上最古老的动物园

世界上最古老的动物园是澳大利亚的墨尔本动物园，它位于距墨尔本市中心北面3000米处，建于1857年，是世界著名动物园之一。

动物园内各种奇花异草争奇斗艳，其植物种类超过2万种。在保持了原样的灌木丛中，有袋鼠、鸸鹋等动物。园内的动物占澳大利亚动物的15%。园内有世界上最早用人工授精方法培育的大猩猩，十分引人注目。如果运气好，还能看到它攀登树木的灵巧身影。五光十色的蝴蝶在房间中翩翩飞舞，无论哪儿都像梦里的国度，因此，如果错过世界稀有的蝴蝶屋实在是一个遗憾。这里的动物和自然、动物和人、人和自然的关系被处理得十分融洽，这是墨尔本动物园最大的一个特色。人可以与这里的很多动物直接交流接触。这里的环境完全打破了混凝土墙与铁栅栏对人和自然间的阻隔，人们可以尽享大自然的无限风光。

最大的动物园

按面积算，世界上最大的动物园当属西南非的野生动物保护区——艾托夏国家公园。据不完全统计，艾托夏动物保留地的面积在1907年至1970年间，扩大到了近10万平方千米，它是全球500家动物园中面积最大的一个。

按照动物的拥有量计算，世界上最大的动物园应属西柏林动物园。据动物学家1973年的统计报告显示，西柏林动物园拥有动物总数13373只，共计2409个种类。其中，包含哺乳动物1061只，共232类；鸟类2808只，共747类；爬行动物623只，共304类；两栖动物307只，共95类；鱼类2351条，共775类；无脊椎动物6223只，共25类等。它所拥有动物数量以及动物种类是全球其他任何一家动物园所不能比拟的。

最大的植物园

目前，正在建设中的陕西省西安市秦岭植物园，规划建设面积为458平方千米，堪称世界上最大的植物园。园内将就地保护秦岭地区的3200多种植物，还将迁地保护900种温带植物和2000多种热带和亚热带植物。这个植物园以保护中国本土高等植物为主要目的，兼收并容，以实现生物多样性保护、科研、科学普及教育和生态旅游等综合项目的开发。

最早成立的国家公园

黄石公园位于美国中西部怀俄明州的西北角，北落基山和中落基山之间的熔岩高原上，海拔2134～2438米，总面积8956平方千米，是世界上最古老、最原始的国家公园，也是世界上最大的公园。

黄石国家公园原是印第安人的圣地。后来，它被美国探险家路易斯与克拉克发现，经过开发挖掘，于1978年正式被列为世界自然遗产。自1872年黄石国家公园成立以来，这里接待了将近6000万来自世界各地的观光游客。

黄石公园内峡谷、瀑布、森林、化石应有尽有。这里以熊为象征，园内约有200多只黑熊，100多只灰熊，拥有美洲狮、灰狼、金鹰、麋鹿等

300多种野生动物。黄石公园内30000多眼间歇泉中，尤以每小时喷水一次的"老实泉"最为著名。

世界上最大的鳄鱼公园

世界上最大的鳄鱼公园是广州鳄鱼公园。坐落在广州番禺大石西部的广州鳄鱼公园不仅是一个集鳄鱼观赏、科普教育、生态农庄、各类动物表演等综合项目于一体的大型鳄鱼养殖场，更是目前世界上最大的一个鳄鱼主题公园。

公园占地总面积133.4万平方米，拥有世界各地不同种类的鳄鱼近10万条，鳄鱼品种中诸如：扬子鳄、凶猛的湾鳄、有趣的眼镜鳄、鸭嘴鳄等几乎在这个公园里都可以找得到。公园将鳄鱼展区分为知识科普区、中心互动区、生长展示区、开心游乐区、休闲商业区等七大活动区域。自2004年开园以来，来到广州鳄鱼公园游玩的游客络绎不绝。游人来到这里，仿佛进入了史前文明的"侏罗纪公园"，大小形态各异的鳄鱼近在眼前，堪称刺激的视觉冲击盛宴。

最早向公众开放的现代城市公园

世界上最早向公众开放的现代城市公园是美国纽约中央公园，它位于纽约曼哈顿岛中央；同时，它也是美国第一座精心设计的城市公园。这座公园建于1853年，花费了20年漫长的时间，倾注了大量的人力、物力和财力才得以建成，距今已有150多年的历史了。这座公园占地340万平方米，东西两侧是著名的纽约第五大道和中央公园西大道，公园内有93千米长的人行道，还有茂密的树林、宁静的湖泊。此外，还

迪斯尼世界公园
美国佛罗里达州的迪斯尼世界公园是世界上最大的主题公园。它的最大特色就在于它重现了许多人们熟知的迪斯尼影片中的故事情节和卡通形象。

有几处纪念馆，如贝多芬纪念馆。公园内经常举办名目繁多的各种活动，吸引了大量的游客前往参观。

世界上最大的主题公园

美国的迪斯尼世界公园是世界上最大的主题公园。该园位于美国佛罗里达州的奥兰多附近，其占地面积大约121平方千米，建设投资大约4亿多美元。该园已于1971年10月1日对外开放，吸引了大批游人。

世界上最大的游泳池

世界上最大的游泳池位于智利的圣阿方索海岸边，这座被收入《吉尼斯世界纪录》的巨型泳池长约1000米，占地面积约8万平方米，泳池最深处达35米，总容积为25万立方米。

这座人造"咸水湖"是由智利生物化学家斐南朵·菲斯曼的水晶泻湖公司设计的，它历时5年才修建而成，整个泳池科技含量颇高，耗费资金近10亿

英镑。每年用于泳池维护的费用就高达200万英镑。

尽管这座巨型泳池有很多小型快艇供人们泛舟嬉戏，但是，池水依然清澈见底。这是由于泳池所用的"咸水"都是由电脑控制的抽水泵和过滤系统，从附近的海洋中置换过来的。抽水系统不断运转，保证了整座池水与海水的循环，从而提供给人们一个绿宝石般的纯生态游泳场所。

最大的购物中心

世界上最大的购物中心位于阿拉伯联合酋长国的第二大城市迪拜。这座购物中心堪称"世界上最大的零售商场"，是一座极具奢华的综合性购物中心。

迪拜购物中心中室内总面积高达54.81万平方米，近35.02万平方米的区域是可以对外出租的。购物中心有超过1200家的店铺，如今已有近三成的商铺被世界知名品牌承租，这里堪称世界名牌产品的集聚地。整座大厦建筑用掉超过13800吨的钢材，拥有停车场位16000个，除了搜罗的商品种类齐全外，这里还拥有世界上最大的室内黄金交易市场、免费观光水族馆、大型滑雪场、时代乐章音乐喷泉等多个休闲娱乐场所，可以说，迪拜的街道就是购物中心，这里是消费者"一站式"的购物休闲娱乐天堂。

最早的轮滑鞋

世界上第一双轮滑鞋早在1760年就已经诞生了。当时的伦敦商人乔赛夫·马林首次穿着一种由金属制成，底部安有很多小轮子的长筒皮鞋，参加了朋友的化装舞会，舞会上的人们对这双神奇的鞋子好奇不已，争相试穿。马林的这双特制的轮滑鞋便拉开了轮滑鞋发展史的序幕。

1863年，美国人詹姆士将旱冰鞋进行了改进，制成了一种由一排钢制的四轮组成的、式样相对简单，行动较为灵活的轮滑鞋。如今，滑旱冰已经成为很多时尚青年的休闲娱乐方式。一些欧洲人出门也都喜欢以滑旱冰的方式代替步行。很多轮滑高手穿着轮滑鞋可以玩出各种花样。

最早的保龄球场

保龄球是奥运会的表演项目之一，也是人们喜爱的一项体育运动。它的起源要追溯到公元前5200年的古埃及。据史料记载，埃及西部沙漠地带的法尤姆地区曾经是一个沼泽凹地，每年，尼罗河水泛滥，这里都是一个天然的蓄水场所，久而久之，这里变成了沙漠中的小绿洲。同时，这里也成了古埃及法老们狩猎和娱乐的最佳场地。

意大利考古学家在这个地区发现了一处由一系列面积较大的房间隔断的建筑遗址。在遗址中，专家挖掘出了一片由石灰岩铺就的平整地板，地板的中部是一个边长约12厘米的正方形坑洞，地板两侧附有凹陷的轨道槽。在这块地板不远的地方，专家还挖掘出了两个表面光滑的石灰岩材质的石球。据专家推测，这座遗址为古埃及托勒密王朝时期（公元前332年至公元前30年）的保龄球场，是目前发现的世界上最早的保龄球场。

最早的酒吧

酒吧是人们放松心情、消遣娱乐的一类重要社交活动场所，全球有超过半数的夜店是由酒吧构成的。酒吧是由英文"bar"音译而来，由酒馆形式演变而成。在美国西部大开发时期，酒馆是西部牛仔和强盗们最喜爱的聚集地。由于工业程度相对不发达，当时人们的出行方式主要是骑马。为了解决牛仔、强盗们的马匹安置问题，这里的酒馆都会在店门钉一个横木桩。

随着人们出行方式的改变，生活质量的提高，来酒馆的消费群体也渐渐演变成了以当地居民为主体。昔日拴马用的横木变成了摆设，很多酒馆都拆除了这个设施。其中有一家酒馆的老板不舍得拆除这个有纪念意义的横木，便将它放到了柜台下面。很多来酒馆的顾客觉得坐在这条横木上，既可以和酒保攀谈，又可以享受自由的饮酒方式，这是在其他酒馆中找不到的乐趣，受到了酒客们的欢迎。于是，这种在柜台下面放横木的经营方式在酒馆中迅速流行起来，这便是最早的酒吧形式。

最早的卡拉OK机

1971年，身为一名日本酒吧乐手的井上大佑意识到，来酒吧唱歌的消费群体需要一个自动伴奏系统，这样不仅能够满足众多消费者的需求，还可以增加酒吧的收入，弥补乐手不足的缺陷。于是，他潜心钻研，终于设计出了世界上第一台卡拉OK机。它是以汽车立体声唱机加上麦克风、扬声器和硬币盒组合成的机器。最初这种机器只是一种供专业歌手在没有乐队现场伴奏的条件下使用的。但是卡拉OK机一经推出，便受到消费者的欢迎，随后经过改良、拥有更多功能的卡拉OK机迅速风靡全球。

最早的电子游戏机

电子游戏机又名电动、电玩，是继投币游戏机之后的新一代游戏机种类，是科学技术推动下的娱乐产物。1958年，美国的威利·希金博萨姆利用一些电器元件，与一个点拨显示器相连接，制成了世界上第一台电子游戏机，人们将显示器中画面粗糙的游戏称之为"双人网球"。

1962年，由麻省理工学院的3名在校生格拉兹、拉塞尔、考托克设计的游戏软件《太空大战》问世。1971年，"电子游戏之父"诺兰·布什内尔研制生产出了一款更为先进的新型电子游戏机，并且创立了世界上第一家电子游戏公司——雅达利公司。

最受欢迎的掌上游戏机

据官方统计数字显示，自1989至1999年10年的时间里，由任天堂出品的"电玩小子"掌上游戏机销售套数高达8000万份之多，是当今掌上电玩中最受欢迎的一款掌上游戏机。

"电玩小子"掌上游戏机拥有"袖珍电玩小子""彩色电玩小子"等系列。目前，全球"电玩小子"掌上游戏机的版本超过1000个，它以56种不同颜色的高清晰液晶显示屏占据了美国掌上游戏机市场约99%的份额。

销售最快的游戏机

世界上销售最快的游戏机为日本索尼旗下的索尼电脑娱乐公司出产的PlayStation 2，这款家用型128位的游戏机是一台游戏与DVD播放相结合的视频游戏机。2000年3月4日，新机发布之后的48小时内，就售出了高达98万台的数量。

据统计，自PlayStation 2视频游戏机推出以来，仅用了3个月的时间，机器销售总额就超过了1000万部，2002年和2003年的5月、10月两个月，全球发行量分别高达3000万部和4000万部。据索尼公司透露，这款游戏机的销售额还在稳步攀升中。

最早的商业老虎机

老虎机是一种零钱赌博机器。1895年，美国人查理·费（Charlie Fey）发明了商业老虎机。它由内部三个卷轴，一个投硬币的槽，外部一个把柄转动机器的铸铁制成。机器外观有三个玻璃框，里面有不同的图案，投币后拉下拉杆，三个卷轴就开始转动。停止转动时，如果出现特定的图形（比如三个相同）就会吐钱出来。根据不同的图案组合，玩家赢得不同的奖金——通常是多倍于下注金额的奖金。中奖的图案里面通常都会有7，此外可能还有什么樱桃、钱币等图案。

老虎机出现后，很快就成为酒吧、赌场，甚至许多零售店的主要商品。由于旧金山淘金热潮，许多人都怀着寻金梦，所以这部让人可一夜致富的神奇机器吸引了很多玩家。随着科技的进步，老虎机早已演化出各种不同的机型。

最早的"水下跑车"

世界上最早的"水下跑车"是由美国设计大师罗伯特·利兹和弗兰克·巴克联合设计制造的，总造价为50万英镑。这艘色彩艳丽的"水下跑车"名为"双子座"，是一个名副其实的娱乐潜水艇。这艘"水下跑车"形状像一枚海贝，顶端是一个可以掀开的天篷，人可以从这里进到潜水艇中。与传统的潜水艇相比，这艘"水下跑车"体积小，舱内经过加压，有空气循环过滤系统，更加安全舒适。它实现了时尚与潜水的完美结合。

世界上最高最快的过山车

京达卡过山车位于美国新泽西州六旗大冒险乐园内，这列号称"过山车之王"的过山车最高处可达139.5米，是世界上高度最高的过山车。

京达卡过山车是以水压启动方式驱动，相较于其他动力过山车，它可以在3.5秒之内加速到每小时205千米。在经过启动轨道之后，一个90度的垂直轨道便将玩者带到了139.5米的高空，随后经过短暂的缓冲，垂直向下俯冲，之间经过一段3/4的旋转，然后在缓坡处电磁刹车系统开始运行。整个轨道玩下来，仅1分钟的时间。虽然时间不长，但是过山车所带来的重力刺激，却给玩家带来前所未有的震撼。

2009年7月，德国纽堡林北赛道增加了一架由S&S Power公司生产的过山车：Ring Racer（环圈竞速者），该过山车以每小时217千米的最高速度打破了京达卡所创下的每小时205千米的速度，成为世界上速度最快的过山车。

服装与鞋之最

最早的袜子

据古代文献记载显示,早在 5000 多年前,黄帝便以麻葛裹脚。这种裹脚的麻葛可以视为我们现在所说的袜子。另据《韩非子》记载,"文王伐崇,至凤黄(凰)墟,袜系解,因自结。"这里提到的带有带子的袜子,就是具有现代意义的袜子雏形。

在 20 世纪末出土的长沙马王堆一号西汉墓中,专家发现了两双绢夹袜。它们的袜筒分别高 21 厘米和 22.5 厘米,头宽 10 厘米和 8 厘米,口宽 12.7 厘米和 12 厘米,这是两双底面无缝、整绢缝制而成的袜子。由此,专家断定,早在 2000 多年以前,我国就已经有较为成熟的袜子缝制工艺了。

1589 年英国神学院学生威廉·李发明了一种手动缝制袜子的机器,从此,袜子的手工缝制时代结束。伴随着机器生产速度的加快,更多具有时尚元素的袜子相继出现。因而,很多学者称这一时期为袜子诞生的时代。

最早的泳衣

泳衣是人们在水中或沙滩活动中,最常穿的一种服饰。这种服饰兴起于西方,在中世纪以前,人们游泳或洗浴的方式还很保守,甚至有规定不允许妇女在公开场合游泳或洗澡。直到 17 世纪以后,一种长及脚踝的厚衬衫和浴帽才逐渐走入人们的生活领域,并且扩散到泳装范围内。19 世纪,包含泳帽,带有皮腰带的过膝服饰成为具有现代意义的泳装。随着商品经济以及时尚浪潮的冲击,各种防水的紧身纺织泳衣出现在人们的生活中。1870 年,出现了类似儿童连体衣的泳衣,这种泳衣因为过多地暴露身体部位,被一些国家明令禁止穿着。因而,当时的女士们穿着这种泳衣时,通常配以丝袜或长裙。1935 年,两件式泳装在法国流行。

最早的比基尼

比基尼被誉为 20 世纪世界服装界最伟大的"发明"。1946 年 7 月 5 日,法国工程师路易斯·里尔德设计了一套号称"比世界上最小泳衣还要小的衣服"。设计师路易斯希望自己设计的这套泳衣能够像几天前美国在太平洋比基尼岛上成功发射的深水原子弹一样轰动世界,便以"比基尼"命名了这件泳衣。6 天后,路易斯雇佣了当红脱衣舞娘谢琳娜·贝尔纳迪尼在媒体之前展示他的这件作品。从此,比基尼迅速成为众多女性疯狂热爱的一种泳衣,身着比基尼的贝尔纳迪尼也成了全球众多男士追求的对象。在这之后,比基尼不断翻新款式,更加大胆夸张地凸显出女性的优美曲线。

在路易斯发明比基尼之前,人们在公元前 1400 多年的希腊壁画上,发现了穿着类似比基尼的人物画像。另外,4 世纪的意大利西西里地区的卡萨尔罗马别墅壁画上也有类似的服装出现。可见,在古代,比基尼这种泳衣已经出现在了人们的生活中。

销售额最高的服装品牌

拉尔夫·劳伦是世界上销售额最高的标名服装品牌，仅1998年一年它在全球的消费额就达15亿美元。

它是由美国著名服装设计师劳伦创造的品牌。拉尔夫·劳伦于1939年生于纽约的布鲁克斯，1967年开始设计领带，之后又设计女装系列。他在1973年因为为一部美国电影设计服装而一举成名，他的服装系列从此驰名世界。他后来投入市场的品牌"马球男装""马球运动装"以及"拉尔夫·劳伦女装"等系列服装在全世界范围内深受欢迎。据说他开在纽约麦迪逊大街的商店第一年的销售额就超过3000万美元。1998年全世界年销售额一举突破15亿美元，成为全球销售额最高的标名服装品牌。

最贵重的衣服

世界上最贵重的衣服是当时乘"阿波罗"号宇宙飞船奔向月球的宇航员穿的那一套衣服，耗资30万美元（按当时物价计算）。

这套被称为世界上最昂贵的宇航服主要由3部分组成：第一部分是保护性宇航服，它由十几层防微流星、能保暖的织物制成；第二部分是一个轻便型的生命保障系统，外形很像是一个简单的背包，但是背包的内部结构却非常复杂，它有很多功能，但是最主要的是供应宇航员的氧气需要，另外还有电源以及无线电通信设备；第三部分是紧急供氧系统，如果背包内的仪器发生故障，它就可以提供30分钟的氧气，这样可以让宇航员有充足的时间去排除故障。

这套衣服总重量是83千克，的确很重，但是在月球上就显得很轻，因为月球的引力只有地球引力的1/6，衣服的设计和功能使它的造价也非常昂贵，30万美元的造价让它成为世界上最贵重的衣服。

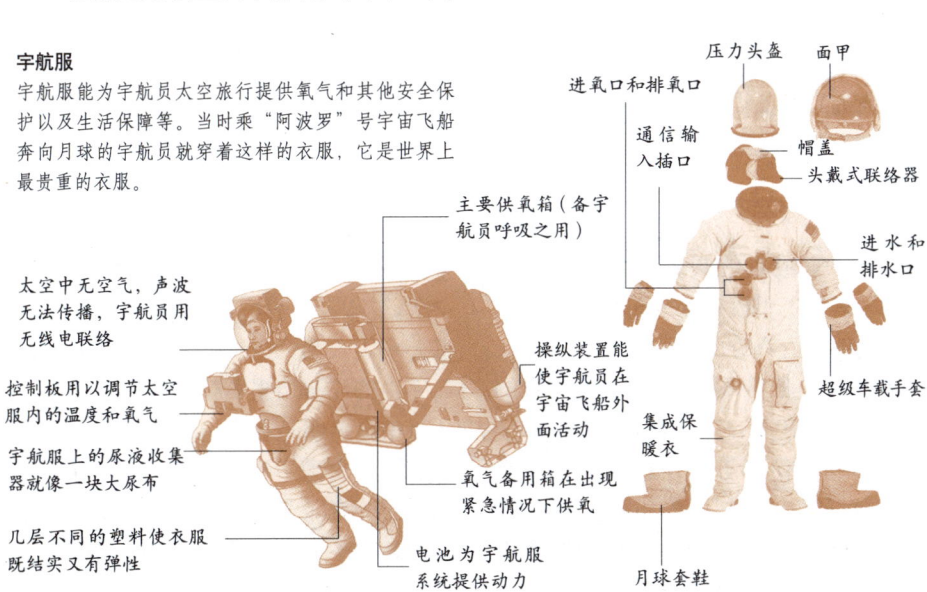

宇航服

宇航服能为宇航员太空旅行提供氧气和其他安全保护以及生活保障等。当时乘"阿波罗"号宇宙飞船奔向月球的宇航员就穿着这样的衣服，它是世界上最贵重的衣服。

太空中无空气，声波无法传播，宇航员用无线电联络

控制板用以调节太空服内的温度和氧气

宇航服上的尿液收集器就像一块大尿布

几层不同的塑料使衣服既结实又有弹性

主要供氧箱（备宇航员呼吸之用）

操纵装置能使宇航员在宇宙飞船外面活动

氧气备用箱在出现紧急情况下供氧

电池为宇航服系统提供动力

压力头盔
面甲
进氧口和排氧口
通信输入插口
帽盖
头戴式联络器
进水和排水口
超级车载手套
集成保暖衣
月球套鞋

最早的牛仔裤

牛仔裤原是19世纪的美国人为应付繁重的日常劳作而设计的一种作业服。时过境迁，当年粗重的劳动装，如今已风靡全球，以众多的款式成为时装界的宠儿，在时装领域占据了重要的地位。

1853年，正是美国淘金热最盛的时候。淘金的工人们一直抱怨普通的裤子磨损得太厉害，也装不下淘来的黄金颗粒。于是，一位名叫李维·施特劳斯的商人萌发了用滞销帆布制作一种不易磨损的工装裤的想法。最早的牛仔裤并不是现在最常见的蓝色，而是棕色的，而且裤腰也裁剪得很高，便于工人们把它穿在普通裤子的外面。为了加固，在裤兜和裤门处都使用了崭新的铜纽扣，现在，这已经成了牛仔服装上一种历久不变的标志性元素。

随着20世纪30年代西部牛仔电影的风行，牛仔装逐渐脱离了工装裤的概念，开始流行到各个年龄段和各个阶层中去。之后，逐渐地从工人、学生到富有的商人和好莱坞明星，甚至是皇室成员，都开始穿这种轻松又随意的服装。

最值钱的夹克

世界上最贵的夹克是由服装设计师盖·马提奥里设计的，价值100万美元。这件昂贵夹克的吸引人之处，不仅仅是它设计独特的款式，更为抢眼的是镶嵌在夹克上的重量为100克拉的缅甸红宝石和有250年历史、用重36克拉的祖母绿宝石制成的纽扣。在1998年的时装产品展示会上，身着这件价值100万美元夹克的名模纳奥米·坎贝尔一亮相，立刻引起了在场参观者的惊叹。

最早的胸罩

胸罩又名文胸，它以方便轻薄、塑形还原、透气舒适等优点成为最受女性欢迎的内衣系列之一。

关于胸罩的起源，有这样两种说法：一种是，1859年，一位名为亨利的纽约布鲁克林人发明了"对称圆球形遮胸"，并且申请了专利权。这个"对称圆球形遮胸"是世界上最早的胸罩。1870年，一名波士顿裁缝在报纸上刊登了一则出售大号"胸托"的广告，胸罩的形式进一步发展。1907年，美国《时装》月刊上，首次出现了"Brassiere"（胸罩）一词，并配有胸罩图片的介绍，从而，胸罩被更多的女性熟知。

另一种说法为：1914年，美国人菲玛莉为了在朋友的舞会上成为亮点，将两条手帕系在胸前，制成了简易胸罩。菲玛莉的这个装束的确在舞会上引起了人们的兴趣。随后，这项发明被华纳兄弟公司以1500美元购得了专利权，并且加工生产，现代意义的胸罩从此流行起来。

最早的中山服

中山装是一款具有时代意义的装束。1902年，孙中山来到越南筹建兴中会。当时在越南经商的华人黄隆生仰慕孙中山大名已久。一日，孙中山来到黄隆生的洋服店里购物，黄隆生便加入了兴中会，跟随孙中山为革命出力。后来，孙中山到广州任职，发现当时的人们穿着的衣服大都带有封建特色，外国的西装也不适用于人们的日常生活。于是，孙中山便有心设计一种属于中国人的衣服。

在黄隆生的鼎力协助下，他们参考了越南员工制服的设计风格，又结合了中国的传统文化，终于在1912年设计出了世界上第一款具有中国特色的标志性服装——中山装。它既有西服的正式笔挺，又有劳动人民的随形实用。1960—1970年之间，中山装是亿万中国人最喜爱穿的一种服装。

最贵的高顶黑色礼帽

英国绅士的标志之一是戴一顶礼帽。世界上最贵的高顶黑色礼帽其实很普通，并不是用什么价值连城的宝贝所做成。但它之所以不简单，是因为它曾经的主人——英国前首相温斯顿·丘吉尔爵士。那位胖胖的绅士生前在正式场合戴过的高顶黑色礼帽卖到了2.53万英镑。买主是一位不愿透露姓名的人，经过激烈的竞价之后他才买到这顶礼帽。拍卖的时间是1998年7月，买主在英国伦敦的索斯比拍卖行拍到。

最早的西服

生活中，我们经常用"西装革履"来形容"有文化、有教养、有绅士风度"的男士。西装已经成为具有人文素养的标志。在男士服装中，西装是精英的象征；在女式服装中，西装是独立自信的魔术外套。作为一种时尚与庄重相结合的服装款式，它已经成为风靡世界的正装之一。

有观点认为它源于北欧南下的日耳曼渔民以及马夫的服装款式。当时的人们为了劳动方便，通常穿着一种散领、少扣、随形而变的衣服，这种服装被视为西服的雏形。另据资料显示，在英国皇室的传统服装中，三件套的礼服与现在的西服颇为相似，也可视为早期的西服。

具有现代风格的西服起源于17世纪后半叶的路易十四时代。当时贵族穿着的"究斯特科尔"和"贝斯特"以及紧身合体的半截裤"克尤罗特"便是当今西服款式的原型。

最早的旗袍

现代旗袍是一种中西合璧、兼具中国古典元素与现代时尚元素的时装。它曾经是近代先进女性的标志性服装。从旗袍的款式演变来看，它的根源可以追溯到秦汉时期的襦衣。但是人们公认的旗袍鼻祖，则是清代满人所穿的服装。

清世祖入关以后，旗人妇女被禁止模仿汉人服饰，一律穿着满族特色长袍。随着满汉文化的不断交融，一些汉族女子开始仿制满人服饰。清代后期，"元宝领"，造型线条平直硬朗，领、袖、襟、裾都有多重宽阔的滚边的服饰在满族妇女中悄然走盛，这种兼具满汉特色的服饰是旗袍的雏形。

随着东西文化的交流，这种服饰又吸收了外国服装特色，保留传统直线裁制方式的同时，在衣领袖口等地方做了修改。在改革浪潮的冲击下，20世纪30年代，旗袍才形成了现在款式多元的特点。它不仅突出了女性的玲珑曲线，更加彰显了女性特有的内在韵味。

最早的裤线

在裤管中间压制裤线能使人显得挺拔、精神。这种功效应归功于英国的爱德华王子（1841—1910年），也就是后来的爱德华七世。

据说有一次爱德华王子在裁缝店里试穿一条裤子，这条裤子已叠放了一段时间，因而在裤管前后的中间部位形成了折痕，裁缝为此忐忑不安，没想到爱德华王子却很喜欢这样的折痕，因为这些折痕使裤管显得直挺。他很满意地穿上了这条带折痕的裤子。这种做法很快就流行开来。

后来，人们不满足于裤管被折叠后自然形成的折痕，进一步使用熨烫的方法，使裤管上的折痕更加明显，这种熨烫线就是我们今天所说的裤线。

最早的松紧带

"松紧带"这个词很早就有了。1812年的一则广告中就曾提到"松紧带圆帽"，不过，那些帽子里安装的还是钢丝弹簧，若把帽子夹在腋下，弹簧就会弄破帽子和衣裳。

橡胶问世后才有了名副其实的松紧带，用橡胶制成的松紧带是19世纪的发明。1820年，化学家马生托什和发明家汉考克经过反复试验，按照特定比例将橡胶溶于水中，本着橡胶的天然属性，制成了最早的松紧带，他们也因此获得了松紧带的专利权。起初，这种橡皮松紧带只是用于衣物、鞋子等的固定。后来才渐渐演变成和今天作用基本类似的松紧带产品。

最早的粘扣

粘扣又叫魔术粘、尼龙刺粘扣。它两面相贴合便牢固地粘贴在一起，执起一角拉扯便可分开，是一种方便而且实用的内置纽扣。它的发明为人们的生产生活带来了很多方便。在生活中的很多领域，它都起着不可替代的作用。

粘扣的发明源于一种带刺的植物。它是瑞典人乔治偶然发现，经过研究后的成果。在乔治家附近，生长着一种植物，这种植物能够粘在人的衣服上，人们需要拉扯才可以将它取下来。乔治将这种植物取来样本进行观察研究发现，植物的表面长满了带钩子的小刺，遇到丝绒状或纤维物质，就会黏着在上面。这种刺可以拉伸，具有可变性。根据植物的这种特点，乔治便制做出了世界上最早的粘扣。

最早的拉链

世界上第一根拉链出现在1893年的芝加哥，当时叫作"钩环索扣"。

这副被称为世界上最早的拉链的"钩环索扣"是被一位名叫惠科特姆·L.贾德森的美国人发明的，设计原理和现代的拉链的工作原理是完全一样的，当时的"钩环索扣"由许多钩子和环钩组成，把它们连在一起的滑块能让它们自由地啮合或脱开。开始的时候，惠科特姆·L.贾德森把它叫作"钩环索扣"。当1893年这款最早的拉链出现在芝加哥的博览会上时，引起了巨大的轰动，惠科特姆·L.贾德森很快就取得了这项发明的专利权。但是由于当时的拉链都是由手工制作的，价格在相当长的一段时间内都相当贵，导致拉链在很长的时间内并没有被广泛应用。一直到20世纪20年代，惠科特姆·L.贾德森对他所发明的拉链做出了许多改进之后，拉链才在全球得到广泛的应用。

最早的手帕

手帕相当于现在人们所用的纸巾。在中国古代，丝帛手帕是后宫佳丽、富贵千金、公子王孙的高贵标志；在欧洲一些国家，手帕是绅士、爵士显贵的象征。可见，手帕最初的用途并不是用来擦除污渍的，它更多的用途是一种身份地位的标志。

在我国古代，手帕是妇女服饰中的一件必备装饰品，出门时身系一方手帕，娇笑时，以手帕半掩笑脸，便会平添几分妩媚；流汗时，以手帕轻拭面颊，更添几分妖娆。

在西方，手帕的历史可以追溯到古希腊罗马时期。在这里，手帕的用途和中国古代基本相似，是人们表达情感的一种工具。人们高兴时，挥手帕助兴；出席宴会时，男士礼服露出折得精致的手帕一端以表庄重得体。直到18世纪左右，手帕的除污、防治病毒入侵等用途才渐渐呈现出来。

最早的高跟鞋

关于高跟鞋的起源，说法最多的是：高跟鞋是"太阳王"路易十四发明的。相传身高只有1.54米的路易十四不仅在国家统治上要树立自己的绝对威信，还希望能够借助鞋子弥补自己身高的不足，给人以高大威猛的印象。在宫廷设计师的精心设计下，世界上最早的高跟鞋便诞生了。

但是在北京定陵出土的一双长为12厘米，高底长7厘米，宽5厘米，高4.5厘米的尖跷凤头高底鞋却打破了18世纪的路易十四时期发明高跟鞋的纪录。这双制作于14世纪我国明代时期的高跟鞋后跟装有4～5厘米的圆底跟，鞋的款式与现在的高跟鞋基本类似。

另据史料记载，早在古埃及文明时期，除了王公贵族可以穿用纸莎草做成的鞋子外，其他人是没有这个权利的，当时的人们为了行走方便，便在鞋的后跟部加入了厚厚的纸莎草，这种鞋子堪称高跟鞋的雏形。

最早的运动鞋

运动鞋是一种专门为健身竞技、休闲娱乐等活动而设计的鞋子。这种鞋根据不同运动的特点，采用耐磨、透气等质地的材料制成，一般具有保护脚踝、增强运动效果等作用。

世界上最早的运动鞋是由我国晋代的文学家谢灵运发明的。据史料记载，这位官场不得志，偏好游山玩水的山水田园诗派鼻祖发明了一种木屐，这种鞋是专门登山而用的。它的鞋底安有两个木齿，上山的时候将前齿去掉，下山的时候将后齿去掉。穿着这种木屐登山要比穿普通鞋子登山省很多力气，后人称之为"谢公屐"。

如今运动鞋的材质多样、种类繁多，有帆布运动鞋、网面透气摩托底运动鞋、皮面橡胶减震运动鞋、篮球鞋、网球鞋，等等。

玩具之最

最早的扑克牌

玩扑克牌是日常生活中人们打发时间的消遣娱乐活动之一。现在的扑克牌一般为54张,由黑桃、红桃、方片、梅花、大小王几样花色组成。有关扑克牌的来源,历来说法不一。埃及、印度、比利时等地都有关于扑克最早起源于本国的说法。

但是在扑克牌的起源说中,有两种观点得到了史学家的肯定。最初,扑克牌是用来占卜的一种工具。扑克牌中除了大小王之外,四个花色各有所指,"黑桃"图似橄榄叶,象征和平、平安;"红桃"形似红心,象征爱情与智慧;"梅花"形似四叶草,因而寓意幸福;"方片"有棱角,象征宝石,寓意财富。后来,这种占卜方式逐渐演变成了人们的娱乐消遣。

另一种观点认为,扑克牌游戏由天文历法计时演变而来。扑克牌中的大小王分别表示太阳和月亮,其他52张正牌分别表示一年中的52个星期,春夏秋冬分别用黑桃、红桃、梅花、方块4种花色表示。每种花色各13张,分别表示一个季度的13个星期,各张点数相加便是一季度的天数等。

在我国秦汉时期,流行着一种"叶子牌"游戏,史学家认为这是扑克牌的雏形。13世纪左右,纸牌游戏传入欧洲。16世纪,"胜牌"游戏在西方十分盛行。直到19世纪,现代扑克牌才初见端倪。

最早的风筝

我国的山东是风筝的故乡。据《韩非子·外储说》记载:墨翟居鲁山"斫木为鹞,三年而成,飞一日而败"。书中提到的鹞就是风筝的雏形"鸢",意思说,风筝是由山东人墨翟发明的。后来,木工鲁班在墨翟木质鸢的基础上,以轻薄、韧性十足的竹条为纸鸢的骨架,制出类似今天我们看到的风筝。

在很多古代文献中,我们都可以看到关于人们清明时节放纸鸢的记载。后来,人们将可以发出声音的纸鸢命名为风筝。13世纪的元代时期,游历中国的马可·波罗将风筝这种形式带回欧洲,风筝便在世界各地流传开来。

最早的魔方

1974年,匈牙利建筑学院的厄尔诺·鲁比克教授为了增强学生的空间思维能力,设计了一个神奇的正方体模型作为教学工具。这个正方体模型每个面上有9个小方块,这些方块内部由木制

这是法国现实主义画家拉图尔的画作《玩牌的作弊者》。画中妇人雍容华贵,显然属于贵族阶层。这说明扑克牌早期还只流行于贵族之间。

轴心、座以及榫结构组合在一起。在没有打乱模块排列方式的时候，同一面小方块的颜色是相同的。如果将其旋转搭配，可以得出4000亿种不同颜色的组合。这就是最早的魔方。鲁比克教授发现，它不仅是一个教学上的辅助工具，更是一个具有挑战性的益智类玩具，如果将其推广，必定受到人们的喜爱。于是，鲁比克开始生产这款模型，并将其向社会推广。

模型一经推出，便在欧美风靡起来，人们将这个神奇的模块称之为"鲁比克方块""魔术方块"。喜爱挑战的人们以能够迅速地将错乱的模块调整至同一颜色为目标。

最早的芭比娃娃

芭比娃娃是一款外形极其酷似真人的玩具。它的出现，为很多小女孩幻想未来的自己提供了梦幻的摇篮。被称为"芭比之母"的露丝·汉德勒女士说："我当初设计它的时候，就是要让她改变传统布娃娃的种种弊端，给孩子一个可以自由畅想的空间。使她既拥有玛丽莲·梦露的性感妖娆，又有小孩子的美丽纯真。"

1959年3月9日，露丝·汉德勒在德国娃娃莉莉的启发下，按照自己的构想终于设计出了世界上第一个芭比娃娃。这个高约29厘米的娃娃拥有世界顶级模特的身材，金发碧眼、玲珑有致。作为送给女儿的礼物，露丝·汉德勒以女儿的昵称"芭比"称呼她。

同年，芭比娃娃在美国玩具市场公开露面，并以年销售35万个的数量成为当时美国最受欢迎的玩具之一。现如今，芭比娃娃已经长大，并且拥有了不同肤色，不同形态的数十个品种。

世界上最贵的芭比娃娃

1999年3月，马泰尔玩具公司为了纪念芭比娃娃推出40周年，在戴比尔斯钻石公司的协助下，制作了一个价值约为8万美元的芭比娃娃。这个娃娃的头冠、耳环和裙子的圈环都是以18K的白金制作而成，整个娃娃用掉钻石近20克拉。随后，2008年，墨西哥推出了一款服饰上镶嵌有318颗钻石的芭比娃娃，芭比娃娃身上的钻石约重20.66克拉，是专门为宣传环球影片公司的新片《芭比之钻石城堡》制作而成的，据权威人士估计，这个芭比娃娃的价值在9.48万美元左右，堪称世界上最贵的芭比娃娃。

除此之外，一款为了纪念芭比在日本问世35周年而设计的日本版芭比娃娃Licca-chan又创造了一项新的世界纪录。身高为25厘米的芭比娃娃身上，穿着一件镶有881颗钻石的礼服，尽管她是一个非卖品，但是其价格可达74.85万美元之高。

最早的泰迪熊

当今泰迪熊生产商中，尤以1893

"猫王"普莱斯利与泰迪熊

年成立的美国史泰福公司最负盛名。早期史泰福公司所生产的毛绒熊并不是以"泰迪熊"命名，它和所有其他流行毛绒玩具一样，都没有统一的名字。

1902年，美国总统罗斯福外出打猎，因为一无所获而倍感失落，其他官员看到了，便将事先捕捉到的小黑熊绑到树上，以制造总统发现猎物并猎获的假象。但是罗斯福发现之后，并没有射杀这只已经受了伤的小熊，而是将其放生。

美国的一位漫画家听说了这件趣闻，将其创作进了自己的漫画作品中。后来，一对水果商夫妇受这幅漫画启发，便制做出了一只装饰用的毛绒熊玩具放在了店铺中，不久之后，小熊被一位顾客买走，因为与总统趣事有关，在得到总统的首肯之后，这种毛绒玩具熊被正式以总统小名Teddy命名。

最有价值的泰迪熊

泰迪熊是由玛格丽特·史黛芙女士在已经成型的毛绒玩具基础上，根据一个玩具象的模型设计加工制作而来的。"Teddy Bear"又因美国总统罗斯福而被更多的人知道。如今，泰迪熊已经走过了上百年的历史，各种风格的泰迪熊已经成为高贵奢华玩具的象征。

1994年12月5日，英国伦敦克里斯蒂拍卖行里，一款名为"泰迪女孩"的史黛芙玩具熊系列以17.16万美元拍卖，成为世界上最有价值的泰迪熊。2000年，一款为了纪念泰坦尼克号而制作的，名为"哀悼熊"的黑色泰迪熊也只拍卖到了9.175万英镑的价格。不久，英国佳士得拍卖行又以19.3477万美元的高价拍出一款古董级泰迪熊，创下了新的纪录。

世界上最有价值的古代玩具

1991年12月14日，一位玩具爱好者在美国纽约市克里斯蒂拍卖行里，收购了一段手制的镀锡消防软管卷盘，这是一段由乔治·布朗公司于19世纪中叶制造而成，仿"查理士"牌消防软管卷盘的玩具模型。它的拍卖价格高达23.1万美元。这段消防软管卷盘玩具也因此成为了世界上最有价值的古代玩具。

最早的变形玩具

1984年，美国孩之宝公司与日本TAKARA公司联合开发制作的动画片《变形金刚》上映，并且推出同名电影及玩具系列。随着动漫与影片在全球的热播，变形金刚玩具迅速风行全球，成了全球热卖的玩具产品之一。变形金刚以旋转轴等连接玩具部件的组装结构形式，改变了传统玩具的固定无法更改形状的模式，是世界上最早的一款变形玩具。它可以是"擎天柱""威震天"等动漫人物，也可以变身成汽车、飞机、动物等。它的出现赢得了孩子们的喜爱，是一款益智与动手相结合的玩具。如今，变形金刚已经走过了二十几个年头，随着《变形金刚》电影的不断续拍，变形金刚玩具的喜爱者已经不再局限于孩子们，很多成年人也加入了收藏变形金刚玩具的行列。

最早的陀螺

陀螺是一种靠手力捻动、绳子抽打等方式驱动，绕轴心转动的旋转玩具。据史料记载，这种玩具以"陀罗"的名字出现最早见于明代。明代散文家刘侗的《杨柳活》中，就有这样的记载："杨柳儿活，鞭陀罗"。

尽管陀螺的起源并没有文献明确记载，但是在"陀罗"以前，这种游戏形式早已存在。目前，专家根据出土的文物推断，最早的陀螺可以追溯到新石器时代。考古专家曾在江苏常州的新石器时期遗址中出土过木陀螺；在山西龙山文化遗址中出土过陶陀螺。可见，这种娱乐形式年代之久远。

18世纪，欧洲人口中的"中国陀螺"便是源于1700多年前，中国晋代流行的一种"竹蜻蜓"玩具。在宋代的文献中，类似"陀螺"玩法的玩具又被称作"千千"，是当时后宫嫔妃宫女们消遣娱乐的小玩具。直到元、明时期，陀螺的形态及玩法才与当今的陀螺基本相似。

玩者最多的棋盘游戏

强手棋是一款多人参加的图版策划游戏，它是在传统的桌面游戏《地产大亨》基础上研发改进而来的。强手棋游戏自1934年被美国宾夕法尼亚州的查尔斯·戴罗发明以来，创出了畅销70年不衰的业绩。截止到2000年6月，全球有超过5亿的人玩过这种游戏，堪称世界上玩者最多的棋盘游戏。

在"强手棋"被帕克兄弟公司正式推出以前，"强手棋"游戏已经在人们的生活中流传开来。当时，这项由经济学家伊丽莎白·麦琪首创的游戏名为"地主游戏"，是一款每个玩家按照游戏标出的土地价格买地，然后造房子、盖大厦，以达到盈利目的的多人参与游戏。但由于此时的棋盘游戏并没有明确的起点、终点，这款游戏被帕克兄弟公司拒之门外。直到多年以后，在人们发展了"地主游戏"并制定了相应规则的基础上，经过查尔斯·戴罗的完善，这款棋盘游戏终于成为了炙手可热的棋盘游戏之一。

最早的拼图玩具

拼图游戏是将完整的图形切割成很多部分，打乱顺序并重新组装成原图的一种益智游戏。在公元前1世纪的中国，出现了一种名为"七巧图"的拼图玩具。史学家认为，这种古人所玩的七巧拼图是最早的拼图玩具。据史料记载，"七巧图"游戏传入欧洲之后，成为拿破仑、杜雷等知名人士最喜爱的娱乐游戏之一。

现代拼图游戏兴起于18世纪60年代的英法两国。1762年，法国的一位名叫迪马的地图经销商，将地图切割成很多部分做成拼图出售，销售效果比整张地图销售好几十倍，于是，这种地图拼图便风行起来。在同一时期的英国，印刷工约翰·斯皮尔斯伯发明了娱乐用的拼图玩具，这是最早的现代拼图玩具。

销售最快的机器宠物

1999年5月31日，由日本索尼公司推出的新款人工智能机器人"伙伴"，在网站上刚刚露面，20分钟之内就售出了3000台。这款名为"伙伴"的机器狗高约27.9厘米，重量为1.81千克，由1400多个零件和30多米长的电线组装而成。它以内置的传感器来辨别外部环境，受智能电脑处理器控制，"伙伴"不仅可以做出各种真狗可以做出的动作，还可以通过电脑设计出的程序，表演一些高技术含量的动作，是人们生活中名副其实的"伙伴"。尽管它的市场售价为2066美元，但是在它首次露面的第二天，就以2万台的高售出量赢得了世界上销售最快的机器宠物的荣誉。

学校与教育之最

最古老的大学

摩洛哥费斯城的卡拉维斯因大学是世界上最古老的大学，它创办于伊斯兰历245年（即859年），比意大利的波伦大学（创办于1119年）、法国的巴黎大学（创办于1150年）、英国的牛津大学（创办于1249年）都要早得多。

摩洛哥的独立给这所大学带来了新的生命。现在学校有四个系，有4000名学生在这里学习。这里从1957年开始接纳女学生。除了摩洛哥的学生外，还有来自阿尔及利亚、利比亚、赛内加尔、加纳、索马里、埃塞俄比亚等国家的学生。在这所大学里任课的教师有200多位。

各系的学制有所不同，大致为3年至6年。学校图书的设备也不断增添，图书馆有书籍几十万册。

世界最著名的商学院

哈佛大学是美国著名的大学，建校300多年，为世界培养了大量政治家、科学家、作家、学者。哈佛大学最令人称道的是哈佛商学院。美国教育界有这么一个说法：哈佛大学可算是全美所有大学中的一顶王冠，而王冠上那夺人眼目的宝珠，就是哈佛商学院。

哈佛商学院是全世界最著名的商学院，被美国人称为是商人、主管、总经理的西点军校，美国许多大企业家和政治家都在这里学习过。在美国500家最大公司里担任最高职位的经理中，有1/5毕业于这所学院。哈佛工商管理硕士学位(MBA)成了权力与金钱的象征，成了无数美国青年，乃至全世界工商管理专业的学生梦寐以求的学位。

世界上最早的商学院

创建于1900年的塔克商学院是世界上第一所商学院，是美国排名前10位的商学院之一，但却也是世界上规模最小的商学院之一。用"小而专"来形容塔克MBA教育的特点是再恰当不过了。

塔克商学院的规模的确是小了点儿，1900年创办时总共只有4名学生！自1962年正式改名为商学院以来，塔克的规模一直不大。到1995年每年的招生人数只有180人。目前，塔克商学院两个年级总共只有480名学生。学生数量只是哈佛商学院的1/5，沃顿商学院的1/10。学院的师生比例约为1∶9，这样就保证了教授能跟学生充分接触，采用个性化教学模式，能够做到因人施教，以达到最佳的教学效果。

最早的护士学校

1860年以前，世界上没有正规的护士学校，医院里没有专职的护士。医生需要帮助的时候，就雇用穷苦的老妇人照顾病人。这些老妇人没有受过专职训练，导致很多病人因为没有得到很好的护理而死去。南丁格尔改变了这一局面。

南丁格尔出生于英国的名门望族，毕业于剑桥大学，她博学多才，精通自然科学、哲学、历史、音乐和绘画。她无意于婚姻，立志成为一名救死扶伤的护士。19世纪50年代，英、法、俄、土耳其进行了克里米亚战争，南丁格尔主动申请，自愿担任战地护士。她率领38名护士抵达前线，在战地医院服务。

战争结束后，南丁格尔回到英国，被人们推崇为民族英雄。1860年，南丁格尔用政府奖励的4000多英镑创建了世界上第一所正规的护士学校，随后，她又创办了助产士及经济贫困的医院护士培训班，被人们誉为现代护理教育的奠基人。

最早的国家医学院

医学史上最早由国家开办的医学院，是6世纪中叶隋代的"太医署"。据《旧唐书》记载，隋代所创设的"太医署"既是当时最高的医学教育机构，同时还担负一定的医疗任务。这个机构配备有医药学教学人员、医务人员与行政管理人员。

618年，唐王朝取代隋王朝。624年唐政府也设置"太医署"，但比隋代的规模更大，分科更细，学制也有更明确规定。据《旧唐书》与《唐六金》的记载，唐"太医署"包括医学与药学两大部。医学又分设医科、针科、按摩科和咒禁科。这四科都设有博士，主要负责教授学生。

最早的美术学院

最早的美术学院是意大利卡拉奇三兄弟1585年在波伦亚创办的一个工作室；最早的官办美术学院是17世纪初建立的荷兰哈雷姆美术学院；最早的具有系统教学、专业设置齐全的美术学院是1648年建立的法国巴黎皇家雕塑绘画学院。

最早的皇家舞蹈学校

世界上最早的皇家舞蹈学校是法国国王路易十四于1661年创建的皇家舞蹈学院。芭蕾舞从意大利传到法国之后，路易十四希望将这种带有贵族特色的舞蹈变成真正的舞台艺术，于是创建了这所舞蹈学院。该学院是巴黎歌剧院的前身，是古典芭蕾舞的摇篮，孕育了世界上最古老的芭蕾舞。

巴黎歌剧院芭蕾舞团是世界著名的芭蕾舞演出团体之一，涌现出一大批著名芭蕾艺术家，创做出很多著名的古典芭蕾舞名剧，比如《仙女》《吉赛尔》《葛蓓莉亚》等。皇家舞蹈学院的最大功绩就是最早确立了芭蕾舞的5个基本脚位和7个手位，使芭蕾舞有了一套完整的动作和体系。这5个基本脚位一直沿用至今。

全球最早的孔子学院

孔子学院，又称"孔子学堂"。它并非一般意义上的大学，而是推广汉语和传播中国文化的教育和文化交流机构，是一个非营利性的社会公益机构。孔子学院最重要的一项工作就是在全世界推广汉语。

中国对外汉语教学领导小组办公室通过中外合作的方式，初步计划将在全球开办100所孔子学院。国外的孔子学院由国内委派教师教授汉语课程。2004年11月21日，全球第一所孔子学院在韩国首尔正式揭牌。

截至2009年8月，全世界已有83个国家和地区建立了268所孔子学院和71个孔子课堂。国内61所高校和机构参与孔子学院的合作办学，主要提供到国外教授中文的教师。

世界上最早的幼儿园

1837年，福禄贝尔（1782—1852年）在德国士瓦本公国勃兰肯堡创办了一所游戏活动机构。1840年，这个机构改名为"幼儿园"，这是世界上第一所幼儿园。1838年，由福禄贝尔的学生Louisa Frankenberg在美国俄亥俄州的哥伦布创办了一所类似的幼儿园。

福禄贝尔是19世纪欧洲最重要的几个教育家之一，现代学前教育的鼻祖。不仅他创办了第一所称为"幼儿园"的学前教育机构，他的教育思想迄今仍在主导着学前教育理论的基本方向。

最早的老年人大学

世界上最早的老年人大学是1973年在法国图卢兹大学创办的。

法国把老年人大学称为"第三年龄大学"。皮埃尔·维勒斯第一个提出了这个概念，他认识到法国老年人既有活力也很长寿，于是认为法国大学应该促进成立一个为老年教育的联合机构以提高其生活质量。

第一所"第三年龄大学"的建立部分归功于法国1968年的《高等教育指导法案》，该法案旨在促使法国大学向终身教育机构提供义务协助。1973年，法国图卢兹老年人大学成立，成为成人教育的成功典范。很快，老年人大学的概念传遍全球。目前世界各地已经形成各具特色的教育机构数千所。

最早提出"终身教育"的教育家

西方学者一般认为柏拉图（公元前427—公元前347年）和亚里士多德（公元前384—公元前322年）是最早提出"终身教育"的教育家。柏拉图认为一个人如果不经过漫长而艰巨的训练和"严格科学的方式、忍苦地学习"是绝对不能有收效的，这已经包含有"终身教育思想"的萌芽。而柏拉图的学生亚里士多德则提出更加明确的主张："儿童和需要教育的各种年龄的人都应受到训练"。

事实上，我国伟大教育家孔子是世界上最早提出"终身教育"思想的教育家。因为孔子（公元前551—公元前479年）不但出生时间要比柏拉图早124年，而且他所阐述的"终身教育"理论也远远比柏拉图和亚里士多德系统和完备。他通过对自己终身学习经验的总结，提出了完整的终身教育规划："吾十有五而志于学，三十而立，四十而不惑，五十而知天命，六十而耳顺，七十而从心所欲，不逾矩。"（《论语·为政》）

孔子杏林讲学图　明

文化场馆之最

最大的书店

世界上最大的书店是位于美国纽约的巴恩斯-诺布尔书店。它占地面积14430平方米，书架全长20.17千米。经营如此庞大的书店，必然需要很多员工。这家巨型书店拥有2.7万名员工。

最早的图书馆

考古学家曾在古巴比伦王朝的一座寺庙废墟附近发现了一批泥版文献。该寺庙约建于公元前3000年，这是已知最早的图书馆。

1849年，英国业余考古学家莱尔德在发掘尼尼微的亚述王宫遗址时，在亚述国王辛那赫里布的宫殿里发现了一个泥版图书馆。这个图书馆建于公元前7世纪，馆中约藏有2.5万块泥版文献。这是已发掘的保存最完整的、规模最大的、书籍最齐全的图书馆。图书馆中的藏书包括宗教神话、艺术作品、天文、医学等方面。很多图书是后人了解亚述帝国以及古巴比伦文明的珍贵资料。这个图书馆比著名的埃及亚历山大图书馆早400年。由于书籍是泥版制成的，大部分图书都保存了下来。

最高的图书馆

世界上最高的图书馆是美国麻省理工学院图书馆，共28层，高达90.22米。这座图书馆1973年正式开放。

麻省理工学院的图书馆资源丰富，藏书量高达500万册，而图书馆包罗万象，工程、管理、建筑设计等方面的书籍应有尽有，十分适合学生研究时查阅。2002年，这座图书馆启动新型多媒体数字图书馆系统，让世界各地的使用者都可以通过网络了解各项专业知识。这项不以营利为目的的举措获得了世界各地学者的高度赞扬。

最小的图书馆

世界上最小的图书馆是美国纽约阿瑟·霍顿图书馆。这是一座收藏微型图书的图书馆，规模只有一个普通皮箱大。阿瑟·霍顿图书馆中的微型书籍，最长的也不超过3厘米，有些书只有1厘米。大部分书是十六七世纪的宗教书籍、经典，以及圣经。这些书虽然小，印刷和装帧却异常精美。它们用精制的牛皮纸、缎子印成。封面用金、银、珠宝、珐琅等烫压，算得上难得的艺术珍品。

最大的图书馆

世界上规模最大的图书馆是美国华盛顿国会山上的美国国会图书馆。这座图书馆创建于1800年4月24日，是美国早期启蒙运动胜利的产物，是世界最著名的藏书库。藏书规模在第三任总统杰斐逊时的6400多卷藏书的基础上迅速扩大，至今藏有470多种语言的各种资料，已超过7560万件，其中仅图书就有362.4万种，1893万册以上。

现在该馆共有工作人员5440人，其中专业职员有3000人，顾问800人，全馆共分 8 个部门。其中最大的部门是国会研究服务部，工作人员有 1000 名，为国会的议员以及其他的工作人员忙碌着，平均每 9.5 秒就有一本书籍或资料送往国会大厦。

现存最古老的公共图书馆

世界上现存最古老的公共图书馆是波兰的查路斯基图书馆。这个图书馆于 1847 年在华沙开放。

最早的唱片图书馆

世界上最早的唱片图书馆是美国明尼苏达州的圣保罗城图书馆。1914 年，圣保罗城图书馆开馆的时候，只有当地妇女俱乐部寄赠的 25 张唱片。到 1919 年，图书馆所收藏的唱片已近 600 张，借出次数达 3505 次。此后，唱片图书馆的规模不断扩大。

最早的博物馆

梵蒂冈博物馆是世界上最早的博物馆，位于意大利罗马圣彼得教堂北面，原是教皇宫廷。这座博物馆总面积 5.5 万平方米，所收集的稀世文物和艺术珍品，堪与伦敦大英博物馆和巴黎卢浮宫相媲美。梵蒂冈博物馆有 6000 米的展示空间，游赏起来，会令人精疲力竭。

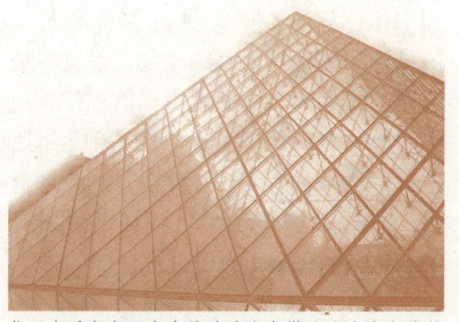

位于卢浮宫宫廷中央的玻璃金字塔为这座古老建筑增添了新的气息。

主要景点有庇奥·克里门提诺美术馆、伊突利亚美术馆、拉斐尔诸室、梵蒂冈画廊、西斯汀礼拜堂等。

罗马教廷借助遍布世界的天主教堂，收集了各地的宝物。由于受到古罗马艺术传统的深远影响，梵蒂冈博物馆中雕塑的收集堪称一绝。

最大的美术博物馆

法国巴黎的卢浮宫是世界上最古老、最著名、最大的艺术殿堂，里面陈列的艺术品达 40 万件。卢浮宫是世界上最大的美术博物馆，藏画数量堪称世界之最。卢浮宫占地面积（含草坪）约为 45 公顷，建筑物占地面积为 4.8 公顷，全长 680 米，陈列面积 5.5 万平方米。藏品中有被誉为"世界三宝"的《维纳斯》雕像、《蒙娜丽莎》油画和《胜利女神》石雕，更有大量希腊、罗马及东方国家的古董，还有法国、意大利的远古遗物。

卢浮宫的前身是一座中世纪的城堡。东面的方宫（旧卢浮宫）是建筑群的心脏；南、北翼各伸展出一长排相对称的宫殿；西边连接杜伊勒利花园。卢浮宫是欧洲面积最大的宫殿建筑，卢浮宫的建筑艺术协调美观，给人以古朴清新、庄严肃穆之感。

最大的自然历史博物馆

伦敦的英国自然博物馆是国际上公认的世界上规模最大的自然历史博物馆。纽约的美国自然历史博物馆也是世界上数一数二的自然历史博物馆。虽然英国自然历史博物馆的建馆时间比美国自然博物馆的时间要早 116 年，但是就美国自然历史博物馆的基地面积、陈列内容、观众人数等方面来说，已经超过了英国自然历史博物馆，成为世界上最大的自然历史博物馆。

美国自然历史博物馆始建于1869年，拥有极其丰富的动物标本和其他珍藏，包括天文、矿物、人类、古生物和现代生物5个方面，有大量的化石、恐龙、禽鸟、印第安人和爱斯基摩人的复制模型。所藏宝石、软体动物和海洋生物标本尤为名贵。该馆收藏的研究标本达3600多万件，共42个展厅，这是该馆开展科学研究和科学宣传的雄厚基础。此外，世界上最大的天文馆之一——海登天文馆是该博物馆的一部分。它还有一个藏书1万册的天文图书馆和一个直径23米的太空剧场。

最大的地下博物馆

汉阳陵是汉景帝刘启及其皇后王氏同茔异穴的合葬陵园，位于今陕西省咸阳市渭城区正阳镇张家湾后沟村北的咸阳原上。汉阳陵陵园平面呈不规则葫芦形，东西长近6000米，南北宽1000～3000米，面积约12平方千米。由帝陵，后陵，南、北区从葬坑，刑徒墓地，陵庙等礼制建筑，陪葬墓园及阳陵邑等部分组成。

汉阳陵博物馆是世界上最大的地下博物馆，其建筑采用下沉式结构，充分保护了陵园的整体环境风貌。它是建筑风格独特、装饰精美、陈列手段先进的现代化综合博物馆。展室面积达1600平方米，展室内陈列着近几年来考古发掘出土的约1800件文物精品，琳琅满目，美不胜收。

最著名的玩具博物馆

德国的纽伦堡玩具博物馆位于纽伦堡老城区的中心，1971年对外开放。这是世界上最著名的玩具类博物馆。孩子们可以在这里进行一次从古希腊罗马时期到现代的玩具世界之旅。

这座博物馆是一座文艺复兴风格的民宅，共四层，展厅中展示了全世界各种各样的历史悠久的玩具。展品包括纸玩具、战后的手工玩具、儿童书、游戏和今天的高科技玩具，等等。这些丰富多彩的展品深深地吸引着世界各地众多的游客。

在玩具博物馆的带动下，纽伦堡成了玩具生产和玩具贸易的中心，被称作"玩具之城"。这座世界玩具之城拥有600年的传统，可以追溯到中世纪的木偶制造。每年在此举办的纽伦堡国际玩具展是玩具产业最重要的商展之一。

历史最悠久的科技博物馆

英国科技博物馆建于1909年，是世界上历史最悠久的一座科技博物馆。这座博物馆位于伦敦南肯辛顿区，建筑面积约4.5万平方米，其中展出面积为3万平方米。这是一座集科学普及、学术研究、科技展示于一体的综合性国家博物馆。它拥有农业、航空、造船、车辆、纺织、气象、原子物理、分析化学等70个展览室。

英国科技博物馆向参观者展示了自英国工业革命以来，蒸汽机、电的应用以及原子能的利用这三次科学技术革命的各项重大成果。比如瓦特发明的第一台蒸汽机、"阿波罗10号"指令舱、电子计算机以及对宇宙、海洋、地球和人体进行探测的现代装备等。展厅展示实物原件、复制品、模型，并进行操作表演，形象而生动地向观众介绍科技知识，引导和鼓励人们去掌握现代科学技术。

最早的间谍博物馆

世界上第一家间谍博物馆是美国华盛顿中央情报局旁边的国际间谍博物馆。这座博物馆于 2002 年 7 月开张，是美国中央情报局科技处为庆祝建处 40 周年而建。展品多是从美国、加拿大、英国等地收集而来，部分展品来自间谍历史学家基恩·默尔顿，他一共收藏有 6000 件有关间谍的物件。

这家博物馆是华盛顿唯一一家收费的博物馆，尽管如此，博物馆门前总是排着长队。博物馆一共有 20 多个展厅，美国、英国、以色列、苏联、捷克、波兰、民主德国和联邦德国等国间谍使用过的 1100 多件间谍用品，令人眼花缭乱。那些展品确实很吸引人：衣服上的头发竟然是窃听器；纽扣则是微型摄像机，雨伞是一杆枪，口红可以射出子弹，钢笔可以射出催泪弹；一堆狗屎里竟然隐藏着无线接收器。

最大的宇航博物馆

坐落在华盛顿市独立大街上的美国宇航博物馆是目前世界上最大的宇航博物馆。这座博物馆虽然只有 208 米长、28 米高，却有众多展品。博物馆分为 23 个展览厅，里面陈列着 240 架飞机、40 个空间飞行器、50 枚导弹和火箭等实物展品。比如，"阿波罗"登月飞船重返地面的指令舱和在月球表面着陆的登月舱；号称"航天器之王"的美国"天空实验室"；高 21 米的"丘比特"火箭；新型"民兵Ⅲ"固体洲际弹道导弹；莱特兄弟 1903 年设计制成的世界上第一架动力飞机；苏联第一颗人造地球卫星的复制品；月亮岩石的切片……所有这些实物都给人以身临其境的感觉，所以人们把美国的这个宇航博物馆称作人类宇航知识的一个最大宝库。

美国宇航博物馆自 1976 年 7 月 1 日开馆以来，每年都得接待大约 1000 万名贵客。

世界上最好的恐龙博物馆

自贡恐龙博物馆位于我国四川省自贡市大安区，主要地质遗迹类型为古生物化石。自贡市城东约 10 千米处的大山铺恐龙化石遗址，包含有 1.6 亿年前中侏罗纪时期恐龙及其他脊椎动物化石。从 1915 年第一块恐龙化石发现至今，已发掘出恐龙化石 160 余件，其中有恐龙及鱼类、两栖类、龟鳖类、鳄类、翼龙类、似哺乳爬行类等 18 个属 21 个种，其中 20 个种为新种。可见这里曾是恐龙的"天堂"，也是埋藏恐龙的"大公墓"。

由于化石埋藏集中、数量多、门类

恐龙博物馆中展出的禽龙化石

全、保存好，且由于其产出时代为中侏罗世，从而也填补了恐龙演化史上这一时期恐龙化石材料匮乏的空白，有重大的科学价值。美国《国家地理》杂志称自贡恐龙博物馆是"世界上最好的恐龙博物馆"。

最大的露天博物馆

世界上最大的露天博物馆是埃及的旅游城市卢克索。卢克索坐落在开罗以南670多千米处的上埃及尼罗河畔，位于古埃及都城底比斯南半部遗址上。

古埃及帝国维持了1500多年，历代国王、法老在底比斯兴建了无数的神庙、宫殿和陵墓。经过几千年的岁月，昔日的殿堂庙宇都变成了残缺不全的废墟，但人们依然能够从中想见它们当年的雄姿。据考古学家估计，约有500座古墓散布在卢克索地区，仅尼罗河西岸著名的"帝王谷"就有64座帝王陵墓，现有17所对外开放。

因此卢克索是古埃及遗迹的宝库，被称为"宫殿之城"。可以说，没有到过卢克索，就不算到过埃及。在现今卢克索的古建筑群中，保存最完整、规模最大的是卡纳克神庙。它的殿堂占地达5000平方米，有134根圆柱高耸入天，其中最中间的12根高21米，5人不能合抱，通体遍布精美浮雕。

最早的汽车博物馆

1912年5月31日，世界上最早的汽车博物馆在伦敦牛津大街175号顺风美术馆开馆。该博物馆的创始人是《汽车》杂志的发行人埃德曼德·丁贾菲尔德。1902年1月，《汽车》杂志就登载过："如果弄清楚英国最古老的汽油汽车的所在，将是非常有趣的。其中有的可能已经成为历史遗物。"基本上点明了创立汽车博物馆的目的。

最大的汽车博物馆

世界最大的汽车博物馆是举世闻名的"比尔·哈拉"汽车博物馆。这个博物馆有3个足球场那么大的展厅，其展品按出厂的年份依次排列，包括哈拉精心搜集的1200辆各个时期的老式汽车。

这些汽车大都是罕见的珍品，吸引了无数的参观者。其中有1898年制造的"奔驰"，1929年生产的"戴克赛"以及美国其他名牌汽车，每部车都可开动。有些还是举世难寻的珍品。比如，一辆在1908年举行的汽车竞赛中获得优异成绩的"弗利厄"赛车，经过精心修饰，已是焕然一新，仅留几道伤痕。

世界最早的古陶文明博物馆

我国北京大观园附近的古陶文明博物馆于1997年6月15日建成开馆。这是世界上最早的，也是唯一一座陶专题博物馆。藏品以新石器时代彩陶及周秦汉唐陶器、战国秦汉瓦当、秦汉封泥三大系列构成，兼及其他相关领域古陶共约2000件，构成以古陶文明为主脉、以艺术考古为特色的收藏体系。整个博物馆完整而生动地展现了古陶文明史。

古陶文明博物馆建筑面积600平方米，展厅面积约400平方米，常规展览由"彩陶渊薮、瓦当大观、封泥绝响、古陶序列、拆散的结构及其他、文字的美奥"6个专题系列近千件展品构成，力求使普及教育、艺术欣赏和专业研究相结合，将古陶文明恒久而独特的魅力展现给世人。

风俗与节日之最

最早的爱情节日

每年七月初七是我国汉族的传统节日七夕节。相传，七月初七晚上，牛郎织女在天上相会。牛郎织女的爱情故事已经流传了2000多年，《诗经·小雅·大东》中就已经有了牛郎、织女的文字记载。这比西方情人节早得多，是世界上最早的爱情节日。

七夕节是我国古代少女的重要节日，又称"乞巧节""女儿节""少女节"。在唐宋时期，七夕节非常热闹，无论在宫廷还是在民间，都有各种各样的庆祝形式。比如在宫廷会举行乞巧宴会，中间穿插很多有趣的小游戏。在民间，七夕节恋人们相约，在庭院或花园里焚香拜银河、拜牛郎织女星，祈愿有情人终成眷属。

最早的情人节

每年2月14日，鲜花就会大涨价，因为这一天是情人节，男孩送给女孩鲜花是情人节的重要习俗。

情人节，又名圣华伦泰节。据说在3世纪期间，罗马皇帝克劳狄二世禁止年轻男子结婚。他认为未婚男子可以成为更优良的士兵。一位名叫华伦泰的教士违反了皇帝的命令，秘密为年轻男子主持婚礼。传闻华伦泰于269年2月14日被处决。据《天主教百科全书》记载，496年，教宗圣基拉西乌斯一世在5世纪末叶废除了牧神节，把2月14日定为圣华伦泰日。

情人节的特色是情侣互相馈赠礼物。西方社会从17世纪开始情人节已经变得很普遍。时至今日，情人节已经成为一个世界性的节日，年轻男女喜欢互相赠送鲜花和巧克力以表达爱意。

最早的狂欢节

世界上很多国家都有狂欢节。各国的狂欢节都有自己的特色，但是都以毫无节制地纵酒取乐为主。其中最负盛名的是巴西狂欢节。

这个节日最早源于欧洲的中世纪，与基督教复活节有密切关系。复活节前有一个为期40天的大斋期，斋期里人们禁吃肉食，生活肃穆沉闷，反省忏悔以纪念复活节前三天遭难的耶稣。于是在斋期开始的前一周，即2月份里，人们会专门举行宴会、舞会、游行等纵情欢乐的活动，这就是狂欢节的雏型。随着时间推移，狂欢节的内涵逐渐由传统的宗教节日，演变为一年一度的普通百姓狂欢节，成为人们追求幸福和自由的重要节日。在狂欢节这天人们可以尽情地释放自己。

最早的圣诞节

每年12月25日是西方国家的人们最大的节日——圣诞节。圣诞节本来是基督徒纪念耶稣诞生的日子。因为耶稣出生在晚上，所以12月24日晚上被称为"圣诞夜"或"平安夜"。

开始的时候并没有圣诞节，耶稣去

最常听到的传说中讲道，圣诞老人是乘坐驯鹿拉的雪橇到来的。

世100多年后才开始有圣诞节。据说，第一个圣诞节是在138年，由罗马主教圣克里门倡议举行的。根据教会史的记载，第一个圣诞节是在336年。其实，耶稣具体生于哪一天，《圣经》中并没有明确的记载，因此开始时各地圣诞节日期各异。直到440年，由罗马教廷定12月25日为圣诞节，圣诞节的日期才统一起来。1607年，世界各地的基督教教会领袖在伯利恒聚会，进一步予以确定，从此世界大多数的基督徒均以12月25日为圣诞节。

最早的婚纱

现在新娘所穿的下摆拖地的白纱礼服原是天主教徒的典礼服。因为古代欧洲一些国家是政教合一的国体，人们结婚必须到教堂接受神父或牧师的祈祷与祝福，这样才能算正式的合法婚姻。

16世纪，爱尔兰王室理查伯爵对贫女萝丝小姐一见倾心，但是王室为了捍卫王室血统而反对。伯爵一再坚持，王室提出了一个几乎不能实现的要求，如果萝丝小姐能在一夜间缝制一件白色圣袍，而且长度从证婚台前至教堂大门，那么他们就可以举行婚礼。萝丝小姐在村民的帮助下连夜赶制了一件16米长的白色圣袍。王室成员受到感动，他们在国王和王后的允诺下完成了童话般的婚礼。这件白色圣袍就是世界上第一件婚纱。

19世纪以前，西方少女们出嫁时所穿的新娘礼服没有统一颜色规格，直到1820年前后，英国的维多利亚女王在婚礼上穿了一身洁白雅致的婚纱。从此，白色婚纱便成为一种正式的结婚礼服。

最早的母亲节

5月的第2个星期日是母亲节，世界各地的人们都在这一天表示对母亲的关爱和祝福。

母亲节起源于美国西弗吉尼亚州嘉芙顿城的一家主日学校。1876年的某天，安娜·查维斯夫人在礼拜堂祈祷时说："但愿在某处、某时，会有人创立一个母亲节，纪念和赞扬美国与全世界的母亲。"她去世后，她的女儿安娜，立志创立一个母亲节，来实现母亲多年前祈求的心愿。

安娜先后写信给许多有名望的人物，要求他们支持设立母亲节，初时反应冷淡，但她不气馁，继续向各界呼吁。经过不断努力，她的倡议终于得到社会的认可和响应。到了1914年，美国总统威尔逊提请国会通过决议案，将母亲节定为全美国的节日。世界各地相继效仿，现在母亲节已经成为国际性的节日。

安娜本来建议以她母亲的逝世日5月10日作为母亲节的日期，但为方便人们共叙天伦，便选定在5月份的第2个星期日为母亲节。

最早的父亲节

1909年，住在美国华盛顿州士波肯市的杜德夫人参加完教会举办的母亲节主日崇拜之后，心里有了很深的感触。她心里想着：为什么这个世界没有一个纪念父亲的节日呢？杜德夫人的母亲去世得早，她的父亲斯马特先生辛苦地将6个子女抚养长大，最后因过度劳累病倒辞世。1909年，正是杜德夫人的父亲去世之年。

杜德夫人参加完礼拜之后，将她的感受告诉教会的瑞马士牧师，她希望能有一个特别的日子，向伟大的父亲斯马特先生致敬，并能以此纪念全天下伟大的父亲。她的想法得到教会和社会的支持，美国华盛顿州在1910年6月19日举行了全世界的第一次父亲节聚会。1966年，美国总统约翰逊宣布当年6月第3个星期日为父亲节。1972年，美国总统尼克松签署正式文件，将每年6月份的第3个星期日，定为父亲节。

最早的世界地球日

1970年4月22日，在美国民主党参议员盖洛德·尼尔森和哈佛大学学生丹尼斯·海斯的倡议和组织下，美国数十万群众参与了声势浩大的"地球日"活动，呼吁创造一个清洁、简单、和平的生活环境。这次"地球日"活动是人类有史以来第一次大规模的群众性环境保护运动。活动的组织者丹尼斯·海斯也被人们称为"地球日之父"。

这次活动是人类现代环保运动的开端，它推动了西方国家环境法规的建立。比如，它促使美国相继出台了清洁空气法、清洁水法和濒危动物保护法等法规，并成立了美国国家环保局。这次活动直接促成了1972年联合国第一次人类环境会议和1973年联合国环境规划署的成立。自此地球日成了全球性的活动。

最早确定的世界海洋日

世界上很多海洋国家和地区都有自己的海洋日，如欧盟的海洋日为5月20日，日本则将7月份的第3个星期一确定为"海之日"。早在1992年，加拿大就已经在里约热内卢联合国环境与发展会议上发出倡议，希望每一年都有一些国家在这一天举办与保护海洋环境有关的非官方纪念活动。但直至2009年联合国才正式确立了官方纪念日。2008年12月5日第六十三届联合国大会通过第111号决议，决定自2009年起，每年的6月8日为"世界海洋日"。联合国希望世界各国都能借此机会关注人类赖以生存的海洋，体味海洋自身所蕴含的丰富价值，同时也审视全球性污染和鱼类资源过度消耗等问题给海洋环境和海洋生物带来的不利影响。2016年"世界海洋日"的主题为"关注海洋健康，守护蔚蓝星球"。

世界上最早的植树节

近代植树节最早是由美国的内布拉斯加州发起的。19世纪以前，内布拉斯加州是一片光秃秃的荒原，树木稀少，土地干燥，大风刮过时，就会吹起漫天黄沙，人民深受其苦。1872年，美国著名农学家朱利叶斯·斯特林·莫尔顿提议在内布拉斯加州设立植树节，动员人们有计划地植树造林。

当时州农业局通过决议采纳了这一提议,并由州长亲自规定今后每年4月份的第3个星期三为植树节。这一决定做出后,当年就植树上百万棵。此后的16年间,又先后植树6亿棵,终于使内布拉斯加州10万公顷的荒野变成了茂密的森林。为了表彰莫尔顿的功绩,1885年州议会正式规定以莫尔顿先生的生日4月22日为每年的植树节,并放假一天。

最早的国际劳动节

19世纪80年代,美国资产阶级为了进行资本积累,对工人阶级进行残酷的剥削压榨,迫使工人每天从事长达12~16小时的劳动。美国广大工人逐渐认识到,要保障自己的权利,必须起来进行斗争。1886年5月1日,美国芝加哥等城市的35万工人举行大罢工,要求改善劳动条件。这场斗争震撼了整个美国。工人阶级团结战斗的强大力量,迫使资本家接受了工人的要求。美国工人的这次大罢工取得了胜利。1889年7月,由恩格斯领导的第二国际在巴黎举行代表大会。为了纪念美国工人的这次"五一"大罢工,显示工人阶级的伟大力量,推进各国工人争取八小时工作制的斗争,会议通过决议,规定1890年5月1日国际劳动者举行游行,并决定把5月1日这一天定为国际劳动节。

最早的妇女节

每年3月8日是国际妇女节,这是世界各国妇女争取和平、平等、发展的节日。一个世纪以来,各国妇女为争取这一权利做出了不懈的努力和斗争。1857年3月8日,美国纽约的服装和纺织女工举行了一次抗议,反对非人道的工作环境,游行者被警察围攻并驱散。1908年3月8日,1500名妇女在纽约市游行,要求缩短工作时间,提高劳动报酬与享有选举权,禁止使用童工。她们提出的口号是"面包和玫瑰"。5月,美国社会党决定以2月的最后一个星期日作为国内的妇女节。可见世界上第一个妇女节并不是3月8日。1917年,俄国妇女在俄历2月23日罢工,要求"面包和和平",抗议恶劣的工作环境和食物短缺。这天折合成欧洲广泛使用的公历是3月8日。联合国从1975年国际妇女年开始庆祝国际妇女节,从此"国际妇女节"就成为全世界劳动妇女的伟大节日。

最早的感恩节

感恩节是美国和加拿大节日,由美国首创,原意是为了感谢印第安人,后来人们常在这一天感谢他人。17世纪,最初移民到美洲的欧洲人遇到了难以想象的困难。印第安人为他们提供了基本的生活必需品,并教给他们狩猎和捕鱼的方法。后来,美洲移民为了感谢印第安人设立了感恩节。加拿大的感恩节起始于1879年,是在每年10月第2个星期一,与美国的哥伦布日相同。自1941年起,美国的感恩节是在每年11月的第4个星期四(在11月22—28日之间),从这一天起将休假两天,人们都要和自己的家人团聚,不管多忙都是如此。感恩节是美国国定假日中最地道、最美国式的节日。

探险与旅行之最

最先到达南极的人

1912年1月17日,英国探险家罗伯特·法尔肯·斯科特到达南极时遗憾地发现一个不争的事实——1911年12月14日,罗阿德·阿蒙森在南极留下了挪威国旗,他和4名同伴成为到达南极的第一批人。国旗上还附有一张便条,内容是请斯科特向挪威国王报告阿蒙森胜利抵达南极这一好消息。结果,由于南极恶劣的天气,阿蒙森一行没有一个人幸存下来,但阿蒙森及其同伴们吃苦耐劳、坚韧勇敢的精神是值得所有人学习的。

阿蒙森在南极探险时建立的探险队

最先到达北极的人

美国的北冰洋探险家罗伯特·皮尔里被人们普遍认为是第一个到达北极的人。他于1909年3月1日,由加拿大的埃利斯米尔岛的哥伦比亚海角出发,开始了远征。他的密友马特·亨森,其他7个美国人,17个爱斯基摩人,19个雪橇和133条狗与其同行。考察队于3月底到达北纬88°地区,最后的一批后勤保障队伍由此返回,皮尔里、亨森、4个爱斯基摩人和40条狗留下,开始准备向北纬90°——北极所在地行进。4月6日,皮尔里的观测证实他们已达到目标。尽管弗雷德里克·库克提出异议,宣称自己早于当月初到达北极,可是1911年美国国会还是认为皮尔里为首名到达北极的人。

最早实现环球航行的人

麦哲伦(1480—1521年)是葡萄牙著名的航海家和探险家。1519年,在西班牙王室的支持下,麦哲伦率领来自9个国家的270名水手从西班牙出发,绕过南美洲,发现麦哲伦海峡,然后横渡太平洋。虽然麦哲伦在菲律宾被杀,但是他的船队继续西行回到西班牙,完成第一次环球航行。因此麦哲伦被认为是第一个环球航行的人。

世界上最快的环球航行

法国航海家弗朗西斯·茹瓦永于2007年11月23日从法国西海岸的布雷斯特湾出发,环绕地球一周后,于2008年1月20日返回法国,行程共计3.89万千米,用时57天13小时34分零6秒。这是目前世界上最快的环球航行纪录。

最早骑自行车环游世界的人

最早骑自行车环游世界的人是中国的旅行家潘德明。1930年,他参加了"中国青年亚细亚步行团",开始徒步和骑自行车环球旅行。

这个步行团一共8个人，他们从上海出发，当行至越南时，就只剩下潘德明一个人了。他继续前行，经过东南亚、印度次大陆、中东、非洲到达欧洲的巴尔干半岛，再转入中欧、斯堪的那维亚半岛，然后从英国横渡大西洋，达到北美洲、中美洲，随后渡过太平洋，进入大洋洲，然后抵达亚洲，1937年7月回到上海，环球旅行圆满结束。整个旅程长达数万千米，途经40多个国家和地区，历时7年之久。

潘德明在旅行过程中曾受到很多名人和各国首脑的接见。他自制了一本《名人留墨集》，留下了20多个国家元首和政府首脑的笔迹，以及1200多个组织团体和个人的签名题词，还留下了世界各地大量的地方邮戳。

最早登上珠穆朗玛峰的人

人类第一次登上了海拔8844.43米的珠穆朗玛峰的英雄壮举发生在1953年5月，创造这一壮举的是新西兰人埃德蒙·希拉里，以及随后上来的尼泊尔的夏尔巴人丹增·诺尔盖。此次登山由英国人约翰·亨特任队长，开创了历史上攀登珠峰的先河。

最早穿越塔克拉玛干沙漠的女性

塔克拉玛干沙漠地处我国新疆塔里木盆地中部，是我国最大的沙漠。那里环境非常恶劣，气候干燥，白天高温，晚上严寒，还有突如其来的沙暴，被称为"死亡之海"。"塔克拉玛干"的意思就是"进得去，出不来"。沙漠中掩埋了很多探险家的尸骨。正因为如此，塔克拉玛干沙漠吸引了世界各国的探险家。

1998年10月26日，52岁的女探险家卡拉·佩罗蒂带着睡袋、帐篷、水瓶、摄像机等25件物品，向塔克拉玛干沙漠进发了。她独自徒步，忍受常人难以忍受的干渴和疲惫，走了24天，行程600千米，于11月18日下午走出了塔克拉玛干沙漠，成为成功走出塔克拉玛干沙漠的第一位女性。

最早绕极地飞行的人

世界上第一个绕极地飞行的人是E.M.朗。1971年11月5日，44岁的E.M.朗开始绕极地飞行，至同年12月3日共飞行了215个小时，全程57767.43千米。穿越南极飞行是对人类极限的一个挑战，当他飞越南极时，机舱内的气温一度下降到-72℃。他克服了重重困难完成了此次飞行旅程。

最早成功横渡大西洋的人

最早成功横渡大西洋的人是意大利航海家哥伦布。

哥伦布相信地圆说，认为从欧洲西航可以到达印度和中国。1492年8月，哥伦布受西班牙国王派遣，开始其"西航计划"。10月13日到达巴哈马群岛。哥伦布成为第一个到达美洲的欧洲人，开辟了横渡大西洋到美洲的航路，也因此成为名垂青史的航海家。

哥伦布发现了新大陆，但是他却认为自己到了印度，称当地人为印第安人。后来，哥伦布又三次出航美洲，在帕里亚湾南岸首次登上美洲大陆。但是由于他无法带回人们期待的印度香料和珠宝，最后在贫困中死去。

最先飞越大西洋的单人飞行

美国明尼苏达州的查尔斯·林白

空军上尉是第一个单人飞越大西洋的人。他从1927年5月20日格林尼治标准时间下午12时52分驾驶装有165千瓦发动机的"圣·路易精神"号瑞安单翼飞机由美国纽约长岛的罗斯福基地起飞，降于1927年5月21日格林尼治标准时间晚上10时21分，降落地点为法国巴黎布尔歇机场。全程历时33小时29分，其行程5810千米。

最早独自乘热气球环球飞行的人

福塞特是一位银行投资家，酷爱冒险运动，尤其喜欢驾驶热气球飞行。1996年至2002年，他已经5次试图创造独自驾驶热气球环球飞行的世界纪录，但每次都未能如愿。2002年6月19日上午，福塞特驾驶"自由精神"号热气球从西澳大利亚州的诺瑟姆升空，第6次尝试热气球环球飞行。在经过14天19小时51分钟、近32000千米的飞行之后，福塞特于2002年7月3日最终回到澳大利亚地面。福塞特终于成为人类独自不间断乘坐热气球环球飞行的第一人。

创下帆船环球航行最快世界纪录的女性

2005年2月7日，英国女航海家艾伦·麦克阿瑟经过71天14小时18分不间断地海上航行之后，终于冲过英吉利海峡，完成长达4万多千米的环球航行，创下了帆船环球航行的最快世界纪录，成为世界上驾驶帆船最快的航海家。

艾伦在整个航程中，战胜了很多困难，她每次只睡30分钟，然后起身驾驶4个小时。她吃的都是冷冻食品，水只能靠海水淡化来供应。航行过程中遇到了几次可怕的风暴，她曾冒着大风爬上将近30米高的桅杆修理桅帆。她的成功震惊了世界，英国前首相布莱尔、女王伊丽莎白都向她发了贺电，对她的胜利归来表示祝贺。

最早泅渡英吉利海峡的人

英吉利海峡是隔离英国和欧洲大陆的海峡。国际上公认的横渡路线为英国多佛尔和法国加来这两点之间，直线距离为33.8千米。由于终年风浪不断，实际游渡距离往往长达60千米以上。公认的章程规定，游渡必须有正式裁判，不得借助任何辅助设备，中途可以进餐，但不得接触任何可借以得到休息的物体。

第一个成功泅渡英吉利海峡的人是1815年滑铁卢战役中被俘的法国士兵萨莱蒂。他历尽千辛万苦，横渡英吉利海峡逃回祖国，创造了人类征服大自然的奇迹。由于当时还没有比赛规程，他的创举未被正式承认。

被正式承认的第一个征服英吉利海峡的人是英国船长M.韦布。他于1875年8月24日从多佛尔出发，在平均水温为16℃的海水中游了21小时45分，于25日到达彼岸加来。在此之后的35年内，无人能与之相比。

深潜的最长时间纪录

科学家们为了了解人在水下环境中是如何生存的，曾在美国佛罗里达州的潟湖中进行了名为亚特兰蒂斯工程的深潜试验。在该试验中，来自美国的理查德·普雷斯利操纵潜水艇从1992年5月6日开始，一直在深水中待到7月14日，创造了深潜最长时间纪录。

第八章

体育之最

足球之最

最早的足球运动

中国古代的"蹴鞠"被认为是世界上最早的足球运动。"蹴鞠"运动大约出现于距今 2000 多年前的战国末年，当时的"蹴鞠"运动已明显地具有现在足球运动的很多特点。

中国体育史学会秘书长崔乐泉介绍，在中国汉代的时候，"蹴鞠"运动就已经有了具体的竞赛规则，并且在当时已经成为一项非常专业、非常受大众欢迎的

蹴鞠图　北宋
蹴鞠是宋代流行的一种体育活动，这幅画描绘了宋太祖赵匡胤、宋太宗赵光义和近臣赵普等一起蹴鞠玩乐的情景。

运动。更重要的是，当时的"蹴鞠"已经具备现代足球运动的许多特点。有资料记载，当时的"鞠"就已经是圆形的，在运动场地的四周都有围墙。竞赛规则为：双方各六人，对阵抗衡。还设置了裁判员。对裁判员也有规定：担任裁判的人，不能"亲"一方"疏"一方，要遵守公平原则。参赛队员都要无条件地服从判罚。其中有些规定与我们现在的足球运动的比赛规则已经大致相同。

得到最高荣誉的足球运动员

在足球界，贝利无疑是享有荣誉最高的球员，他被人称为"球王"。

贝利原名埃德逊·阿兰斯德·多·纳西门托，1940 年出生于巴西一个贫寒家庭，从小就对足球产生了极其浓厚的兴趣，13 岁就开始在当地的俱乐部踢球，18 岁就入选国家队。入选国家队的第一年就和巴西足球队成员夺得了第一个世界冠军，之后于 1962 年、1966 年、1970 年又三次参加世界杯足球赛并两次夺得冠军！他简直是一个足球天才，他判断球的准确性和传球的能力简直让人不敢想象。他在

20年的足球生涯中共参加了1360多场比赛，进球数达到了1282个，20世纪80年代初，法国体育报纸《队报》和全球5大洲20多家著名报纸媒体一起评选20世纪最佳运动员，在全世界的运动员中，贝利名列第一。贝利还是世界上见过国家领导人最多的运动员，他曾经会见过10位国王、5位皇帝、70位总统、40位其他国家元首等。

最早的欧洲杯冠军

欧洲杯是一项由欧洲足协成员国间参加的最高级别的国家级足球赛事，这项每四年举行一届的赛事曾在1927年被法国人提出，但是直到1953年，国际足联在巴黎举行的特别代表大会上才批准这项提议。为了纪念已逝的法国足球联盟秘书长海恩利·德劳耐为欧洲足球做出的贡献，1960年，第一届足球杯在法国王子球场举行。

当时有17支队伍参加欧洲杯，共计18000名观众在场观看。决赛中，南斯拉夫队与苏联队以1∶1打成平局。加时赛中，苏联队队员庞内德尔尼克在比赛结束前7分钟一脚进球，将比分改写成2∶1，并且保持到终场，苏联队因此获得了首届欧洲杯冠军。在这届比赛上，另外一个赢家便是苏联球星勒夫·雅辛，他以一个漂亮的凌空翻腾射球动作使得世界球迷为之疯狂，球迷们称他为"黑蜘蛛"。

最早的世界足球锦标赛

世界足球锦标赛又名"世界足球锦标赛——雷米特杯"，是由国际足联主席雷米特倡议的、国际足联最早创办的一项世界顶级足球大赛。1930年7月13日，

首届世界足球锦标赛中乌拉圭队的队员在庆祝进球。

首届世界足球锦标赛在乌拉圭首都蒙得维的亚的"百周年纪念"体育场隆重开幕。

这场世界顶级球赛吸引了包括巴西、玻利维亚、智利、墨西哥、巴拉圭、秘鲁、阿根廷、美国、乌拉圭等13个国家前来参赛。国际足联以四组单循环预赛方式，选出各组的第一名进入半决赛，然后采用淘汰制决出最后的冠军。比赛为期18天，吸引了93000名球迷入场观看。最终，首届世界足球锦标赛冠军杯由东道主乌拉圭队收入囊中。

最早使用球衣号码的国家

活动在绿茵草地上的每一个足球运动员都有自己情有独钟的球衣号码。这种穿着带号码的球衣参加比赛的方式最早兴起于英国。1933年，英国足协首次倡导穿带号码的球衣参加比赛。足协规定，双方上场参加比赛的运动员球衣上印制的编号为1—11，替补运动员按照上场顺序，球衣号码依次下推为12、13、14号。这种穿带号码球

衣参加比赛的方式不仅为球员们找到了自己的标志性符号，更为裁判员准确评判提供了方便条件。因而，一经推出，迅速得到了广大球员和裁判的认可，并在世界范围内应用开来。

最早出现职业球员的国家

世界上最早出现职业球员的国家为英国。作为一个足球运动发源较早的国家，英国的足球事业堪称世界最完善的运动项目之一。1885年，英国国家法律通过足球职业化的提议请求，从此，英国的足球俱乐部开始公开付酬招聘足球运动员，一批以职业足球为生的运动员在英国诞生。

连续不败场次最多的职业足球队

世界上连续不败场次最多的职业足球队是意大利的AC米兰队。

意大利AC米兰队自成立以来已经有100多年的历史了，在这100多年中，AC米兰队就像他们的队徽那样永远都是一个让对手望而生畏的魔鬼形象。但是在球迷眼里，AC米兰队永远都是足球场上的英雄。到目前为止，AC米兰队仍然保持着它在20世纪90年代所创造的世界纪录——连续不败场次最多的职业足球队。到现在或许都让AC米兰队骄傲的是，在1991—1993年的两个赛季的58场比赛中，AC米兰队一场也没有输过，它的战绩是39胜19平，这不仅仅在AC米兰队历史上是最辉煌的事情，即使是在世界足球史上这都是一件相当了不起的事情！

最大的足球运动员输出国

世界上最多的足球运动员输出国是巴西。

巴西素有"足球王国"之称，到目前为止，巴西是世界上获得世界杯冠军最多的国家，也是世界上闯入世界杯足球赛决赛次数最多的国家。巴西的足球已经成为它的一项发展相当完善的产业，它每年都会向世界各地输出大量的足球运动员，像我们熟知的球员贝利、罗纳尔多都来自巴西。有人统计了一下，几乎在世界上所有著名的足球俱乐部里都有巴西球员的身影，巴西仅仅在2001年就向世界各地输出了730多名球员！这个足球球员输出数在世界上是最多的！

最早的足球运动员输入国

如今，足球运动员签约本国以外的足球俱乐部已经不是什么稀奇的事情

巴西球星罗纳尔多在球场上的英姿

了。很早以前，这种引进外国足球运动员为本国足球队效力之风便已经在欧洲足球界盛行。据史料记载，在1934年举办的第二届民办杯足球赛中，意大利国家队有4名队员来自阿根廷。它是首个输入外国球员代表本国参加比赛的国

家，吸收了阿根廷实力球员的意大利队也因此赢得了本届杯赛的冠军。

在此之后，意大利队如虎添翼，不断吸引更加强劲的球员入伙，在第三届世界杯足球赛中，拔得头筹捧回世界杯。为了控制球员的流动性，使比赛更加公平合理，1962年第七届世界杯之后，国际足协规定：代表一个国家队的足球运动员，不得再代表其他国家踢球。从此，各国输入的运动员流量趋缓，意大利也因此受到重创，直到1982年，才重新夺回世界杯。

获欧洲冠军杯次数最多的国家

欧洲冠军联赛开始于1957年，在欧洲冠军联赛的历史上，创造了前五届欧洲冠军杯联赛五连冠纪录的球队是西班牙皇家马德里队，该队还曾在1966年、1998年、2000年以及2002年4次捧回欧洲冠军杯冠军奖杯。它被誉为"欧洲足坛最成功的俱乐部"，号称"梦之队"，西班牙也因这支球队的辉煌战绩成为获得欧洲冠军杯次数最多的国家。

西班牙皇家马德里队的前身为天空足球俱乐部，成立于1897年。正式以马德里足球队为名始于1902年。1920年，这支已经在欧洲足坛叱咤风云的球队，被西班牙国王阿方索十三世授予"皇家"称号。作为欧洲，乃至世界顶级的足球俱乐部，1998年，皇家马德里队被世界足协授予"世纪之队"荣誉称号，2000年12月11日，皇家马德里队再次被冠以"20世纪最伟大的球队"的殊荣。

最早实现职业足球联赛三连冠的球队

哈德斯菲尔德球队成立于1908年，是一支效力于英格兰西约克郡哈德斯菲尔德的职业足球队。1910年，哈德斯菲尔德球队加入足球联盟，开始了征战世界足球顶级赛事的生涯，它曾先后获得过足总杯和慈善盾杯冠军，被誉为英国最强劲的球队。1923—1924年、1924—1925年及1925—1926年，哈德斯菲尔德球队连续三年赢得英格兰顶级联赛冠军，成为世界上最早实现职业足球联赛三连冠的球队。

最早出现足球俱乐部的国家

英国是现代足球的发源地，自11世纪足球运动在英国兴起之后，足球一直是英国人热衷的一项娱乐活动之一，这里的足球联赛堪称世界顶级。从英甲、英乙到各个地区各个级别的联赛，英国联赛体系都规划得非常完善。

1857年，世界上第一个足球俱乐部——谢菲尔德足球俱乐部在英国成立。随着足球事业的蓬勃发展，英国的足球进入了专业化、职业化阶段。

最快的进球

2004年4月，在英国举办的一场足球赛中，业余足球运动员马克·布罗斯在裁判宣布比赛开始的哨声吹响仅2秒钟的时间里，便成功地将球送进了对方的球门，刷新了之前由里卡多·奥利维拉在1998年，乌拉圭尼格罗队与索里亚诺队比赛中，2.8秒进球的最快世界纪录。比赛结束后，记者采访马克·布罗斯时，布罗斯激动地说道："当队友迈克尔·蓬特将球传给我时，我只是用尽全力将球向对方球门踢了过去，奇迹就这样发生了。"

篮球之最

最早的篮球赛

据说，最早的篮球运动出现在美国马萨诸塞州。那是100多年前的事情了，1891年，一个叫詹姆斯·奈史密斯的青年教师为了让自己的学生在冬天里也能在户外多活动活动，就把两个盛梨用的圆木筐钉在体育馆的走廊的护栏上，再把自己的学生分成两组，让他们争抢一个皮球，哪一组把皮球投进木框的次数多哪一组就获胜！这一下子调动了学生们的情绪！冬天也变得有趣起来！这就是世界上最原始的篮球运动！没过多久，詹姆斯·奈史密斯发明的新运动就在当地流行起来，逐渐地在北美乃至全世界普及开来！1896年，世界上第一场真正意义上的正规篮球赛在新泽西的特伦顿正式举行！这也揭开了正规篮球比赛的序幕！

最早的职业篮球联盟

1898年，在美国的新泽西州特伦顿，一支球队以25美元租用了当地的一家礼堂作为篮球比赛场地，想观看比赛的球迷凭票入场。赛后，组织者将售票所得的收入按场上表现分给了球员，这场比赛堪称世界首场"职业篮球赛"。

为了保护"有偿比赛"选手的利益，1896年，美国也是世界上第一个篮球组织NBL（National Basketball League，全国篮球联盟）成立。由于联盟内部规则不够完善，市场机制不够健全，NBL仅仅经过三四个赛季便名存实亡。1946年，BAA（Basketball Association of America，全美篮球协会）吞并NBL。1949年，NBA（National Basketball Association，美国男子篮球职业联赛）正式成立。

最著名的职业篮球联盟

1949年，在著名教练拉里·布朗的努力下，美国两大篮球组织BAA和NBL合并，NBA成立。来自NBL的明尼阿波利斯湖人队获得NBA第一个赛季的冠军以后，这个明星阵容强大的职业篮球联盟便吸引了世界球迷的关注。1951年3月2日，凯尔特人队总裁布朗免费提供波士顿花园体育馆，举办了首届全明星赛。1976年，NBA吞并ABA（American Basketball Association，美国篮球协会），成为垄断美国篮球的职业篮球联盟。发展到今天，NBA已经吸引了30支球队加盟，内部制度更加完善合理。NBA也成为了世界上水平一流、名声最响亮的职业篮球联盟。

最著名的篮球运动员

世界上最著名的篮球运动员是美

篮球必须从篮筐上方穿过篮筐或从篮板上弹入篮筐才能得分。

国的迈克尔·乔丹。迈克尔·乔丹1963年2月17日出生在纽约布鲁克林，1984年毕业于北卡罗来纳州立大学，身高为1.98米，场上位置是后卫。他在1984—1985赛季到1992—1993赛季、1994—1995赛季到1997—1998赛季、2001—2002赛季到2002—2003赛季共打了14个赛季多一点。他带领的球队曾经6次获得NBA总冠军；并分别于1984年、1992年两次夺得奥运会冠军。

乔丹于1984年NBA选秀时被芝加哥公牛队选中，随后就在1991—1993年的NBA季后赛中带领公牛队完成"三连冠"霸业。随后在1996—1998年的季后赛中又取得"三连冠"，缔造了盛极一时的"公牛王朝"。在这之后曾有过短期的退役。于1999年1月13日正式宣布退役，2001年下半年再次复出，2003年4月份赛季结束后正式宣布退役。

投篮最准的运动员

世界上投篮最准的篮球运动员是美国著名篮球运动员马丁。

马丁是20世纪70年代曾经红极一时的篮球运动员。马丁当时是美国佛罗里达州"杰克森维尔"职业男子篮球队的职业运动员。在一次投篮表演中他让全世界的人都记住了他，那是1975年2月28日，马丁站在罚球线内连续投进了1740个球，当时让在场的所有人都惊讶无比，人们简直不敢相信自己的眼睛，马丁站在那里连续不断地投球，居然没有一个球掉出来，一直到他投到第1741个球。人们一下子记住了他，他才是世界上投篮最准的篮球运动员。但是马丁并没有满足自己的成绩，过了

两年之后，也就是1977年6月25日，他又让所有人都大吃一惊！他打破了自己的纪录，连续投进了2036个球！

最原始的篮球竞赛规则

最原始的篮球竞赛规则是由"篮球之父"美国春田大学的詹姆斯·奈史密斯博士制定的。本着篮球运动以手操作为主要运球方式、不得持球走或跑、运动员可以在篮球场地内任意运球、双方运动员不得有身体接触的基本原则。奈史密斯制定出了如下13条篮球竞赛规则：

1．球员可以用单手或双手向任何方向扔球。

2．球员可以用双手或单手任意方式控球、抢球，但绝对不能用拳头击球。

3．球员不能带球走动。

4．必须用手持球，而不允许用头顶、脚踢球。

5．不允许球员用肩撞、手拉、手推、手打、脚绊方法来对付另一方的队员。任何队员违反此规则，第一次被认为是犯规，第二次再犯规，就要被强行停止比赛，直到命中一个球后才能重新上场参加比赛。如果有意伤害对方球员，就要取消他参加整个比赛的资格，且不允许补。

6．拳头击球即违反第3条和第4条规则。

7．如果一段时间内，一方球员在对方没有犯规的情况下，连续犯规3次，算对方命中一球。

8．在球进篮之前，防守球员没有干扰到球，使球停留在篮中便为进篮得分。

9．当球出界后，由第一个触碰球的运动员扔进场内，如无法判定，则由裁判扔进场中，掷界外球超过5秒，则判给对方发球。

10. 连续犯规 3 次的球员，裁判员有权宣布取消该队员参赛资格。

11. 裁判员既是球的裁判员，也是运动员的裁判员，他有权行使比赛中的权利，同时也承担相应责任。

12. 比赛在两个 15 分钟内进行，中间休息 5 分钟。

13. 双方以进球数量定胜负，如果比赛结束未分出胜负，比赛时间则延长至任何一方再进一球终止。

最早能扣篮的女子篮球队员

谢里尔·米勒出生在一个黑人体育世家。作为体育世家中的一员，米勒具有良好的身体素质，1.92 米的身高更是为她日后的篮球事业提供了有利条件。

受父亲的影响，米勒从小酷爱篮球运动。在父亲的精心指导下，米勒的球技突飞猛进。米勒 16 岁时，被选入美国国家队，是当时世界上第一名中学生国家队队员。1981 年 2 月，米勒在一场 32 分钟的比赛中，一人独得 105 分，创下了全美女篮选手一场比赛个人得分的最高纪录。也是在这场比赛中，米勒上演了一个高超的单手扣篮动作，成为篮球史上第一个能扣篮的女篮球队员。1983 年，米勒登上了全美大学生女篮赛冠军的宝座。1984 年，她赢得全美大学女篮"最佳运动员"殊荣。 1986 年的世锦赛上，米勒抢到篮板再次上演了扣篮绝技，震惊了当时在场的所有观众。

历史上最受欢迎的篮球队

1926 年，阿贝·塞波斯汀创立美国哈林男子篮球队。哈林篮球队素有"世界上最受欢迎的篮球队"的称号，该球队的正式名称为"无与伦比的阿贝·塞波斯汀哈林环球旅行家篮球队"。从球队的名称可以看出，球队成立之初，主要是在国内进行比赛和篮球表演，曾创下过 333 胜 8 负的辉煌战绩。

1945 年，这支球队开始走向世界，实现环球旅行的宗旨。他们将篮球竞技与幽默滑稽的表演融合在一起，以艺术的表现手法向世界人民展示了篮球的魅力。人们亲切地称他们为"友好使者"。据官方统计结果显示，哈林篮球队已经访问过全球 115 个国家和地区，超过 1 亿的观众观看过他们的表演。如今，总部设在芝加哥的哈林篮球队已经成为一个由多支球队组成的大型篮球组织。

田径之最

最早的竞走比赛

世界上最早的竞走比赛出现在 19 世纪的英国。

竞走运动是发展比较晚的运动项目之一，它是在行走的基础上发展起来的。早在 1866 年，英国就有了竞走比赛。一直到 19 世纪末，竞走这一运动项目才逐渐传入欧美的一些国家，至于亚洲的竞走比赛发展得更晚。

其实早期的竞走比赛，比如英国当时的竞走比赛，采取的是一些很简单的规则，运动员可以任意走，更谈不上严格的技术要求。真正现代意义上的竞走比赛出现于 1908 年第四届奥运会，在这届奥运会上，男子竞走比赛首先被列为比赛项目。从那以后世界各国才真正开始注意到培养竞走比赛的运动员，真正的竞走比赛才开始发展起来。

世界上最早采用蹲踞式起跑的人

在田径比赛中，竞赛中的短跑项目，通常要求运动员采用蹲踞式起跑的方式。自公元前 776 年第一届古代奥运会开始，短跑比赛中，运动员的起跑方式都是以站着为主。1887 年，美国著名田径教练墨尔菲发明了蹲踞式起跑法。在同年耶鲁大学举行的运动会上，大学生西西里首次采用了这种蹲踞式起跑板助跑的方式，并在比赛中发挥出色，取得了优异的成绩。

人们研究发现，利用起跑板助跑有利于成绩的提升。于是，1927 年，较先进的起跑器被研制开发出来，在此之后，短跑运动器材也在不断更新换代。1936 年第十一届奥运会上，短跑项目采取蹲踞起跑，并借助起跑器的规则正式确立。

最早的城市马拉松比赛

1897 年 4 月 19 日，全球首场城市马拉松比赛在素有"美国雅典"之称的城市波士顿举行。作为马拉松比赛的新模式，这场城市马拉松比赛吸引了 15 位马拉松爱好者参加。从此，波士顿每年的 4 月中旬都要举办一次城市马拉松比赛。1986 年，城市马拉松比赛项目的规则有所改进。因为城市马拉松比赛道路极具挑战性，运动员要求也极其严格，所以，很多世界顶级的运动员都以能在城市马拉松赛事中夺冠为荣。

最早的跨栏跑比赛

跨栏跑又叫作障碍跑，它源于畜牧业相对发达的英国。在英国的一些畜牧区里，牧民们经常要跨越围栏追赶逃跑的牛羊，于是这种跨越栅栏的活动逐渐演变成牧民平日里的一种娱乐活动。

1864 年英国首次举行的牛津、剑桥两所大学的对抗赛上，首次将牧民的这种跨障碍游戏设置在了体育比赛项目中。当时运动员所要跨越的障碍大都以栅栏或埋在地上的木栏为主，由于危险系数高，经常发生障碍物伤人的事件，所以，这项比赛只属于男子比赛项目。1935 年，一种设计科学，可以动的"L"形栏架出现，这种栏板在超过 4 千克的重力冲击下便会翻倒，排除了障碍物伤人的隐患，有效地促进了跨栏运动的发展。1896 年，第一届奥运会上，男子 100 米跨栏跑比赛正式出现在世界级比赛中。后来，美国运动员克伦茨莱采用了前趋单臂前导的跨栏方式，完善了现代跨栏跑的运动技术，成为"现代跨栏跑之父"。

世界上最早的跳高比赛

跳高运动发源于英国的跨栏跳跃活动。早在中世纪的时候，史料中就曾出现过有关跳高运动的记载。

1700 年左右，跳高作为一项体操项目被列入比赛项目中。1827 年，美国人威尔逊曾创下过第一个男子跳高纪录 1.57 米。此时，人们的跳高项目以双脚屈膝跨越绳子为主要方式。1851 年，在英国牛津大学举办的运动会中，首次出现了较为正式的跳高比赛项目，并且出现了以单脚跳跃横栏的方式。这次比赛改变了传统的胜负划分方式，采用丈量高度作为评判标准，完善了比赛规则。牛津大学学生也创造出了单脚跨越 1.67 米的纪录。

最早的撑杆跳高比赛

在很早以前，就有关于人们借助工具跳跃沟河等地的活动方式的记载。在中世纪的欧洲节日庆典中，撑杆跳成为骑士们炫耀本领的一种比赛项目。18 世纪，这项活动作为体操项目的一种，广泛地流行于德国的校园里。1789 年，德国人布斯歇创下了 1.83 米的最早撑杆跳纪录。19 世纪，撑杆跳已经成为欧洲国家盛行的一项运动。1866 年，英格兰的惠勒曾跳过 3.05 米的高度。1896 年，第一届奥运会比赛中，男子撑杆跳被列为正式比赛项目。2000 年，女子撑杆跳也成为奥运会的比赛项目之一。

最早的标枪比赛

标枪源于人们狩猎用的投掷工具，它也是战争中人们常用的战斗武器。在有记载的历史资料中，古罗马、希腊、埃及、中国，都曾出现过这种放矢投掷武器。随着人类文明的发展，标枪运动逐渐脱离了战争体系，成为竞技项目的一种。公元前 708 年第十八届古代奥林匹克运动会中，标枪正式被列为"五项全能竞技"项目之一。它是唯一一项可以通过助跑方式进行投掷的运动。当时的标枪比赛不但要比谁投掷得远，还要比谁投掷得准。1792 年，世界上首场具有现代意义的标枪比赛在瑞典举行。1908 年，男子标枪比赛成为奥运会比赛项目之一。1932 年，女子标枪也加入了奥运会竞技项目之列。

最早的铅球比赛

在长期的生存实践中，古人以扔掷石块等东西猎取动物，锻炼出了投掷的基本技能。在中世纪的欧洲，人们一直以投掷石块的大小、远近作为衡量"大力士"的标准之一。据史料记载，当时的日耳曼人就经常举行投石竞赛活动。为了提高技能，人们经常利用投掷石块锻炼身体素质，提高战斗力。相传在 1150 年左右，希腊雅典举行过一次规模庞大的投掷圆石比赛。比赛规定，选手必须将圆石举过头顶，然后再投向远方，这场投石比赛便是早期的铅球比赛。1340 年，欧洲出现了第一批炮兵。当时的炮弹是用铅铸造而成的圆球。闲暇之余，士兵们便以推举炮弹作为锻炼身体的方式，现代铅球运动便是从这种运动发展而来的。

最早的铁饼比赛

据史料记载，铁饼运动源于古人投掷石片采取果子、投掷飞禽等活动。在希腊名著荷马史诗的《伊利亚特》和《奥德赛》中，便有关于希腊人投掷石片运动的记载。渐渐地，投掷石片活动逐渐从生产生活中脱离出来。公元前 708 年，铁饼运动作为"五项全能竞技"之一被列为奥运会比赛项目，这也是最早的铁饼比赛项目。当时人们使用的铁饼是经过磨制的盘形石块，随着竞技体育的发展，石质铁饼逐渐被铜、铁制品代替。

其他体育项目之最

世界上最早的竞技体育运动

摔跤运动被公认为是世界上最早的竞技运动。现代摔跤运动起源于古希腊。相传，雅典民主奠基人捷谢伊从雅典女神那里学到了摔跤规则，并将这项运动传播到民间，摔跤运动在希腊人的生活中，占有很重要的地位。公元前2世纪末，罗马侵略希腊，摔跤运动融合了罗马与希腊两国的特点，出现了古典式摔跤模式。在希腊，很多上层人士都是著名的摔跤手。

18世纪，这项运动流传到法国，被法国的摔跤运动爱好者作为一种表演节目带到更多的地方，古典式摔跤在欧洲盛行起来。1896年第一届奥运会上，古典式摔跤被列为比赛项目。伴随着古典式摔跤的发展，一种新的摔跤模式——自由式摔跤兴起。1904年，自由式摔跤被列为第三届奥运会比赛项目。

世界上最早的乒乓球运动

乒乓球被称为中国的"国球"，但是它并非起源于中国。19时期后期，酒馆、俱乐部等地是英国贵族青年最热衷的娱乐场所。一天，两名贵族青年相约来到俱乐部，用过餐之后，一名青年拿起雪茄盒击打红酒瓶上的软木塞作为消遣。另一名青年看到了，便拿起雪茄盒和他在桌子上面互相打起软木塞来。当时，这种消遣方式引起了在俱乐部娱乐的众多青年的浓厚兴趣，渐渐地，击打软木塞的活动在贵族青年中流行起来。

1869年，第一批由"赛璐珞"制成的具有现代意义的空心乒乓球诞生。1900年，英国成立了世界上最早的乒乓球联合会，并在12月举办了世界首场乒乓球联赛，从此，乒乓球运动走向世界。1926年，世界权威乒乓球组织——国际乒乓球联合会成立，乒乓球运动走向了更加规范化的道路。

世界上最早的乒乓球锦标赛

1926年1月，首届国际乒乓球邀请赛在德国柏林举行。比赛期间，国际乒乓球联合会成立，并且通过了举办欧洲乒乓球锦标赛的决议。

1926年12月，第一届欧洲乒乓球锦标赛在英国的首都伦敦符林顿大街的梅摩沃尔大厅拉开序幕。当时参加锦标赛的有德国、匈牙利、奥地利、印度、威尔士、捷克斯洛伐克和英国7个团体赛代表队，参赛人数包括7个代表队以及瑞典、丹麦之内的单项赛事运动员共80人。

尽管这项赛事设立了男子团体、男子单打、男子双打、女子单打、混合双打5个项目，但是比赛规则却不是十分完善，参赛运动员的着装以及比赛用的器材也都很随意。经过5天的角逐，匈牙利成为五项赛事的最大赢家。赛后，这场吸引了数百名观众免费观看的"欧洲乒乓球锦标赛"，被公认为"第一届世界乒乓球锦标赛"。

最早的羽毛球运动

相传14世纪末的日本，有一种以

插满羽毛的樱桃为球，两人用木板来回击打的运动方式，人们称这种运动为最早的羽毛球运动。

18世纪，在印度的普纳城，出现了以插了羽毛的毛线球为击打对象的"蒲那游戏"。1873年，住在英国格拉斯哥郡的伯明顿镇的公爵鲍弗特在庄园内举办了一场"蒲那游戏"的表演。受阴雨天气影响，公爵将这项运动移到室内继续进行，并且邀请参加观看表演的客人一起参加活动。这场室内"蒲那游戏"被视为羽毛球运动的开端。从此，具有现代意义的羽毛球运动蓬勃兴起。

1877年，有关羽毛球运动的规则在英国正式启用，1893年，世界上第一个羽毛球协会在英国正式成立。1934年，总部设在伦敦的国际羽毛球联合会成立。1939年，通用于国际的一部较完善的羽毛球竞赛规则颁布施行。

最早的网球运动

网球素有"贵族运动"的雅称，这是因为最早的网球运动是宫廷王室用来消遣的娱乐活动。早在12至13世纪的法国，就有传教士以手向墙壁击球的活动方式。1337—1453年的英法"百年战争"时期，民间流行的"海欧·德·巴乌麦"球类游戏，是现代网球运动的雏形。14世纪中叶，这项运动在法国王宫极为盛行。后来，这项运动由宫中流传到了民间，并且演变成一种赌博方式，因而法国国王曾下令禁止这项运动。

1873年，具有现代意义的网球兴起于英国。当时的英国人沃尔特·克洛普顿·温菲尔德改进了传统网球的打法，首次在著作中提到了"草地网球"的概念。从此，网球运动不再仅是一项室内的娱乐活动，也成了人们夏天在草坪上展开的户外体育项目之一。

最早的排球运动

1895年，一位名为威廉斯·盖·摩尔根的青年体育工作人员，创立了一种由网球运动改变而来的室内游戏项目。这种游戏项目以充气篮球为娱乐道具，场地中间拉起一道一人多高的网，参加游戏的人员分立在网的两边，以手击球使其飞跃过网传递到对方区域，传球期间以球是否出界或落地为评判输赢的标准，这项运动便是最早的排球运动。1896年摩尔根为此项室内游戏制定了较为完善的竞赛规则。

最初，这项运动被人们称为"空中飞球"，并且迅速地流传到了加拿大、古巴、美国等地，很快成为流行于全球的一项娱乐活动。1896年，美国普林菲尔德市立学校的艾特哈尔斯戴特博士将摩尔根创立的"空中飞球"游戏更名为"Volley Ball"，"排球"一词从此沿用下来。

最早的曲棍球运动

据史料记载，在距今3000多年前的中国、波斯和印度等地，曲棍球便是人们喜爱的运动项目之一。1981年，德国柏林体育出版社出版的《曲棍球运

网球运动宣传画

动》一书中提到：距今 2697 年前，在中国的士卒中，流行着一种以棍子击球的游戏方式，当时的人们称这种运动为"步打球"，双方队员以将球击入对方球门多者为胜。除此之外，在公元前 2000 年埃及尼罗河流域的贝尼·哈桑地区发现的第十六个坟墓中的壁画上，两个手持弯曲木棍，相向而立的人物肖像证明：曲棍球运动在古代的埃及已经十分盛行。现代草地曲棍球比赛起源于英国。自 1889 年男子曲棍球比赛在伦敦举行后，这项运动盛行于世界各国。

最早的棒球运动

一般观点认为棒球运动起源于英国的板球，并在美国发展成型。1834 年，一本关于棒球运动的书籍在美国的波士顿出版社出版，这是关于棒球运动较早的一部书籍，但是书中并没有棒球运动规则的相关纪录。1839 年，美国人窦布戴伊组织了世界上首场"棒球"比赛，这场比赛所采用的规则及方式与现代棒球运动极为相似。1845 年，美国人亚历山大·乔伊·卡特赖德出版了一部运动书籍，书中不但首次以"棒球"命名这项运动，还详尽地介绍了棒球运动，也记载了较为完善的棒球比赛规则。这项以棒打球为主要特点，集体性、对抗性很强的球类运动开始在美国流传开来。1860 年美国开始出现职业棒球运动员。1871 年，"全国职业棒球运动员组织"，即 1876 年更名后的美国"全国棒球联合会"成立。第二次世界大战后，棒球运动在全球 100 多个国家和地区流行起来。

最早的高尔夫球场

高尔夫球源于牧羊人击石进洞的游戏，后来渐渐演变成一项高雅的竞技游戏。世界上有两大高尔夫球协会主管高尔夫规则的制定、解释和修改，除了 1894 年成立的美国高尔夫协会之外，另一个便是成立于 1754 年的圣安德鲁斯皇家古老高尔夫球俱乐部。世界上最早的高尔夫球场——圣安卓高尔夫球场，便隶属于圣安德鲁斯皇家古老高尔夫球俱乐部。圣安卓球场是现代高尔夫球运动的发源地，也是高尔夫球场的始祖。

这座依托于自然风光的古老球场沿海而建，整座球场呈长条状。15 世纪，人们根据这里崎岖不平的地形，从会馆开始到球场尽头，设立了 11 个球洞。高尔夫球手从会馆出发打到场地尽头再返回会馆，总共要完成 22 个洞的进球，这便是早期的高尔夫球场设计路线。

1764 年，人们将球洞之间的距离拉长，11 个球洞合并成了 9 个球洞，形成了高尔夫球场 18 洞的模式，并且沿用至今。

最早的橄榄球运动

橄榄球起源于英国，又名联合式橄榄球。最初这种运动名为拉格比足球，因其使用的球形状类似橄榄，于是汉语中便被翻译成"橄榄球"。

相传，1823 年，英格兰沃里克郡拉格比镇的拉格比学校举行了一场足球比赛。其中一支球队比分稍稍落后于对手，双方竞争得十分激烈。落后球队中，有一位名叫威廉·韦伯·埃利斯的队员，因为想尽快将比分反超，情急之下捡起地上的足球向对方球门跑去，途中他避开了对方防守队员的重重阻碍，最终将球扔进了对方球门。按照足球比赛规则，这个球是犯规球，不计得分，但是

早期的橄榄球比赛，球员没有戴护具，因而很容易受伤。

埃利斯的这种行为却成了人们效仿的对象。在这之后的很多场足球比赛中，经常有队员抱球冲向球门的情况发生。于是，这种由足球衍生出来的运动渐渐成为一项独立的体育活动，并以"拉格比足球"命名。1845年，一套较为完善的橄榄球运动规则被制定出来，橄榄球俱乐部相继成立。1871年，第一个正式的英格兰橄榄球联合会成立。从此，这项运动开始传向其他国家。

获板球世界杯冠军次数最多的球队

板球运动又被称为"贵族运动"。它由呈扁平板状的击球木棍、中心为软木的圆球组成，是一项以板击球的运动。板球运动自英国兴起后，迅速盛行于澳大利亚、新西兰、印度、孟加拉等国家。从有记录以来的板球比赛算起，英国这个板球运动的摇篮地输多胜少。澳大利亚曾连续3次获得板球世界杯冠军，成为板球运动的霸主国家。2007年，这支强悍的球队第四次捧回板球世界杯冠军奖杯，成为世界上获板球世界杯冠军次数最多的球队。

最早的高山滑雪比赛

高山滑雪是很多滑雪爱好者最为热衷的一项运动。它不仅挑战着滑雪者的勇气，还考验着滑雪者的毅力，检测着滑雪者的滑雪技巧。最早的滑雪活动起源于冰雪覆盖时间较长的阿尔卑斯山脉一带。由于这里一年至少有8个月的时间被积雪覆盖，居住在这里的人们便在这种特定的环境下，发明了用木板绑在脚上，在雪地上滑行的行走方式。

随着环境的改变，木板滑雪的出行方式逐渐演变为一种娱乐运动。据历史文献记载，滑雪真正作为一种运动起源于斯堪的纳维亚地区，早在4000年前的石器时代，这里就已经出现了滑雪板。1905年，奥地利的茨达尔斯基在维也纳南部的利林费尔德进行了高山滑雪史上首次回转障碍降下表演，使高山滑雪运动得到了更多人的关注。1921年，世界上第一次高山回转以及速度滑雪比赛在瑞士举行。从此，高山滑雪进入了竞技比赛的范畴。

最早的举重运动

最早的举重运动是人们锻炼身体、增加体能的一种训练方式。据史料记载，古希腊时期，人们以举起石块的大小作为检验体力的一个标准；罗马人则用扁担式的木棒两端挑石头来训练士兵的体能。这些举石块的运动方式就是早期的举重运动。

现代举重运动开始于18世纪的欧洲。在当时的英国和美国等国家，举重表演是杂耍艺人的必演绝技。19世纪初，英国成立了举重俱乐部，举重所用的器械也发生了变革——由类似现代哑铃的两个金属球构成的杠铃。1910年，伯格改良了这种杠铃，使杠铃两端的不可变金属球变成可填减重量的空心金属球。从此，举重运动走向正规化。1896年，举重被正式列为奥运会的比赛项目。

最早的举重锦标赛

1877年，奥地利首都维也纳举办了世界上第一场有纪录的举重比赛，由于比赛的方式多种多样，这场类似杂技表演的举重比赛并没有规范的评判标准。但是，举重这项在英国和奥地利极为盛行的表演活动却从此开始走向竞技体育范畴。1891年3月28日，第一届具有现代意义的世界举重锦标赛在英国伦敦的皮卡迪里广场举行。这场锦标赛，仍然没有按照级别评比比赛结果，举起重物的方式也没有明确规定。直到1905年4月德国柏林举行的第六届举重锦标赛上，按照不同级别评判名次的规则才被制定出来。

最早的柔道运动

现代柔道运动起源于日本，在日本，它又被称为"柔之道"。它由中国拳术、角力以及日本武士的空手搏击技术等演变而来。在日本东京的古武道研究会曾立有一块碑，碑文写道："拳法之传流，自明人陈元赟而起。"陈元赟是中国明代人，他的徒弟中，三浦、福野两人领悟了少林武术的精髓之后，成为"日本中古柔术之祖"，这种"中古柔术"便是柔道运动的雏形。

1877年，18岁的东京帝国大学学生嘉纳治五郎开始学习柔术，他先后师从天神真杨流派的福田八之助、同流派的矶正智、起倒流派的饭久保恒年。经过长时间的钻研与学习，嘉纳治五郎汲取了这三大流派的精华、并且融合了日本其他武术流派的长处，创立了一套以投技、固技、当身技三部分为主的新的柔术体系，即现代柔道运动，嘉纳治五郎也因此被尊称为"柔道之父"。

获现代柔道冠军次数最多的人

日本的柔道运动员山下泰裕于1977—1985年连胜203场，其中获奥运会冠军1次和世界冠军4次：分别为1979年、1981年和1983年95公斤以上级别世界冠军、1981年无差别级世界冠军以及1984年奥运会无差别级冠军。

4次获得世界冠军的有日本的藤猪省三和小川直也。1971年、1973年、1975年80公斤以下级别世界冠军和1979年78公斤以下级别的世界冠军是藤猪省三；1987年、1989年和1991年的无差别级的世界冠军以及1989年95

山下泰裕在领奖台上

公斤以上级别世界冠军是小川直也。

当然，现代柔道冠军并非是日本人的"专利"。比利时的英格丽德·贝里曼6次夺得世界女子冠军：1980年、1982年、1984年和1986年无差别级世界冠军，以及1984年和1989年72公斤以下级别世界冠军。1988年，女子现代柔道还只是表演项目，贝里曼摘取了其中72公斤级的现代柔道桂冠。

最早的柔道协会

自嘉纳治五郎将中国少林武学中的踢、打、摔、拿以及日本的武技、柔术等技术融为一体，创立柔道以后，柔道运动便在日本盛行起来。1882年，嘉纳治五郎以东京永昌寺为训练场地，开设柔道讲道馆。1900年，嘉纳治五郎在柔道段位制基础上，制定出一套较完善的柔道竞技规则。1909年，世界上第一个柔道协会在日本成立。

随着第二次世界大战的爆发，柔道运动一度消沉。战后，柔道运动迅速在日本崛起。1948年，日本举办了首场全国柔道锦标赛。次年，欧洲柔道联盟正式成立。1952年，日本加盟后，其更名为国际柔道联合会，并将总部设在东京讲道馆。1964年，柔道运动在第十八届奥运会中被列为正式比赛项目。

最早的拳击比赛

拳击是一种戴拳击手套与人格斗的运动项目，它分为职业商业比赛和业余比赛两种。它源于古代的赤手格斗，是古希腊人和古罗马人自卫的一种技能，同时这种运动也是奴隶主们消遣娱乐奴隶的一种游戏方式。在公元前1500年的古希腊壁画上，就绘有两名拳击手进行拳击格斗的场面。

《英国大不列颠百科全书》中，有这样一段记载："公元前40世纪，幼发拉底河和底格里斯河两河流域发现拳击的遗迹"。在古埃及文献里，也记载了拳击所用的护具的相关内容。可见，在古代，拳击运动就已经初具规模了。

8世纪，奥斯曼大帝统治时期，法庭制定出了"斗审"制度。即遇到无法断定的案件，平民采取拳击方式决定胜负。于是，拳击运动成为一种竞技项目。18世纪初，英国出现了有奖拳击比赛，并且出现了保持拳击冠军11年之久的"无敌将军"——詹姆斯·菲格。1880年，伦敦成立业余拳击协会。1881年，第一届现代拳击锦标赛开赛。

最早的击剑运动

中世纪，以击剑方式决斗是欧洲骑士最热衷的一项高尚运动之一。后来，佩剑成为欧洲人彰显骑士文化的一种时尚表现。专门训练青年人击剑技术的绅士学校也逐渐建立起来。1643年前后，法国国王路易十四对当时法国的击剑服

柔道知识

柔道是一种起源于东方的徒手格斗运动。"柔道"译自日文，意为"温柔的方法"。学习柔道，就要知道如何利用对手的力量，摔倒对手。柔道比赛服装通常是一种宽松的白色衣裤，配以腰带。腰带颜色不同表示运动员的技术水平不同。新手系白色腰带，有段位者系黑色腰带。比赛在一块类似榻榻米9～10平方米的垫子上进行。正方形场地外是"红色标志危险区"和"安全区"，以防止运动员受伤。柔道运动利用紧固对手肘关节或颈部的方法将对手摔倒或压倒以战胜之。柔道比赛的每一回合均受到严格监督，得分是根据运动员运用技术的优劣，而不是按对方的伤害来判断。

装和器具做了统一的规定，并将巴黎资格最老的6名剑术师封为世袭贵族，由此开法国剑术流派之先河，击剑作为一种体育竞技项目初具雏形。

1776年，法国击剑大师拉·布瓦西埃发明了保护面罩，从此，击剑运动由骑士决斗逐渐走入高雅的运动竞技领域。1882年，世界上第一个击剑协会成立。后来击剑运动逐渐演变成花剑、重剑和佩剑三类，并成为奥运会比赛项目之一。

1896年第一届奥运会，击剑被列为正式比赛项目，"现代奥林匹克之父"皮埃尔·德·顾拜旦先生本人就是一位击剑好手。花剑、重剑、佩剑三个剑种的男女个人和男女团体项目的比赛，都是世界锦标赛的正式比赛项目，其中女子佩剑项目是1999年首次设立的。

最早的马术比赛

据史料记载，在中国的周代，就已经出现了马术运动，经过驯服的马与人在生产生活实践中长期相互配合，形成了一定的默契，渐渐地，人可以驾驭马表演出很多高难度动作。公元前680年的古代奥运会中，就设有马车比赛，这是早期的马术比赛。

现代马术运动始于欧洲。人们为了训练马在作战中移动的准确性，开始对马进行各种技能的训练，以提高马的协调性。后来，马术表演脱离这种训练项目，成为竞技比赛的一种。1734年，世界上最早的马术俱乐部——查尔列斯顿马术俱乐部在美国弗吉尼亚成立。1912年，马术比赛扩大为盛装舞步赛、障碍赛和三日赛三项。1953年，世界首场场地障碍马术锦标赛开赛。1966年，首届花样骑术锦标赛鸣锣开赛。

最早的跳水运动

在英国伦敦大不列颠博物馆中，陈列着一只公元前5世纪的陶瓷花瓶，瓶上绘有一群小男孩头朝下跳入水中的图案，这个花瓶上的图案是有史以来有关跳水运动最早的记录。中国宋代以前，有一种名为"水秋千"的运动项目。诗中说道"内人稀见水秋千，争擘珠帘帐殿前。第一锦标谁夺得？右军输却水龙船"。可见，跳水运动早在1000多年前的中国，就已经是一项很流行的运动了。

作为"花式跳水之父"，德国人约翰·古特斯穆特斯曾在他的《游泳艺术教科书》中详细地介绍过德国哈雷地区盐场工人的花式跳水活动，书中纪录的跳水活动便是现代竞技跳水运动的雏形。

奥运会之最

最早的奥林匹克运动会

在神话中，古希腊地中海沿岸的奥林匹亚是众神聚集的地方，这里也是古代奥林匹克运动会的发源地。

根据历史记载，最早的奥林匹克运动会举办的确切时间是公元前776年。这次运动会的遗址是在奥林匹亚。当时只有180米短跑这一个比赛项目。从那以后，奥林匹克运动会每隔4年举行一次，直到 394 年，才被罗马帝国的皇帝废除。

最早的奥运会冠军

公元前 776 年，第一届古代奥运会在希腊雅典伊利斯城邦的奥林匹亚开幕，这场由希腊神话衍生而来的盛会，吸引了希腊各个城邦的人民前来参赛。

参赛运动员中，有一个名叫科罗伊波斯的选手。他是著名的厨师，他所做的菜深得顾客的喜欢，很多名门望族高薪聘请他为家庭厨师。他不仅做得一手好菜，还是一个赛跑能手。听说第一届奥运会开赛，很多熟知科罗伊波斯的人都推荐他前去参加。经过几轮竞争，科罗伊波斯果然不负众望，赢得了第一届古代奥运会的冠军。

最早获得现代奥运会冠军的运动员

美国的詹·康诺利是最早获得现代奥运会冠军的运动员。他在 1896 年 4 月 6 日于希腊举行的第一届奥运会上，夺得三级跳远比赛的冠军，他的成绩是 13.71 米。当时，他被授予一枚银质奖章和"月桂冠"，另外还有一个象征和平的橄榄枝环。

最早进入奥运会场的女性

世界上最早的奥运会出现在古希腊时期，但是最早的奥运会是只对男性开放的，因为当时的奥运会有个特殊的规定：所有参赛队员都要裸体进行比赛。这样的规定无形之中就把女性选手和女性观众都拒之门外了。所以不管是在古希腊的奥运赛场上还是在观众席上都是看不到女性的。这样的规定很显然是不公平的，奥运会应该是面对所有人的，就像我们今天的奥运会，不论男女都能参加。但是谁是进入奥运赛场的第一个女性呢？她叫卡立法塔利，一个出身于奥运世家的女性，据说她的父亲、丈夫和儿子都是奥运会的拳击手，她把他们当成她的骄傲。在她儿子参加奥运会的那场比赛中，她抑制不住自己的喜悦，女扮男装进入了奥运会赛场，她成了世界上第一位进入奥运会赛场的女性！后来被人发现后差点被处死，但是当时的统治者最终在明白真相后被她的精神所感动，并赦免了她的死罪。

最早的奥运比赛项目

在奥林匹亚阿尔菲斯河岸的岩壁上有这样一段格言："如果你想聪明，跑步吧！如果你想强壮，跑步吧！如果你想健康，跑步吧！"跑步是古人因生存需要锻炼出来的一项基本技能。在古希腊，跑步的速度快慢是衡量一个人强悍与否的标准之一。

公元前 776 年，第一届古代奥运会就只设立了场地跑一个项目。当时的比赛场地并没有明确的线路划分，跑道以场地外周为准，起跑线是以石块堆砌而成的一条直线。比赛以抽签分组淘汰方式进行，并不纪录参赛者跑完全程所用的时间，以谁先到达终点为评判胜败的标准。在这之后的十几届古代奥运会中，都只设立赛跑这一项竞技项目。直到第十八届古代奥运会，铁饼、标枪等五项技能以及其他比赛项目才逐渐被列为奥运会比赛项目。

最早的奥运火炬

希腊神话传说中，奥林匹克山是众神居住的地方。相传，普罗米修斯为人类盗取火种，惹怒了最高的神宙斯，因而受到严厉的惩罚。

公元前 776 年，希腊伊利斯城邦的国王伊菲图斯根据神谕，在奥林匹亚举办了第一届古代奥运会。奥运会延承了普罗米修斯盗取火种的神话传说，参赛运动员以最先跑到终点，从祭司手中接过火把，并用火把点燃普罗米修斯神像前祭坛中的圣火为胜利标志。胜利者点燃圣火所用的火把便是最早的奥运火炬。

1934 年，国际奥组委通过了火炬传递的提议。1936 年，第十一届柏林奥运会上，第一只顶端装有易燃镁，全长 27 厘米，重 450 克的具有现代意义的奥运会火炬出现。火炬铁柄上雕刻着火炬传递途中经过的希腊、保加利亚、南斯拉夫等 7 国首都路线图，并刻有"向传递者致敬"的字样。

最早的奥运海报

19 世纪末，在顾拜旦等体育界人士的不断努力下，停办多年的奥林匹克运动会开始复兴。1896 年 4 月 6 日，第一届现代奥林匹克运动会在奥运会发源地希腊召开。刚刚恢复的奥运会上，并没有正式的会标以及宣传海报。作为申办城市，雅典奥运组织向国际奥组委提交的报告封面上，左手手持橄榄枝，右手挎着荣誉花环的雅典娜手扶神殿廊柱，向正在建设中的奥运竞技场眺望。在雅典娜头顶的神殿横梁上，写有前 776—1896 的字样，诉说着第一届古代奥运会至此届奥运会的漫长历史。这张表达了希腊人祈望和平主题的报告封面，被公认为奥运史上第一张奥运海报。

最早点燃奥运火炬的现代运动员

现代奥运史上第一个点燃火炬的人是希腊运动员鲁易斯。这位第一个奥运会马拉松冠军在 1936 年柏林举行第十一届奥运会上，被邀请点燃火炬。

鲁易斯不但是最早点燃火炬的运动员，而且也是奥运史上由东道国运动员点燃火炬这一规矩的唯一的例外。奥林匹克运动会的火炬都是由著名选手或经过挑选的人点燃的，这些人都必须是东道国的人，而柏林奥运会是第一次需要点燃火炬的奥运会，由于当时没能考虑到以东道国选手担任这项光荣职务，所以特请了希腊的鲁易斯在这届奥运会上点燃火炬。

最早的冬季奥运会

19 世纪末 20 世纪初，在一些冬季有积雪的国家中，兴起了滑雪、滑雪橇、滑冰、冰球等形式多样的冰雪运动。随着冰雪运动爱好者的增多，冰雪运动逐渐完善并走向成熟化。1887 年，世界上第一个滑雪俱乐部在挪威成立。1890 年，加拿大成立了世界上第一个冰球协会。1892 年，国际滑冰联盟在荷兰成立，并于次年在阿姆斯特丹举办了世界首场男子速滑锦标赛。冰雪竞技轰轰烈烈地在世界范围内展开。

1924 年，冰雪项目从奥运会中分离出来，一届名为"冬季运动周"的运动会在法国的夏蒙尼市召开。赛上设立了滑雪、射击、雪橇、冰球、短雪橇、跳台滑雪和滑冰 7 个竞技项目。两年后，国际奥委会正式将其更名为第一届冬季奥林匹克运动会。

奥运会篮球决赛的首任裁判员

1936 年 8 月，第十一届奥林匹克运动会在德国柏林拉开帷幕。此次奥运会上，男子篮球首次被列为正式比赛项目。在美国与加拿大之间对抗激烈的男篮决赛上，场上唯一担任裁判员职务的人，是时任浙江大学体育教授的中国人舒鸿。

舒鸿毕业于素有"篮球摇篮"之称的美国春田学院，是"篮球之父"奈史密斯教授的得意门生。他曾先后担任过中华运动裁判会会长，中国上海、日本东京、菲律宾马尼拉远东运动会中国队教练和裁判员等职务。1928年，经过考核，舒鸿和乐秀荣、吴邦伟、蒋湘青4人被正式录取为美国裁判协会会员，成为第一批国际裁判员。

在第十一届奥运会男篮决赛中，美国队战胜加拿大队夺得冠军，舒鸿也因公正严谨、眼明手快的风格获得了"奥运篮球第一哨"的荣誉称号。

最早的奥运村

1924年，为了庆祝国际奥委会成立30周年，国际奥组委决定，第八届奥林匹克运动会将在国际奥林匹克委员会所在地巴黎举行。为了办好这届奥运会，巴黎奥组委在世界范围内征求奥运会举办意见。于是，来自各方面的提议纷纷寄到奥组委中心。

在这些提议中，法国前橄榄球队队长伏·久查里克提出的有关建筑奥运村的设想得到了奥组委高度的重视。久查里克认为，作为现代奥运会复兴的发起城市，巴黎应该兴建一座能容纳10万人的体育建筑群。除了体育比赛场馆之外，建筑群中还应包含一个能容纳2000人居住的奥运村。尽管提议得到了奥组委的肯定，但是受到环境以及经济条件限制，巴黎奥组委仅在运动场附近盖起了一排简易的木房，作为运动员的休息场所，这排木屋便是最早的奥运村。

现代奥运史上规模最小的奥运会

1904年，第三届现代奥林匹克运动会在美国的圣路易斯市举行。由于与世博会几乎同时举行，加之各国到圣路易斯的路途遥远、旅费昂贵等原因，很多欧洲国家都没有出席此届奥运会，即便是到会的英国、德国、希腊等7个欧洲国家，也只派出了总人数仅为41人的代表团。除了上述欧洲7国，另外还有来自东道主美国以及古巴、加拿大、澳大利亚和南非的5个代表团参加，参赛总人数为584人，其中，美国的参赛运动员就占了533人。比赛中，美国凭借参赛人数多、实力雄厚等有利因素，独占了很多个比赛项目的冠、亚、季军，甚至在一些项目中，前6名都被美国人包揽。这届奥运会是一场以美国人为主角的运动会，也是现代奥运史上参赛国家最少、参赛人数最少的一届奥运会。

奥运史上最大的一枚别针

1994年，利勒哈墨尔冬奥会期间，一枚长296厘米，宽196厘米，重达124.74千克的大型别针被高价拍卖。别针上绘有一幅手持奥运火炬的运动员带领一名孩子奔向安全地带的宣传画。它是为冬奥会救助委员会做宣传而专门设计的，由挪威奥斯陆市场管理学校的学生和一家地方工厂联合制造而成。据悉，这枚巨型别针的拍卖所得，全部被用做了救助委员会的活动基金。

最早在开幕式上放飞鸽群的奥运会

据《圣经·创世记》记载，上帝因为人类作恶多端，以天降洪水的方式毁灭世界，唯留挪亚一家以及世间各种动物进入挪亚方舟躲过了这一劫。40天后，挪亚放出一只白鸽查看地面洪水是否已经退去。几天后，白鸽口衔橄榄枝飞了回来，向挪亚报告了洪水退去的喜讯。此后，白鸽和橄榄枝便被人们当作了和平的象征。

1896年4月6日，第一届现代奥运会在奥林匹克发源地雅典隆重开幕。开幕式上，雅典奥组委首次将象征着和平的鸽子放飞到了空中，成群的白鸽在奥运会场上空盘旋，场面颇为壮观。1920年第七届现代奥运会在比利时的安特卫普举行。为了悼念、缅怀第一次世界大战期间，所有付出生命的协约国战士和战争中牺牲的东道主比利时奥运会参赛者，奥组委将寄托着人类和平愿望的鸽群放飞到了空中。此后，作为奥运会开幕式必不可少的一项活动，放飞鸽群的模式被历届奥运会所沿用。2008年，北京奥运会在放飞白鸽这个环节极具创意，先由舞蹈演员用手做出白鸽展翅的动作，然后带领观众一起展翅飞翔。

世界上最早的奥运会邮票

1896年，第一届现代奥运会在希腊的雅典召开，为了筹措奥运会承办经费，希腊政府采纳了2名集邮爱好者的意见，拨款40万德拉马克给邮政部门，用以发行一套以古代奥运会为题材的纪念邮票。

这套邮票共12枚，分别印有古奥运会摔跤选手、掷铁饼者、雅典卫城和帕台农神庙等图案，整套邮票展示了古代奥运会的比赛竞技项目，传承了古奥运文化。1896年3月25日，伴随着希腊奥运会的开幕，这套具有纪念意义的邮票在全希腊发行。这套高于普通邮票价格数十倍的世界上最早的奥运会邮票很快被希腊民众预订一空，奥组委也在短时间内筹措到了成功举办奥运会的经费。

第九章

交通运输之最

❀ 汽车与公路之最 ❀

最早的汽车

18世纪的欧洲社会,人们的交通工具主要以马车为主。1770年,法国人尼古拉斯·古诺将一个巨大的铜制锅炉安装在了一辆平板马车前轮上,制造出了世界上第一辆以机器为动力的蒸汽板车。为了增加锅炉内木柴燃烧产生的蒸汽所带来的动力,尼古拉斯·古诺在锅炉外侧装上了两个与锅炉内部相连的活塞汽缸,通过两个汽缸的活塞交替运动,为板车提供了源源不断的动力。由于蒸汽机的体积庞大,不利于车体的操纵,尼古拉斯·古诺发明的这辆板车在行驶了1000米之后蒸汽炉发生爆炸,车体严重受损。但是它的发明,却改变了人们以马为动力的交通工具状态。如今,这辆汽车界的先驱正陈列在巴黎的国家技术及机械品博物馆中。

最早的公共汽车

公共汽车在人们的生活中起着举足轻重的作用。它缩短了人们出行地与居住地的距离,弥补了火车依轨道到达目的地的不足。

1825年,法国西北部一位公众浴场的老板在向市区内来浴场洗澡的客人们提供四轮马车接送服务时发现,从市区到浴场的沿途中很多人都可以乘坐他的马车。于是他便开办了一条穿梭于旅馆之间的客车路线,这样不仅方便了市民,还为他赚得了不少利润。于是他便办起了马拉公车客运服务,这种马拉公

德国发明家卡尔·本茨和他的助手约瑟夫·布莱西特坐在1886年生产的"奔驰1号"汽车上。该汽车产于德国曼海姆,是第一批向大众销售的机动车辆。

车便是公共汽车的雏形。

1827年，英国的嘉纳公爵将蒸汽机应用在了马车上，制造出了一辆如大箱子一般的蒸汽公共汽车，这辆蒸汽公共汽车相比马拉公车来说，更加舒适快捷，能容纳18人的公车可以以每小时19千米的速度将客人送达目的地，这也是世界上第一辆营业性的蒸汽公共汽车。

最贵的轿车

英国的劳斯莱斯汽车公司所生产的汽车一直被誉为汽车王国最雍容华贵的代表。劳斯莱斯汽车公司生产的汽车无论从款式上，还是从造价上，都堪称汽车界的翘楚。

1907年，英国劳斯莱斯汽车公司推出了一款Rolls-Royce Silver Ghost——银灵轿车，这辆单价1.8亿美元的豪华轿车一经推出，立即在汽车界引起了轩然大波。它曾是英国女王的御用专车，也是爱车一族所推崇的车中珍品。在这款汽车推出的第二年，它被评为"世界上最好的轿车"，同时它也是世界上最贵的轿车。1925年，这款售价昂贵的轿车停止生产。

最贵的跑车

1909年，意大利人埃多尔·布加迪在德国创立了布加迪公司，它以生产运动跑车和高级豪华轿车为主，是世界著名的老牌运动车品牌之一。1956年，意大利工业家罗曼诺·阿蒂奥利购买了布加迪商标权，停产了5年的布加迪汽车再次在意大利、法国、德国等地建厂生产。如今，布加迪商标所有权已归德国的大众汽车公司。布加迪所生产的跑车以做工精湛、性能卓越称霸运动车品牌。

2001年，布加迪公司展示了一辆EB16-4 Veyron型概念车，它打破了传统车型的束缚，在速度上更胜一筹，它的宣传口号为"以速度快，马力强成为跑车的贵族"。经过研制与改装，马力为1001匹、时速在407千米／小时的EB16-4 Veyron型跑车以百万欧元的售价呈现在世人面前，它也因高额的售价成为世界上最昂贵的跑车。这辆跑车同时也是二氧化碳排放量最大的汽车，每行驶千米二氧化碳排放量为571克。

最长的汽车

2005年5月美国加利福尼亚州伯班克市的杰·奥尔伯格设计了一辆高级轿车。这部车里有个特长的水垫床，还有一个带跳板的游泳池。这部车有26个车轮，30.5米长。这样大的车不

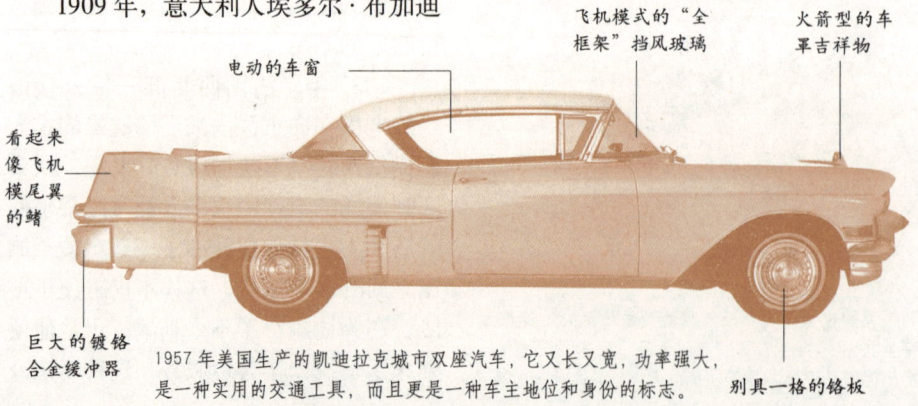

1957年美国生产的凯迪拉克城市双座汽车，它又长又宽，功率强大，是一种实用的交通工具，而且更是一种车主地位和身份的标志。

飞机模式的"全框架"挡风玻璃　　火箭型的车罩吉祥物　　电动的车窗　　看起来像飞机模尾翼的鳍　　巨大的镀铬合金缓冲器　　别具一格的铬板

但可以如普通汽车那样平稳行驶，还可以用中部弯曲的方法驾驶。它是最长的汽车。还有一辆名为"凯迪拉克好莱坞之梦"的高级轿车有20.73米长，共22个车轮。为了让这些车不但长而且能在别的方面胜过同类产品，设计者们在辅助设备上也狠下了一番功夫。这部"凯迪拉克好莱坞之梦"里有个小型高尔夫球场，6部电话，1套卫星天线和直升机降落缓冲垫。

最重的轿车

苏联生产的吉尔—41047式高级轿车重为3.335吨，轴距为3.88米，它是近年来所制造的最重的轿车。

比它还重的是扩展型吉尔轿车。它的关键地方有75毫米厚的不锈钢防弹层。因此，它有6吨重。因为它有8缸、7升发动机，它的耗油量也很大。这种最重的轿车一年只生产2～3辆。到1991年12月为止，这种车一直由苏联最高领导人使用。

最宽的汽车

1989年，制造于德国的"柯宁赛手2417"汽车的宽为2.195米。1990年制造的"柯宁赛手新一代2418"汽车和它同宽，所以，它们都是最宽的汽车。

世界上最早的吉普车

1940年，美国政府在全国135家汽车公司中，发出设计生产一种全轮驱动、低身侦察车的邀请。作为一种军车设计方案，全国汽车行业开始了这项活动的竞标。1940年9月23日，一辆由美国宾夕法尼亚州班特兰公司下属的班塔姆汽车公司生产试制的汽车开进了位于美国马里兰州巴尔的摩市的军需采购营。这辆汽车样品按照政府要求，驱动力是同类车的3倍，时速可达到104.6千米，最为重要的是它具备了军车适应战地地形复杂、爬坡能力强的特点。因为这种车发动时所发出的声音与漫画家施格作品中的一种鸟所发出的声音类似，于是人们将车以鸟叫的声音命名为"吉普"。这辆"多用途"军车样品便是世界上第一辆吉普。

1944年，"吉普"车成为第二次世界大战中指挥官的主要坐骑。棱角分明、动力十足的"吉普"也因此被更多的人知道。

世界上最早的出租车

现代城市里跑着很多招手即停的出租车。事实上，在汽车发明之前就已经有出租车了。世界上最早的出租车是马车。据史料记载，最早在1588年就出现了这种承揽出租业务的四轮马车。1620年，伦敦出现了第一家四轮马车出租车队，尽管整个车队只有4辆马车，但是车夫们穿着统一定做的制服，行驶于街道上还是引来了众人的关注，这一行业开始迅猛发展起来。1654年，英国议会已经颁布了出租马车管理的法令，并给出租马车主发放营业许可证。直到1897年，世界上第一家出租汽车公司才在德国斯图加特成立。随着汽车工艺的日趋完善，它很快取代了马车的地位。

最大的停车场

美国的豪莱车库公司是世界上最大的汽车车库经营商。这家公司在芝加哥机场开设了一个室内停车场，共6层，可同时停泊9250辆轿车，这是世界上最大的室内停车场。

美国新泽西州东罗塞福德市大体育场的停车场，是世界上最大的室外停车场，可一次停放汽车 26500 辆。这个巨型停车场进出方便，视野开阔。

最早的高速公路

据《史记》记载："三十五年（公元前 212 年），除道，道九原，抵云阳，堑山堙谷，直通之。"书中所载的"道"便是世界上最早的高速公路——秦直道。公元前 212 年至公元前 210 年，大将蒙恬奉秦始皇之命，监督修建了一条南起京都咸阳云阳林光宫（今陕西淳化县梁五帝村），北至九原郡（今内蒙古包头市西南孟家湾村）的重要军事要道。这条与秦始皇陵兵马俑、万里长城相媲美的军事要道一半建在草原沙漠之上，一半建在半山坡上，全长 70 多万米，主干道宽度在 60 米左右，可以并排行驶 12 辆大卡车。如今，部分秦直道遗迹已经被列为陕西省重点文物保护单位。在内蒙古鄂尔多斯草原上，秦直道的遗迹也依然清晰可见。

世界上海拔最高的公路

1956 年 3 月，中国边防部队会同 3000 多名民工，克服了高寒缺氧、气候变化无常、生活物资短缺以及施工原料靠毛驴运送等困难，仅用了 19 个月，建成了一条堪称西藏阿里地区经济发展"生命线"的新藏公路。新藏公路北起新疆叶城，途经峡南口、大红柳滩、日土宗和噶尔昆沙，跨过拉斯塘河等河流，最后抵达西藏的拉孜县，全长 2841 千米。新藏公路 80% 以上地段在海拔 4000 米以上，共翻越了新疆和西藏之间海拔 5406 米的界山山口以及海拔 5432 米的库达恩布等 10 个雪山山口，是世界上海拔最高的公路。

由于海拔高，空气稀薄，冬季积雪厚，夏季多洪水、泥石流等自然灾害，这条公路号称公路灾害的"自然博物馆"。为了保障行车安全，公路仅在每年的 4 月至 11 月开通。公路进入西藏阿里地区之后，大部分路段为无人区，穿越这片区域至少要用半个月的时间，因而，过往司机都要提前准备足量的汽油。

目前世界上最长的高速公路

高速公路的建成大大地缩短了城市和国家之间的距离，从而减少了人们在路上所用的时间。据统计，自 1919 年，德国建成分设上下两层，并且道路中间设有隔离带的高速公路雏形以来，全球已有 80 多个国家和地区拥有通车里程超过 23 万千米的高速公路。

美国是世界上拥有高速公路总长度最长的国家，其高速公路总长度为 8.8 万千米。美国已经基本完成了以州际为核心的高速公路网，高速公路总里程达到了世界高速公路总长度的一半之多。其中，最长的一段高速公路是从美国的纽约至洛杉矶的一段高速公路，全长为 4556 千米，这也是目前世界上单一国家内最长的高速公路。

除此之外，20 世纪末建成的环欧高速公路全长 1 万千米，连接了包括波兰的拉格夫、捷克和斯洛伐克等在内的很多国家和地区，是目前为止世界上最长的国际高速公路。

火车与地铁之最

最早的火车

法、德交界处的矿井在 18 世纪初开始使用有轨马车。

1781 年瓦特改良了蒸汽机,这种蒸汽机首先应用于矿井的排水泵上。与此同时,人们也在考虑如何在交通工具上使用它,使它变成动态机械。可是蒸汽机的小型化、气缸的排气、使车轮在轨道上不打滑、锅炉的通风等问题都没能得到解决,因而,用蒸汽机为交通工具提供动能的想法迟迟不能实现。

经过多次的研究,英国人理查·特里维西克终于在 1804 年制造了一台有单一气缸和一个大飞轮的蒸汽机车,这台蒸汽机车牵 315 个车厢,行驶时速达 8000 米,这是在轨道上行驶的最早的机车。因为它所使用的燃料是煤炭和木材,人们就把它叫作"火车"了。

最早的电动火车

1879 年 5 月 31 日,世界上第一台由外部供电的电力机车和第一条窄轨电气化铁路在柏林的工业博览会上展出。

西门子电力机动车首次运行时的情景

这台电力机车名叫"西门子",它的重量不到 1 吨,只有 954 千克,车上装有 3 马力直流电动机。在车身很小的机车上,没有驾驶台,靠前轮的地方装有操纵杆和刹车,司机只能骑在车头上驾驶。

这台机车采用电做动力,没有烟产生,因而引起了人们的极大兴趣。但是,电力机车在 1881 年才正式进入运输的行列。在柏林郊外,铺设了电气化轨道。

现在,在慕尼黑德意志科技博物馆内陈列着这辆电动火车。

速度最快的磁悬浮列车

1922 年,德国工程师赫尔曼·肯佩尔提出了电磁悬浮原理,这个原理的提出为日后磁悬浮列车的发明奠定了理论基础。1934 年,肯佩尔为他的这项技术申请了专利。1971 年,世界上第一辆磁悬浮列车在德国诞生,随着磁悬浮技术的不断完善,1979 年,第一批客运磁悬浮高速列车在德国运行,从此地面列车进入了"航空速度"的时代。

目前,世界上最快的磁悬浮列车是由日本制造的,相较之前同样是日本创造的时速为 579 千米的磁悬浮列车,这辆实验磁悬浮列车的时速要快出 2 千米,为 581 千米,创造了一项新的磁悬浮列车速度世界之最。

海拔最高的铁路

2006 年 7 月 1 日,一条横贯"世界屋脊"的铁路干线——青藏铁路全线通车。青藏铁路东起青海省西宁市,西达西藏自治区拉萨，全长 1956 千米。其铁路工程修建分两个阶段进行，其中，西宁至格尔木段铁路全长 814 千米，于 1979 年铺设完毕，1984 年正式运营；格尔木至拉萨段总长 1142 千米，竣工于 2006 年 6 月 29 日。

青藏铁路有近 50% 的路段平均海拔高度在 4000 米以上，铁路途经地区最高点海拔为 5072 米，最低点海拔高度也在 2000 米以上。它克服了高寒缺氧、多年冻土等多项难题，被誉为铁路建筑史上的"奇迹"，是名副其实的世界上海拔最高的铁路。

世界上面积最大的火车站

2008 年 8 月，北京南站经过改造重新开通运营。改造后的北京南站占地总面积为 49.92 万平方米，是世界上面积最大的火车站。

北京南站的建筑总面积为 42.92 万平方米，建筑形态为椭圆形的车站分为地上两层和地下三层，共设有 13 座站台、24 条到发线以及 3 个客运车场。

北京南站拥有先进的设备和仪器，其建筑主体采用钢结构，主站房与顶端的雨篷总耗钢量高达 6.5 万吨。在钢结构的雨篷上，设置有总功率可达 350 千瓦的太阳能节能环保电池板，负责提供北京南站的站内用电。

海拔最高的火车站

青藏铁路的建成创造了很多项世界之最。2004 年 8 月建成的唐古拉车站便是其中一项，它创造了海拔最高站的世界纪录，作为青藏铁路全线最高处的中间站，它的海拔高度为 5068 米。车站坐落在唐古拉山垭口多年冻土层上，为了保障车站内部的温度，运营后的车站采用太阳能、风能、电能等节能环保方式取暖。除此之外，建筑用料上也以防冻耐寒材料为主。其站内装修一般采用防磁材料、泡沫玻璃、轻基料混凝土等材料。

这座占地面积为 7.7 万平方米的车站属于客货两用的综合性车站，其站内设计为三股轨道模式。为了使火车站的建设与唐古拉山的自然风光相得益彰，铁道部经过考察选址，最终将站台建在了可以望见唐古拉主峰的地方，因而，它的建成为青藏铁路增添了一道亮丽的风景线。

客流量最大的火车站

新宿区是东京乃至整个日本最著名的繁华商业街，它位于东京市区内中央偏西地带，以新宿车站为中心，周边坐落着政府行政中心以及许多商业大楼。作为日本东京新宿区最主要的火车站，新宿车站的铁路运营者包括小田急电铁、京王电铁、东京地下铁及都营地下铁等。它是世界上客流量最大的火车站，仅 JR 路线每日的进站人数就高达 151 万人，是所有线路中客流量最大的一支。除此之外，其他线路机构的客流量每天也可达 347 万人次之多。

最快的客运火车

世界上速度最快的客运火车是法国 TGV（Le Train a Grande Vittesse）高速列车。作为高速列车的领跑者，法国一直致力于火车提速的研究上。1990 年，法国 TGV 高速列车曾创下 515.3 千米/小时的世界纪录。经过多年的研发，法国的高速铁路运输系统正在不断完善，法国开发的高速客运列车技术也被其他国家争相购买，并投入生产运营。

2007年，新研制开发的流线型设计TGV高速客运火车"V150"在法国问世。经过测试，它最高时速可达574.8千米，从而创造了新的纪录。"V150"在保留了传统高速列车的设计风格的同时，为列车配备了强大的发动机系统，并将车轮安装在了旋转轴架上，这就增加了列车在轨道上行驶的灵活性，从而提高了列车的运行速度。

最早的营业铁路

1825年9月27日，英国人史蒂芬孙驾驶着他发明的"旅游"号蒸汽机车，从斯托克顿开始了前往达林顿的行程，这条斯托克顿至达林顿的铁路是由史蒂芬孙亲自指挥修建的，全长27千米，是世界上第一条营业铁路。它的建成开通，开创了营业铁路的新纪元。

铁路试运营当天，史蒂芬孙驾驶着挂有12节货车和22节客车的蒸汽机车在前方开路，载满了煤炭和面粉以及450名乘客的蒸汽机车以平均13千米/小时的速度沿着铁轨前进，并在沿途停靠，卸载乘客和货物。尽管中途也发生过脱轨事件，但是历经8个小时后，"旅游号"终于到达了达林顿。与它同时运行的还有4辆由马匹拖拉在轨道上行驶的货车，但是其速度要明显比这辆有轨蒸汽机车慢数倍之多。

世界上最长的铁路

位于莫斯科的西伯利亚铁路始建于1891年，于1904年7月13日正式建成通车，全长9332千米，是世界上最长的铁路。

19世纪末，为了发展经济，成为堪与英美日等国相抗衡的强大工业大国，沙皇政府将目光投向了具有重要战略地位的西伯利亚地区。于是，政府决定修建一条横贯西伯利亚，从莫斯科出发，经过萨马拉、车里雅宾斯克、鄂木斯克等重要城市，最终到达濒临太平洋的海港城市海参崴的铁路路线。由于修建铁路具有重要意义以及地理形态具有复杂性等原因，沙皇皇储尼古拉亲自出任"西伯利亚大铁路特别管理委员会"主席，监督并指导铁路的修建。修建好的铁路跨越了莫斯科到海参崴的8个时区，为俄罗斯的工业、经济发展打开了一条黄金通道。

拥有最短铁路的国家

梵蒂冈是世界上面积最小的独立主权国家。在其境内，有一条全长仅为860米的铁路，这是世界上总长最短的铁路，梵蒂冈也因这条铁路成为世界上拥有最短铁路的国家。

铁路归属于梵蒂冈教皇委员会行政区货物办事处管理，车站拥有员工10余名。自1992年建成以来，这条铁路只运载过一次乘客，之后便以运送货物为主。

1825年，以蒸汽作为动力的火车与马拉车进行了人类历史上的第一次较量。

最大规模采取 BOT 模式的铁路

连接台湾省台北与高雄两市之间的台湾高速铁路，是目前世界上最大规模采用 BOT 模式的高速铁路系统。BOT 是"兴建(Build)、营运(Operate)、移转(Transfer)"的英文缩写，指的是一种基础设施投资、建设模式，即经过政府审核批准，允许私营机构在一定时期内筹资建设的经营模式。

台湾高铁启动兴建于 1998 年，由于号志系统整合、试车进度大幅度落后，台湾高铁将预计的 2005 年 10 月 31 日正式通车日期延后了一年。这项工程总成本约为 5000 亿元新台币，路线全长 345 千米。主要负责兴建、运营的单位有台湾高速铁路股份有限公司，其中的大股东有大陆工程、长荣集团长鸿建设、太平洋电线电缆等。在台湾省交通部高速铁路工程局的计划、监督下，这项工程从建设之日起，参与兴建的单位事业发展用地的特许期限为 50 年。

最早的地铁

1863 年，在英国伦敦建成了一条长为 6000 米的地铁，这是世界上最早建成的地铁。当时用来牵引机车的还不是电动机车，而是将隧道里弄得烟雾缭绕的蒸汽机车。尽管环境如此恶劣，仍挡不住人们的好奇心，大家都抢着去坐地铁。所以在那一年，这个地铁就运载乘客达 950 多万人次。

速度最快的地铁

根据吉尼斯世界纪录，世界上速度最快的地铁是美国旧金山地铁，它是当前世界上最新、最现代化的地铁，也是世界上列车运行速度最快的地铁，时速高达 128 千米，为世界地铁列车的高速冠军。

最方便的地铁

莫斯科的地铁已经有百余年的历史。如今，地铁已经在莫斯科的交通运输中占据了主导地位。它承载了莫斯科城交通运输总量的 50% 之多。在全市总长 270 多千米的地铁线路中，共设有 170 多个站，有 10 多条线路可以让乘客在十几个小时内，逛遍莫斯科 1000 多平方千米的城。

莫斯科地铁以速度和时间著称于世，是世界上最方便的地铁。在每天承载 800 多万人次的高客流量情况下，列车时间间隔竟不到 60 秒，而且莫斯科的地铁换乘十分便捷。除此之外，莫斯科的地铁站也别具建筑风格，乘客在享受高品质的乘车质量的同时，还能领略莫斯科特有的建筑文化以及民俗艺术。

客流量最高的地铁

北京地铁是服务于中华人民共和国北京市的城市轨道交通系统，始建于 1965 年，最早的线路竣工于 1969 年，1971 年开始运营，是中国的第一个地铁系统，截至 2015 年 12 月 16 日，北京市共有 18 条运营线路，其中包括 17 条铁路线路和 1 条机场轨道。

北京地铁总长 554 千米，覆盖 11 个市辖区，有 334 座运营车站（换乘车站重复计算，不重复计算换乘车站则为 278 座）。2014 年北京地铁累计客流量 29.09 亿人次，2015 年累计客流量为 28.21 亿人次。

空中交通之最

最早的滑翔机

滑翔机是一种没有动力装置，从高处起飞，主要利用气流所产生的托力，在空中滑翔的飞行器。据史料记载，在我国的南北朝时期，便有风筝载人滑翔于空中的行为，这种载人的风筝便是滑翔机的雏形。

1801年，英国空气动力学家乔治·凯利根据风筝和鸟的飞行原理，用了8年时间，制造出了世界上第一架滑翔机。这是一架以竹子为骨架，布料为架身的类似鸟翅膀的装置，由于没有操作系统，人身体要悬在滑翔机的下面，所以极其不利于控制。在凯利试飞行几米远之后，滑翔机撞毁。在凯利之后，德国土木工程师利林塔尔也曾致力于滑翔机的研究，并于1891年制造出了一架有固定滑翼的滑翔机，这架滑翔机带着利林塔尔创造了滑翔90米并安全着陆的世界纪录。

世界上第一架具有现代意义的滑翔机诞生于1914年，由德国人哈斯研制而成。从此，滑翔机在运送物资等生活领域起着举足轻重的作用。

最早的热气球

热气球是以风为动力，利用速度和方向适宜的高空气流进行高空飞行的一种航天器。在古代的中国，热气球被人们称为"天灯""孔明灯"。史料中也有关于蒙古人使用天灯作为传递军事讯号的工具的记载。

18世纪，一只具有现代意义的载物热气球在法国诞生。1783年，法国造纸商蒙戈菲尔兄弟受炉火中碎纸屑不断升腾的启发，经过反复试验，研制出了一种能够收集热气，并随着气流不断上升的热气球模型。6月4日，蒙戈菲尔兄弟将这种实验模型，扩制成了一个圆周为38.48米，载乘了鸡、鸭等家畜的实验性热气球，并在法国里昂安诺内广场上空创造了成功飞行2.4千米的世界纪录。同年11月21日，蒙戈菲尔兄弟改进后的热气球首次完成了空中航行25分钟的载人实验。从此，热气球进入了载人航空飞行器的行列。

最早的飞艇

飞艇是一种装有推进器和控制装置，利用气舱内小于空气密度的氢气或氦气飞行于空中的航天器。它是在热气球原理的基础上改进研制而成的。

1851年，法国工程师亨利·吉法尔制成了一架长44米，直径为12米的橄榄型飞艇。这架飞艇以一台3马力的蒸汽驱动机、一副三叶螺旋桨为动力装置，丝绸为主材料的软式气囊下面，设

1852年，亨利·吉法尔驾驶他的飞艇首次飞行了27千米，但是由于蒸汽发动机提供的功率不足，使得飞艇无法逆风返航。

有一个操纵方向的风帆。1852年9月24日，吉法尔在巴黎的马戏场搭乘这架世界上第一艘飞艇，以每小时8千米的速度完成了飞行27千米的表演，同时也开启了飞艇载人航行的新纪元。随着内燃机的问世，以及飞艇气囊内部设计的不断改良，飞艇的飞行速度以及稳定程度也在不断提高。

世界上最早的动力飞机

1896年，德国航空先驱奥托·利林塔尔驾驶自制飞行器时坠毁身亡。1903年年初，美国权威科学家西蒙·纽康曾发表文章声明，机动力量应用于航天飞行是不可能的事情。尽管如此，美国的莱特兄弟仍然在众人的怀疑目光中，根据滑翔机利用高空气流飞行的原理，于1903年，制造出了世界上第一架有动力飞机"飞行者"1号。

在风洞实验室中经过反复试验后，12月17日，莱特兄弟驾驶着这架装有25马力的轻型引擎的有动力飞机在北卡罗来纳州基蒂霍克海滩上，成功地飞行了4次，其中最远飞行距离为259.08米，持续时间长达1分钟之久。

世界上最早的直升机

1907年，法国发明家保罗·科尔尼在法国少校勒纳尔设计的无人驾驶直升飞机模型基础上，研制出了世界上第一架直升飞机——"飞行自行车"。这架直升飞机总长6.2米，重260千克，装有一台24马力的发动机，驱动两副直径各6米的螺旋桨。1907年11月13日，科尔尼亲自驾驶他的"飞行自行车"垂直升空，并在离地30厘米的高度悬停了20分钟。但是由于操作系统不完善，直

20世纪30年代末，海因里希·福克设计制造的直升机装有两副三桨叶旋翼和一个传统的推进器，飞行的速度可以达到120千米/小时，并且拥有不间断飞行时间1小时20分钟的纪录，这个纪录在很长一段时间内都没被打破。

升机无法继续升空或向前飞行。多数航空史学家认为科尔尼的"飞行自行车"是人类历史上第一架直升机，并把这一天确定为直升机的诞生日。

1930年，西科尔斯基弥补了直升机操作系统中的漏洞，完善了机体垂直飞行和前飞的装置，从而改变了直升飞机升空后不可操作的现实。1938年，德国姑娘汉纳赖奇驾驶着一架双旋翼直升机成功地在柏林体育场完成了飞行表演。这是第一种试飞成功的直升机。

世界上最早的太阳能飞机

太阳能动力飞机是一种以太阳辐射作为能源动力的新型环保节能飞机。通常情况下，太阳能动力飞机的动力装置系统由太阳能电池组、直流电动机、减速器、螺旋桨和控制装置组成。它的机翼面积相较于其他种类的飞机要大出许多倍，这是为了满足铺设太阳能电池板的需要而特别设计的。

1974年，美国飞行员拉里·莫罗驾驶着自己制造的一架小型太阳能飞机"太阳高升"号在加利福尼亚的费拉博布机场腾空而起，这架重量仅为57千克的太阳能飞机两个机翼上，总共装有

500个太阳能光电池。在历时1分钟的航行中，"太阳高升"号在12米的高度上持续飞行了800米的距离。它是世界上第一架太阳能飞机，也是第一架成功载人飞行的太阳能飞机。

1981年，美国的史蒂夫·普塔塞克驾驶着"太阳挑战者"号成功地飞越了英吉利海峡。人类在太阳能飞机的研发上，又向前迈进了一大步。

世界上最早的干电池动力飞机

2006年7月16日，由东京工业大学与松下电器联合研制而成的干电池驱动飞机在本田汽车公司的私人机场试飞成功。它是世界上首架以常规干电池为动力的载人飞机。

从2006年1月起，日本东京大学与松下电器公司便开始着手干电池动力飞机的研发工作，经过不断地实验与改良，最终制成了这架机翼长31米，外形类似滑翔机的单座干电池动力飞机。飞机以2004年松下电器推出的160节AA Oxyride氢氧电池为动力。在试飞过程中，飞机在空中停留了59秒的时间，并在5.2米的空中飞越了391米的距离。

最大的客机

空客A380客机，于2005年4月底成功地降落在法国图卢兹机场。这标志着世界最大的客机首次试飞获得了圆满成功，世界航空领域向前迈进了一大步。

空客A380客机首飞时的起飞重量为421吨，这是迄今为止民航客机起飞时的最大重量。除了安装水罐作为压舱物外，这架飞机还安装了全部的试验仪器，以纪录进行飞行性能分析时所需要的成千上万的参数。另外，这架客机的引擎声音非常小，在起落的机群中几乎听不见它的声音。这是因为它采用了当今世界上最先进的技术，使得它尽管很大，但很安静，飞行效果也不错。

这个新诞生的空中"巨无霸"——世界上最大的客机，从研制到飞上蓝天，花费了欧洲空中客车公司的工作人员10年的心血，投资已超过100亿欧元（约折合130亿美元），于2007年10月首次投入商业运营。

最快的客机

世界上飞得最快的客机要算是英国和法国共同研制的协和式客机了，同时它也是世界上最早的超音速客机。协和式客机自1976年开始首次商业飞行。主要运行纽约至伦敦和纽约至巴黎的航线，该客机能够以2倍音速飞行，横跨大西洋仅需3个小时。

最快的飞机

2004年11月16日，在美国加利福尼亚州的爱德华空军基地，一架B-52B重型轰炸机载着一架美国国家航空航天局的X-43A超级飞机从跑道上起飞。装有超音速冲压喷气发动机的X-43A这次飞行，时速达11265千米，约是音速的10倍，创下了新的世界纪录。而原先的世界纪录也是X-43A超级飞机创造的，时速为8047千米。

最畅销的民航飞机

据统计，自波音737系列飞机投产以来，它的订单数量已经超过了7000份，是世界上任何一家航空公司都无法比拟的，它被誉为航空史上最成功的民航客机系列。

波音737系列飞机是由美国波音公司生产的一种中短程双发喷气式客机,它具有安全可靠、运营和维护成本低等特点。1967年4月9日,一架采用波音707/727的机头和机身横截面,内部设置100个座位的波音737-100原型机首次试飞成功。随后,波音公司推出的波音737-200型飞机再次在市场上掀起一股劲风,总生产量高达1114架。

为了在与空中客车的竞争中立于不败之地,波音公司不断对波音737系列的型号进行改进,如今,新一代波音737系列客机凭借着业内最高的机型通用性赢得了空中客机霸主的地位。几乎每个时段的天空中,都会有近1000架波音737系列飞机在空中飞过。

世界上最安全的飞机

美国总统的专机"空军一号"是世界上最安全的飞机,号称安全性能无懈可击。这架飞机是时速为900千米的波音747-200型。

"空军一号"之所以如此坚不可摧,是因为它拥有全球最先进的全球反导弹系统。在装有各种电子显示仪和液晶背投的工作台前,防控人员处于高度警备状态,一有风吹草动,高端设备都会通过"空军一号"四周的监控器传输到主控中心,它的电磁雷达在接到信号的同时会中断电缆,达到躲避追踪的目的。"空军一号"24小时都处于待命起飞状态,可以说,这是一架专制的高度保密反导弹防卫系统。

除此之外,这架耗资4.1亿美元的飞机内部还设有当今最先进的电脑、通信、医疗器材、卧房、浴室、厨房等办

波音747-400喷气式客机解析图

公、生活设施,是空中版的五角大楼和白宫。

最早投入商业运营的超音速客机

1969年3月2日,由英国和法国联合研制的协和超音速客机试飞成功,这种四发超音速飞机的最大速度可达到音速的2.04倍。1975年,协和超音速客机在英法两国取得了型号合格证之后,于1976年1月21日正式将协和超音速客机投入跨越大西洋航线的商业运营中。协和超音速客机因此成为世界上最早投入商业运营的超音速客机。

1979年,协和超音速客机停产。2003年10月24日,协和客机正式退役。这标志着人类民用航空史上的超音速时代暂告一个段落。

最早的国际飞行

自1903年飞机诞生以来,飞机载人的研究实验就在不断地进行着。1911年2月,英国飞行员驾机为印度邮政局成功地运送了一批邮件,同年7月,英国飞行员霍雷肖·巴伯完成将一名女乘客从肖拉姆运送到亨登的任务,他们的尝试开启了飞机作为交通工具使用的先河。

1913年,法国飞行员罗朗·加罗斯驾驶飞机从法国出发,飞越了地中海,成功地降落到了非洲的土地上,完

成了世界上首次跨国界飞行。

最早的喷气式客机

喷气式发动机的发明奠定了航空飞行速度更快、高度更高的基础。自1946年开始，英国德·哈维兰公司便开始了关于喷气式客机的研究与设计。1949年7月27日，名为"彗星"号的世界上首架喷气式客机原型试飞成功。它以4个涡轮喷气发动机作为动力系统。每个发动机可以提供2250千克推力，使它的速度达到每小时800千米，比当时普通客机快1倍。"彗星"号以流线型的设计，密封式的座舱，为乘客带来了舒适、高速的航空享受。

但是，"彗星"号最初是作为邮政飞机而设计的，因而作为大型空中客机使用时，它拥有短程、载重量小等局限性。

最小的喷气式飞机

1976年，美国亚利桑那州阿吉拉的鲍勃·埃伦·毕晓普和玛丽·埃伦·毕晓普夫妇建造出一架世界上最小的喷气式飞机，这架名为"银色子弹"的喷气式飞机重约198千克，其中燃料及其他动力设备等重435千克，机身仅长3.7米，翼展为5.2米。

这架小型喷气式飞机机动灵活，沿海平面的爬升率高达每分钟472米，最高可攀升到7.62千米的高空，平均速度在每小时483千米左右。若在容积为57.8升的油箱中注满汽油，它的最大航程可以达到900千米之多。

面积最大的机场

吉达是沙特阿拉伯国内仅次于首都利雅得的第二大城市。它拥有世界上面积最大的机场——吉达阿卜杜勒—阿齐兹国王国际机场（简称吉达国际机场）。其占地总面积为104平方千米，是沙特阿拉伯的地标性建筑之一。

吉达国际机场修建于1975年，耗资约50亿美元，1979年9月第一批项目施工任务完成并投入使用。这个机场的设计能力为年起落90万架次飞机，输送乘客3000万人次。修建这座机场的主要目的是接待每年到麦加朝拜的成千上万的朝圣者。机场候机大厅是一个四边形建筑，建筑顶部由210个紧密相连的巨大帐篷组成，彰显了沙特阿拉伯特有的游牧民族风情，被誉为"沙漠上的帐篷城"。篷内各种服务设施完善，既舒适又明亮。中间被机场公路和树木、花草分开，形成两个独立体。候机大厅面积为1.5平方千米，可容纳5万多人。此外，还有三个豪华的高级候机室：一个王室候机室、一个国内候机室和一个国际候机室。

客运量最大的机场

亚特兰大是美国南部最大的城市，每年有数以万计的乘客从亚特兰大市飞往其他城市。因而，位于亚特兰大市中心偏南方向约11千米的亚特兰大哈兹菲尔德—杰克逊国际机场（简称亚特兰大机场），便成为美国重要的交通枢纽。

亚特兰大机场是一座24小时不间断的机场，拥有航班数量高达97万次。据官方统计报告显示，仅2005年一年，亚特兰大机场的旅客运输量就超过了8500万人次。作为仅次于纽约肯尼迪国际机场的全美第二大国际线路机场，它可以满足不同的旅客到达全球超过45个国家、72座城市，以及高达243

个目的地的需求。因此亚特兰大机场是世界上客运量最大的机场。

货运量最大的机场

美国田纳西州最大的城市孟菲斯是美国联邦快递公司总部所在地。它是美国重要的制造中心、交通枢纽和货运运输中心。世界上货运量最大的货运机场——孟菲斯国际机场便坐落在这里。

孟菲斯国际机场占地面积为809371.3平方米。据统计，2005年，孟菲斯国际机场的货运吞吐量高达350万吨。在孟菲斯国际机场，仅美国西北航空公司旗下开通的航线就遍及北美。发达的航班线路、庞大的飞机数量为孟菲斯国际机场货运吞吐量稳坐世界第一宝座奠定了坚实的基础。

最大的机场客运大楼

世界上最大的机场客运大楼是北京的首都国际机场。它位于北京市区东北方向，南北长约2900米，建筑总面积为98.6万平方米，是一座规模庞大、设备齐全、运输繁忙的现代化大型国际航空港。

首都机场自1958年3月2日投入使用以来，先后建成了建筑面积为6万平方米的一号航站楼、33.6万平方米的二号航站楼和39万平方米的三号航站楼以及大型停机坪、停车场等配套设施。首都机场还特别设立了连接三个航站楼之间的摆渡车，以方便旅客在不同航站楼之间的换乘。如今的首都机场已经成为中国最繁忙的民用机场，是民航重要的航空枢纽中心。

海拔最高的国际机场

玻利维亚首都拉巴斯拥有世界上海拔高度最高的国际机场——拉巴斯国际机场。

拉巴斯国际机场的海拔高度为4061米，不但人在这里会出现高原反应，就连飞机也会出现"缺氧"现象。由于海拔高，气压低，飞机在这里的发动机功率要比在一般机场的发动机功率小很多倍，因而，飞机需要借助拉长的跑道才能顺利起航。尽管拉巴斯国际机场的占地面积不大，但是它却是玻利维亚连接南美洲以及欧美等地的重要航空要道，拥有国际航线14条之多。

最大推力的民航发动机

1995年11月，美国通用电气公司经过研发，制造出了一种采用全新GE1014钢合金为主要材质的高旁通比的涡扇发动机系列——奇异GE90，并将这一发动机应用在了英国航空订购的波音777飞机上。这种发动机的实验推动力高达569千牛，是世界上最大推力的民航发动机。

奇异GE90的进气口直径长达3.43米，内置的弯曲进气叶片能够有效地降低发动机运作时产生的噪声。由于发动机的体积庞大，目前装有这种大推力民航发动机的飞机仅有波音777。尽管发动机提供的推力能够提高飞机的效能，但是一旦发动机出现故障，维修所带来的时间消耗以及发动机的运载等也是摆在航空公司面前的棘手问题。

水路交通之最

最古老的蒸汽铁船

1843年，在英国的布里斯托尔，有一艘螺旋桨驱动的铁船"SS大英"号下水。它曾在英国至澳大利亚航线上航行，也曾横渡大西洋，创下了第一艘螺旋桨驱动的铁船横渡大西洋的纪录。它还在1855—1856年参加克里米亚战争，担当运送军队的任务。1884年，它不幸在合恩角遇险后，就在马尔维纳斯群岛（福克兰群岛）的斯坦利港维修，并在那里成为一艘贮藏船。1970年，这艘船被运回布里斯托尔，在那里又恢复了原貌。现在，它成为世界上最古老的蒸汽铁船。

最长的帆船

法国造的"Med俱乐部"号有5根铝制桅杆，长187米，有2800平方米的聚酯船帆，这些帆是由计算机控制的。它能载425名游客，是Med俱乐部在加勒比海的游船，也是目前世界上最长的帆船。

最大的轮船

世界上最大的轮船是油轮。

所谓油轮，就是一种特殊的专门用来运输石油、成品油和其他石油的衍生物的船。当今世界上几乎每个国家都有自己的油轮，因为在现在的工业社会中，油轮是主要的运输工具之一。

1991年11月，"幸福巨人"号（又称"海上巨人"号）油轮改名为"海盗雅雷"号后，又一次下水，这艘油轮在两伊战争中差一点被完全毁坏，后来，阿联酋和新加坡共耗费6000万美元才将它修复好。它载重为564763吨，吃水深24.61米，长458.45米，横梁长68.8米，是世界上最大的轮船。

最大的游船

世界上最大的游船是"海洋探险者"号，它长达300米，宽48米，吃水9米，排水量14万吨，比大型的航空母舰的排水量还要大，船体由4层楼房和吃水线以下的地下室构成，有客房2200间，能容纳5100多人，这么大规模的游船在世界游船史上是绝无仅有的！

这艘游船是由芬兰克瓦尔内尔·马萨造船厂建造的，耗时长达4年，耗费资金将近8亿美元。

"海洋探险者"号不仅仅是靠它的"大"吸引人们的注意，更重要的是，在它的内部设计上运用了当今世界上最先进的技术，从造船的材料到船的环保再到船的动力推进系统都别具匠心。船上甚至还有自己的电视台，

"海洋探险者"号

至于其他的一些人性化非常明显的设计更是数不胜数！

最早的蒸汽轮船

1769年，法国发明家乔弗莱将蒸汽机安装在了一艘木船上，制成了世界上第一艘机动船。由于蒸汽机的体积过于庞大，加之蒸汽机所带动的船桨为木质材料，这艘机动船与普通的船只航行速度并没有太大区别。

1783年，乔弗莱改良了这艘蒸汽机动船，重新组装了一艘机动船，并将其命名为"皮罗斯卡菲"号。这艘机动船不但改进了发动机装置，还安装上了明轮推进器。它的发明以及瓦特改进后的双重作用凝缩引擎为机动船的发展奠定了基础。从此，有关机动船的技术不断地更新进步，有力地推动了船舶事业的发展。

最大、最豪华的邮轮

2008年5月，由芬兰图尔库的阿克尔造船厂制造，美国皇家加勒比轮船公司经营的"海洋独立"号邮轮开始了它的处女航行。这是一艘造价为12亿美元，被誉为世界上最大、最豪华的邮轮。这艘邮轮总长度为339米，船身宽56米，船体高72米，重达16吨，拥有船员1360名，可承载船客4370人。船上设有18层甲板、近2000个船舱。右侧船头设有大剧院、中部设有配备了声光设备的大型滑冰场，左侧尾部分别设有高尔夫球场、篮球场和排球场。

2009年10月，一艘长360米，宽47米，高72米，重达22万吨的名为"海上绿洲"号的邮轮打破了"海洋独立"号创造的世界之最的纪录。这艘比"泰坦尼克"号还要大3倍的邮轮拥有船员2000多名，可载乘客5400人。12月1日，它开始了从劳德代尔堡出发至海地的处女航行。

最大的双体船

在长期的航船实践中，人们发现：两艘连接在一起的船只在海上航行时，稳定性系数较高，不容易发生翻船事件。于是，将两个单船体横向固定相连的新型船只便出现在船只队伍中，人们称这种船为"双体船"。

世界上最大的双体船名为"菲利普斯小姐"号，这艘造价为630万美元的碳纤维双体船长36.6米，宽21.3米，高41.5米，总重量为13.7吨。船体由两个形状类似剃刀的窄体船只构成，这样的设计既缩小了航行时船体与海浪的冲击面，又减小了航行时的阻力，使得"菲利普斯小姐"号的航行速度可达每小时40海里。

最早的轮船

早在南北朝时期，我国就已经出现了"轮船"，当时的人们称它为"车船""车轮轲"。"轮船"作为专有名词出现在唐代以后。据史料记载，唐代的李皋曾发明了一种"桨轮船"。它采用人力踩动桨轮轴为船只提供前进的动力，这便是轮船的雏形。

1807年，美国机械工程师富尔顿制造出了一艘长45.72米，宽9.14米，重达100吨的具有现代意义的"克莱蒙特"号轮船。它以72马力的蒸汽机为动力，速度可达7.74千米/小时。8月17日，富尔顿驾驶着"克莱蒙特"号轮船从纽约出发，开始了行程为240

千米的实践航行。在此之后，富尔顿开通了纽约至奥尔巴尼之间的航线，他不但开启了轮船航运的新纪元，还因此而被誉为"轮船之父"。

最早的气垫船

气垫船又名"腾空船"。它是利用高压空气抬升船体，使船体与水面之间形成强大的气垫，从而使船身离开水面高速航行的一种船只。最早将高压空气注入船底，采用高压气垫方式提升船只速度的人是英国工程师柯克莱尔。1950年，已经年过四十的柯克莱尔协同妻子创办了一家小型造船厂。为了提升船厂造出的船舶的航行速度，柯克莱尔将多种动力系统进行了比较。受吹风机吹动头发飘动的原理启发，柯克莱尔制造出了一个长约0.5米的以充气为动力的船只模型。经过反复试验，这种动力的船只模型果然比其他动力的船只模型要快上几倍，这次测试为气垫船的发明奠定了实验性基础。1959年，一艘具有实际意义的气垫船在英国诞生，并且顺利完成了穿越英吉利海峡的航行。

最早横渡大西洋的汽船

以蒸汽机为动力的船舶发明以后，人们便开始了海上探险的历程。连接美洲和欧洲的大西洋一直是探险家们征服的焦点。1819年，机动船"萨班那"号首次完成了以蒸汽机为动力，从美国穿越大西洋，最终抵达英国的尝试，但是由于蒸汽动力系统还不够完善，这艘蒸汽船仅依靠蒸汽机提供的动力航行了85个小时，其他航行动力均由船帆提供。

1938年4月4日，英国的"西留斯"号蒸汽船从英国的昆市镇出发，以每小时17千米的速度，历时442个小时到达了美国新泽西州的山迪岬，实现了以蒸汽机提供的不间断动力横渡大西洋的航行。

最早的国际海洋航线

1405年，我国明代航海家郑和奉明成祖朱棣之命，带领着27400多名船员和士兵，分乘62艘长约100米的大船，携带着大量金银财宝、纺织陶瓷用品等，从刘家港出发，沿海南下，经过西沙群岛到达台城（越南南部），以后陆续到达其他各国。

1405—1433年，前后28年间，郑和一共7次下西洋，在南海和印度洋上乘风破浪，到过印度支那半岛、马来半岛、南洋群岛、印度、波斯和阿拉伯等许多地方，最远到过红海沿岸和非洲东海岸的索马里等国。他所到之处，和各

郑和船队出航时的情形

国人民进行友好交流，加强了我国同亚非各国人民的友谊，而且开辟了第一条亚非洲际航线，在人类航海史上写下了光辉的篇章。

最长的古运河

中国古代有一项伟大的工程与万里长城齐名，它就是有着悠久历史的京杭大运河，也是世界上最长的古运河。早在春秋末期，即公元前485年，吴国开始挖凿运河的一段"邗沟"，这是为连接淮河和长江而修建的，这条河道长150余千米。从隋代大业元年到大业六年，也就是605—610年，统治者隋炀帝为沟通钱塘江、长江、淮河、黄河和海河五大河，征用民工200余万，将古运河扩建成一个宽30～70米，长2700余千米的南北大运河。到了元代，大运河被改名为京杭大运河，原来呈弓形的河道，被改为南北走向的直线河道，形成了现在1794千米航程的运河路线。

最古老的运河

经考古学家证实，世界上最古老的运河是1968年在伊拉克的曼德里发现的，该运河大概建于公元前4000年。

最早的人工深水航道

位于加拿大的安大略省与美国纽约州边界的圣劳伦斯河，是连接北美五大湖水道的大西洋出水口。它全长1287千米，流域面积约为30万平方千米。圣劳伦斯河上游河床坡度大，多急流险滩，中游河流坡度减小，河道较浅，且流速缓慢，复杂的水文情况十分不利于船舶的航行。

18—19世纪，美国、加拿大两国政府曾修建了一系列水利设施，以达到排沙通河、蓄水通航的目的，但是运河依然存在河道狭窄、水深太浅等问题，不能满足大型货轮航行的需求。1954年两国政府再次开始了整治圣劳伦斯河的工程，此工程先后疏导了上游水段299千米的通道。1959年，耗资4.7亿美元的圣劳伦斯河改造工程竣工，改造后的运河拥有深达8.2米的航道，3条运河，一系列水电站以及7座船闸。全长15288千米的五大湖—圣劳伦斯水系是目前世界上最大的人工深水航道。

世界上最大的水闸式运河

位于南美洲的巴拿马共和国境内的巴拿马运河是世界上最大的水闸式运河。巴拿马运河全长81.3千米，河面最宽的地方宽达304米，最窄处也有91米，水深14～26.5米，6万吨以下和宽度不超过32米的船只都可以在巴拿马运河很方便地通航。由于巴拿马运河连接的大西洋和太平洋之间的水位差比较大，所以巴拿马运河的平均水面要比海平面高出26米。巴拿马运河是运用河上建造的6个船闸来调整巨大的水位差的。

巴拿马运河的建成给美洲的经

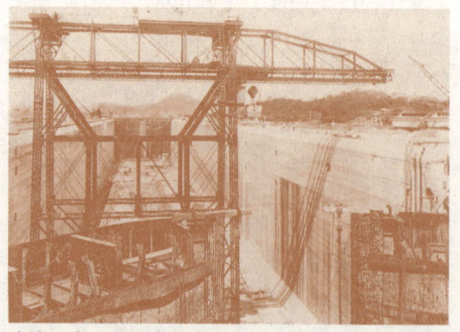

建造巴拿马运河水闸需要上万吨的混凝土。该图是1913年麦瑞福劳瑞斯水闸上部建造的情景。

济发展带来了很大的便利。美国人于1903年取得了运河的开凿权和使用权，并于1904年开始重新开凿运河，整个工程历时10年，耗资3.37亿美元。

最繁忙的通海运河

世界上最繁忙的通海运河是埃及的苏伊士运河。

苏伊士运河是亚、非两大洲的分界线，它位于埃及的东北部。苏伊士运河于1859年开始动工，历时10年，于1869年11月17日开始通航。从地中海畔的塞得港到红海苏伊士湾之滨的陶菲克港，运河全长173千米，它把地中海和红海连接起来的同时也把大西洋与印度洋连接在了一起。因此，苏伊士运河在世界上有着相当重要的战略地位和经济地位。所以这里成了世界上最繁忙的运河，来来往往的船只只要通过苏伊士运河就能在大西洋和印度洋之间来回穿行，也使欧洲和亚洲的海上航行和海上贸易走向了繁荣。

最早的船闸式运河

世界上最早的船闸式运河是公元前221年中国修建的灵渠。

灵渠是秦始皇下令修建的，当时由一个叫作史禄的人负责修建，由于灵渠建造在高山之上，连接着湘江和漓江，由于湘江和漓江的水位差非常大，所以人们想了很多办法来解决问题，最后终于发明了"斗门"。"斗门"也就是我们现在所说的船闸，当时的"斗门"的建造和设计都非常粗糙，但是它的基本工作原理就是现在船闸的雏形。"斗门"很好地解决了当时的水位差问题，从中国发明"斗门"之后过了将近1600年，国外才出现了船闸。因此，灵渠是世界上最早的船闸式运河。

古代最大的港口

泉州港是我国古代海外交通的重要港口，它曾以"三湾十二港"闻名于世，是"海上丝绸之路"的起点。泉州港位于福建省泉州市东南晋江下游，北至湄洲湾内澳，南至围头湾厦门市同安区莲河，海岸线总长421千米。

早在6世纪中叶，泉州港便已经开始了与马来半岛的船只往来。唐代对外开放政策的实施，更加促进了对外贸易的发展。泉州港与广州、扬州等港口，都成为当时对外贸易的重要集散地，往来于港口间的各国商贾络绎不绝。宋元时期，政策的开明，对外贸易的更加繁荣，使得泉州港达到了最为鼎盛的时期，一度成为世界上最大的古代对外贸易港口。尽管如今的泉州港不再有当年的繁荣景象，但是其"世界少有、全国不多"的不冻不淤的湄洲湾肖厝深水良港特色使其仍然位于世界大型深水港口的行列中。

货物吞吐量最大的港口

上海是中国大陆的经济、金融、商贸和航运中心。它位于长江三角洲入海口，是世界著名的国际贸易大港之一。自古以来，上海港就是中国对外贸易的重要港口，宋代这里还曾被誉为"江南第一贸易港"。

凭借长江入海口以及黄浦江的天然海港优势，经过半个世纪的发展，现如今上海港已经建设成为一个综合性、现代化、多功能的大型枢纽港口。港区沿长江口南岸和黄浦江两岸而设，海岸线长达1731千米，航道平均水深8米。

港口内设有上海港客运总站以及13个装卸公司，拥有船舶泊位500多个，其中具有高科技的先进集装箱专用泊位4个，万吨以上船舶泊位46个，另有300多个货主专用码头。据统计，2006年，上海港的货物吞吐量达5.37亿吨，成为世界上货物吞吐量最大的港口。

最大的浮动码头

摩纳哥位于欧洲西南部，其领土三面被法国包围，南面濒临地中海，国土面积仅为2.5平方千米。地中海沿岸的拉孔达米讷港是摩纳哥重要的对外港口，也是摩纳哥的中心。由于使用年头过长，这座老港已经无法承载当代航运中货船的停泊等航运任务，如何继续拉孔达米讷港服务于摩纳哥的使命，成了摩纳哥政府需要解决的重要问题。

2002年8月26日，一座重达16万吨、长352米、宽28米、高19米的巨型钢筋水泥结构的海上浮动码头，从西班牙阿尔赫西拉斯港出发，历经13天，运抵了拉孔达米讷港。这座耗资6600万美元的浮动码头由法国和西班牙公司联合承建。它以重700吨的钢箍与拉孔达米讷港相连。这座码头改变了传统的通过填海造陆扩建、修复海港的模式，使拉孔达米讷港重新获得了生机。拉孔达米讷港的船舶停靠泊位将增加到700个，停车场、商店等配套基础设施纷纷在浮动码头上拔地而起。

世界上最大的深水海港码头

为了适应世界经济意义国际航运事业的发展，2006年5月，中国政府展开了以洋山深水港为核心的上海国际航运中心的建设活动。洋山深水港也是中国首个建设在海岛上的港口。它位于杭州湾口、长江口外的崎岖列岛上。全长32千米、宽31.5米的东海大桥是上海国际航运中心深水港工程的一个重要组成部分，也是连接上海市南汇区芦潮港的主要外海跨海通道。洋山深水港距国际航线仅45海里，是离上海最近的具备15米水深的天然港址。洋山深水港的建成，将实现上海港由江河航运向江海航运的转变。

整个洋山港工程规划至2020年建成，建设码头深水岸线总长超过10千米，布置集装箱深水泊位50多个，设计年吞吐能力1500万集装箱以上，成为世界上最大的深水海港码头。

桥梁之最

最大的天生桥和最长的天生拱

凡是横跨河谷，两端与地面相连，中间悬空的类似桥梁形状的岩板都被称为"天生桥"。如果桥下无水流，则称作"天生拱"。天生桥和天生拱是地质构造长期的侵蚀作用的结果，是大自然独具匠心的一件"艺术品"。

据《吉尼斯世界纪录大全》所载，世界上最大的天生桥是位于贵州省黎平县东北12千米的高屯天生桥。高屯天生桥桥身长350米，最宽处为138米，最窄处也有98米，桥拱最大跨度为118.9米，拱形进水口略呈喇叭状，桥面厚度达 40 米。桥旁有通向溶洞的林间小道，桥下是清澈见底的潺潺溪流，桥的两端是陡峭的悬崖绝壁。

在美国西部犹他州的"拱国立公园"中，有一座名为"风景拱"的天生拱，这座类似彩虹一样的天生拱在美国众多天生拱桥中脱颖而出，是世界上最长的天生拱。它那凌空横架的扁平细长形砂岩质拱身，全长 88.7 米，高 30.5 米，拱顶最狭处只有 18 米宽，3.3 米厚，看上去好像很容易断裂。

最早的敞肩拱桥

中国河北省赵县城南 2.5 千米的洨河上，有一座中外驰名的大石桥，它就是造型优美、独树一帜的赵州桥。赵州桥全长 50.82 米，净跨 37.02 米，但桥洞的高度只有 7.32 米。桥面宽约 10 米，中间走车，两边行人。这样，一方面，由于桥洞的跨度大，船只的来往可以行动自如；另一方面，桥身低，坡度小，人来车往方便省力。赵州桥是中国现存最古老的一座石桥，由隋代工匠李春建造。距今约有 1400 年历史的赵州桥是世界桥梁工程史上最早的敞肩拱桥，欧洲一直到 19 世纪中叶才出现像赵州桥这样的敞肩拱桥，比中国晚了 1200 年。

赵州桥

最大的石梁桥

世界上最大的石梁桥是中国福建漳州东 20 千米，漳厦公路与柳江公路的交会点上的虎渡桥，又名江东桥。现存最大的花岗石石梁，重约 207 吨，长 23.7 米，高 1.9 米，宽 1.7 米。

据历史记载，原桥位上先架浮桥后，再建木板桥，宋嘉熙元年（1237 年）木板桥被焚毁后，人们用了 4 年时间建造此桥。1933 年，在该桥使用 700 年之后，才在老桥墩上架起钢筋混凝土支架，改建为公路桥。现桥长 285 米，桥高约 5 米，25 孔。

最古老的桥梁

根据现有数据，土耳其斯摩那（现为依佐玛）的迈莱斯河上用石板筑成的单拱桥，是世界上最古老的桥梁，此桥建于公元前约 850 年。

世界上最长的桥

美国路易斯安那州的庞恰特雷恩湖桥是世界上最长的桥。它由两架平行的桥梁组成，是连接奥尔良和曼得韦斯的重要交通枢纽。

1956 年，全长 38.42 千米的 1 号庞恰特雷恩湖桥建成通车。1969 年，比 1 号桥长出 16 米的 2 号庞恰特雷恩湖桥也竣工开通。两座横亘在庞恰特雷恩湖上的长桥从湖的正中间穿过，创造了最长的桥的世界纪录。2005 年，1 号庞恰特雷恩湖桥受卡特里娜飓风袭击，桥体严重受损，但是桥墩的基础设施却并没有受到太大破坏。

世界上最长的跨海大桥

2008 年 5 月 1 日，杭州湾跨海大桥试运营通车。它是国道主干线——同三线（黑龙江省同江—海南三亚）跨越杭州湾的便捷通道，北起嘉兴市海盐郑家埭，以高低错落的"S"形设计蜿蜒前行，最终抵达宁波市慈溪水路湾，缩短了宁波至上海间120千米的陆地距离。杭州湾跨海大桥全长36千米，是世界上最长的跨海大桥，同时，它也是继美国的庞恰特雷恩湖桥后的世界第二长桥。它的建成，可以有效地推动长江腹地各地区之间的合作与交流，促进上海市、浙江省等地区的对外贸易发展，并且有效改善沪宁杭一带的高速公路压力，形成以上海为中心的交通道路网。

世界上最长的铁路专用桥

世界上最长的铁路专用桥是马来西亚兰卡威群岛的天空之桥。这座桥建成于2004年10月，桥身呈半月形圆弧，桥长616米。整座桥仅由一根固定在半山腰上的支柱，以及8条钢缆固定支撑。这座"铁路吊桥"海拔高度为687米，是一座横亘在两山之间的天桥。站在桥上，参观者可以俯瞰桥下兰卡威群岛美丽的风光，还可享受高空远眺带来的刺激。

世界上跨度最大的钢拱桥

中国上海的卢浦大桥在2002年10月7日上午10点合龙，历史上划时代的一幕在黄浦江上出现了，世界桥梁建筑史被第一个横跨黄浦江两岸的固定钢结构改写了。

卢浦大桥现今是世界上跨度最大的拱桥，拱肋主跨为550米，拱肋最高点达到100米。

这座桥横跨550米过江，在世界拱桥建造史上绝无仅有。主桥3.5万吨钢结构全部现场焊接，构筑完美的流线造型。这在世界桥梁史上是一个奇迹。

最长的混凝土斜拉桥

1987年4月20日，坐落于美国佛罗里达州坦帕湾上的阳光高架桥正式开通运营，这座耗资2.4亿美元的高架桥全长8.85千米，采用混凝土斜拉式设计，是世界上最长的混凝土斜拉桥。

美国阳光高架桥以佛罗里达州的美誉"阳光州"而命名。外观上，大桥外侧钢缆的颜色为炫目亮眼的橙黄色。桥身上设有双向行车道，由桥塔上21根钢缆牵拉。钢缆与双向车道之间有宽阔的隔离带相连，使得车行道与湖面之间没有障碍物遮挡，为过往车辆中的司机以及游客欣赏湖面以及城市风光提供了敞开式的平台。

最早的钢筋混凝土桥

钢筋混凝土出现在19世纪中期之后，建筑界普遍认为，它发明于1848年。人们发现，钢材的抗拉伸度大、冲击性能好，与水泥相结合可以弥补水泥本身的抗拉性能差的不足，增加建筑物的耐压性。作为一种新型的承压建筑材料，20世纪以后钢筋混凝土得到了迅速广泛的应用。最初，人们在水坝、楼板等地方使用这种材料。

1875年，一位法国园艺师首次以钢筋混凝土材料建成了一座桥梁，这座桥梁长16米，宽4米。由于这座人行拱桥是钢筋混凝土桥梁材料的最早尝试，所以桥面以及桥身全部以钢拉网式结构为主要加固方式。这座桥梁的建造成功，证明了钢筋混凝土材料的实用性，这位园艺师为自己的发明申请了专利。同时，他还申请了以钢筋混凝土为主材的公路护栏梁柱等设施的专利权。

最大跨度的双层混凝土桥梁

2004年12月19日，连接澳门半岛融和门和氹仔码头的双层混凝土桥梁——西湾大桥——落成通车。它的建成实现了澳门本岛与离岛之间的全天候通车，完善了澳门的交通道路网。

西湾大桥总长2200米，主跨直径180米，桥体设计为"竖琴斜拉式"结构，是世界上最大跨度的双层混凝土桥梁。西湾大桥桥面分为上下两层，上层为敞顶双向6车道设计，下层为厢式双向4车道设计。大桥可在8级风力的天气状况下正常通车运营，当风力过大时，大桥将启动应急方案，下层车道承担交通的主要运营任务。设计者还在桥体部分预留了铺设轻轨的空间，这就使得西湾大桥的交通运输方式呈现出了多样性的特点，使桥体交通的发展具有了弹性空间。

世界上最长的悬索桥

世界上最长的悬索桥是日本的明石海峡大桥。

建造中的日本明石海峡大桥

明石海峡大桥建于1998年，坐落于日本神户市与淡路岛之间，全长3911米，两座主桥墩高297米，主桥墩跨度长达1990米，成了目前世界上跨度最大的桥，比英国汉巴大桥跨度长了581米。它的两座主桥墩雄伟壮观，直径80米左右，像两条巨大的手臂把明石大桥高高地举起。桥的两条主钢缆由290根细钢缆组成，总长度达4000多米，直径1米左右，重5万吨，一眼看上去，巍巍然从天而降，甚是壮观！

大桥于1988年5月动工，历时10年，于1998年3月21日建成通车。

世界上最高的桥

坐落在法国南部塔恩河谷的米约大桥于2004年12月14日正式落成，当时的法国总统希拉克亲自主持了大桥的落成剪彩仪式。它是目前世界上最高的大桥，桥面与地面最低处垂直距离达270米，最高点距地面343米，因坐落在法国西南的米约市而得名。

米约大桥全长2.46千米，用7个桥墩支撑，其中2、3号桥墩分别高达245米和220米。大桥总重29万吨，其中仅钢结构桥面就重达3.6万吨，如此庞然大物高耸于山川之间，如何保证它的稳定性？为此英国总设计师诺曼·福斯特将大桥桥面结构设计成三角形，以有效减少风阻。同时，众多桥梁专家还利用电脑模拟等手段对大桥各种建筑结构进行完善。最终大桥的设计使其可以抵御时速250千米的大风。大桥历时3年建成后，建筑垂直误差不超过5毫米，很好地保证了施工的精确性。

第十章
科学技术之最

科学仪器之最

最早的望远镜

早期的阿拉伯科学家对透镜的放大作用已有了很大程度的了解，但英国的罗杰·倍肯应该说是第一位用透镜制成望远镜的人。1608年10月2日，荷兰眼镜匠J.李普森为荷兰政府制作完成了现代折射望远镜的样板。

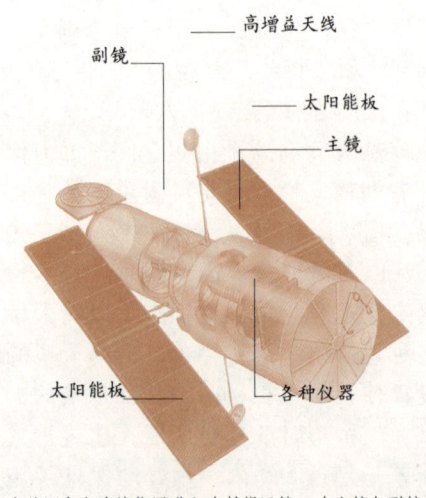

副镜 —— 高增益天线
—— 太阳能板
—— 主镜
太阳能板 —— 各种仪器

光从图中左边的位置进入哈勃望远镜，在主镜与副镜间被反射后，进入位于右侧的各种仪器中，包括用于拍摄行星和恒星的照相机、测量光的亮度的光度计。

最早、最大的太空望远镜

哈勃望远镜是人类第一座太空望远镜，也是有史以来最大、最精确的天文望远镜。它上面的广角行星相机可拍摄几十到上百张恒星照片，其清晰度是地面天文望远镜的10倍以上，其观测能力相当于从华盛顿看到1.6万千米外悉尼的一只萤火虫。

哈勃太空望远镜总长度超过13.3米，质量为11.6吨，运行在地球大气层外缘离地面约600千米的轨道上。它大约每100分钟环绕地球1周。哈勃望远镜是由美国国家航空航天局和欧洲航天局合作，于1990年发射入轨的。由于运行在外层空间，哈勃望远镜获得的图像不受大气层扰动折射的影响，并且可以获得通常被大气层吸收的红外光谱的图像。

最大的折射望远镜

折射望远镜是一种以透镜为物镜，利用屈光成像，从而更清晰地捕捉天文现象以及观察天体运动的精密天文仪器。世界上最大的折射望远镜位于美国威斯康辛州威廉斯湾的叶凯士天文台。1897年，这支由著名光学大师克拉克设计的口径为102厘米的大型折射望远镜与叶凯士天文台同时落成。直到现在，这支被建在叶凯士天文台圆顶上的折射望远镜仍然继续着它的使命。

最大的射电望远镜

我们安置在地面上的最大的无线电"耳朵"是波多黎各的阿雷希波无线探测仪。阿雷希波探测仪目前被用来搜寻由外星智能生命发射来的信号。同时，它也曾在电影《黄金眼》（1995年英美合拍）及《接触》（1997年美国拍摄）中担当主要的道具。该望远镜上的巨大的反射面的直径为305米。

最大的反射式望远镜

为了改进折射式望远镜成像清晰度与色彩方面的缺陷，1668年，经过多年实验，牛顿利用反射原理，终于制做出了一架色差较小的反射式望远镜。随着天文学事业的不断发展，反射式望远镜在天文学领域发挥着越来越重要的作用，其制作技术也在不断提升。1993年，美国科学家利用36块1.8米的反射镜制造出了一架口径为10米的"凯克"望远镜。这架坐落在夏威夷莫纳克亚山上的巨型反射式望远镜的建成，对于人类探究更加遥远的星系，搜集更多的宇宙信息具有极其深远的意义。

最大的光谱天文望远镜

由中科院科技人员自主创新、研制开发的大天区面积光纤光谱天文望远镜（简称lamost），是目前为止世界上最大的光谱天文望远镜。它南北方向横卧在中科院国家天文台兴隆观测基地的山坡上，最高处的高度超过15层楼，是一架视场为5°的中星仪式的主动反射施密特望远镜。在大天区面积光纤光谱天文望远镜的焦面上，有4000根可自动定位的光纤，可以连接到16台光谱仪器上。它同时也创造了光谱获取率最高的世界纪录，一次观测可同时获得4000个天体光谱。大天区面积光纤光谱天文望远镜的研制成功，标志着人类天文观测事业进入了一个新的领域。

最大的抛物线形望远镜

1963年11月，世界上最大的抛物线形望远镜在波多黎各的阿雷西波建设完成。这座射电望远镜占地面积达49.9万平方米，直径为304.8米。相较于之前德国埃布尔斯堡波思利·普朗克无线电天文学研究所内的大型抛物线形射电望远镜，它的灵敏度要高出1000多倍。利用这台抛物线形射电望远镜，可以观测到的最远距离约为150亿光年。

最早的显微镜

1590年，眼镜制造商詹森的儿子江生在玩耍父亲店里的凸透镜时发现：许多平时肉眼不容易观察到的微小事物，透过两片叠加在一起的凸透镜很容易便可以看得一清二楚。于是，他将这个新奇的发现告诉了他的父亲。经过反复试验，父子俩将两片大小不等的凸透镜分别装在了两个铁桶中，又将这两个铁桶套在了一个较大的铁桶中，以便小铁桶能够自由滑动，从而调整两片凸透镜之间的距离。这个结构简单的双凸透镜铁桶，便是世界上最早的显微镜。由于当时的技术条件有限，詹森父子发明的这个凸透镜并没有发挥太大的作用。直到1665年，荷兰人列文虎克才以直径为0.3厘米的小透镜，制成了一台复合式显微镜。它的制造成功宣告着人类观察微生物时代的到来。

最高倍的电子显微镜

电子显微镜是一种利用电子来显示物体内部或表面结构的显微镜。1931年，德国的克诺尔和鲁斯卡利用冷阴极放电电子源和三个电子透镜改装出了世界上第一台高压示波器，并且成功地获得了比普通光学显微镜清晰数十倍的图像，电子显微镜也从此进入到了高端科学研究的领域。

随着科学的发展，电子显微镜的科技含量不断增加，其分辨率也在不断提升。近年，日立制作所开发研制出了一台世界上最高倍的电子显微镜。利用这台"S-5200"扫描式电子显微镜，研究人员能够观察到十亿分之一米的微小物质，通过观察物质表面的立体图像，从而找出物体极其细微的缺陷。它能有效地帮助科研人员在极小的范围内除去对物质的污染，得到更为精准的观察数据。

世界上最早的天文钟

北宋时期，吏部尚书兼侍读学士苏颂和吏部会史韩公廉等人在开封研制大型仪器设备"水运仪象台"，这种仪器能以不同形式反映观测天体的运行。水运仪象台整个机械系统以漏壶流水做动力，类似复杂的机械装置使其保持速度稳定，持平于天体运行。又由一套复杂的齿轮系统为其提供所需要的各种运动，因此既能演示天象，又可以以多种形式计时、报时。欧洲人将此仪器称为"天文钟"。这便是后世钟表的起源。苏颂在1088—1094年著《新仪象法要》中，对水运仪象台的构造做了详细的介绍，这也表现出古代天文学和机械工程技术成就的伟大。它有三个突出贡献：第一，为了便于观测，屋顶可以活动，这便是现在天文台圆顶的祖先。第二，浑象一昼夜进行一圈自转，不仅将天的变化形象地演示出来，也是现代天文台的跟踪机械——转仪钟的祖先。第三，该设备中的"天关""天衡""天锁"等部件组成的杠杆装置，作为世界最早的"擒纵器"，也是现在钟表的关键部件，由此可见其为钟表的祖先，也是世界上第一台天文钟。水运仪象台是中国11世纪杰出的天文仪器，是中华民族的骄傲。

世界上最早的地动仪

世界上最早的地动仪是中国东汉时期张衡发明的。张衡发明的地动仪比欧洲人早了1700多年，直到1880年欧洲人才制造出他们的地动仪。

张衡发明的地动仪结构大致如下：在地动仪内部竖立着一根上粗下细的铜柱，这根铜柱叫作"都柱"。在都柱的

张衡发明的地动仪比欧洲的地震仪器要早1700多年。图为东汉候风地动仪模型。

周围是 8 条通道，称为"八道"，八道代表 8 个方向，它本身是 8 组杠杆机械。在仪器的外部与八道相应地铸有头朝下、尾朝上的 8 条龙，分别代表东、南、西、北、东南、东北、西南、西北 8 个方向。并且每个龙嘴里面都有一颗小铜球，在每条龙的口的下面都蹲着一只张着口的铜制蟾蜍，一旦有地震发生，仪器体内的铜柱就会因震动而失去平衡向发生地震的方向倒下去，这样一来，八道之中的一道就会使相应的龙嘴张开，龙嘴张开后，里面的小铜球就会掉入蟾蜍的口内，这样，人们就知道什么方向发生地震了。

最早的激光器

自 1916 年爱因斯坦提出了受激辐射概念以后，学者们有关于量子力学以及微观粒子的研究就从未间断过。1951 年，美国物理学家珀塞尔和庞德在电子辐射以及微观粒子的理论基础上，成功地造成了每秒 50 千赫的粒子数反转受激辐射。这一实验研究的成功，有力地推动了激光器的研制成功。1954 年，物理学家汤斯等人研制成功了一台氨分子束微波激射器，并且获得了 1.25 厘米的微波激射。这台激射器是人类研制激光器最早的尝试。1960 年，物理学家西奥多·梅曼将前人的理论基础与大量的实验结果相结合，利用高强闪光灯管刺激红宝石水晶里的铬原子，得到了一条能够聚焦到一点上的高能量射线光柱，这台发出红色光柱的红宝石激光器，便是世界上最早的激光器。

激光器的发明为人类获得可控的大能量的分子或原子发光的可见光线、红外线以及紫外线等射线提供了可能。它是对人类医疗、工业等领域做出重要贡献的一项发明。

最早的天平

天平是衡量物体质量的重要仪器。据历史资料记载，公元前 5000 多年前，古埃及人的生活中，出现了一种中间钻有孔洞，采用杠杆原理的秤。人们经常利用这种两端悬挂有托盘的秤称量物品。这种与现代实验天平类似的秤便是最早的天平。

据西汉时期的《淮南子》记载，古代的中国人经常使用两端挂有土和木炭的木质仪器来测量空气中的湿度。当空气干燥时，土和木炭的重量相当，木棒不发生偏向；当空气潮湿时，木炭质量变重，木棒便会倾向木炭一方。这种测量湿度的仪器便是中国早期的天平雏形。

最早的地球仪

1492 年，自称曾经航行到过非洲西岸的德国地理学家、航海家贝海姆将一个名为"地球苹果"的地球仪呈现在了纽伦堡市民的面前。这座由贝海姆设计，画家格洛绘制草图，结合了古希腊世界猜想、中世纪地理理念以及复杂制作工艺的地球仪便是世界上最早的地球仪。

贝海姆制作的地球仪直径为 51 厘米，地球仪表面标注了 2000 多个地名，100 多幅插画，50 多个图例。尽管在实际地理知识上，它存在很多猜想以及神话传说色彩，但是它的制造成功，却为人们探究世界地理做出了很多有益的借鉴。如今，这个最早的地球仪被保存在纽伦堡日耳曼国立博物馆中。

科技发明之最

最早的造纸术

在纸张发明以前，古人通过结绳、树枝、龟甲等物质进行记事。据成书于100年的《说文解字》记载，纸取"丝"旁，有绢丝的意思。可见，最早的纸张与绢丝有着不解之缘。我国是最早养蚕织丝的国家。西汉时期，古人在长期的生产实践中，总结出了抽丝织绸帛的方法。人们在制丝绸的过程中偶然发现，漂洗过蚕丝的篾席会残留一层絮状纤维，于是人们将这种絮状纤维经过研磨、浸泡等方式制成了最早的丝绵纸张。由于蚕丝纸张造价昂贵，人们便以相同的方法，用苎麻作物代替蚕丝制成了麻纸。随着经济文化的不断发展，造纸技术也在不断地进步。东汉元兴元年（105年），蔡伦在已有的造纸技术基础上，以树皮、麻头及破布、渔网等为原料，经过打碎、漂洗、烘烤等工艺，改进了造纸术，使得一种取材方便、经济实惠、书写方便的纸张得以流传于世，并且在世界范围内广泛应用开来。

最早的印刷术

在印刷术发明以前，人们传播文化只有靠手抄的方法，这使文化的交流以及经济的发展有了很大的局限性。秦汉时期，官场中出现了单字的印章。唐代，人们发现刻在印章以及石碑上的文字，通过涂墨击打的方式可以使文字印于纸张之上，于是拓印技术便诞生了。根据印章以及拓印技术的原理，7世纪左右，古人发明了雕版印刷术。人们以枣木、梨木等为材料，将要印刷的文字内容事先以突出的阳文形式，反刻在木板上，然后用刷子刷以墨汁，将纸张覆在木板上轻轻擦拭，木板上的字迹便印在了纸张上。雕版印刷术的发明极大地推动了文化的交流，也为活字印刷术的发明奠定了坚实的基础。

最早的指南针

世界上最早的指南针是中国战国时期发明的"司南"。

司南从外表上看与现代的指南针有很大的差别，很像平常家用的勺子，但是它却不是一把普通的"勺子"。经科学家研究：司南本身是一块天然的磁铁，人们把它磨成勺子模样，把S极磨成"勺柄"，使司南的重心落在"勺子"的底部正中央，制成司南。司南底盘必须光滑，这样它才能很顺利地在上面转动。使用司南的时候，只需要把司南放在光滑的底盘上面，用手让它在底盘上转动。当司南停止转动后，司南的长柄

司南

所指的方向就是南方，相对的方向自然就是北方了。

最早的火药

我国隋末唐初医学家孙思邈在他的《丹经内伏硫黄法》中，详细地记载了火药的配制方法，这是关于火药配制方法的最早记载。火药主要由硫磺、硝石、木炭混合而成。早在新石器时代，人们在烧制陶器的时候，就已经对木炭有了初步的认识。随着冶金术的不断进步，硫磺这种天然矿石被开采出来，用于铁器的制造。秦汉时期，帝王追求长生不老的愿望导致了炼丹术的盛行。各方术士为了博得帝王之宠以流芳百世，开始将各种所谓的药物，即一些化学物质混合在一起熔炼。

汉代的《神农本草经》中记载：硝石在上品药物中排第六位，它能够医治20余种病症；硫磺在中品药物中排第三位，可医治10余种疾病。于是，硝石、硫磺、木炭等药物，成了炼丹师重视的常用药物。人们对木炭、硝石等药物的认识以及炼丹术的发展直接推动了火药的发明。7世纪左右，炼丹师在融合了硝石、木炭、硫磺三种药物的丹炉发生爆炸现象的启发下，制成了最初的火药。14世纪左右，火药传到了欧洲，成为推动欧洲现代化进程的助推器。

最早的电梯

电梯的发明加速了城市的现代化进程。它是导致很多摩天大楼拔地而起的主要原因之一。它使人们更为方便快捷地上上下下成为了可能。早在公元前1世纪左右，工业领域里就出现了搬运货物的大型升降机。17世纪，法国出现了一种一端坠着沙袋，通过调节沙袋的重量，来提起另一端重物的"飞椅"。升降机以及飞椅的发明及应用为电梯的发明提供了最直接的参考模板。

1854年，美国人伊莱沙·格雷夫斯·奥的斯在纽约的水晶宫向世人展示了人类历史上第一部真正意义上可操控的安全电梯。这部电梯原理与升降机类似。奥的斯在为观众演示其工作原理时，先让助手操纵设备，将他以及载了很多货物的平台升至半空，然后让助手切断了固定升降机的绳索，神奇的是，升降梯安然地停留在了半空中，并没有像人们想象的那样迅速坠落。这就是最早的现代意义上的电梯。

最早的降落伞

西汉的《史记》中记载说，舜曾经利用两个斗笠从谷仓之上跳跃而下，落到地面时竟安然无恙，这是有关降落伞原理的应用方法的最早记载。书中所说的斗笠，便是降落伞的雏形。1306年，元代的杂耍艺人们，发明了一种凭借纸做的大伞从空中飘落的杂技表演，表演道具大纸伞便是最早的降落伞。

后来有关风筝以及降落伞的应用原理传播到了欧洲。15世纪末，意大利艺术家达·芬奇用一块边长为11米的绸布缝制成了一个巨大的帐篷，并且利用这个大帐篷成功地完成了载人降落实验。1797年10月22日，法国人安德列·加纳林从700米高的空中跳伞而下，创造了世界上最早的跳伞纪录。

最早的打字机

打字机是一种代替人手书写文字

的机器，它的发明极大地提高了人们的书写效率，为文化事业的发展做出了重要贡献。1714年，英国工程师亨利·米尔为他的一项发明申请了专利，据资料记载，他的这项发明是一种能够代替人手敲击键盘打出字体的机器。但是这种打字机并没有留下实物以供参考。在这之后，人们在打字机的研究与发明上，又做了很多努力。

1860年，美国人克里斯多弗·拉撒姆·肖尔斯和卡洛斯·格利登制造出了世界上第一台实用打字机。最初，这台打字机键盘上的字母是按照英文字母表的顺序排列的，打字过程中，由于一些经常会用到的字母排列的顺序相近，经常发生键槌相互交错干扰的现象。后来，在弟弟的建议下，肖尔斯将键盘上常用字母的顺序打乱，重新进行了排列，有效地解决了键槌互相干扰的问题。这种打字机键盘字母的排列方式对后来计算机键盘的设计有极其重大的影响。

最早的风车

风车是一种以风能为动力，用于提水灌溉、碾磨食物、发电供暖等用途的机械装置。早在2000多年前，中国、巴比伦、波斯等地就已经出现了风车。公元前650年，一位名叫阿布·罗拉的古波斯奴隶试图发明一种利用自然风能为动力，代替人力以及畜力工作的机械装置。他的这个想法得到了奴隶主的支持。不久之后，罗拉真的将他的这个想法变成了现实，制造出了世界上第一台风车。

最初，罗拉制造的这个风车被奴隶主用来发电。它的外形酷似一座砖砌的塔楼。塔楼的墙壁上，有两个巨大的通风口，塔楼内部，与通风口相对的是一根装着叶片的巨大转轴。当风从通风口吹进来时，两个通风口便形成了一个收集风源的巨型通道，旋转轴上的叶片会在风的吹动下快速转动，从而达到动力发电的目的。随着人类文明的不断进步，风车被广泛地应用在了生产生活领域，成为风力资源丰富地区的重要标志。

最早的照相机

相机是一种利用光学原理进行成像摄影的仪器。早在公元前400年前，《墨经》一书中就记载了有关针孔成像的原理。13世纪，欧洲人利用小孔成像原理制成了能够观赏映像、描画景物的映像暗箱，这种暗箱便是照相机的雏形。1550年，意大利人卡尔达诺在原有的暗箱基础上，在取景小孔上，安装了两面凸透镜，使人能够更清晰地从暗箱中观察到景物。1558年，意大利人巴尔巴罗改进了卡尔达诺的双凸透镜暗箱，为其加设了一个可以调节光线亮度的光圈，从而使暗箱的成像功能大大提高。但是由于暗箱缺少制成影像的感光材料，改良后的暗箱仅能应用在绘画领域。

风车

1822年，利用装备上了感光材料的暗箱，法国人尼埃普斯拍出了世界上第一张影像有些模糊的照片，在此之后，人们便将精力放到了感光材料的研究上。1839年，世界上第一台实用意义上的照相机被法国人达盖尔制造出来。随后，与相机相配备的成像效果更加完善的胶片也相继问世。

最早的数码相机

数码相机的出现，实现了人们即拍即得，走到哪里、拍到哪里的愿望。如今的数码相机所采用的"CCD（Charge Coupled Device，电荷耦合器）芯片"源于20世纪60年代美国的航天领域。最初，为了弥补宇航员在太空中传输回地面的图像不清晰的不足，美国贝尔实验室的科研人员维拉·博伊尔和乔治·史密斯发明了CCD。1969年，美国宇航局的首次登月中，宇航员便用一架装有CCD的特制500EL型哈桑勃特数字照相机成功地通过卫星系统向地面传送回了数字图像信号，科研人员将这些数字图像信号分析后，得到了清晰的月球图片。

1975年，柯达应用电子中心研制出了一台名为"手持电子照相机"的数码相机。它以300英尺的飞利浦数码磁带作为存储器，以16节AA电池为供电系统，这是世界上第一台实用型数码相机。

最早的扬声器

扬声器是一种十分常见的电声转换器，它常被用于发声的电器设备中。1876年2月14日，亚历山大·格雷尼姆·贝尔获得了"电话"的专利权，他发明的电话实现了人们将声音传播到远方的愿望。电话的发明为声电相互转化提供了实物参考。1877年，托马斯·阿尔瓦·爱迪生在电话原理上发明了留声机，这个装有大型喇叭装置的手动摇杆装置，便是扬声器的雏形。1898年，英国人霍雷斯·肖特首次依据声电转换原理，制做了一台独立的"奥格泽特弗恩"扬声器，并为此申请了专利。这台利用压缩空气的方式达到电声转换的扬声器便是世界上第一台扬声器。它的发明宣告着扩音时代的到来。

最早的发电机

1831年，英国物理学家、化学家迈克尔·法拉第在大量的实验中，发现了"当磁场的磁力线发生变化时，在其周围的导线中就会产生感应电流"的电磁感应现象。根据这一原理，第二年，法拉第发明了一台名为"法拉第圆盘"的发电机。这台发电机由一个紫铜圆盘、一个与圆盘圆心固定的手摇扶柄以及两个紧贴圆盘边缘和圆心的黄铜电刷组成。当摇动手摇扶柄时，安置在U形磁铁磁场中的紫铜圆盘便会旋转起来，与电流表相连的两个黄铜电刷会随着紫铜圆盘的转动发生相应的切割磁感线运动，从而产生电流，电流表的指针会偏向一边显示产生电流的强度。这台电磁相互转化的发电机的诞生，为现代化发电机的诞生奠定了基础。

1866年，德国电工学家恩斯脱·韦尔纳·冯·西门子研制出了世界上第一台电磁铁式发电机。它改进了法拉第发明的磁电发电机以天然磁铁为磁源的模式，改用磁力强大的电磁铁为磁源，从而产生更强大的电流。这种发电机被作

漏斗里装满了种子

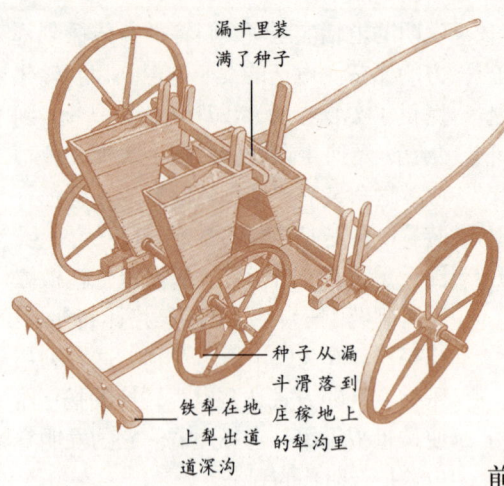

种子从漏斗滑落到庄稼地上的犁沟里

铁犁在地上犁出道道深沟

1701年杰斯洛·塔尔发明的播种机

为实用发电机广泛应用起来。1870年，克拉姆经过不断改进电磁式发动机，研制出了性能更为优良的发电机。他被誉为"发电机之父"。随着电机技术的不断成熟，发电机在汽车等工业领域发挥着越来越重要的作用。

最早的播种机

在长期的农业生产实践中，相对于人工播种来说，既省时、效率又高的播种机被发明制造出来，并且不断地被改进。世界上最早的播种机出现在距今4000多年前的美索不达米亚地区。据史料记载，它是一种配有盛装种子的漏斗和将种子植入土壤中的长管子的木犁。

公元前1世纪左右，西汉人赵过曾经命工匠制作过播种机器——耧。它以畜力为动力，播种时，人在耧后手扶开线挖沟用的犁头，即耧腿，进行播种作业。在耧的漏斗中设有大小两个方箱，用以调节输送种子的速度。这种耧在当时的长安附近得到了广泛的推广。

1636年，希腊出现了一台现代化的播种机。19世纪以后，随着工业技术的不断进步，各种高效率的机器不断涌现。1701年，英国人杰斯洛·塔尔发明了一种马拉播种机。这种播种机不但可以同时播种三行种子，还可以根据地形调节播种种子的数量。它是世界上第一台高效率的播种机。

最早的纺纱机

据史料记载，早在公元前300多年前，我国就已经出现了纺纱机。著名的典故《孟母断织》中，就有关于纺纱机的描述。出生于1245年的黄道婆，是我国元代著名的棉纺织家。早期的纺织工具主要是由一个纺锤和一根卷线轴构成的简单机器，这种机器只能够纺织出一根纱，并不能应用于大批量的棉纱布料的生产。

1764年，英国纺织工詹姆斯·哈格里夫斯通过一次偶然的纺纱机翻倒事件，发现了改进纺纱机的方法。经过反复试验，哈格里夫斯将8个并排垂直的纺锤固定在滑轨上，然后将滑轨固定在四腿木架上，机器的下方设有一个转轴，通过摇动纺纱机的手柄，8个垂直的纺锤就可以同时转动，纺出多条纱线。哈格里夫斯将这台纺纱机命名为"珍妮纺纱机"。它的问世为纺织业带来了历史性的变革，推动了工业革命的进程。

最早的缝纫机

缝纫机在人们的生活中起着举足轻重的作用。20世纪70年代的中国，缝纫机和自行车、手表并称为代表家庭经济收入的"三大件"。

1790年，英国人圣·托马斯用木料

以及金属配件制造出了世界上第一台缝纫机。它是一台单线链式线迹的手摇缝纫机，是专门为缝制靴鞋而设计的。随着缝纫机制造技术的日臻成熟，双线链式线迹缝纫机、微型计算机控制的家用多功能缝纫机、多功能钉纽扣刺绣等缝纫机相继问世。缝纫机的不断更新换代使服装加工业的工作效率得到了很大的提高，有力地推动了服装加工业的发展。

最早的柴油机

为了弥补蒸汽机体积大、效率低等方面的缺陷，慕尼黑技术大学在校生鲁道夫·狄塞尔进行了大量研制高效率内燃机的实验。1892 年，狄塞尔制成了一台将空气压进容器，使其与煤粉充分混合，压缩点火，从而提供动力的机械装置，并获得了专利权。这台机械装置的发明为柴油机的诞生提供了充分条件。

1893 年，狄塞尔在这一机械装置的动力原理基础上进行了改良，制造出了世界上第一台柴油机原型。起初，柴油机仍然笨重庞大，不能适应灵活的作业要求，只能用于固定生产，因而旧式的柴油机的应用范围受到了局限。1897 年，实用型四冲程柴油机的诞生，有效地提高了柴油机的工作效率，也使柴油机这种高效率的动力装置得到了更广泛的应用。

世界上最早的计算器

算盘是人们最常使用的一种计算器具，相较于肢体计算方法来说，它的计算方法更加快速，简单实用。早在公元前 600 年以前，我国就出现了一种名为"算板"的计算器。"算板"便是我们现在所说的算盘的雏形。在几千年的生产实践中，古人不断地更新算盘的形式，到了唐代，算盘演变成为今天的样子。人们将 7 个珠子分成一组，以小木棍串联起来，然后将这种串联了珠子的小木棍镶嵌在木框中，防止珠子的滚落。在算盘框的 1/3 处，设有一个横梁，将成排的珠子串分成了上下两层，上面一层的两个珠子分别做数字 5 用，下层的五个珠子分别做数字 1 用，这样一来，在有限的空间中，就可以进行无限的数学运算了。

最早的自动提款机

自动提款机是一种高度精密的自动取款装置。它通过识别磁性代码或智能卡，代替银行柜台的工作人员为顾客提供取款、转账、余额查询等自助金融交易服务。1867 年 6 月 27 日，世界上第一台自动提款机被安装在了英国米德尔赛克斯郡安菲尔德的巴克莱银行中。这台具有现代意义的自动提款机是由英国德拉路仪器公司的经理约翰·谢泼德·拜伦发明的。它以当时英国人均生活水平为标准，一次性提款的最高金额为 10 英镑。它的出现使人们进行金融交易又多了一种方便快捷的选择。

最早的机器人

如今，机器人在生产制造、日常生活等很多领域充当着重要的角色。早在公元前 9 世纪的西周时期，中国就已经出现了世界上最早的机器人。据史料记载，在周穆王统治时期，工匠偃师曾经研制出了一种能歌善舞的伶人，这种伶人不但能做出很多高难度的动作，还能够与常人"眉目传情"。春秋战国时期，齐国的木匠鲁班发明了一种能够在空中飞行"三日不下"的木鸢。三国时期，马钧设计了一种名为"水转百戏"的木偶玩具，在水力的推动下，木偶人可以做出吹、弹、唱、跳等各种动作。同一时期，蜀国的宰相诸葛亮创造出了用于运送粮草的"木牛流马"。这些都是中国人关于机器人的伟大尝试。

1920年，捷克科幻作家卡雷尔·恰佩克在他的幻想小说《罗萨姆的机器人万能公司》中，首次使用了"机器人"这一名词，从而引发了人们对具有现代意义的机器人的构想。1954年，美国麻省理工学院的工程师乔治·德沃尔，在总结了前人理论的基础上，制造出了世界上第一台可编程的机器人。与其说它是个机器人，倒不如更形象地称它为机器手臂。这种手臂能够按照事先编制好的程序进行工作，针对不同的工种需要编制不同的程序，具有很强的使用价值，这项发明有力地促进了现代机器人事业的发展。

使用最广泛的工业机器人

世界上使用最广泛的工业机器人是20世纪70年代瑞士施托布利·乌尼梅森公司生产的一种叫作"普马"的机器人。

这种叫作普马的机器人是由著名的机器人设计专家威克·席恩曼设计，当时瑞士的施托布利·乌尼梅森公司取得了这种机器人的生产权。这种机器人实际上就是一种能为流水线编程的通用机器，因而，它在流水线上和大学实验室里运用得极其广泛，当时在工业领域曾经风靡一时，即使是现在，这种机器人的使用也比较广泛，在很多的工业领域仍能见到它的影子。因而它也被誉为世界上使用最广泛的工业机器人。

最小的机器人

到目前为止，世界上最小的机器人是由日本精工爱普生公司研制的一台光敏微型机器人。

20世纪90年代，日本精工爱普生公司开发研制了一种机器人，研制人员把它叫作"机器人先生"。这种机器人最奇特的地方是它的体型相当小，总体积居然还不够3立方厘米，体重也不过1.5克，被誉为是当今世界上最小的机器人，但是你不要小看这个小家伙！就这么小的一个机器人，它的构成零部件多达97种，零件个数更多。这样看来，这种机器人的研究和设计真是够精密的！另据研究人员介绍，这种机器人充上电以后，能以每秒1.15厘米的速度运动5分钟，奇怪吧！

世界上最先进的智能机器人

世界上最先进的智能机器人是日本索尼公司研制的机器人。

2002年，索尼公司研制的这款机器人sdr-4x安装着各种各样的感应系统，它能和人进行一般的交流，并且能完成很多种高难度的动作，最让人奇怪的是它有一定的记忆能力，它还能通过学习和记忆而不断地成长。尽管索尼公司研究的这种机器人属于高智能的娱乐机器人，但是它目前的主要用途是被科学家用来做各种科学实验。

当这款机器人刚刚被研制出来的时候，在很短的时间内就引起了人们的注意，它的高智能让每个见过它的人吃惊，因此它也被人们誉为世界上最先进的智能机器人。

数理化之最

最早的计数方法

在计数器发明之前，人们通过肢体以及木棍、结绳等方式计数。据《易经》记载，上古时期，人们主要以绳结的方式来记事，这种方式在生活中的很多领域都得到了广泛的应用。除此之外，刻痕计数也是古代先民们采取的记数方法之一。1937 年，考古学家在摩拉维亚发现了一根旧石器时代的动物桡骨，上面刻有深浅不一的 55 道刻痕，这根桡骨是目前为止考古学家发现的世界上最早的刻痕记数实物。随着记载数目的增多，绳结以及刻骨的方式已经不能满足人们计数的需要，于是进位制便应运而生。公元前 4000—前 3000 年，古巴比伦人为了商品交易以及贮存货物的需要，采用了 60 进位制；古埃及时期，人们采用 10 进位制方法记数……这些记数方法都是人们在生产生活实践中总结出来的，是劳动人民智慧的结晶。

最早的代数理论

代数是数学的一门分支学科，它主要研究实数和复数，以及以它们为系数的多项式的代数运算理论和方法。早在公元前 3 世纪，古希腊数学家丢番图就曾对代数进行过系统的分析，在他的《算术》一书中，他论述了一次、二次、个别的三次方程以及大量的不定方程的相关问题。尽管当时并没有以"代数"之名称呼这种形式的数学

花剌子密曾在巴格达（今伊拉克境内）的一所数学学校内担任代数学教师，并于 813—833 年间撰写了一部极具影响力的代数学著作——《代数学》。

模式，但是它所涵盖的内容，与现代代数学有异曲同工之处，因而，丢番图的《算术》是讨论代数学最早的理论著作，西方人也因此称丢番图为"代数学之父"。在此之后，在世界上的很多历史文献中，都曾出现过关于"代数学"的记载。9 世纪，阿拉伯数学家花剌子密的著作《还原与对消的科学》（后译为《代数学》）一书中，才出现了"代数"这个专有名词的字样。

最古老的数学文献

公元前 1700 年左右的埃及草片文书是现存的专门纪录数学的最早文献。这些草片文书的大部分现藏在英国博物馆里，被称为"兰德草片"，"兰德"是当时这批草片的主人的名字。兰德草片中有很多草片都连接在一块，称为"草卷"。其中最大的一卷宽 30 厘米，长达 5 米多。在莫斯科也收藏有一部分"埃及草片文书"，叫作"莫斯科草片"。

这些草片都使用象形文字书写，兰德草片共记载着 58 道数学题，莫斯科

草片也有25道数学题。从这些草片上得出的资料表明：公元前1700年的埃及已经开始使用分数，也已经会计算矩形、梯形和三角形等简单几何图形的面积，用算术解含1个未知量的一次方程或简单二次方程在当时已经不成问题。

最早的几何绘图工具

常言道："无规矩不成方圆"，这里所说的"规"和"矩"分别指的是两种不同的绘图工具。它们是人类历史上最早的几何绘图工具。据西汉史学家司马迁所著的《史记》记载，公元前1889年，大禹凿龙门，通九渠，引洪水到大海之时，就使用过这两种工具。可见，"规"和"矩"这两种几何绘图工具的历史之悠久。

最早发现黄金分割定律的人

黄金分割是一种数学上的比例关系。它普遍存在于自然界中，是人们衡量美的一个重要标准。它具有严格的比例性、艺术性、和谐性。公元前6世纪，古希腊时期的毕达哥拉斯以数理的方式将铁匠铺传出的打铁声音表达了出来。毕达哥拉斯学派也曾经以数理的方式研究过正五边形和正十边形的作图。后来，这种数理研究问题的方式在人们的生活领域广泛流传开来，这种成比例的数理便是最早的黄金分割。公元前4世纪，古希腊学者欧道克萨斯将这一黄金分割的比值（0.618）计算了出来，并且对这一分割比例进行了系统的研究，建立起"黄金分割"理论体系，因此，欧道克萨斯被人们称之为"黄金分割定律"的奠基人。

最早记载勾股定理的数学专著

《周髀算经》约成书于公元前1世纪，是我国最古老的一部天文学著作。书中不但系统地讲述了盖天说和四分历法，还纪录了一种在数学领域引起巨大反响的计算法则——勾股定理。《周髀算经》一书中，详细地记载了有关"勾股定理"的公式以及证明方法，并将其应用在天文学的计算中。书中载道："若求邪至日者，以日下为勾，日高为股，勾股各自乘，并而开方除之，得邪至日。"即我们现在所说的：直角三角形中，两条直角边的平方和等于斜边的平方。相较于西方毕达哥拉斯所提出的"勾股定理"理论，《周髀算经》要早上几百年。

世界上最硬的物质

金刚石是一种由纯碳组成的矿物质，是所有碳结构中最稳定的一个，也是世界上硬度最大的物质。由于金刚石具有这一特性，很多工业部门以及国防工业，都以金刚石为主要材料，诸如勘探机的探头，以及精密仪器的研磨等领域。所谓"没有金刚钻，别揽瓷器活"，说的就是金刚石作为切割各种玻璃制品的工具的用途。除此之外，金刚石还有优良的半导体性能，因而，很多精密仪器中，也采用金刚石作为传导材料。当金刚石被加热到1000℃时，它会变成石墨，所以，它还是优质石墨的主要原材料。另外，金刚石又名钻石，拥有一副美丽的外表。经过加工处理的钻石，是现代奢侈品，高贵华美的代表。

密度最小的固体物质

美国加利福尼亚州劳伦斯利物莫

尔国家实验室为了能够更好地收集空间中微流星体以及彗尾中的残余碎屑，运用各种化学物质进行了大量研究实验。当他们将硅与氧气放在一起进行实验时，发现黏合在一起的硅球体与氧原子结合，形成了链状的长串。排列在长链中的串与串之间被一个一个的气囊分隔，形成了一种名为"硅氧气凝胶"的物质。分析结果表明，硅氧气凝胶中，最轻的物质密度为0.005克/立方米。它是所有固体物质中密度最小的。"硅氧气凝胶"的生成将极大地增强微流星体等空间物质残余碎片的收集效果。

密度最大的矿物

锑是一种化学性质并不十分活泼的金属元素，它在地壳中的含量仅为0.0001%。它主要以单质或辉锑矿、方锑矿、锑华和锑赭石的形式存在，目前已知的含锑矿物多达120种。在这些已知的含锑矿物质中，有一种化学构成为$[(SbO)_2(TaNb)_2O_6]$的矿物，它的密度之大堪称世界之最，为7.46克/立方厘米。

最强的激光束

1960年，美国科学家梅曼在美国休斯实验室研制出了一台激光发生器。1962年5月9日，利用这台激光发生器，美国麻省理工学院用一台121.9厘米的望远镜成功地接收到它从月球上反射回来的光束。这台激光发生器在1/5000秒内所发出的光束可以依靠$2×10^{23}$光子产生的能量来切割钻石。随着激光技术的不断完善，激光束的强度也在不断地增大。近几年，美国密歇根大学超速光学科学中心研制的一种钛蓝宝石激光发生器中，一束瞬间可以聚焦在1.3微

这是一张摄于1960年的梅曼的照片，照片中他在观察自己制造出来的世界上第一束激光。关键部件就在玻璃筒中——能发射激光的红宝石。

米斑点上，估算强度高达每平方厘米200万亿瓦。瞬间能量输出功率为300万亿瓦的激光束，堪称世界上最强的激光束。

最小的电荷

构成物体的原子经常会发生得电或失电现象。用科学方法求得的电子所带的负电荷量$e=1.6021892×10^{-19}$库仑，质子所带的正电电量与这个数值相同。很长一段时间内，人们都认为，电子所带的电荷是最小的电荷，其他粒子所带的电荷都是电子所带电荷的整数倍。1979年1月，美国斯坦福大学费尔班克小组对外宣称，他们在质量为$9×10^{-5}$克的小铌球上找到了两个分数电荷，它们的电荷值分别为$(0.304±0.040)$ e 和 $(0.345±0.035)$ e，是电子电荷的分数倍。费尔班克实验结果，刚好与美国物理学家密立根通过测量电子电荷的油滴实验所得的结果相似。但是这项研究结果目前还存在争

议，如果经过证实，分数电荷便是世界上最小的电荷。

最快的速度

光在日常生活中随处可见。它在真空中的传播速度为299792458米/秒，这一物理常数定义值是1972年，美国的K.M.埃文森等人通过激光频率与真空波长公式C＝νλ算得的，世界上任何物质可以趋近于光速，但都无法超越它的速度。光速是世界上最快的速度。

爱因斯坦在他的狭义相对论中，曾经推论过质能方程$E=mC^2$。公式中，C指的便是光速，从这个公式中，我们可以看出，世界上的一切物质所拥有的能量都可以通过质量乘以光速平方的方式求得。也就是说，当物质发生运动时，它的速度达到光速的0.1时，质量便会增加0.5%，其速度越接近光速，质量就会越趋于无限大，所需要的能量也就无限多。因而，到目前为止，人们研究的对象中，能够提供足够能量以超过光速的物质尚未被发现。

最低的温度

温度指的是物体分子热运动的剧烈程度。通常情况下，物体运动得越快，其温度就会越高，反之则越低。在人们可测量范围内，物体的温度值只能够无限接近 −273.15℃，在这一温度之下，物体通常不存在热能。1702年，法国物理学家阿蒙顿从空气受热试验中，得出空气的体积以及压强会随温度的增加而增加，在某一临界点时，其压力会等于零的结论，即"绝对零度"。经过计算，阿蒙顿将这一理论温度值推算为 −239℃。随后，很多物理学家对阿蒙顿所提出的临界温度进行过大量的实验和计算。1912年，德国物理学家能斯特将热力学原理应用到了低温现象以及化学反应中，最终得出"不可能使一个物体冷却到绝对温度的零度"的结论，即热力学第三定律。1926年，人们根据这个定律得到了0.71°K的低温；1957年，人们得到了0.00002°K的超低温。依据现有的科学技术，人们仍然无法达到热力学温度的极限——"绝对零度"。

能量最高的对撞机

对撞机是用于实现两束高能粒子对头碰撞，从而产生足够高的相互作用反应率，以便测量出数据的一种装置。目前，世界上能量最高的对撞机安装在瑞士日内瓦的欧洲粒子物理实验室地下100米的一条直径为3.8米，周长为27千米的环形隧道里。这台名为LHC的大型强子对撞机能够将两束质子加速到7万亿电子伏特发生碰撞。它产生的能量可以达到14TeV。LHC对撞机由1269块超导电磁铁和2500块大小不等的超导、四极、调焦磁铁组成。2008年9月10日LHC正式启动，仅9天的时间，对撞机就发生了事故，经过科研人员的调整维修，2009年9月，这台大型的强子对撞机重新启用，开始履行超能量强子对撞的使命。

最早的电池

电池是一种通过存储电荷以提供能量的装置。早在公元前600年，古希腊人就已经发现琥珀与丝绸衣料的摩擦可以产生静电。1780年，意大利解剖学家伽伐尼在解剖青蛙的实验中，发现两支金属器械同时作用于青蛙大腿时，青蛙体内产生了微弱的电流。这一现象的发现对物理界来说具有极其重要的意义。1799年，意大利物理学家伏特将一块锌板与银板通过导线相连，并将它们浸在盐水中，两块金属板之间竟然产生了电流。为了证实这一结论的准确性，伏特将手掌接近两块金属板，手掌有强烈的刺激感。后来，伏特根据这一现象，用锌片与银片制成了"伏特电堆"。这个由很多锌片与银片连接制成的串联电池组，就是世界上最早的电池。

最早的核反应堆与核电站

1942年12月2日，由美籍意大利物理学家费米领导的铀原子核裂变链式反应实验在美国芝加哥大学顺利完成。这次核反应实验的成功，标志着人类进入了可控的核裂变链式反应阶段。这座名为"芝加哥"第一号CP－1的核反应堆便是世界上第一座核反应堆。它的成功启动使人们在研究核裂变道路上又迈出了一大步，对于人类进入原子能的时代具有里程碑的意义。

1957年，苏联政府仅用了3年时间便建成的奥布灵斯克核电站正式投入使用，这座被用于发电的"和平原子能"核电站总输出功率可达5000千瓦，是世界上第一座核电站。它的投入使用开启了人类进入核电时代的大门。如今，这座核电站已经完成了全部燃料的卸载工作，核电站以博物馆和科技馆的新面貌向公众开放。

最轻的气体

1766年，英国百万富翁、化学家以及物理学家卡文迪许在他的报告《人造空气实验》中，讲述了他利用铁、锌以及稀硫酸等物质置换出易燃气体的试验过程。1782年，法国化学家拉瓦锡在卡文迪许实验的基础上，重新试制出了相同的气体，并将其命名为"Hydrogen"，即氢气。

通常状态下，氢元素以水的形式普遍存在于自然界中。标准大气压下，氢气的密度为0.0899克/升，即1立方厘米的氢气仅重0.00008989克，是空气质量的1/14。它是所有气体中最轻的气体。根据氢气的这一特性，人们将氢气注入热气球、飞艇以及节日用的彩气球中，以帮助物体漂浮于空气中。氢气也是一种极其容易散失的气体，常温状态下，它可以透过肉眼看不见的小细孔；高温状态下，它还能够穿透厚重的钢板等物质。

最重的气体

1900年，德国人恩斯特·多恩从镭盐所释放的气体中，发现了一种比氢气重111.5倍，密度为9.73克/升，平均每立方厘米重0.011005克的气体——氡。据试验测试结果显示，相同体积的氡气是相同体积空气质量的8倍，是最重的一种气体。

氡是地壳中放射性铀、镭和钍的蜕变产物，是一种惰性很强的化学物质。它性质稳定，不易挥发，但是却可以被压缩成液体。它常被用作实验中的中子源，以研究放射性物质。它还是研究管道泄流以及气体运动的气体示踪剂。另外，地质研究人员通过空气以及地下水中氡含量的数据分析，还可以测定地壳放射性物质的活动频率，从而判定是否有地震发生。

最轻的金属

自然界中最轻的金属元素是锂，于1817年被瑞士化学家阿尔弗维特桑发现。它最初是在一种叫作中叶石的稀有岩石中被发现的，被命名为"lithium"，"锂"是它的中文译名。锂是一种银白色金属，非常轻，假如用其制作一个火车头，只需两个人就可以轻而易举地抬起来。

由于锂比较轻，且柔软性较高，因而在工业中用途十分广泛，比如在制造玻璃时，如果加入一些锂，就可以增加玻璃的韧性。另外它还可以用来充当电池等，它的这些用途为人们的生活提供了极大的方便。

最重的金属

1804年，英国化学家田南特发现了世界上最重的金属——锇。据测量结果显示，每立方厘米锇的重量高达22.59克，是同等体积铁的质量的3倍，同样体积铅的质量的2倍。通常状态下，锇呈现灰蓝色，不易与任何酸性物质发生反应，是一种性质非常稳定的金属物质。因而，除了质量最重之外，锇又是一种硬度极大的物质。根据锇的这一特性，在一些重型机械的轴承以及一些消磨耗损的工业领域，经常会见到以锇为原料的工业设备。我们平时所用的铱金钢笔笔尖，也是由锇铱合金材料制作而成的。

最硬的金属

铬是一种蓝白色的多价金属元素。它的莫氏硬度为9，是世界上最硬的金属。铬不但质地坚硬，而且具有很强的抗腐蚀性，通常只以化合状态存在，即使在高温条件下，其被氧化的反应也发生得十分缓慢。铬在工业中，主要用于电镀以及特种钢的合金制造。它也是人体中影响着人体脂类代谢、蛋白质的生长发育及代谢等功能的重要微量元素之一。

延展性最好的金属

金属的延展性指的是金属能够被拉伸和压扁拓展的特性，即变形的性能。除了少数金属如锑、铋、锰等几乎没有延展性外，大部分金属元素都具有良好的延展性。在所有金属元素中，延展性最好的当属金。它的延展性之所以最好，是因为金原子最外层的三个电子之间相互作用非常紧密。当金的体积被拉伸或压缩时，最外层电子只发生位移的改变，而不是与氧化剂发生化合反应，失去电子。据测试结果表明，28克金可以被拉伸成65千米长的金丝；一两黄金压制成金箔，能够覆盖两个篮球场的面积；5万张金箔也只有1毫米厚。足见金的延展性超强。

熔点最高的元素

碳是宇宙中广泛存在的一种化学元素，它也是世界上硬度最高物质——金刚石的唯一构成元素。金刚石的碳原子结构呈现晶体排列形式，每一个碳原子与另外四个碳原子形成紧密的网状化合键结构。作为碳结构最为坚固的碳单质，金刚石的熔点为3727℃，相当于宇宙中某颗恒星表面的温度，是所有化学元素中熔点最高的元素。

熔点最低的元素

氦的临界温度为 -267.8℃，临界压力为 2.26 大气压，熔点为 -272.2℃（25 个大气压）。它是所有元素中熔点最低的一种元素。在液化状态下，流状氦具有超强的导热性，是一种良好的超导体材料。

非金属中最活泼的元素

氟是卤素在化合物中显负一价的非金属元素。常温状态下，氟可以与所有的化学元素发生化合反应，是所有非金属元素中性质最为活泼的元素，也是已知化学元素中，氧化性最强的一个。由于氟的性质活泼，通常状况下，自然界中不存在游离状态的氟。它的天然同位素也只有氟 19。氟具有极强的助燃性，甚至黄金加热后都可以在氟气中燃烧。因此，工业中，它经常被作为氧化剂使用。另外，它还是一种具有强烈腐蚀性与刺激性的毒气。

非金属中最稳定的元素

氦是一种惰性很强的化学元素。通常状态下，呈现无色、无臭、无味的气体状态。它是所有非金属元素中，最稳定的一种元素。目前为止，它还没有与任何物质发生过反应，生成其他化合物。氦有两种天然同位素氦 3 和氦 4，自然界中，存在的氦基本上为氦 4。这种惰性很强的非金属元素通常由含量为 7% 的天然气或液态空气中制得，是冷冻剂与保护气体的良好原料。

最简单的有机化合物

有机物质广义上指的是与机体有关的化合物，通常指包含有碳元素的化合物。它是地球上所有生命形式的重要组成部分，对人类有重要意义。很多有机物来自于植物界，例如植物的树叶等，大部分有机物是利用石油、天然气等原料，经过加工制作而成。

在众多的有机化合物种类中，最简单的有机化合物是在自然界分布较广的甲烷，即天然气、沼气、油田气及煤矿坑道气的主要成分。它的化学符号表示为 CH_4，是一种碳氢化合物。在植物的光合作用中，甲烷的生成量会随着日照的温度增强而逐渐增多。在一些工业领域，甲烷也会随着工业生产所发生的化学反应被释放出来。它是良好的燃烧供热材料，也是制造氢气、乙炔、甲醛等物质的重要原料。

酸性最强的化合物

酸是我们日常生活中经常接触到的物质，像盐酸、硫酸、醋酸、碳酸等，另外，我们食用的许多水果中也含有大量的酸，科学家们根据酸的不同性质将其分为强酸和弱酸。酸性最强的化合物并非硫酸或盐酸，而是一种叫作"高氯酸"的化合物，高氯酸是一种无色透明的液体，如果把它放在空气中，我们会看见一阵浓烈的烟雾，那是高氯酸的挥发物，高氯酸具有极强的腐蚀性，它的氧化能力十分惊人，即使纸、木炭等物质投入其中，也会马上引起燃烧或爆炸，因而危险性极高，使用时务必要小心。

医学与生物技术之最

最成功的免疫战

1980年1月1日，世界卫生组织宣布已在全球范围内消灭了天花。这是一个令全世界人民振奋的消息，这一行动也被誉为"最成功的免疫战"。天花曾是死亡率极高的疾病。据统计，在19世纪60年代中期，每年大约有近200万人因天花而丢掉了性命。最后一位死于天花的是英国伯明翰大学的一位医学摄像师，他因为感染了用于研究的天花而献出了宝贵的生命。消灭天花的方法是广泛注射防止各种天花感染的疫苗。

有记载的最古老的疾病

早在公元前1350年的古埃及就有过麻风病例的记载，因而可以说麻风病是有记载以来最古老的疾病。

根据考古学的发现，在古埃及第20代王朝，即公元前1250—前1000年的木乃伊上已经存在结核性血吸虫病。这是一种非常厉害的传染病，会损害人类的肝、肾等器官，估计在当时曾引起过很大的恐慌。

最普通的人类疾病

人类最普通的疾病当属鼻感冒了。医学上称鼻感冒为普通感冒（俗称伤风），它主要是由鼻病毒所引起的上呼吸道感染。这种普通感冒的发病状况比较轻微。小孩患此病的症状较重，体温常常较高，还可能引发呼吸道疾病；成年人患此病，一般不发热或仅有一些微热，同时伴有轻度头痛。这种普通感冒的传染性和散发性很高，非常容易在气候突变时流行。任何人都无法有效预防此病，总会或多或少地遭受这最为普通的痛苦。

发病率增加最快的疾病

根据联合国艾滋病规划署和世界卫生组织2006年11月21日共同发布的《2006年世界艾滋病报告》，2006年全球新增艾滋病病毒感染者430万，艾滋病病毒携带者达到3950万，增长速度十分惊人，其中，印度是艾滋病感染者最多的国家，估计有400万人，这已经成为一个十分严重的社会问题。

最致命的流行性感冒

人类经历的最严重的流行性感冒是1918年爆发的世界性的流感，共造成数千万人丧生。导致这场流感大流行的病毒被称为"西班牙流感病毒"，也称"1918年流感病毒"。患者大多是身强力壮的年轻人，其症状包括打喷嚏和发低烧，肺部会有大量瘀血。由于病情发展很快，患者几天内就可能丧命。为了分析这种致命病毒，美国研究人员飞到阿拉斯加州，提取了埋葬在永久冻结带下一名患病女死者遗体的肺组织样片。通过从这些样片和存放于福尔马林中的活体解剖组织中提取的基因样本，研究人员成功复活了病毒。通过研究认为，1918年的流感病毒很可能就是一种禽流感病毒，因为两者之间的差别仅仅是少数氨基酸不一样。到底是不是禽流感病毒，还有待于科学家的进一步确认。

死亡率最高的疾病

世界上死亡率最高的疾病是狂犬病，狂犬病的死亡率几乎是100%，在所有的疾病之中是最高的。

狂犬病又名"恐水病"，它本身是一种在狗、猫等动物中传播的疾病，但是人一旦被带病的动物咬伤或者抓伤的话，也会感染"狂犬病"。一旦感染"狂犬病"，病毒就会直接干扰病人的中枢神经。"狂犬病"的主要症状是：长期处于兴奋状态、感到恐惧、不断流口水，等等。之所以说狂犬病的死亡率最高是因为人一旦感染上狂犬病，一般来讲几天之内就会因呼吸衰竭而死亡，死亡率几乎就是100%。当然，现在人类已经能够控制狂犬病，但是在狂犬病刚刚出现的时候，它给人类带来的灾难绝不亚于现在的癌症和曾经的"肺结核"。

世界上最早的叩诊

最早的叩诊于19世纪初在法国流行。医生通过用手指叩击人体的一定部位，根据因各部位密度、质地及其内部的器官中气体和液体含量的不同所产生的各种不同的声音，来判断各器官的生理或病况。

1818年，在上述直接叩诊法的基础上，创造了叩诊板和叩诊锤，叩诊法因此应运而生。

1838年，维也纳著名医生克斯科达将声学原理应用于叩诊的研究，深入系统地阐述了出现不同叩击声音的原因，为叩诊找到了理论依据。如今，叩诊已成为现代临床医学常用的一种物理诊断方法。

世界上最大的病毒

据英国《自然》杂志刊登的一份报告说，法国国家科研中心的微生物专家伯纳德·拉斯科拉和迪迪埃·拉乌尔，在寄生于空调系统冷却水管道里的阿米巴变形虫体内发现了两种堪称世界最大的病毒——Mimivirus（模拟病毒）和Sputnik（人造卫星）。拉斯科拉宣称，这两种归属于同一家族的病毒用普通的显微镜就可以观察得到。其中的Sputnik依附于Mimivirus生长，相较于Mimivirus而言，Sputnik的体积要略小些，但是与其他病毒相比，则要大很多，根据专家分析，该病毒有21个基因，它能破坏宿主Mimivirus的繁殖能力。科学家指出这些病毒通常存在于浮游生物体内。

最早采用牛痘接种法的医生

18世纪，天花在欧洲的土地上肆意横行。仅英格兰每年就有45000人因

200多年前，爱德华·詹纳培养出世界上第一种疫苗，用来抵抗天花。

感染天花而死去。1745年5月17日，爱德华·詹纳出生在英国的一个牧师家庭里。在他小的时候，曾经因为感染传染病而接种过人痘。在他13岁时，天花成为当时人们生活中的噩梦。眼看着每天都有很多人被天花夺去生命，詹纳立下了将来当个医生能根治这种病的愿望。

在一次医疗实践中，詹纳发现，牧场的挤奶女工和养马人很少被传染上天花。经过观察，詹纳发现，这些经常接触牛马的人中，大部分人都曾得过牛痘，这种传染病也是天花的一种，是牛马被天花感染后，所得的一种病。根据这一发现，结合自己小时候接种人痘的成功实践，1796年5月14日，詹纳从患病的牛身上提取了牛痘，并将其接种在了一个8岁小男孩的身上，成功地使小男孩预防了天花病的发生。詹纳也因此成为世界上最早采用牛痘接种法的医生，被誉为"免疫学之父"。

世界上最早设置医院的国家

我国是世界上最早设置医院的国家，早在公元前1055—公元前1021年间，周成王就曾在成周大会的会场旁，设立过专为诸侯医治疾病的居所，这便是早期的医院。公元前7世纪的春秋战国时期，齐国政治家管仲在都城内，建立了一间专门收容聋、盲、跛、蹩等病人的"养病院"，从此，具有一定规模的医院模式逐渐形成。据《汉书·平帝本纪》所载，2年，各郡国出现了一种依照流行病情而设置的临时医院。《后汉书》中，也曾有关于"庵庐"，即类似现在的野战医院的纪录。五代十国时期，我国的医院已经形成一定的规模，并且出现了公立和私立之分。唐宋时期，医院的规模不断扩大。元代时，出现了具有现代意义上的新型医院经营模式。

最早的"试管婴儿"

1978年7月，世界上第一个"试管婴儿"出生在英国曼彻斯特，她被称作"世纪婴儿"。"试管婴儿"的培育成功被认为是继心脏移植成功后医学史上的又一大奇迹。

最早采用"四诊法"诊断病情的人

最早采用"四诊法"为病人诊断病情的人是中国春秋时期的扁鹊。他在总结了前人诊法的基础上，系统地总结出了"望""闻""问""切"4种诊疗方法，为中国乃至世界医学发展做出了突出的贡献，其"四诊法"至今仍为医学者所沿用。

扁鹊是中国医学发展史上一位承前启后的医学家，为中国传统中医学的发展奠定了基础，被后人尊称为"医学祖师"。司马迁赞曰："扁鹊言医，为方者宗。守数精明，后世修（循）序，弗能易也。"他的医学理论被后人整理成一部医书，名为《难经》，是中医学中的宝贵文献。

最早发现抗菌素的人

1928年，细菌专家弗莱明教授在英国伦敦圣玛丽医院发现了青霉素，这是人类发现的第一种抗菌素。有一天，弗莱明教授无意中把一块带有细菌菌落的培养皿平放在窗台上。不久，在这块培养皿上长出了一团团青绿色的酶花。弗莱明教授从中发现了一个奇怪的现象，酶花附近的细菌有的死亡，有的枯

弗莱明在第一次世界大战中在英国皇家军事医院服役。他的经历对他寻找治疗伤口感染的方法产生了很大的影响，并促使他发现了第一种抗菌素——青霉素。

萎。经过反复的研究，弗莱明终于找到了答案，原来那种形成青绿色酶花的青霉菌的分泌物有杀菌和抑制细菌生长的作用。弗莱明把这种青霉菌分泌物命名为青霉素。

最早发现血液循环机理的人

最早发现血液循环机理的人是英国生理学家、胚胎学家、医生哈维。他首次发现血液是以循环的方式在血管系统中不断流动。

哈维1578年出生于英国肯特郡福克斯通一个富裕的家庭里。1602年，哈维大学毕业后，就来到意大利帕多瓦大学刻苦钻研医学。哈维不断观察和研究各种动物，他做了无数次活体解剖，发现血液是从心脏里经动脉流出来的，然后又经过静脉流回心脏，始终保持同一个方向，周而复始地循环着，这种血液的循环带来大量的氧和营养素帮助人体完成新陈代谢。哈维的重大发现，解答了千百年来的血液循环之谜。

历史上最早的手术台

历史上最早的手术台出现在距今4600多年前的古埃及。当时，手术台的主要用途是用来制作木乃伊。发展到后来，手术台才作为治疗外科疾病、进行手术的医疗器械。目前，考古学家发现的文物中，现存最早的手术台正存放于埃及博物馆一楼的大厅内。它长1.86米，宽0.62米，由花岗岩雕刻而成。手术台的边缘略高于手术台面4厘米。在手术台的一头，雕刻有一个略低于手术台的半圆形石槽。进行手术或者解剖尸体时，人体中的血水等流状物质可以通过手术台上内置的小石孔流到石槽中，以保持手术台面的干净清洁。

最早的听诊器

世界上最早的听诊器出现在190多年前的法国。

听诊器的发明可以说对医学的发展产生了重要的影响，在听诊器发明以前，医生一般都是靠耳朵进行听诊的，这种听诊方式在运作上有很多困难。

1816年，法国名医兰尼克在由家到医院的途中，偶然从儿童用别针划木头一端而在另一端听音的游戏中受到很大的启发，之后他就用书卷成的圆筒来听诊，结果效果要比用耳朵进行听诊好得多，这可以说是最原始的听诊器。后来，兰尼克经过多次改造，终于发明了世界上第一个真正的听诊器，虽然那还是一个木制的听诊器，但已经跟现在的听诊器没什么两样了。

最早的麻醉剂

世界上最早的麻醉药是中国东汉

末年的神医华佗发明的麻沸散。

华佗大约生活于2世纪，是中国历史上有名的神医。在他生活的时代，他的医术也是鼎鼎有名的！他最伟大的发明是麻沸散。据说，他当时已经能够完全自如地运用麻沸散进行外科手术，麻沸散是中药散剂，它甚至被华佗用来做全身麻醉的剖腹手术，早在那样的时期，真是一件不可思议的事情。

在过了十几个世纪之后的西方世界，随着化学工业的迅猛发展，西方科学家才发现了现在比较常用的以氧化亚氮为原料的麻醉药，比中国的麻沸散晚了将近1700多年。

现存最早的手术刀

中国台湾云林县台西乡商代遗址出土的石质砭镰，是目前中国发现的最古老的医用手术器械——3100多年前的手术刀，也是目前发现的世界上最早的手术器械。

最早的针灸工具

针灸学是中医学的重要组成部分，它是中国劳动人民和医学家在长期与疾病斗争中产生的治病保健的有效理论和方法，是中华医学宝贵的遗产之一。针灸被西方人称为"东方魔针"，被誉为世界医学史上的奇迹。一根银针可以从人的头顶插下来，从下颚处穿出，不流血，不疼，而且还可以针对病症多穴位进针。而由此衍生的针灸疗法是一种简便易行、经济有效的治疗方法，在民间流传了几千年，一向为广大群众所喜用，因而能广泛传播，并不断发展。

针灸来源于石器的发明，最早使用的针灸工具是砭石和石针。石针是古代针刺的原始工具，后来才出现了金属针。

世界上最细的注射针头

2004年12月16日《日本经济新闻》报道，世界上最细的注射针头是日本国内最大的医疗器械制造公司泰尔茂近日开发出的注射针头。这种针头的直径只有0.2毫米，扎进皮肤伤口很小，病人几乎没有痛感。研究人员又采取锥形加工法使针头变形，成功地解决了因针头变细导致的药液流淌不畅的问题。日本的糖尿病患者据说有700万人，一些病情严重的患者每天要注射5次胰岛素，没有痛感的注射针头对他们来说可谓是雪中送炭。泰尔茂公司计划一两年内向进行胰岛素自我注射的糖尿病患者推出这一新产品。目前日本患者多使用美国生产的针头。

最早的体温计

16世纪，人们在长期的生活实践中发现，病人的体温通常会比健康人的体温高。但是由于当时的医疗设备不够健全，人们只是得出这样的理论，并没有实际测量工具来准确地测量病人的体温究竟高出常人多少。

一天，意大利科学家伽利略在给学生上课的时候，受水遇热，体积膨胀；冷却，体积缩小的原理启发，经过反复试验，成功地制做出了世界上第一支体温计。他以一根细试管为容器，里面注入少量水后，将试管内抽成真空状态，并加以密封。然后，他在试管的外壁刻上了刻度，以显示水受热后上升的高度，从而测得人体的温度。

最早的注射器

据我国汉代医学家张仲景的《伤寒

论》所载，如果患者出现了因排便不畅造成的腹胀等消化系统问题，则需取猪胆、泻汁和陈醋少许，以小竹管从谷道（肛门）中注入体内。不超过一顿饭的时间，患者便可药到病除，排清宿便。书中提到的灌肠用的小竹管，便是最早的注射器。

15世纪的欧洲，意大利人卡蒂内尔提出了利用推进器将药物注入人体的理论。17世纪，美国人雷恩将卡蒂内尔提出的理论应用于医疗实践，以羽毛为注射针头，狗膀胱作为盛药气囊，以挤压的方式推射药物，制成了第一支具有现代意义的注射器。1657年，雷恩将注射器应用于临床实践领域，并且获得了成功。1853年，法国的普拉沃兹以白银制成了一支容量为一毫升，带有螺纹活塞棒的推进式注射器。

最早的血压计

血压计是一种通过脉搏跳动强弱来测量血压高低的仪器。1733年，牧师海耶斯将一个尾端接有金属管、长270厘米的玻璃管插入了一匹马的静脉中，马的血液迅速地注满了玻璃管，并伴随着马匹心脏的收缩反复升降。根据这一实验结果，海耶斯断定，马动脉中的血压维持在270厘米血柱高。这次血压实验是世界上首例测量血压的临床试验，海耶斯所使用的简单测量仪器便是世界上最早的血压计。

1835年，以脉搏跳动传动水银柱升降的血压计被尤利乌斯·埃里松制造出来，从而结束了人们需要切开动脉才能测量血压的历史。1896年，意大利科学家希皮奥内·里瓦·罗奇发明了一种与现代医学上所使用的血压计相似、带有充气袖带的血压计。

最早的眼镜

13世纪中期，为了改变人们因视力下降而导致看不清东西的现状，英国学者培根进行了大量实验，以研制一种能够辅助人们重新看清事物的工具，但是很长时间都没有取得实质性的进展。

一个雨后的清晨，培根来到离家不远的小公园散步，看到蜘蛛网上沾了不少水珠。透过蜘蛛网上晶莹剔透的水珠，培根竟然将树叶的脉络看得一清二楚。经过反复观察，培根发现，水珠具有放大实物的作用。于是，培根迅速回到家中，根据他的这一发现，找来一颗玻璃弹珠，将其一分为二，放置于一个挖空的木板上，在木板的边缘，培根安置了一根手柄以方便移动。实验结果表明，透过玻璃弹珠看到的文字，果然要比不借助工具看到的文字清晰很多。随后，培根的这个发明在社会上流传开来，这便是世界上最早的眼镜。随着凸透镜以及镜片加工技术的不断提高，各种材

这幅1352年的壁画描绘了世界上最古老的一副眼镜。图中人是普罗旺斯大红衣主教雨果（托马索·达·莫代纳绘制）。

质以及式样的眼镜不断涌现，满足了视力欠佳者要求眼镜实用和美观的愿望。

最早的隐形眼镜

隐形眼镜是一种戴在眼球角膜上的内置眼镜片。它分为硬性和软性两种。相较于传统外戴眼镜而言，它具有轻巧方便等优点，而且对于矫正视力、治疗特殊眼病等方面也有特殊功效。早在1508年，著名的欧洲文艺复兴代表达·芬奇就曾提出过以盛装了液体的透明器皿代替角膜的光学功能的理论。1887年，美国验光师刘易斯·J.吉拉德成功地将这一理论付诸了实践，制造出了世界上最早的隐形眼镜。随着有机塑胶材料的发明，隐形眼镜的材质也在不断改进，各种具医疗等功效的隐形眼镜相继问世。1960年，捷克斯洛伐克科学家利用一种吸水后能够变软的有机材料，制成了世界上第一副软性隐形眼镜。1965年，美国一家眼镜公司将软性隐形眼镜投入到生产领域。

世界上最早的立体针灸模型

1207年，北宋针灸学家王惟一在总结多年行医经验以及参考各家医学说法的基础上，编著了一部《新铸铜人腧穴针灸图经》。书中详细地讲述了手足三阴三阳经脉、督、任二脉的循行路线和腧穴，并且附有经脉腧穴图，对各穴位的具体部位予以了订正。第二年，王惟一结合书中所录，铸造了两座世界上最早的立体针灸模型——针灸铜人。

针灸铜人胸膜腔内置有脏器，体表刻有人体经络，身上共有穴位657个，穴位名称354个。针灸铜人的表面，涂有一层黄蜡，铜人体内注有水银，学习针灸者以针试穴，如果穴位准确，水银便会随针而出；如若不正确，银针便无法穿入铜人体内。可见，它不仅是一件具有开创意义的直观教学工具，还是人们研究、学习人体经脉穴位的重要医学器械。

最早的避孕药

避孕药的发明为控制人口的增长做出了巨大的贡献，同时，它也是很多意外怀孕者的"救命"之药。1950年，美国生物学家格雷戈里·平卡斯开始致力于口服避孕药品的研究，尽管当时这项事业并没有引起相关部门的足够重视，但是格雷戈里·平卡斯始终认为这是一项对人类有重要意义的科研项目。凭着多年生物繁殖的研究经验，平卡斯坚持着人类避孕药品的研制工作。在平卡斯研制口服避孕药之前，妇科专家约翰·罗克博士曾在平卡斯的建议下，做过口服黄体酮抑制妇女排卵的实验。从实验数据中，平卡斯发现了口服黄体酮的弊端。1955年，经过反复测试，平卡斯将生物学家弗兰克·科尔顿监制的类似黄体酮的羟炔诺酮用于临床实验，取得了突破性的进展。1960年5月，这种羟炔诺酮口服避孕药获美国药物管理局批准，开始生产销售。

最早发现DNA双螺旋结构的人

1953年，英国剑桥大学的两位科学家沃森和克里克在总结前人关于DNA（Deoxyribo Nucleil Acid，脱氧核糖核酸）研究结果的基础上，通过观察大量的DNA X射线衍射照片，并经过科学的研究与分析，最终得出了DNA为双链螺旋结构的结论。沃森和克里克认为，DNA双链螺旋结构中存

沃森(左)和克里克(右)曾发现了DNA双螺旋结构。

在腺嘌呤与胸腺嘧啶、鸟嘌呤与胞嘧啶四种碱基两两对应配对的形式，并且以一定的分子结构连接在一起，呈现出双链螺旋的结构。这一发现的提出，在人类基因科学史上具有里程碑的意义，被人们誉为"20世纪生物学最伟大的科学成就"。

DNA双螺旋结构的提出使人类打开了遗传学的生命之谜。它不仅使人们更清晰地了解到了DNA所携带的生命遗传信息，还使人们清楚地知道了它的构成以及传递途径。它的发现使人类遗传学的研究跨入了分子层次的新领域。

最早的转基因作物

自人类认清了基因的组成以及遗传方式之后，关于基因遗传以及基因重组的实验就未曾间断过。转基因实验的成功，使医药、食品等领域发生了一场空前的变革。它不仅推动了生物医疗事业的发展，还为人类改变动植物性状，培育新品种提供了关键性的条件。

美国是采用转基因技术最多的国家。1983年，美国培育出了世界上第一种转基因作物——一种含有抗生素类抗体的烟草，在此之后，转基因作物不断涌现。如今，美国的农业生产领域，已经有超过半数的农作物是通过转基因改制方式生产出来的。

最早实施的基因治疗

基因治疗是一种医生通过对病人有缺陷的基因细胞进行复制或改变，从而替代控制、治疗病人遗传疾病的药物，最终达到治愈病人的医疗方法。1990年，美国国家健康研究院的科学研究人员为一名因基因缺陷而导致免疫系统严重缺陷的4岁小女孩实施了基因疗法。治疗结果表明，小女孩经过几个月的恢复，其免疫系统的修复和完善程度远远超出了科研人员的预料，几乎达到了完全修复的程度。基因疗法临床试验的成功，标志着医疗事业进入了基因疗法的新时代。

最振奋人心的基因遗传片段

恐龙是生活在距今大约2亿3500万年至6500万年前的爬行动物。由于地球变暖、地质变化等原因，恐龙已经在地球上灭绝了。随着考古学的不断发展，人类渐渐揭开了这类曾支配全球陆地生态系统超过1.6亿年之久，但却与人类从未谋过面的动物的神秘面纱。1869年，考古学家在法国南部普罗旺斯的白垩纪地层中，发现了恐龙蛋化石的两块碎片，自此之后，关于恐龙化石的挖掘与探究便从未间断过。

1995年，经过多年科学分析实验，北京大学生命科学学院的一批青年科学家，终于成功地从两枚来自河南西峡县的晚白垩纪C型恐龙蛋化石中，获得了恐龙的基因遗传片段。这是人类首例从存活于6500万年前的恐龙蛋化石中，提取出生物活性物质的成功案例，也是最振奋人心的基因遗传片段。

通信之最

最早的通信方式

在现代化通信设备发明以前，古人在长期的生产生活实践中，总结出了一套解析信息的方法，并且通过烽火狼烟以及击鼓传声等方式进行信息的传输，这些通信方法便是人类最早的通信方式。据历史学家考证，在古代的非洲和中国，人们通过击鼓接力的方式，能够快速准确地将信息传送到50千米以外的地方。接收信息的人可以将传递而来的鼓点语言重新破译成人们所知道的信息。在此之后，人们又凭借鸽子认路，而且飞行快速的有利条件，创造了飞鸽传书的通信方式。而世界上最早的现代通信方式当属邮驿传递。这是邮递事业的鼻祖，在世界各地广泛使用，在通信历史上发挥的作用长达3000多年之久。

最早的电报

电报是一种重要的通信工具。它能使相隔两地的人们迅速地互通信息。它的出现为人们提供了方便。历史上最早的一封电报是由美国科学家塞约尔·莫尔斯于1844年应用自制的电磁式电报机拍发的，它通过的电报线路有65千米。

莫尔斯原来是位艺术家，他于1832年开始致力于电报机的研究。

1837年，在精通机械知识的艾尔弗雷德·维尔的帮助下，莫尔斯试制出第一架电磁式电报机。这架电报机的原理是利用电磁感应来操纵控制棒，这个控制棒的顶端装有纪录头，当电路中通过电流脉冲时，电流产生的磁作用会使控制棒运动，这样就会使纪录头触及纸带，使符号图形有顺序地留在纸带上。这架电报机于同年9月2日在纽约大学展出，由莫尔斯亲自操作。这次展出获得了成功。

1838年，莫尔斯又在美国总统及内阁成员面前进行表演。这场表演使他们对电报机产生了浓厚兴趣。于是他向总统请求3万美元的拨款来进行电报实际应用的试验，但拨款没有立即得到批准。为此已身无分文的莫尔斯只得在美、英、法、俄等国奔波游说。遗憾的是，这几国都不愿投资，他们害怕投资的款项无法收回来。直到1843年3月，莫尔斯才通过国会中的朋友得到了3万美元。他委托当时纽约州的州长即后来康奈尔大学的创始人埃长拉·康奈尔架设电报线。就这样巴尔的摩与华盛顿之间第一条实用的能够拍发电报的线路终于建立起来了。1844年5月24日，莫尔斯在国会大厦最高法院会议室，第一次通过这条电报线，将圆点和横划的符号向正在巴尔的摩的艾尔弗雷德·维

莫尔斯试验接收机
1844年，莫尔斯在美国试发第一封电报成功，从而开创了长距离通信的新时代。

发出，这就是世界上第一封电报。这封电报的内容是《圣经》的诗句："上帝行了何等的大事。"尽管这份电报传送的距离只有 65 千米，但它成功地开创了长距离通信联系的新时代。

最早的传真机

有人说，传真机就是一个远程打印机，的确说得十分形象，不管怎样，传真机在我们生活中的作用真的很大。那么世界上第一台传真机是怎样来的呢？

世界上最早发明传真机的是位名叫亚历山大·贝恩的英国人。1843 年，他试图把两支钢笔连接到两个钟摆的装置，再依次和电源连接起来，结果发现：在另一端重现了电传导性表面的信息。这就是世界上最早的传真机，后来，这种原理的传真机在横跨美国的电报信息传输中应用非常普遍。

如今传真机飞速发展，从 1843 年世界上第一台传真机诞生，到目前为止已经经历了好几代传真机的变更。现在，世界上最先进的传真机是网络传真机和 2.4G 数字无绳电话传真。但是，不管传真机如何发展，发展到什么程度，其工作原理基本上都不会改变。

最早的电话机

世界上最早的电话是一位名叫贝尔的人发明的。1875 年，这位苏格兰人发明了世界上第一部电话机，这部电话机利用金属片的振动产生感应电流，电信号传到导线另一头经过类似的转换变成声信号，实现远距离通话。虽然当时他只是让处于两个不同屋子里的人可以通过这部电话机进行沟通，而且效果十分一般，但是这个发明为今后人类通信事业的发展指明了方向，从此开始改变人们的生活。至今贝尔这个名字仍然活在世界各国人民的心中，以"贝尔"命名的实验室今天仍然在为人类通信事业的发展做出贡献。

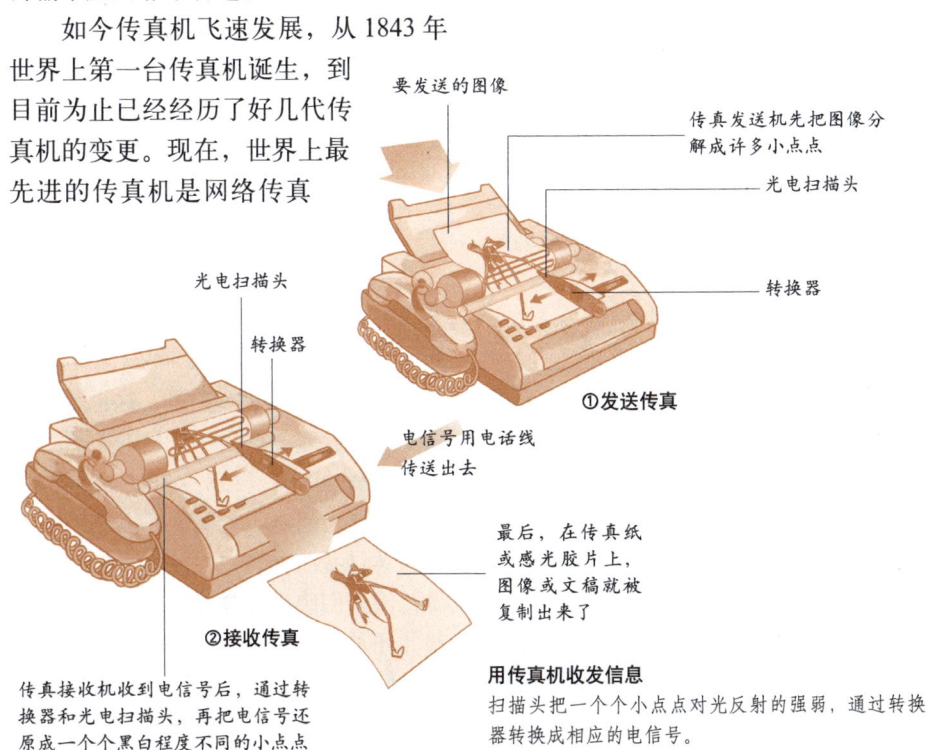

要发送的图像
传真发送机先把图像分解成许多小点点
光电扫描头
转换器
① 发送传真

光电扫描头
转换器
电信号用电话线传送出去

最后，在传真纸或感光胶片上，图像或文稿就被复制出来了

② 接收传真

传真接收机收到电信号后，通过转换器和光电扫描头，再把电信号还原成一个个黑白程度不同的小点点

用传真机收发信息
扫描头把一个个小点点对光反射的强弱，通过转换器转换成相应的电信号。

最早的可视电话

可视电话是一种利用电话网双向传输声音信息和图像信息的话机设备。它的研发成功实现了人们跨时空面对面聊天的梦想。1956年，美国贝尔实验室便开始致力于可视电话的研究，最初，他们研制开发出了一种扫描线为60条、频带为1200Hz的窄带电视电话，这是最早的可视电话，但是由于传输线路不能满足声音信息与图像信息的大流量传送要求，这部可视电话具有信号差、传输速度慢的缺陷。经过反复试验，1964年，贝尔实验室推出了一款Picture Phone MOD-I型可视电话机，它以描线为275条、频带为500KHz的高效传输速度，实现了黑白静止硬拷贝图像的传送。这部可视电话在同年美国纽约举行的国际博览会上一亮相，便在业界引起了巨大的轰动。

最早的手机

世界上最早的手机是1983年在美国问世的摩托罗拉DynaTAC 8000X型手机。该手机重约1千克，可通话时间半小时，销售价格为3995美元，是名副其实的最贵重的"砖头"。

1972年12月，美国当时负责摩托罗拉无线领域研发，后来被尊称为"手机之父"的马丁·科波尔任命克劳普为项目组长，成立庞大的研发小组，负责世界上第一款手机的研发工作。经过10年的研制、调试，这款共耗资1亿美元的手机终于成功问世，从而引发了一场通信革命。如今，各种品牌、各种型号的手机已成为我们最便捷的通信工具了。

最早的无线电通信机

1820年，奥斯特发表的"奥斯特实验"第一次揭示了电流能够产生磁的物理现象。1831年，法拉第发现了电磁感应定律。到了1873年，电磁场理论由麦克斯韦提出，他还描述了电磁波的一些基本性能。在此基础上，赫兹于1888年成功地在导线中激起了高荡频率并在导线周围测得了电磁场，这个实验证明了电磁波存在的理论。

受赫兹的实验的启发，人们就开始研究利用电磁波传递信息的无线电通信，并为此做了大量的实验，结果一直没有成功。直到1895年5月7日，俄国物理学家亚历山大·斯捷潘诺维奇·波波夫在俄国物理化学学会上第一次公开表演了他所发明的称为"雷电指示器"的无线电接收器。他还于1896年在同学会上表演了距离为250米的无线电通信。不久，意大利科学家马克可尼就将无线电通信付诸实用，还申请了专利。

最早的无线广播

1906年圣诞节前夕，美国匹兹堡大学教授费登通过马萨诸塞州布朗特岩的国家电器公司128米高的无线电发射塔成功地进行了一次广播，这也是最早的正式的无线电广播。广播的节目包括小提琴演奏，《圣经》中的圣诞故事，这次广播还播送了德国音乐家亨德尔所作的《舒缓曲》等。电波传来的精彩节目，使人们感到十分惊奇。世界上最早的非正式无线广播是在1900年11月，斐森登教授曾在这一年进行过一次演说广播，但声音极不清楚，没有引起人们的重视。1902年美国人内桑·史特伯斐尔在肯塔基州穆雷市所做的一次试验广播是世界上第一次成功的无线广播。

最早的自动电话局

世界上最早的研究发明自动电话的人是美国堪萨斯城的史端乔，他是一个殡仪馆的老板。1892年11月3日，美国印第安纳州的拉波特城投入使用了"步进制自动电话交换机"。这种电话机是用史端乔发明的接线器制成的，这便有了世界上最早的自动电话局。

最早的公用电话亭

在手机没有普及以前，公用电话是人们进行语音聊天的主要工具。尤其是街道上矗立的一座座小房子一样的公用电话亭，更是满足了人们随时随地畅享语音通话的愿望。1878年，美国旧金山的一家电话公司内，出现了世界上第一座公用电话亭。由于当时电话还没有得到普及，能够使用电话的人也大都是些达官显贵。所以，这座公用电话亭还设有专门的人员负责看守。1910年，电话开始在工业国家普及，公用电话亭也在城市的街道上逐渐增多。早期的公用电话亭大都是些木制或金属制成的小屋子，随着时代的发展，电话亭也逐渐变得更加方便美观。

最早的电话卡

电话卡是一种将通话费用与识别数据预先纪录在卡片上，从而充当货币使用以提供话费服务的工具。1976年，世界上第一张电话卡诞生于意大利，这种制式为SIDA的电话卡为人们畅通无阻地拨打长途市话提供了便捷而有效的服务。在此之后，各种不受话机权限限制，可以畅享电话业务的ALCATEL（比利时）、ＡＵＴＥＬＣＡ（瑞士）、200卡、IC（Integrated Circuit，集成电路）卡等多种制式的电话卡相继出现，有力地促进了人类通信事业的发展。

最早的短信

1992年，英国信息基础设施专业公司一位名叫尼尔·普沃斯的工程师，通过英国沃尔丰GSM（Global System for Mobile，全球移动通信系统）网络上的PC（Personal Computer，个人计算机）客户端，成功地向同事的手机上发送了一条短信息，从此揭开了手机短信时代的序幕。

手机短信息发明之后，人类传输通信的方式又多了一种选择。它以价格低廉、节省手机话费等优点得到了广大手机用户的认可，成为当今最潮流的通信方式之一，很多手机用户都成为了"拇指一族"。人们的生活，也因手机短信的出现，发生着巨大的改变。

电话亭

第十一章
政治之最

统治者之最

最早的总统

总统是共和制国家最高行政元首或地方最高行政长官的名称，一般由直接选举或间接选举产生。

总统制源于美国。1787年，美利坚合众国的13个州获得独立，55名代表在费城独立厅召开了制宪会议，制定联邦宪法。宪法规定：总统任期4年，由各州选举的总统候选人中选出；总统是最高的行政长官，具有国家行政大权；总统是武装部队的总司令；总统经参议院同意，有权任命部长、外交使节、最高法院法官以及政府其他官员；总统还有权批准或否决国会通过的法案。1789年1月，根据宪法，美国举行历史上第一次大选，选举独立战争的杰出领导华盛顿为美利坚合众国第一任总统，也是世界上第一位总统。华盛顿本可以任终身总统，但华盛顿只担任了两届总统便决定不再继任。因此以后美国总统最多只任两届，但是富兰克林·罗斯福例外，他担任了四届总统，并且是历史上唯一的终身总统。

执政时间最长的统治者

世界上所有帝王中统治时间最长的一位君主是古埃及第六王朝的法老佩皮二世。他在位有90年，其统治始于约公元前2272年，当时他年仅6岁，他于公元前2182年去世。

1279—1374年，缅甸的阿拉干皇帝明蒂统治了95年。

现属于坦桑尼亚的西坦噶尼喀的赞加地区的首领M.卡尼约，从1864年8岁起一直到1963年2月2日去世时为止，他的统治时间超过了98年。

葡萄牙的阿丰沙·亨利克是欧洲君主中的最长统治者，当时的他是以伯爵

乔治·华盛顿

身份登位，然后在 1112 年 4 月 30 日称帝，在位时间达 73 年零 220 天，死于 1185 年 12 月 6 日。

历史上任期最短的君主

世界上任期最短的君主是葡萄牙君主路易斯·菲利佩（1887—1908 年）。他是卡洛斯一世的长子，在继任国王之前，他的爵位是布拉干萨公爵。1902 年，他被英国国王授予嘉德勋章。

1908 年 2 月 1 日，他父亲在里斯本街头被人刺杀，按照法律，路易斯·菲利佩继任王位，可惜，他也被打断颈动脉，晚于他的父亲 20 分钟去世，终年未满 21 岁。他成了世界上在位时间最短的君主。

世界上最富有的国王

沙特阿拉伯国王法赫德（1923—2005 年）号称世界上最富有的君主。他掌管着巨额的石油收入，控制着贸易和银行，拥有很多股票和公司，并且还在世界各地购买了不动产。据推测，他拥有 250 亿欧元资产。

如此富有的国王，过着奢华的生活。每年夏天，法赫德到西班牙马尔韦利亚的私人宫殿里度假，每天花费大约 500 万欧元。因为陪他同去的有 100 人，还有多架波音飞机往返于西班牙和沙特阿拉伯之间，为他从麦加运水，从利雅得运烤羔羊，从吉达运大米。此外，他还有一大群妻妾，有 1000 多个亲戚靠他生活。

世界上最早的女王

提到古代的女王，很多人都会想到埃及艳后克里奥帕特拉（公元前 69—前 30 年）。她是古代著名的女王，却并不是世界上最早的一位女王。最早的一位女王，比埃及艳后要早 1500 年，她的名字叫哈特史伯素，生活在第 18 代王朝的古埃及，距今已有 3500 多年。那时的中国还处在商朝时期。

"兼职"最多的国王

"兼职"最多的国王是英国女王伊丽莎白二世。她不仅是英国君主，同时还是其他许多国家的元首。从大洋洲的澳大利亚、新西兰到加勒比海的岛国格林纳达，都承认英国女王陛下是他们的

女王伊丽莎白二世探望丘吉尔爵士，丘吉尔高兴之余，不顾自己年迈的身躯，亲自为女王打开车门，并目送女王离去。

国家元首。

执政时间最长的女王

英国的维多利亚女王（1819—1901 年）是历史上在位时间最长的女王，在位时间长达 64 年（1837—1901 年）。她是第一个以"大不列颠和爱尔兰联合王国女王和印度女皇"名号称为呼的英国君主。

维多利亚女王统治时期，特别是 1851 年以后，在英国历史上被称为维多利亚时代。这个时期正值英国自由资本主义的鼎盛时期，进而过渡到垄断资

本主义的转型阶段。维多利亚时代也是大英帝国对外领土扩张最辉煌的时期，经过几十年的征战，英国成为当时世界上最强大的国家，号称"日不落帝国"。在维多利亚女王的统治下，英国的经济、文化空前繁荣，君主立宪制得到充分发展，因此维多利亚女王成了英国和平与繁荣的象征。

世界上最不讲究排场的国王

世界上最不讲究排场的国王是瑞典国王卡尔十六世·古斯塔夫。1980年在访问日本时，他没有乘坐专机，而是搭乘普通航班，而且是自己撑着雨伞走下飞机的。据说，他还经常在自己的农场里劳动。王后也平易近人，周末自己操持家务。他们的孩子和平民的孩子一起上幼儿园，一点都不炫耀皇家气派。

1946年，卡尔十六世出生在瑞典首都斯德哥尔摩。1947年，卡尔十六世的父亲——皇太子古斯塔夫·阿道尔夫亲王因飞机失事遇难，其祖父（即瑞典国王古斯塔夫六世）立他为王位继承人。1973年，其祖父逝世后，他于同年9月15日继承王位，称卡尔十六世·古斯塔夫。

古斯塔夫立志做一个不落伍的国王，他的座右铭是："为了瑞典，与时代齐步并进。"他积极提倡环境保护，对促进瑞典工业技术的对外出口做出了很大贡献。他每年都和王后到全国各地做民间访问，每年冬天与王后在斯德哥尔摩颁发诺贝尔奖。

最早的女首相

1979年5月3日在英国举行的大选中，玛格丽特·撒切尔和她的保守党获得了决定性的胜利。撒切尔成为欧洲

1983年6月9日，撒切尔夫人成功取得了连任。此图反映了她和她的竞选伙伴在庆祝自己的胜利。

乃至世界上的首位女首相。撒切尔夫人是一位化学家、律师，她曾在牛津大学就读，1959年进入议会。她把建立一个"停止干预，停止为你做出决定，根据你个人的意愿而做出选择"的政府作为自己在首相竞选中的誓言。她许诺削减个人所得税，对工会活动加以限制。作为一个忠实的保守党党员，她经常说："生活本来就是自由选择。"

拥有官邸最多的总统

拥有官邸最多的总统是前伊拉克总统萨达姆·侯赛因。从1979年到2003年2月，他拥有8座主要的官邸，还有遍布伊拉克的小官邸，共1058座建筑物。

世界上最早的女总理

世界上最早担任总理职位的女性是斯里兰卡的西丽玛沃·班达拉奈克夫人（1916—2000年）。她出生在斯里兰卡一个贵族家庭，是一名佛教徒。1940年，她与当时担任卫生和地方行政部长

的所罗门·班达拉奈克结婚。1959年，其夫所罗门·班达拉奈克总理遇刺身亡后，她继任自由党主席。1960年7月20日，斯里兰卡大选，自由党击败统一国民党，班达拉奈克夫人出任总理。1965年下野成为反对党领袖，1970年5月再度组阁，1977年退位，进入政治生涯的低潮期。直到1994年，她的女儿库马拉通加夫人当选总统，为了辅助女儿，班达拉奈克夫人不顾多病的身体再次担任总理。2000年，84岁的班达拉奈克夫人参加完新一届议会选举投票之后，在回家途中心脏病突发，不幸辞世。

在任期间，她将国名由"锡兰"改为"斯里兰卡共和国"。她继承丈夫热爱和平的政治理念，宣称奉行社会主义，在国际上主张中立和不结盟；积极倡导佛教，鼓励发展僧伽罗语言和文化；多次出席不结盟国家首脑和政府会议，先后几次访问中国。

伊莎贝尔像

世界上最早的女总统

伊莎贝尔的丈夫庇隆是阿根廷极具影响力的政治人物。军人出身的庇隆在20世纪40、50和70年代曾三次担任阿根廷总统。

伊莎贝尔是庇隆的第三任妻子，出生于中产阶级家庭，最初曾为舞蹈演员，并小有名气。1955年24岁的伊莎贝尔在巴拿马一次演出中与庇隆结识。1960年，两人在西班牙首都马德里举行婚礼。1973年在协助丈夫第三次当选总统后，她也一跃成为阿根廷历史上首位女副总统。

1974年庇隆突发心脏病逝世后，根据阿根廷宪法，43岁的伊莎贝尔执掌了阿根廷的军政大权，成为阿根廷和世界历史上第一位女总统。

最早的安理会女主席

安全理事会（简称安理会）是联合国唯一有权采取行动来维持国际和平与安全的机构。安理会由5个常任理事国和10个非常任理事国组成。5个常任理事国分别为中国、法国、俄国、英国、美国五国；非常任理事国由联合国大会选出，任期两年，经选举每年更换5个，期满不得连任。

1974年，几内亚被联合国大会选举为非常任理事国。根据安理会主席由各国理事会按国名的英文字母顺序按月轮流担任，几内亚出席联合国大会代表团团长让娜·马丹·西斯便当了一个月的安理会主席。于是，她便成了安理会最早的女主席。让娜·马丹·西斯曾是名女教师，1964年开始从事政治活动。1974年前后，她成了几内亚国民议会副主席和妇女大会主席，多次出席非洲地区的国际性会议。她喜爱文学，喜欢穿民族服装。在联合国大会上，她以讲话速度快而出名。

最早授予女性参政权的国家

1893年，新西兰大选的几个星期前，女性的参政权被法案通过了，新西兰成为第一个授予女性参政权的国家。1894年，澳大利亚的南澳大利亚州首先赋予女性投票权和作为候选人的权利。

新西兰的国家元首是英国女王，女王任命总督作为其代表行使管理权。总督与内阁组成的行政会议是法定的最高行政机构。内阁掌握实权，由议会多数党组成。议会只设众议院（共120席），由普选产生，任期3年。

澳大利亚政府是联邦制，英国女王是其名义上的国家元首，女王任命总督为其代表，但是总督并不干预澳大利亚的政府运作。政府由众议院多数党或党派联盟组成，每届政府任期3年。内阁是政府的最高决策机关，现共有30名部长。国家最高的行政领导人是总理。

女部长最多的国家

瑞典是世界上女部长最多的国家，1996年3月大选后，内阁22名成员中女部长11名，男部长11名。2002年的大选后，内阁22名成员中，女部长占了10名，仍占据近半数的职位。

瑞典女性追求平等的脚步一直走在世界的前列。早在1994年，瑞典就制定了一个政策，规定了女性参政的比例。该政策以一个舞厅的名字命名，意思为"每隔一个是一位女性"。根据瑞典舞厅的传统，当男舞伴与女舞伴跳舞转圈后需再选择另外的舞伴，由于男舞伴与女舞伴都是错开排列的，所以男舞伴每隔一个就可以选择到一位女舞伴。用在政治上，就是鼓励女性参政，女性应该占据政坛的半边天。

最易接近的领导人

丹麦首相拉斯穆森是世界上最易接近的国家领导人，他把自家电话号码公之于众，而且当公民打电话到他家时，拉斯穆森通常都会亲自接听。丹麦政府的公开政策甚至延伸到王室，任何丹麦公民都可以要求与丹麦女王玛格丽特二世私人会面。

最年轻的总统

现任冈比亚总统叶海亚·贾梅出生于1965年。1994年7月26日，29岁的贾梅发动政变，成为冈比亚的临时议会主席。1996年9月27日，31岁的贾梅在极有争议的大选中获胜，成为世界上最年轻的总统。2001年，他获得连任。2006年，贾梅以67.3%的选票再次荣任总统。

在任时年龄最大的总统

华金·巴拉格尔出生于1907年，于1966—1996年多次任多米尼加共和国的总统，执政时间长达22年。他退位时，已经是89岁高龄，成为世界上在任时年龄最大的总统。2002年，这位高龄前总统去世，享年95岁。

制度与政党之最

历史上最早的中央集权制

中央集权制是一种决策方式，主要特征是统治者个人专断独裁，集国家最高权力于一身，从决策到行使军、政、财大权都具有独断性和随意性。中央集权是相对于地方分权而言，其特点是地方政府在政治、经济、军事等方面没有独立性，必须严格服从中央政府的命令。在中央集权的政体中通常实行君主专制。

人类历史上的第一个中央集权制帝国是公元前24世纪由阿卡德人萨尔贡在两河流域建立的阿卡德王朝。萨尔贡创造了世界上第一个帝国，建造了世界上最早的首都，比中国第一个集权制帝国秦国要早2100多年。但是，这只是中央集权制的雏形，中央集权制在中国发展得最为完善。

历史上延续时间最长的君主制

君主制是指国家最高权力在实际上或名义上掌握在君主个人手中，君主终身任职并且实行世袭的政权组织形式。

历史上延续时间最长的君主制是日本的天皇制度。日本最早的神话书籍记载，日本天皇乃是日本神话中的创世之神——天照大神的后裔，这是日本君权神授的依据。传说公元前660年的神武天皇是日本第一代天皇，他建立了大和政权。日本史书宣称天皇是万世一系的，即所有天皇都来自同一家族，日本历史上从来没有出现过王朝更迭。事实上，中古时期的日本小国林立，出现过多次争夺王位和改朝换代的事件。但是，由于没有文字史料留下，因而无法查证。从某种意义上说，日本的天皇制度是历史上延续时间最长的君主制。

第二次世界大战中，日本战败后，在美国的主持下削弱了天皇的权力，但为了顺应日本民意，允许天皇作为象征性的国家元首保留下来。1946年，美国迫使昭和天皇裕仁发表了《人间宣言》，承认天皇也与平民无异，只是受国民拥戴的国家象征。至此，日本的政体改为君主立宪制。

最早的君主立宪制

君主立宪制是在保留君主制的前提下，通过立宪，树立人民主权、限制君主权力、实现事实上的共和政体。其特点是国家元首是一位君主（皇帝、天皇、女王、国王、大公，等等，教皇有时也被看作是一个君主），但是君主没有实权，而且君主具有终身制和世袭制的特点。

英国是最早实行君主立宪制的国家。1688年，英国爆发的"光荣革命"是一场"不流血的革命"，当时制定的《权利法案》是君主立宪制的宪法文本。现代英国的君主立宪制的特点，是在保留古老的宪政传统和确立资产阶级政治统治的基础上，将君主制、贵族制和民主制三者融为一体。

最早的现代共和制国家

美国是最早的现代共和制国家。美

起草《独立宣言》

国政府体制始于1776年，最初只是一个基于自由和民主理念的试验。但是，历史证明，它是一种相当富有活力和适应性的体制。

确切地说，美国实行的是宪政联邦共和制。"宪政"是指美国政府是建立在宪法基础上的，这部《宪法》是国家的最高法律——不仅确定了联邦和州政府的结构，而且确立了政府的权限。"联邦"体现在美国的体制是由1个全国政府和50个州政府组成。"共和制"则是指一个由人民掌权，但由人民选出的代表执政的政体。美国共和制的特点是实行三权分立，但行政、立法、司法三大机构中，又以掌握行政和军事大权的总统为核心。因此美国政体是"总统制共和制"。

最年轻的共和国

2008年5月28日，尼泊尔制宪会议以560票赞成、4票反对的投票结果通过了有关废除君主制、实行共和制的议案，并宣布废除君主立宪制，结束了统治280多年的沙阿王朝，国王贾南德拉成为平民，成立尼泊尔联邦民主共和国，实行共和制。5月28日被定为尼泊尔共和日。2008年7月，制宪会议选举产生总统、副总统和制宪会议主席。国名由"尼泊尔"改为"尼泊尔联邦民主共和国"。

尼泊尔联邦民主共和国成为世界上最年轻的共和国。

最古老的议会

世界上最古老的议会不在美国，也不在英国，而在冰岛。930年，冰岛人就建立了世界上最早的议会，比英国的议会制度早了300年。

874年，被挪威国王驱逐的部落首领英格尔夫·阿尔纳逊率领家族和奴隶到冰岛定居。此后经常有来自挪威和爱尔兰的移民定居冰岛。930年，冰岛居民在离首都雷克雅未克约40千米的辛格韦德利平原上，召开了露天议会，这是首次名为"阿尔庭"的全体居民大会。阿尔庭既是立法会议，也是仲裁纠纷的法庭，这是世界上最早的议会形式。阿尔庭标志着冰岛作为一个独立国家的存在。直到1799年，那里一直都是固定的开会地点。

最早出现议会制度的国家

议会制，也称议会民主制或内阁制，是民主政治制度的一种，特点是其政府首脑的权力来自议会（即国会）的支持。

议会制度可以追溯到1714年的英国。当时的英国理论上还是由国王主持内阁，挑选阁员。但因当时的国王乔治一世不会说英语，使得内阁中一名大臣能够负责主持内阁会议，逐渐就发展出首相一职。随着议会的逐渐民主化和议会权力的增大，议会开始控制政府，并最终能够决定国王必须任命谁来组建内阁。议会制度的行政体系必须向立法体系负责，政府首脑以国家元首的名义行使职权。

这种体系在原来的英国殖民地中广泛流行，例如澳大利亚、新西兰、加拿大、南非、爱尔兰共和国等国都使用这种议会民主制。

最小的议会

摩纳哥为君主立宪制国家，亲王为国家元首。议会实行一院制，称国民议会，是世界上最小的议会。一般采用议会制的国家有几百名，甚至上千名议员，而摩纳哥原来只有18名议员，根据2002年修宪，议员增加到24人。议员通过直接普选和名单投票选举制产生，任期5年。议长和副议长任期1年，由议员选举产生。国民议会与亲王共同行使宪法修改权和立法权，但制定和修改宪法须经国民议会2/3多数表决通过。每项法案均由亲王提出，议会进行讨论和投票，最后由亲王颁布生效。国家对外签约时必须通知国民议会。国民议会还负责审议和批准税收和国家预算。

最早的政党

17世纪的英国产生了世界上最早的政党——辉格党。

1679年，因约克公爵詹姆斯（后来的詹姆斯二世）具有天主教背景，议会就詹姆斯是否有权继承王位的问题展开激烈争论。一部分议员反对詹姆斯公爵的王位继承权，他们被政敌讥称为"辉格"。"辉格"（Whigs）的名称可能是"Whiggamores"（意为"好斗的苏格兰长老会派教徒"）一词的缩语。

1688年光荣革命以后，辉格党成为强有力的政治集团。该党大部分领导人都是依靠政治庇护在议会内结成家族集团的大地主。它代表新兴资产阶级和新贵族的利益，捍卫君主立宪制，强调议会的重要性，因而获得金融界和商业阶层中许多人的支持。与其说它是一个统一的政党，不如说它是共同利益的集合体。1714年之后，辉格党长期支配英国政治，连续执政达46年之久。

19世纪中叶，辉格党演变为自由党。

世界上最早的无产阶级政党

马克思、恩格斯于1847年创建的共产主义者同盟是世界上第一个以科学社会主义为指导思想的无产阶级政党。

共产主义者同盟是在对正义者同盟进行彻底改造的基础上建立的。正义者同盟是德国工人和手工业者在19世纪30年代成立的秘密革命组织。1847年年初，正义者同盟邀请马克思和恩格斯加入，并决定按他们的主张改组同盟。

1847年6月，马克思和恩格斯拟定章程，建立共产主义者同盟，在伦敦举行第一次代表大会，并用"全世界无产者联合起来"的国际主义口号代替"人人皆兄弟"的旧口号。同年11月29日至12月8日举行第二次代表大会，审查并批准章程，制定同盟的目的：推翻资产阶级，建立无产阶级统治，消灭旧的以阶级对立为基础的资产阶级社会和建立无阶级、无私有制的新社会。大会委托马克思、恩格斯起草同盟纲领，于是产生了国际共产主义运动第一个纲领性文献——《共产党宣言》。

1850年9月，同盟内部因意见不合导致同盟分裂。1851年5月，普鲁士政府以"密谋叛国"罪逮捕同盟成员，同盟组织被破坏。1852年11月17日，同盟宣告解散。

法律、审判与监狱之最

现存最古老的法典

公元前19世纪，古巴比伦王朝是建立在美索不达米亚平原的一个最早的奴隶制国家。"巴比伦"一词在阿卡德语中有"神之门"的意思。

公元前18世纪，国王汉谟拉比编纂制定了一部著名的法典，这是现存最古老的法典，人称《汉谟拉比法典》（也称《巴比伦法典》）。人们还把用阿卡德文刻在232厘米高的黑色玄武柱上的汉谟拉比法典称为"石柱法"。在玄武柱上还有太阳神沙马什把权杖授予国王汉谟拉比的浮雕像。

最早的条约

1373年6月16日，英葡两国在英国伦敦签订了《英葡同盟条约》，可以说，此条约是目前世界上最早的条约了。当官员约翰·特·朋盖脱勒在文本上签署了"繁荣兴旺"后，该条约正式生效。

最早的一部成文宪法

1788年6月21日由美国第九个州（新罕布什尔）批准，并于1789年3月4日生效的《美国宪法》是世界上最早的成文宪法。相反，以色列、新西兰、利比亚、阿曼和英国是至今没有成文宪法的国家。

《美国宪法》是世界上最早的成文宪法。

最早允许自愿安乐死的法律

安乐死，是指对患有不治之症的病人采取的无痛苦的致死术。虽然安乐死这一话题在国际上已争论多年，并引起了人们的关注，但是，世界上第一部允许自愿安乐死的法律还是诞生了。该法律于1996年7月1日在澳大利亚北部地区生效。

篇幅最长和最短的宪法

篇幅最长的宪法是南斯拉夫宪法，多达60000字。

篇幅最短的宪法是马尔加什共和国宪法，只有700字。

最早的永久性的国际刑事法庭

1998年7月，世界各国在意大利罗马召开了成立国际刑事法庭外交大会。会议通过了《国际刑事法庭规约》，决定设立国际刑事法庭预备委员会为法庭的正式成立和运作做准备。预备委员会于1999年在纽约联合国总部召开了三次会议，讨论制定《罪行要件》和《程序与证据规则》。

2002年4月11日，第一个永久国际刑事法庭在荷兰正式宣告成立。《国际刑事法庭规约》于2002年7月1日正式生效。国际刑事法庭致力于审判灭绝种族罪、战争罪、危害人类罪等罪行。一旦某国政府不愿意或者无法起诉犯有上述罪行的本国公民，国际刑事法庭就会介入审理工作。

国际刑事法庭与现有的其他国际司法机构的不同之处在于：其他国际法庭均有一定存在期限，而国际刑事法庭是第一个永久性的国际司法机构。

最早实施注射死刑的国家

1977年5月11日，美国俄克拉荷马州成为世界上最早使用静脉注射作为合法死刑方式的地方。之后，得克萨斯州也通过了法令，允许实行注射死刑。历史上第一例注射死刑的犯人1982年死于美国的得克萨斯州。目前，美国有19个州在法令中规定可以使用这种形式，其中一些州也允许犯人选择其他的方式。

行刑时，死刑犯被带进执行室或执行车，执行法警将其固定在注射床上，连接好心率测量仪器。受过专门训练的执行人员将与注射泵相连的针头扎进死刑犯的静脉血管。执行号令发出后，执行人员按一下注射泵上的注射键，药物开始注入死刑犯体内。注射后，罪犯在90秒内死亡。电脑显示屏上的脑电波从有规律地波动变成几条平行的直线，脑电波的前后变化被清晰地印在纸上。这将作为死刑报告的主要内容。最后，由法医根据心跳、呼吸等来确认罪犯死亡。

世界上法律最多的国家

美国是世界上法律最多的国家。虽然美国在建国初期就制定了成文的联邦宪法，但联邦和各州都自成法律体系。联邦除在国防、外交、财经政策、国际贸易和州际商业等方面外，没有统一的立法权，刑事、民事和商业等方面的立法权基本上属于各州。据1959年3月统计，美国联邦法和州立法已经达1156644条。加上美国是适用"判例法"的国家，法院判决比较灵活，法官还可以创制法律，因此美国的法制十分庞杂。

服刑时间最长的人

1911年9月，17岁的美国人保罗·盖达尔被判处二级谋杀罪。1980年，他从美国纽约州比肯的菲什基尔教养院被释放，那年他已经85岁了。盖达尔共服刑68年零245天，是世界上服刑时间最长的人。在1974年，他曾拒绝接受假释。

旁听人数最多的审判

1959年，古巴法院对涉嫌108件谋杀案的赫苏斯·撒·布朗科少校的审判是世界上旁听人数最多的审判。这次审判在哈瓦那体育馆举行，共有17000人出席旁听。审判历时12小时30分钟。

刑期最长的判决

1969年6月15日，伊朗法院对2名诈骗犯各判了监禁7109年。他们的刑期计算是和盗窃诈骗的金额成比例的。7000多年是非常漫长的，但这还不是刑期最长的判决。

1989年7月27日，1名泰国人以及她的7名同伙因被发现有对公众的欺诈行为而被曼谷刑事法庭判处徒刑，每人被判监禁14.1078万年。这是目前世界上刑期最长的判决。

拖延时间最长的诉讼

1205 年，印度的马洛吉·索拉特曾就他主持公共仪式的权力和参加宗教仪式的权利问题提出起诉。这个案子拖延了 761 年，直到 1966 年 4 月才最后了结，索拉特的后代帕特洛吉·索拉特胜诉。这是世界上拖延时间最长的诉讼。

最长的法庭辩论

世界上最长的法庭辩论是 19 世纪英国的亚瑟·奥顿伪造证据案的辩论。从 1871 年 5 月 11 日至 1874 年 3 月 18 日，共历时 2 年零 10 个月。

最长的辩护词

1616 年，英国的威廉·利阿普约翰所做的最后陈述是世界上最长的辩护词。他口若悬河，滔滔不绝地一连讲了 45 天。

最短的审判

1997 年 3 月 1 日，英国爱丁堡法院审理了一起飞机师触犯空中条例案。因案情十分清楚，所以整个审判过程法官只说了两个字："无罪"。历时 7 秒钟。这是世界上最短的审判。

最安全的监狱

美国科罗拉多州的佛罗伦萨市的 AdxSuper-max 监狱于 1994 年投入使用，可容纳 550 人。这所监狱采用世界上最先进的高科技和最严格的罪犯管理制度，以防止罪犯越狱，因为这里关押着全美国最暴力、最危险的罪犯。比如"基地"恐怖分子阿赫迈德·阿里就关押在这里。关押在这里的罪犯根本没机会相互认识，因为他们一天当中有 22 个小时需要待在自己 5 平方米的小屋子里。他们越狱的机会等于零，正所谓"插翅难飞"。因此这所监狱被誉为最安全的监狱。

最拥挤的监狱

俄罗斯的监狱因为过于拥挤而闻名世界，其中最拥挤的是圣彼得堡的 Kresty 监狱。俄罗斯圣彼得堡 Kresty 监狱设计容纳人数为 3000 人，但是实际容纳人数为 1 万人，人均占有面积只有 4 平方米。由于监狱关押的人太多，囚犯的洗澡时间受到限制，每人每周只有 15 分钟的洗澡时间。

最豪华的监狱

奥地利莱奥本审判中心是世界上最豪华的监狱。这所监狱位于奥地利格拉茨郊区的山坡上。准确地说，除了监狱，这里还有最高法院、地方法院、法律学院等机构。但是由于监狱和办公楼一样，被装修得豪华气派，自从 2005 年 3 月正式开放以来，就备受关注。

整座建筑的外围全部是玻璃结构，看上去就像一个豪华的宾馆。监狱内部设计同样豪华，可容纳 205 人，每人都住着带有独立卫生间和落地窗的单间牢房。虽然围着铁栏杆，但每个房间都有一个小阳台。除了类似公寓的居住环境，里面还有健身中心、祈祷室、茶水间、会客间。这里的犯人甚至可以自己做饭。

这所监狱的设计师霍恩西恩说，他的设计原则非常简单：最大限度地确保外部的安全，同时最大限度地确保内部的自由。

第十二章
经济之最

货币与金融之最

最早的纸币

我国是世界上最早使用纸币的国家。据记载，最早在社会上流通的纸币是北宋的交子。交子是一种兑换券，但已是实际的纸币了。它产生的背景是：北宋初期，四川使用铁钱，体重值大，使用非常不便。这样，益州就出现了由16个富商合办的交子铺，人们可拿铁币去兑换交子，也可拿交子兑换铁币。

这种可随便兑现的交子在社会上流通，就成了最早的纸币。

后来，由于有的商人破产，北宋政府在仁宗天圣元年（1023年），在益州设立交子局，把发行交子由民管改为官办。这种交子的出现，在经济史、印刷史和出版史上，都是划时代的大事。

最早的钱币

盖吉兹是古代土耳其吕底亚的国王，他的金银质硬币是世界最早的钱币，比中国周朝末铸文字的铲形币早了100多年。

最早的国家造币厂

公元前118年，汉武帝下令废除秦代以来通行的半两钱，铸造新的货币五铢钱。5年后，由于各地铸造的五铢钱不够标准，因而禁止地方铸钱，将铸币权收归中央，命水衡都尉下的钟官、辨铜、技巧三个机构负责铸钱，由于这三个机构都设在上林苑中，所以也被称为"上林三官"。上林三官就是世界史上最

交子

早的国家造币厂。

汉武帝推行的五铢钱制一直实行到晋代，延续了600多年，成为中国历史上使用时间最长，也是最成功的货币。事实上，五铢钱在以后的很长时间里还在继续使用。在漫长的岁月里，五铢钱的铸量巨大，但各个时期的五铢钱都有其各自的特征。

政府发行的最大的金币

1613年印度斯坦的莫卧儿皇帝沙·贾汗铸造的金币，票面为1000"Mohur"，是世界最大的政府发行的金币。其形状如同一个碟子，直径为20厘米，重量超过10886.2克，有355枚20美元金币之重，票面价值7100美元，而实际金价约26.5万美元。

金币的两面有精彩动人的波斯传说故事。直到1987年11月9日，在瑞士日内瓦一家拍卖行内被公开拍卖时，金币才公开出现，底价达800万美元。但因无人肯出高于850万美元的"保留价"而中途撤出，返还原主。

最早的信用货币

世界最早的信用货币是汉武帝元狩四年（公元前119年）发行的白鹿皮币。它是用白鹿皮制作的，并饰以五彩图案，价值40万钱。白鹿皮币是最早的一种信用货币，也是世界上最早具有纸币性质的货币。《史记·平准书》中记载："是时禁苑有白鹿……有司言曰：古者皮币，诸侯以聘享……今远方用币烦费不省。'乃以白鹿皮方尺，缘以藻缋，为皮币，直四十万。王侯宗室朝觐聘享，必以皮币荐璧。"可见，白鹿皮币具有一定的信用功能。

与此同时，政府还发行了白金三品（银锡合金）铸成圆形龙、方形马、椭形龟（各有币值），这是我国法定银币的开始。

最大的纸币

使用纸币最早的国家是中国。中国明代洪武八年（1375年）发行了额面分为一百文、二百文、三百文、四百文、五百文和一贯等六种大明宝钞。其中一贯钞是大明宝钞中纸面最大者，其钞料为桑皮纸，35厘米高，29厘米宽。右为"大明宝钞"，左为"天下通行"，上面横题"大明通行宝钞"，中间有钱贯的图样，四周印有龙纹花栏，上面写"一贯"字样。下面则印"户部奏准印造大明宝钞与铜钱通行，伪造者斩，告捕者赏银贰百伍拾两，仍给犯人财产"字样，但钞面未印洪武年月日。这张大明宝钞成为世界上最大的纸币。

大明通行宝钞

最昂贵的金币

1907年，美国铸造了一批面值20美元的"金鹰"金币，由于有些人认为铸币图案中金鹰翅膀过于低垂，其神态对美国经济正处于腾飞之势的形象有损，于是有关决策机构决定将已试铸出来的这批金币全部回炉。然而有一枚金币在毁弃过程中，被人偷偷地保存了下来。于是这枚铸币就流入民间收藏家手中。1940年，这枚面值20美元的金鹰铸币，被埃及国王法鲁克用近1万美元的价格购买。但不久这枚铸币却突然神秘地失踪了。20年后，这枚金鹰铸币又被美国一家公司以20万美元的价格从一名外交官手中购入。近年来，数名收藏家争相以百万美元的高价收购这枚铸币，但该公司还是不肯脱手，该枚金鹰铸币成为了世界上最昂贵的金币。

最昂贵的银币

一枚面值10德拉马克的银币，在瑞士苏黎世市场以27.2万美元售出。该枚银币铸造于古希腊时期的雅典。由于其铸造年代久远，这枚银币的售价颇高，使其成为世界上最昂贵的银币。

流行最久的金币

1865年法国、瑞士、意大利、比利时于巴黎缔结拉丁货币同盟，随后这四国发行了"拿破仑金币"。这种金法郎直至20世纪30年代才停止流通，其含金量为0.29032258克。目前仍有些国际组织以此为记账和结算单位，如万国邮政联盟、国际电信同盟等。

拿破仑金币

最轻和最小的钱币

世界最轻和最小的钱币是约1740年发行的1/4加瓦尼泊尔银币，重0.02克。

世界上最大的硬币

世界上最大的硬币是由加拿大皇家造币厂制造的。根据吉尼斯世界纪录记载，这枚世界最大硬币直径为20英寸（约50.8厘米），厚度为1英寸（约2.54厘米），重量达100千克，由纯度为99.999%的黄金制造而成。它一面图案是加拿大的象征图案枫叶，另一面图案是伊丽莎白女王的肖像。这枚硬币价值超过100万英镑。目前这枚硬币归澳大利亚一家大量收集金币的公司所有。该公司已将这枚最大的硬币永久性地借给了维也纳艺术历史博物馆展出。

世界上面值最大的硬币

第一次世界大战后，德国因在战争中失败并赔偿协约国巨额赔款，由此引起全国通货恶性膨胀。政府为应付国家开支，不断发行面值越来越大的货币。1921—1923年，威斯特法伦省发行了一套非常有名的通胀币，全套23枚。其中面值最大的为"1 BILLION 马克"，即10亿马克。这是历史上面值最大的硬币。这枚硬币直径6厘米，铜锌合金表面镀银。

在这套硬币中的正面图案都是前足跃起的奔马，故此套币俗称马币。马币的正面奔马四周是德文"威斯特法伦省紧急时期币"、面值和发行年份；背面大部分是德国政治家、财政大臣卡尔·冯·施泰因头像，硬币上德文为"冯·施泰因大臣"，德国困难时期的领袖。1751—1831年，另有少数硬币背面为该地区著名女诗人许尔斯霍夫的头像。

世界上面值最高的纸币

帕戈是匈牙利的旧货币，在1927

年1月21日到1946年7月31日这段时间内流通。

帕戈在第二次世界大战后失去价值，遭受到有史以来有纪录的最严重的货币贬值。针对这种情况，政府规定从1945年12月19日起，所有纸币须加贴小票方可使用，而该小票的售价是被加贴的钞票面额的4倍，使货币发行量减少了80%。尽管如此，由于物价飞涨到了无法控制的地步，没有办法停止货币贬值，计价时需要用到极高的位数。政府印制的面额最大的钞票是10垓帕戈，也就是10的21次方帕戈，但是这种钞票没有发行，成为历史上最高面额的未发行钞票。发行的钞票中面值最高的为1垓帕戈（10的20次方），即1万亿亿帕戈，成为历史上最高面额的已发行钞票。

最大的方孔钱

方孔钱是我国古代铜钱的固定形式，一般直径为四五厘米。最大的方孔钱是明代嘉靖年间铸造的"嘉靖通宝"镇库钱。

"嘉靖通宝"直径57.8厘米，穿径10.24厘米，有内外廓，外廓宽3.5厘米，厚3.7厘米，内廓宽窄不等，在3.4至2.4厘米之间，内厚1.12厘米，重41.5千克，钱面铸"嘉靖通宝"四个字，每字约300平方厘米，字体魏碑。经取样化验分析，该钱含铜90.18%，铝0.584%，锌0.532%，铁3%，银每吨含640克。经专家鉴定，这枚钱币属纪念性质，是明代嘉靖时期东川府开始铸钱时，为纪念开炉而铸。目前这枚世界上最大的方孔钱保存在云南会泽县铅锌矿档案馆。该币对研究会泽造币史提供了重要的实物资料，具有较高的保存和研究价值。

世界上流通最广的货币

当今世界，流通最广的货币是美元。美元是美利坚合众国的官方货币。美元的发行是由1792年美国铸币法案通过的。目前流通的美元纸币是自1929年以来发行的各版钞票，主要是联邦储备券。它同时也作为储备货币在美国以外的国家广泛使用。美元的发行由美国联邦储备系统控制，主管部门是国会，具体发行业务由联邦储备银行负责办理。美元是外汇交换中的基础货币，也是国际支付和外汇交易中的主要货币，在国际外汇市场中占有非常重要的地位。

最早的保险

公元前2500年，在两河流域的古巴比伦王国，当时的国王命令僧侣、法官和村长等向其所管辖的人民收取税款，用来救济遭受火灾及其他天灾的人们，而这份税款就被公认为全世界最早的保险。

最早的保险公司

英国的保险业非常发达，十分重视发展海上保险事业。早在1568年12月，伦敦就准许设立专门从事海上保险交易的市场——皇家交易所。这是世界上最早的保险公司。1575年，为进一步完善交易秩序，英国政府特意批准在皇家交易所内开设保险商社，实行海上保险单登记制度，并要求保险条款规范化，从而促进皇家交易所保险业务规范发展。1601年，英国伊丽莎白女王制定了第一部有关海上保险的法律。

最早的银行

银行是通过存款、贷款、汇兑、储蓄等业务，承担信用中介的金融机构。最早的银行业发源于西欧古代社会的货币兑换业。最初货币兑换商只是为商人兑换货币，后来发展到为商人保管货币、收付现金、办理结算和汇款，但不支付利息，而是收取保管费和手续费。

公元前2000年的巴比伦寺庙、公元前500年的希腊寺庙，都已经有了经营保管金银、收付利息、发放贷款的机构。中世纪，意大利的威尼斯因其特殊的位置，成为当时的贸易中心。一般认为，最早的现代意义上的银行是1580年在意大利威尼斯成立的银行。其后，荷兰在阿姆斯特丹、德国在汉堡、英国在伦敦也相继设立了银行。18世纪末至19世纪初，银行得到了普遍发展。

最早的中央银行

世界上最早成立的中央银行是瑞典国家银行。

瑞典国家银行的前身是由私人创办的民间银行。1656年，这家银行获得特许状，成为欧洲第一家发行银行券的银行。8年后，这家银行因为坏账倒闭，于1668年政府出面改组为国家银行，改名国王财产银行。这是世界上最早执行中央银行职能的银行。

最早的信用卡

信用卡是一种非现金交易付款的方式，是简单的信贷服务，有"一卡在身，通行世界"之说。最早的信用卡是由美国人于1915年发明的。最早发行信用卡的机构不是银行，而是一些汽油公司、旅行社、娱乐业、饭店和百货公司。这些机构为了吸引顾客，扩大营业额，有选择地在一定范围内发给顾客一种类似金属徽章的信用筹码，后来演变成为用塑料制成的卡片。顾客可以在这些发行筹码的商店及其分号赊购商品，无须支付现金，约期付款。这就是信用卡的雏形。

当时，这样的信用卡没有第三者银行参加，它只是买卖双方之间的信用工具。后来银行插手其间，使之变为一种银行信贷形式。电子计算机的出现及应用，使快速而准确地记账和结算成为可能，为信用卡的使用提供了方便。信用卡在西方国家得到普遍应用，成为一种国际流行的支付方式。

世界上最大的金库

世界上最大的金库位于离纽约华尔街不远的联邦储备银行的地下室。地下金库深达25米左右，其地下结构都是坚硬的岩石。

据报道，这座地下金库中储存着价值约3000亿美元的黄金，约占全球官方黄金储备的1/4，但其中只有不到5%的是美国政府的财产，剩下的则属于其他国家和国际组织。金库中所有黄金加起来，重达7000多吨。地下金库被分隔成了122个库房，最大的库房可以存放大约10.7万块金锭。

金库的唯一入口是一个90吨重的钢制圆柱体机关，当机关启动、粗大的圆柱体旋转后，中间会露出一个两米长的狭窄通道。入口关闭后，钢柱慢慢向下移动塞入钢架，原理和玻璃瓶塞一样，接着钢架上几个巨大的"钉子"插入钢柱上相应的洞眼，这就是金库的"门锁"。如此严密的设计，即使用炸弹也无法炸开。

商业之最

现存最早的文字广告

现在保留下来的世界上最早的文字广告是在古埃及的首都特贝发掘出来的公元前1000年的一篇寻找逃亡奴隶的广告。这篇文字广告现保存在大英博物馆中,大小约合32开,纸是用芦苇的纤维制造的,呈淡茶色。

广告的主要内容是悬赏一个金币寻找一个名叫西姆的奴隶,同时为自家的布匹做了宣传。广告的正文为:"男奴隶西姆,从善良的织布匠哈甫家逃走了。首都特贝一切善良的市民们,谁能把他找回来的话,有赏。西姆是赫梯族人(一个欧洲语系的民族),身高5尺2寸,红脸,茶色眼珠。如果谁能提供他的下落,就赏给半个金币,如果谁能把他带回织布匠哈甫的店铺来,就赏给一个金币。技艺高超的织布匠哈甫总是应诸君的要求织出最好的布匹来。"

最早的电视广告

1930年11月5日至13日,英国伦敦德拜大街的尤金公司利用贝尔德有线电视,播放了奥林匹亚时装节上表演的"尤金式"电烫发广告。其内容是:只要使用尤金公司获得专利并命名为尤金·萨歇方式的电烫发,就会得到柔软、美丽、自然的头发波纹。

最早的超级市场

超级市场,简称超市,是指采取自选方式,以销售食品和日常用品为主,满足人们日常需要的零售店。

1916年9月9日,最早的自助服务的食品杂货店在田纳西州孟菲斯市开业。这家杂货店采用了回转式入口和出口支付平台。顾客从入口进场,选购自己需要的商品之后,在出口付款,这就是超级市场的雏形。1917年,它的经营者克拉伦斯·桑德斯为这种由消费者自行在货架上挑选商品最后结账的零售店经营模式申请了专利。超级市场为顾客购物提供了方便,很快风靡全球。为了使自己的商品在超级市场中更具有吸引力,广告和商品包装业也因此发展起来。

最有价值的商业品牌

世界上最有价值的商业品牌是"可口可乐",其价值估计高达689亿美元,差不多相当于可口可乐整个公司价值的60%!美国可口可乐公司生产一种碳酸饮料,这种饮料以其独特的口感成为全

最有价值的商业品牌——"可口可乐"

球销量排名第一的碳酸饮料。可口可乐成为世界上最著名的软饮料品牌。"假如一把大火将可口可乐的工厂烧掉，全世界第二天各大媒体的头版头条一定是银行争相给可口可乐贷款。"这是可口可乐人最津津乐道的一句话。

可口可乐公司自1886年创立以来，之所以能屹立100多年长盛不衰，除了有效的营销策略之外，可口可乐的神秘配方也是其中一个重要因素。至今除了持有人家族之外，可口可乐的配方无人知晓，可口可乐公司严密防止自己的员工偷窃配方。

全球销量最大的啤酒品牌

据世界权威调研机构统计数据显示，2008年9月，中国雪花啤酒超越了国际啤酒界的龙头老大百威啤酒，成为世界销量最大的啤酒品牌。雪花啤酒的销量年增长达22%，而百威淡啤主要销往增长缓慢的美国市场。在2007年，雪花的销量还落后于百威啤酒，而在2008年就实现了赶超。

中国在21世纪初就取代美国成为全球最大的啤酒市场，市场份额已经超过50%。在此庞大的市场基础上，雪花啤酒得以迅速成长，随着收购扩张令分销网络遍布全国。

最昂贵的酒店

世界上最昂贵的酒店是阿拉伯联合酋长国境内迪拜的伯瓷酒店，也叫阿拉伯塔酒店。伯瓷酒店是在迪拜王储提议下，由知名企业家AI-Maktoum投资兴建的奢侈酒店，被称为"七星级酒店"。这座酒店建在离海岸线280米处的人工岛上，整个工程耗时5年，用去9000吨钢铁。伯瓷酒店是一座外形像帆船的塔状建筑，共56层，高321米。

伯瓷酒店的豪华让人叹为观止。客房面积从170平方米到780平方米不等，最低房价也要900美元，最贵的总统套房则要价18000美元。实际上这是淡季的最低价，按这个价格往往是订不到房的。酒店房价虽然不菲，客源却依然很多。因为在这里能够获得在别处没有的奢侈的享受。大厅、中庭、套房、浴室……任何地方都是金灿灿的，连门把手、水龙头、烟灰缸、衣帽钩，甚至一张便条纸，都镀上了黄金。套房拥有独立的电梯和电影厅。如果你去海鲜餐馆进餐，会有专门的潜水艇送你去神奇的海底世界；如果你去机场，将由劳斯莱斯送你，你甚至可以要求直升飞机接送。

世界上最早的烟标

1880年，奥匈帝国的卷烟商为扩大商品影响力在卷烟制品上贴上一个标志——尼尔牌。这是世界上最早的烟标，为世界各国卷烟厂商所效仿。烟标自诞生之日起就兼有包装和商标两种功能。可以装20支尼尔牌香烟的铁听是世界上最早的香烟盒。这个烟盒现在存放在意大利烟草博物馆里。

最大的系列烟标

世界上最大的系列烟标是日本的"七星"烟标。这个烟标拥有2000多个子品牌，现在仍在继续增加新产品。"七星"牌香烟是日本国际烟草株式会社的"扛鼎之作"，它与"555""万宝路"等国际名牌以各自特有的品味称雄世界，在消费者中享有较高的地位。"七"在日本人心目中是一个吉祥的数字，"七星"是平安幸福的象征，也预示着企业兴旺发达。

世界上最早的股份制公司

荷兰东印度公司成立于1602年3月20日，1799年解散。荷文原文为Vereenigde Oostin-dische Compagnie，简称VOC。其公司的标志以V串连O和C。公司遗址在现今的阿姆斯特丹大学。

荷兰东印度公司建立于17世纪欧洲的大航海时代，当时的欧洲各国兴起海上冒险，发展海外的商机。荷兰东印度公司是第一个可以自组佣兵、发行货币的公司，也是第一个股份有限公司，并被获准与其他国家订立正式条约，并拥有对该地实行殖民与统治的权力。到了1669年时，荷兰东印度公司已是世界上最富有的私人公司，拥有超过150艘商船、40艘战舰、5万名员工与1万名佣兵的军队，股息高达40%。认购股份的热潮时，荷兰东印度公司共释出650万荷兰盾供人认购，只在阿姆斯特丹一地就认购了一半的股份。

世界上最早的牙膏品牌

我们现在在超市中最常看到的佳洁士牙膏是最早的牙膏品牌。1955年，佳洁士（Crest）在美国诞生，它是宝洁公司旗下的一个品牌。宝洁公司是世界上最早的牙膏公司。1960年，佳洁士牙膏因其独创的氟泰配方具有卓越的高效防蛀功能，获得美国牙医协会认可，成为第一种被认可的上市牙膏。

最大的玩具零售商

世界上最大的玩具零售商是玩具"反斗城"。其总部位于美国新泽西州帕拉默斯，目前它在27个国家拥有1552家商店。

玩具"反斗城"售卖玩具、婴儿用品、毛绒玩具、游戏、自行车、运动货品、电子产品和数码影碟等。各种玩具精彩纷呈，充满趣味，其中超过一半的玩具是玩具"反斗城"独家销售的自有品牌产品。

最大的日化用品公司

世界上最大的日化用品公司是美国的宝洁公司。宝洁公司创立于1837年，最初是一家生产肥皂的小公司。公司的名字采用创始人普洛斯和盖姆名字的第一个字母"P&G"。如今宝洁公司已经成为一家大型的跨国公司，在全球80多个国家设有工厂及分公司，全球雇员近10万。宝洁公司所经营的300多个品牌的产品畅销160多个国家和地区，其中包括织物及家居护理、美发美容、婴儿及家庭护理、健康护理、食品及饮料等。

宝洁公司热衷于改革创新，不断开发新产品，全球有技术中心20个，持有专利数量超过29000项。此外，宝洁公司之所以能取得成功还在于它采用了多品牌战略。在中国市场上，宝洁有香皂品牌"舒肤佳"，牙膏品牌"佳洁士"，卫生巾品牌"护舒宝"，洗发水品牌"飘柔""潘婷""海飞丝"3种，洗衣粉品牌"汰渍""洗好""欧喜朵""波特""世纪"等9种。多品牌战略使宝洁公司在顾客心目中树立起了实力雄厚的形象，也为公司赢得了丰厚的利润。2008年，宝洁公司全球销售额高达835亿美元，实现净利润120亿美元。

第十三章

军事之最

轻武器之最

最早的弓箭

弓箭是原始人类的一项伟大的发明，人类利用弓箭既可以从较远的距离猎获野兽，还能射飞鸟和游鱼，大大提高了同自然界做斗争的能力。

最早的弓箭源于我国。我国考古学家在距今约 2.8 万年前的峙峪（今山西朔县峙峪村）人活动的旧石器晚期遗址中，发现了一些加工比较精细的小石镞。它们是用坚硬而容易劈裂出刃口的薄燧石石片制成的，镞的一端具有锋利的尖头，镞的两侧边缘也十分锋利，底端经过加工，呈凹形，形成镞座，用来安装箭杆。由此可知，峙峪人在 2.8 万年前就已经会制作和使用弓箭了。由于原始社会的弓和箭杆是用易于腐烂的竹、木制作的，难以保存下来，所以这些小石镞便是世界上已知的最早的弓箭证明。

外国的弓箭大约出现在 1 万—1.5 万年前的中石器时代，西班牙壁画中就有原始人手持弓箭对射的场面。中国的弓箭发明大约比外国早 1 万年。

使用时间最长的冷兵器

世界上使用时间最长的冷兵器是矛。矛的原始形态是旧石器时代人类用来狩猎的前端削尖的木棒。后来，人们用石头、兽骨制成尖锐的矛头，绑在长木棒的前端。大约在公元前 3000 年，在埃及和两河流域出现了铜矛。中国从战国晚期开始，较多地使用钢铁矛头。14 世纪以后，瑞士军队开始使用近 6 米长的步兵用矛。16 世纪，西班牙军队中设有长矛兵。17 世纪中期，火枪

作战中矛与盾的使用

发明后,矛开始退出军事舞台,但是一直到20世纪初,西班牙和波兰骑兵的装备中还有长矛。

最早的刺刀

刺刀又称枪刺,是装于单兵长管枪械(如步枪、冲锋枪)前端的、短而锋利的冷兵器,用于白刃格斗,也可作为战斗作业的辅助工具。它已有3个多世纪的历史了。

1640年,法国军官乌拉谢·戴·皮塞居看到步枪发射速度很慢,从而想到当子弹耗尽时,敌人冲上来怎么办?于是,他发明了刺刀。因皮塞居率领部队驻扎在法国东南部,濒临大西洋比斯开湾的巴荣纳城,刺刀一词也就由该城而得名。

最早的刺刀是直形双刃,刃长30厘米。锥形木柄也长30厘米。开始时,刺刀不是装在枪管下,而是直接插入滑膛枪口内。刺刀出现后,很快传遍整个欧洲。

最早的手枪

大约在14世纪左右,意大利就发明了世界上第一支手枪——希奥皮。

希奥皮一词来源于拉丁文词语Scloppi,意思是"手枪"。当时的"希奥皮"长约17厘米,虽然构造简单、粗糙,射程也不是很远,但是最基本的工作原理和现在的手枪却是完全一样的,因而人们一直都认为希奥皮是世界上第一支手枪。根据意大利《格鲁几尼年纪》中的记载可知,14世纪中叶的佩鲁贾城曾经订制了500支希奥皮,可见,希奥皮在当时很受欢迎。

最早的左轮手枪

世界上最早的左轮手枪大约出现于16世纪,但真正意义上的左轮手枪却是1835年美国人S.柯尔特在原有基础上改进的一款左轮手枪。

其实,在16世纪出现的左轮手枪,在实际中的应用非常有限,一直到19世纪,美国人S.柯尔特才在原有左轮手枪的基础上发明了世界上第一款真正意义上的左轮手枪,S.柯尔特在英国取得了第一款左轮手枪的发明专利权,并因此被人称为"左轮手枪之父"。S.柯尔特的左轮手枪采用底火撞击式,使左轮手枪在当时风靡一时,但是他并没有因此而满足,而是又对左轮手枪进行了反复的改造,比如他在1853年使用了金属枪弹,1868年他又把左轮手枪改进为后装式手枪。虽然左轮手枪在现在已经备受冷落,但是它在刚刚出现的时候却在社会上扮演了极其

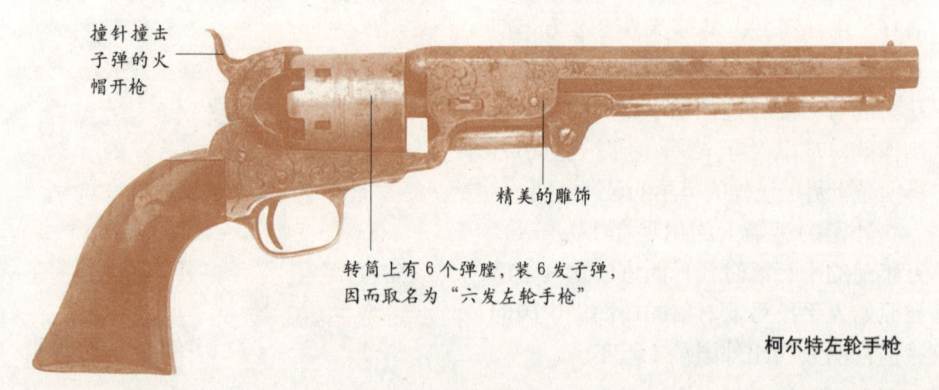

撞针撞击子弹的火帽开枪

精美的雕饰

转筒上有6个弹膛,装6发子弹,因而取名为"六发左轮手枪"

柯尔特左轮手枪

重要的角色。

最早的自动枪

世界上最早的自动枪是由美国军械工程师海勒姆·史蒂文斯·马克沁于1884年发明的。

马克沁发明的自动枪能够在火药发火时利用火药的能量让枪自动完成开锁、退壳、送弹和闭锁等一连串动作，把枪的理论射速提高到了每分钟600发子弹。这在世界军事史上是一个里程碑式的发明。

最早的自动枪的发明人马克沁是一个富有传奇色彩的人物，他根本没上过学，也没读过多少书，但是他却是一个极其爱动脑筋的人。他在1884年成功地研制出了世界上第一支以火药燃气为能源的自动连续射击重机枪，人们将他称为"自动枪之父"。这种枪在当时一问世就好评如潮。但是因为受到身世和教育背景的影响，马克沁当时在美国受到了很多专家的排挤，一气之下，出走英国。1916年，他于伦敦去世。

最早研制的无声手枪

1908年，美国制造商和发明家海勒姆·帕西·马克沁（1869—1936年，与发明重机枪的海勒姆·史蒂文斯·马克沁不是同一人，前者为后者之子）发明了世界上第一个枪用消音器，微声枪由此而诞生。马克沁研究认为，通过某种装置使枪弹击发时排出的气体做旋转运动，就可充分消除噪声。1908年，马克沁制造出第一个猎枪消音器，使猎枪射击声大大减小。当年3月25日，马克沁获得这项发明的第一个专利。

1912年，美国将马克沁的消音器加以改进，装在步枪上，制出了最早的微声步枪；后来又制成了微声手枪，供谍报人员和特种部队使用。

马克沁还成功地研制了汽车使用的排气消音器，并将消音原理应用于安全阀、空气压缩机、鼓风机等的降噪设备上。

最早的后装枪

现在，后装枪好像已经很落后了，但是谁能够想到在后装枪刚刚问世的时候有多受欢迎？世界上最早的后装枪是由普鲁士一个普通的军械工人德雷泽发明的，后来人们干脆把他发明的后装枪叫作德雷泽枪。德雷泽枪其实是一种很好的击发枪，当扣动扳机的时候，枪的后部就会有一根长针穿过枪筒，撞击引燃炸药从而将子弹发送出去。德雷泽枪的射速在当时是非常快的，这让德雷泽枪一出现就受到了广泛的推广和使用，1866年的普鲁士军队也正是靠这种枪的高射速在普奥大战中战胜了奥地利军队。从此，德雷泽枪的出现在枪的发展史上也写下了浓重的一笔！

世界上最早的手摇机枪

1718年，英国人J.帕克尔发明了世界上最早的单管手摇机枪并取得专利。但由于这种枪太重，装弹困难，并没有得到广泛使用。19世纪80年代以前，为了提高枪械的发射速度，很多人都尝试研制连发枪械。

有人尝试着将许多支枪平行或环形排列，进行齐射或连射。1862年，美国人R.J.加特林发明的手摇式机枪，将6支口径为14.7毫米的枪管安放在枪架上，射手转动曲柄，6支枪管依次发射。该枪于1862年取得专利，并在美国1861—1865年的南北战争中发挥过很大的作用。

射速最快的机枪

美国陆军型号称为M134型速射机枪的最高射速高达6000发／分钟，被称为世界上射速最快的机枪。

该机枪于20世纪60年代初，由原通用电气公司（现为洛克希德马丁军械系统公司）在机载M61A1"火神"6管速射机炮上发展而成，系列口径从5.56毫米到25毫米不等。最初美国空军在此基础上重新设计发展出7.62毫米口径6管GAU-2型航空机枪，采用电力驱动，由一名乘员操作，用于美国空军的轻型飞机和直升飞机上。这种机枪曾在越南战争期间广泛使用，射速威力惊人。

世界上最早的冲锋枪

冲锋枪是单兵双手握持发射手枪弹的轻型全自动枪。世界公认的第一种冲锋枪是意大利在1915年设计和生产的帕洛沙，这是一种发射9毫米手枪弹的双管全自动轻型武器。不过，帕洛沙是作为超轻型的机枪使用的。后来，德国著名枪械设计师雨果·施迈塞尔在1918年设计的9毫米MP18冲锋枪被认为是第一支真正意义上的冲锋枪。后来，这种冲锋枪经过改革并批量生产，命名为MP181式，并于1918年夏季装备前线部队。

世界上使用最广泛的枪支

AK-47式7.62毫米突击步枪是苏联著名枪械设计师卡拉什尼科夫于1946年设计的，俗称冲锋枪。这种步枪研制成功之后，很快就装备军队，是世界上使用最广泛的枪支，除苏联军队外，世界上有30多个国家的军队使用这种枪。有的国家还进行了仿制或特许生产，莫桑比克甚至把它画在国旗上。其改装品种已在75场以上战争中使用过，其他任何枪支都望尘莫及。

这种枪性能好，便于携带和保养，价格便宜，购买渠道多，因而苏联解体后导致生产泛滥，全世界共制造出1亿多支，大多是非法制造的。

最早的专用反坦克枪

第一次世界大战中，德国皇家陆军是第一个遭受坦克袭击的部队，因而他们积极研制反坦克枪。1917年，他们研制成功一种口径13毫米，机柄回转式的反坦克枪，专门用来对付坦克。但是这种枪体积大，而且必须使用专门的弹药，以致1918年就被淘汰了。1918年，德国毛瑟公司制造了一种专用的反坦克枪——毛瑟反坦克枪。这种枪的外形类似步枪，长约1.7米，重11.8千克，口径13毫米，只能单发射击，后坐力很大，能在110米范围内穿透2厘米厚的Ⅳ型坦克的前甲。这是世界上真正适用的反坦克枪。在第一次世界大战中，德国曾使用这种枪。

冲锋枪
装有挤压扳机的冲锋枪可以在一瞬间连续发射多发子弹。冲锋枪体型较小，重量轻，便于士兵携带。

火炮之最

最古老的火炮

我国是最早发明和使用火炮的国家。早在春秋时期，中国已使用一种抛射武器——它可以把石头抛出很远以杀伤敌人，这种炮也叫石炮，是火炮的前身。到了10世纪，火药用于军事后便用来抛射火药包、火药弹。我国试制火炮的先驱者是北宋的唐福和石普，二人在1000年至1002年制造的火箭、火球、火蒺藜都十分成功。

1126年，出现了类似火炮的霹雳炮和震天雷等。《金史》中记载："火药发作，声如雷震，热力达半亩之上。人与牛皮皆碎迸无迹，甲铁皆透。"到了元代，人们用铜或铁制成筒式火炮，这类炮统称为"火铳"。因其威力大，被尊称为"铁将军"。现在保存在中国历史博物馆中的元代至顺三年（1332年）的铜火炮是世界上现存最早的火炮。这门火炮被称为"盏口铜铳"，直径为105毫米，全长353毫米，重6.94千克。

最早的迫击炮

世界上最早的迫击炮出现在1904年的日俄战争中，当时日俄两国在旅顺口长期对峙。当时的俄军占据要塞，日军挖的地壕也一步步接近了俄军总部，但是一般的炮弹又无法打到日军。在这样的紧要关头，俄军的炮兵大尉戈比亚托·列昂尼德·尼古拉耶维奇改装出了一种特殊的炮弹，这种炮弹发射的时候仰角很大，打出去的炮弹升到一定的高度就会掉下来击中目标，尼古拉耶维奇叫它"雷击炮"，其实这就是世界上最早的迫击炮！当时的俄军正是利用他们所发明的"雷击炮"一举打退了日军的进攻，保住了旅顺口要塞。后来这种炮弹在一步步改进之后就成了我们今天见到的"迫击炮"。

最早的高射炮

世界上最早的高射炮出现在1870年的普法战争的战场上，当时的普军重重包围了法国首都巴黎，本以为轻而易举就能将法国拿下的普军做梦也没有想到法军能借助气球来越过他们的包围防线和外界取得联系，并组织军队准备抵抗普军。于是普军开始研制一种能击中空中目标——气球——的"高炮"。

没过多长时间，普军就成功地制成了一种新的大炮，普军造成的新的大炮能灵活地移动，能被四轮车推着追击目标并且能从地面击中高空中的目标，当时的普军士兵都叫它"气球炮"，其实这就是世界上最早的高射炮。

最早的无坐力炮

无坐力炮——名字是不是很有意思？其实无坐力炮是相对于普通的火炮来讲的，一般的普通火炮在发射的时候会产生很大的后坐力，使得炮身在发射后后退很远，这就会对发射的准确性和速度都产生很大的影响。人们很早就发现了这个问题，但是一直也没有找到一个很好的解决办法。

后来这个难题终于在1914年得到了解决，当时的美国海军少校戴维斯发明了一种无坐力炮，他把两颗弹尾相对的弹丸放在两端都开口的炮筒内发射，结果发现炮身就不会再后退了，发射的时候炮筒两端同时发力，炮筒前面发射出去的是真弹头，而炮弹后头出去的是假弹头，假弹头抵消了真弹头发射时的后坐力，致使炮身不会再向后退，并且提高了发射的准确性和发射速度，提高了炮弹的发射效率。这种新炮一出现就立刻受到欢迎。后来经过很多次改造后很快在1941年的第二次世界大中广泛地被使用。

最轻的火炮

火炮虽然火力威猛，但是却非常沉重，一般重达几十吨，机动性不够理想。为了改变这种情况，20世纪80年代中期，美国和英国的军工部门联合研制出一种轻型155毫米榴弹炮。美国因经费紧张中途退出。

1989年，第一门UFH样炮造出，1994年初步定型，接着是部队试用检验和改进，经过十来年的研制，终于制造出世界上最轻的155毫米火炮。它大量采用钛、铝等轻质合金材料，仅重3.745吨。

UFH超轻型火炮的突出特点是部分组件功能复合或多功能，从而使火炮结构简洁、紧凑，利于减轻炮重。UFH炮的最大射程为30千米，最大射速4发/分钟，行军战斗转换时间为两分钟，主要运动方式是车辆牵引或直升机吊运。

历史上打得最远的大炮

世界上打得最远的大炮是德国在第一次世界大战中使用过的"巴黎大炮"，是因为德国攻打巴黎的时候第一次使用了它，这种大炮也因此而出名。

这种号称世界历史上打得最远的大炮长达37米，总重量约为375吨，射程大约在120千米，当这种大炮刚刚问世的时候，曾经轰动了整个世界，因为当时射得最远的大炮的射程也不过12千米，而巴黎大炮一下子把射程提高了10倍，简直太神奇了！不过幸运的是，巴黎大炮的准确性不怎么好，否则美丽的巴黎城早在1918年就已毁于

"巴黎大炮"是使第一次世界大战比以往的战争更加可怕的武器之一。

"巴黎大炮"的威力之下了！

最大的火炮

德军在第二次世界大战的东部战线围攻苏联海港塞瓦斯托波尔时曾经使用两门最大的重炮。这两门重炮取名为"陶莱"和"古斯塔夫"，其口径为800毫米，炮身长28.87米，其残留部分已分别在巴伐利亚的梅村霍夫和德国原苏联占领区发现。它们作为铁路大炮由德国克虏伯公司建造，由24节车厢装运，其中两节各有40个车轮。装配好的大炮长43米，重1482吨，需1500人配备，重9.25吨的炮弹能射到46.67千米以外的地方。

炸弹与导弹之最

最早的手榴弹

世界上最早的手榴弹是我国的"瓷蒺藜"。据资料记载，西夏时期（1038—1227年），瓷蒺藜就大量装备军队了。顾名思义，瓷蒺藜由陶瓷烧制而成，只有人的拳头般大，圆球形表面全是钉刺，只有底部扁平。瓷蒺藜的中间是空的，内装火药，点燃引线后，投掷到敌军中，爆炸杀伤敌人。瓷蒺藜已经具备了手榴弹的几个要素：弹体、火药和引信。

15世纪，欧洲出现了装黑火药的手榴弹，当时主要用于要塞防御和监狱看守。17世纪中叶，欧洲一些国家在精锐部队中配备了野战手榴弹，并专门训练一批士兵使用这种手榴弹。这种士兵称为掷弹兵。

最早的地雷

最早的地雷出现在中国。早在三国时期，由硝石、硫磺和木炭混合而成的黑火药问世之后，著名军事家诸葛亮（181—234年）就曾利用黑火药制成原始"地雷"大破藤甲军。据史料记载，1130年，金军攻打陕州，宋军使用"火药炮"（即铁壳地雷），给金军以重创并取胜。最初的地雷表面平滑，爆炸时碎片少。后来发展成表面有突角的地雷，在当时称为蒺藜炮，起爆装置由"信香""火钵"组成。

比较准确的历史记载"地雷"一词出现在明代。《兵略纂闻》上记载了明代嘉靖年间曾铣所造的地雷："曾铣作地雷，穴地丈余，柜药于中，以石满覆，更覆以沙，令土地平，伏火于下，系发机于地面，过者贼机，则火坠落发石飞坠杀，敌惊为神。"明代宋应星著的《天工开物》一书中也介绍了地雷，并且还绘制了地雷的构造图样，以及制作方法和地雷爆炸时的形状。那时的地雷多是用石、陶、铁制成的，将它埋入地下，使用踏发、绊发、拉发、点发等发火装置，杀伤敌人。

最早的水雷

水雷是一种古老的水中兵器，最早是由中国人发明的。1558年，明代人唐顺之编纂的《武编》一书中，详细记载了一种"水底雷"的构造和布设方法，它用于打击当时侵扰中国沿海的倭寇。这是最早的人工控制、机械击发的锚雷。它用密封的木箱做雷壳，将黑火药装在里面，其击发装置是一根长绳索，由人拉火引爆。木箱下坠有3个铁锚，控制雷体在水中的深度。

1590年，中国又发明了最早的漂雷——以燃香为定时引信的"水底龙王炮"。1599年，中国的王鸣鹤用碰线引信原理发明了"水底鸣雷"，这是一种触发沉底雷。该雷放在密封的大缸中，沉入水底，上横绳索置于水面下半米处，并与雷体内的发火装置相连。当敌船触碰绳索时，就会触发水雷，炸毁敌船。此外，我国古代还制造了悬雷、海炮等多种水雷。它们在古代历次海战中起到了重要作用。欧美在18世纪才开始在实战中使用水雷。

最早的鱼雷

1866年，英国工程师罗伯特·怀特黑德成功地研制出第一枚鱼雷。该鱼雷直径为0.35米，长3.58米，重136千克，用压缩空气发动机带动单螺旋桨推进，通过液压阀操纵鱼雷尾部的水平舵板控制鱼雷的艇行深度。这个鱼雷的航速仅11千米/小时，射程180～640米，尚无控制鱼雷定向的装置。因其外形似鱼，而被称之为"鱼雷"，并根据怀特黑德的名字（意译为"白头"），而命名为"白头鱼雷"。

几乎与怀特黑德同时，俄国发明家亚历山大·罗夫斯基也研制出类似的鱼雷装置。1887年1月13日，俄国舰艇向60米外的土耳其2000吨的"因蒂巴赫"号通信船发射鱼雷，将其击沉。这是海战史上第一次用鱼雷击沉敌舰船。

1899年，奥匈帝国的海军制图员路德格·奥布里将陀螺仪安装在鱼雷上，用它来控制鱼雷定向直航，制成世界上第一枚控制定向的鱼雷，大大提高了鱼雷的命中率。1904年，美国人E.W.布里斯发明了用热力发动机代替压缩空气发动机的第一枚热动力鱼雷（亦称蒸汽瓦斯鱼雷），使鱼雷的航速提高至约65千米/小时，航程达2740米。

世界上最早的导弹

世界上最早的导弹是1944年德国研制成功的V-1火箭，因其外形像一架无人驾驶飞机，又称飞机型飞弹。该火箭是世界上最早的战术导弹，也是现代导弹的雏形。弹长7.6米，弹重2.2吨，最大直径0.82米，翼展5.5米，最大飞行速度为650千米/小时，射程370千米，飞行高度为2000米。第二次世界大战时该火箭被使用袭击英国，先后共发射了1万多枚，其中有50%被英国飞机和高炮等武器拦截，只有32%真正落在英国境内。这也是世界上最先用于实战的导弹，以后的导弹都是在它的基础上发展起来的。

射程最远的导弹

美国"大力神"导弹于1959年开始服役，射程为16669千米，比在西方导弹基地打击苏联领土内任何目标所需要的射程还多4828千米。代号为"撒旦"的SS-18是射程最大的俄罗斯导弹，它从20世纪80年代初开始服役，能够有效打击12070千米以内的目标。

最早的洲际弹道导弹

洲际弹道导弹是射程在8000千米以上的导弹。根据发射位置的不同，它可分为基地弹道导弹和潜射弹道导弹两种。所谓潜射，即从导弹核潜艇上对准目标发射。

1957年8月21日，苏联在世界上首次发射了射程可达8000千米的SS-6洲际弹道导弹。第二天，苏联塔斯社带着抑制不住的兴奋宣布，本国已于8月21日成功发射了一枚洲际导弹，射程达8000千米，并特别说明它"可向世界上任何地方发射"。听到这一消息的美国立即陷入恐慌中，如果苏联把洲际弹道导弹和核弹结合起来攻击美国，美国将无力抵抗。同年 12 月，美国也发射了一枚洲际导弹。

最早的弹道式导弹

1939 年，在著名火箭专家冯·布劳恩的领导下，德国开始研制世界上第一枚弹道式导弹——V-2 火箭。此火箭于 1944 年 6 月经实验发射成功，9 月 6 日进行第一次实弹发射，它是世界上首次用于实战的弹道导弹。

该弹弹长 14 米，弹径 1.6 米，战斗部装炸药 750 千克，采用液体燃料火箭发动机，惯性制导。其起飞质量约 13 吨，最大飞行速度 1700 千米/小时，射程为 240～370 千米，是弹道主动段为自主控制的单级弹道导弹，是弹道导弹的鼻祖。

资历最老、生产最多的弹道导弹

苏联"飞毛腿"B 战术弹道导弹在导弹家族中资历最老，而且也是世界上最普及的战术弹道导弹。它是苏联于 1962 年在"飞毛腿"A 型导弹的基础上成功研制出的一种新型弹道导弹。从 1965 年起，该导弹就出口到华沙条约多个成员国和多个中东国家。据估计，前苏联一共生产了大约 7000 枚"飞毛腿"B 型导弹。后来，在"飞毛腿"B 型导弹的基础上，苏联和其他一些拥有该导弹的国家纷纷研制出该导弹的改进型，如"飞毛腿"C 型导弹和"飞毛腿"D 型导弹等，从而使"飞毛腿"B 型导弹及其改进型成为世界上生产最多的弹道导弹。

速度最快的导弹

世界上速度最快的导弹是美国"大力神"II 型洲际弹道导弹，它曾被设置在美国亚利桑那州戴维斯·蒙赞空军基地、堪萨斯州麦康内尔空军基地和阿肯色州小石城空军基地。这种导弹的最大飞行速度为 27360 千米/小时。

美国"大力神"II 型的洲际弹道导弹代号 SN-68C，属于美国第二代战略导弹，主要用于攻击地面战略目标。其全长 33.52 米，命中精度 0.93 千米，反应时间 60 秒，发射成功率 85.7%。1960 年 6 月由马丁公司研制，1963 年年底开始装备部队，1987 年退役。

最早的反雷达导弹

反雷达导弹是利用敌方雷达的电磁辐射进行导引，摧毁敌方雷达机器载体的导弹，又称反辐射导弹。它与机载或舰载探测跟踪、制导、发射系统等构成反雷达导弹武器系统。

世界上第一枚反雷达导弹，是美国军队于 1964 年装备的"百舌鸟"AGM-45A 导弹。

最早的空空导弹

空空导弹是从飞行器上发射攻击空中目标的导弹，用作歼击轰炸机、强击机、直升机等空战武器，是歼击机的主要武器之一。1944 年 4 月，德国研制成 X-4 型有线制导空空导弹，是世界上第一枚空空导弹，但尚未投入使用，第二次世界大战即告结束。

坦克与装甲车之最

世界上最早的装甲车

1855年，英国人J.科恩在蒸汽拖拉机的底盘上安装机枪和装甲，制成了一辆轮式装甲车，并获得专利权。这是世界上最早的装甲车，但这种装甲车并未能在战争中应用。1899年，英国人西姆斯在四轮汽车的四周安装了装甲，前后各装一挺机枪。这辆装甲车被成为"西姆斯装甲车"，运行时，车速可达4千米／小时。1900年，英国把装甲汽车投入到了正在南非进行的英布战争中。

第一次世界大战末期，英国最先研制出了履带式和轮式装甲输送车。当时习惯徒步作战的步兵把这种装甲运输车称为"沙丁鱼罐头""带轮的棺材"，但是装甲运输车的作用很快就显现出来，大大提高了步兵机动作战的能力。

世界上最早的坦克

世界上最早的坦克诞生于1915年8月，是一位叫斯温顿的英国人发明的。说起坦克的发明，还要讲一下斯温顿发明坦克的初衷。当时正值第一次世界大战，作为一名战地记者，斯温顿亲眼目睹了战场上残酷的厮杀，特别是在战壕战中要突破敌方防线必须付出巨大的牺牲，他就向英国政府提出建造一种有装甲、带武器、能够进行突击的战车。这一想法得到了政府的支持，于是斯温顿组织了一批研究人员，把从美国进口的拖拉机进行改造：把履带加长，焊上很厚的装甲，装上可以进行射击的枪炮。这样，第一辆坦克就诞生了。之后，英国人又进行了改造，就形成了如今坦克的雏形。战事期间，英国军方为了保密，就称这个庞然大物为"Tank"（水柜）。这就产生了世界上最早的坦克。

世界上最重的坦克

世界上最重的坦克是第二次世界大战期间德军研制的鼠式坦克。这是一种重达188吨的超重型坦克，比当时苏联的"KV-2"重型坦克（46吨）多142吨。鼠式坦克长9.3米，高2.66米，火炮口径150毫米，侧面、前面和底部的装甲都厚得惊人，俨然一个庞然大物。

鼠式坦克过于笨重，采用了1200马力发动机，最大时速仅有20千米，因此对于以闪电袭击为主的德军来说并没有实际的意义。

最早的参战坦克

自从坦克被英国战地记者斯温顿发明出来之后，英国军方打算多制造一些坦克，集中起来对付德军。但是严峻的形势迫使英军在1916年9月的索姆河战役中首次使用，这种坦克两侧各有1门可以转动的炮，还有6挺机枪，最

世界上第一辆坦克——"小游民"

高时速约 6.4 千米，但它却有无比的威力。这次战役由于坦克的参战，使英军在很短的时间内就向前推进 5000 米，打败了德国军队。

最早的步兵战车

步兵战车由装甲运输车演变而来，是供步兵机动作战的装甲战斗车辆。最初的装甲车没有射击孔，只能运输步兵，步兵到了战场还需要下车参战。为了解决这一问题，从 20 世纪 50 年代起，一些国家开始着手改进装甲车。1954 年，法国利用"MAX-13"轻型坦克底盘改装了一种装甲车，在车身两侧和后门上开有射击孔，步兵可以在车上向外射击。后来，又安装了 12.7 毫米高射枪或反坦克导弹，改名为"AMX-13"型步兵战车。这是世界上最早的步兵战车。这种步兵战车相对于装甲运输车来说，火力更大，防御能力更强。它在许多先进国家的军队中已经部分或全部取代了装甲运输车。

世界上总体性能最好的主战坦克

主战坦克，也叫作主力战车，属于中、重型坦克，装有大威力火炮、具有高度越野机动性和装甲防护力。主战坦克是世界各国陆军普遍装备的武器，被誉为"陆战之王"。

1990 年，美军推出最新的 M1A2 型坦克。M1A2 坦克首次安装了车长独立稳定式热成像仪，该独立热成像仪使坦克具备了猎歼作战能力，大大提高了坦克在能见度很低的情况下与敌交战的能力。主炮和车长与炮长的瞄准仪上均安装了稳定器，进一步提高了行进间的射击性能。该坦克还配备了战场管理系统，能自动地提供双方部队位置、后勤信息、目标数据和命令等。此外，M1A2 还配备了自主导航系统，通过 GPS (Global Positioning System, 全球定位系统) 卫星定位系统能快速准确标定本身所在方位。坦克的底盘也进行了改进，发动机加装了数字电子控制装置，提高了省油性和可靠性。

2004 年 6 月，国际武器评测小组公布了世界坦克性能的排名，美国的 M1A2 型"艾布拉姆斯"主战坦克名列榜首，是目前世界上总体性能最好的主战坦克。

世界上使用最广泛的坦克

世界上使用最广泛的坦克是苏联在 1967 年研制的 T-72 主战坦克。T-72 主战坦克除了大量服役于苏联红军之外，也外销和授权华沙公约盟国波兰、捷克斯洛伐克生产，总产量达 2 万辆。1977 年 11 月，T-72 主战坦克在苏联纪念十月革命 60 周年的红场阅兵式上首次亮相。这种主战坦克长 6.9 米，宽 3.36 米，高 2.9 米，重 46.5 吨，乘员 3 人，采用复合装甲，主要武器是 125 毫米 2A46 滑膛炮，次要武器是一支 7.62 毫米机枪和一支 12.7 毫米机枪，采用 12 汽缸发动机 V-46，780 马力，平地时速 80 千米/小时。

世界上最早的两栖战车

1971 年，美国 FMC 公司军械分部研制出了世界上最早的两栖战车——AAV7 系列两栖战车。顾名思义，这种战车既能在陆地上行驶，又能在水上航行。AAV7 系列两栖战车战斗部分重 22.838 吨，在陆地上的最大时速为 64 千米，水上最大时速为 13.5 千米，水上的最长航行时间为 7 小时。

世界上最小的装甲车

世界上最小的装甲车是"鼬鼠"装甲车，其总重只有 2.75 吨、长为 3.46 米、高为 1.8 米、宽为 1.82 米，在装甲车中算得上"小巧玲珑"。"鼬鼠"装甲车是德国波尔舍公司为满足联邦德国空降兵部队的要求而设计的，是一种空降侦察车。后来克虏伯·马克机器制造厂在该车的生产厂家的竞标中夺标，于 1989—1992 年期间，共为德国空降部队制造了 345 辆，并称其为"鼬鼠"。

"鼬鼠"装甲车可轻易地钻进运输机和直升机的机舱中。如果用 CH-53 型运输直升机装运，一次可以装载两辆。如果用 C-5 "银河"式大型运输机，那么一次可以装进 10 多辆。"鼬鼠"装甲车只有两名乘员——驾驶员和车长兼炮手。

军用飞机之最

最早的军用飞机

1909 年 7 月 30 日，美国陆军购买了一架"莱特"A 型飞机，并将其装备成世界上第一架军用飞机。这架飞机装有一台 30 马力的发动机，最大时速可达 68 千米。美国用它进行战场侦察。同年，美国制成了一架双座莱特 A 型飞机，用于训练飞行员。至 20 世纪 20 年代，军用飞机在法、德、英等国得到迅速发展，远远超过了美国。

世界上最早的战斗机

世界上最早的战斗机是福克 E 型战斗机！

福克 E 型战斗机采用的是当时还相当少见的单机翼形式，在机翼的上下有一根细钢丝用来牵引、加强，这根细钢丝叫作"张线"。它横断面是长长的矩形，战斗机的骨架是由钢管焊成的。外面是一层军绿色的布套，在它的机头上方有一个口径为 7.92 毫米的机枪头，下面是一台气缸旋转型活塞发动机。机枪在发动机的帮助下 1 分钟可以射出 800 发子弹，这在第一次世界大战时已经是非常先进的武器了，它一出现就受到了很多军队的好评，并迅速在很多地区的军队中普及开来，尤其是它的"射击协调器"。有人说："福克 E 的'射击协调器'是世界航空兵器史上的一次里程碑式的革命。"而福克 E 在它的帮助下成了世界上最早，也是当时最先进的战斗机！

最早的攻击机

第一次世界大战中，英、法空军首次在一次空战中用飞机对德国地面部队进行压制和攻击。这一做法使德军受到启发。1918 年，德国容克飞机制造厂生产了一种专门对地面目标进行轰炸的军用飞机。这种飞机上携带着手榴弹和炸弹，这意味着攻击机的诞生。

最早的喷气式轰炸机

早在第二次世界大战期间，德国的阿拉多公司就已经成功地制造出了世界上第一架喷气式轰炸机——Ar-234 喷气式轰炸机，它有 A、B、C 三个系列。

Ar-234 轰炸机载乘员 1 人，动力为了对付盟军的歼击机，部分 Ar-234B 轰炸机在后机舱的下面安装了两门 20 毫米的后射火炮。Ar-234B 轰炸机在降落时最容易受到攻击

德国轰炸航空 76 团第 3 大队第 9 中队的标记印在飞机的机身上。该中队于 1945 年 1 月装备了 Ar-234B 轰炸机，但是后来到了春天，中队就在雷马根桥遭到重创

Ar-234B 型轰炸机最多可以携带炸弹 1500 千克。通常情况下，两个引擎机舱和一个主机舱内各装弹 500 千克。在没有其他炸弹的情况下，主机舱内可以单独装载一些大型炸弹

Ar-234B 轰炸机配备了两台容克斯"尤莫"004B-1 型飓风式轴流涡轮喷气发动机。在没有装弹的情况下，飞机的最大飞行速度约为 742 千米/小时

战机座舱内装有观望镜，可供飞行员在实施轰炸时使用。该观望镜也可以转到后面，以瞄准向后方射击的火炮

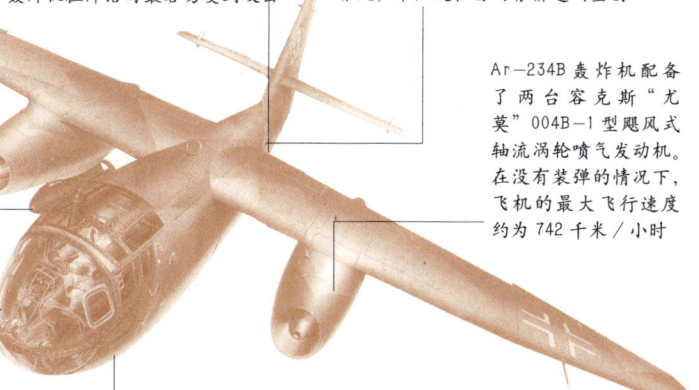

最初的飞行员弹射座椅就安装在该战机上，飞行员头部位置的后面也有盔甲保护装置。Lotfe-7 型炸弹瞄准器就安装在飞行员两脚之间的位置。实施水平轰炸时，飞行员要先断开控制杆，然后炸弹脱离飞机

德国 Ar-234B 喷气式轰炸机

装置为两台容克斯"尤莫"004B 涡轮喷气发动机，单台推力为 8.8 千牛。该机翼展 14.10 米，机长 12.63 米，机高 4.30 米，重量 8410 千克。实用升限 1 万米，最大平飞速度为 742 千米/小时，最大航程 1775 千米。

主要武器装备为两门 20 毫米口径机炮，1500 千克炸弹。

最早的喷气式战斗机

1942 年 7 月 27 日，德国研制成功世界上最早的喷气式战斗机——ME262 型战斗机。

这架战斗机由德国梅塞施密特飞机公司制造，是喷气式战斗机的始祖。它的飞行速度为 850 千米/小时，比当时所有的活塞式战斗机都要快很多。该机于 1944 年夏末首度投入实战，成为人类航空史上第一种投入实战的喷气机。1944 年 7 月，英国制造出了流星式喷气战斗机，但是从来没有用于实战。

飞得最快的战斗机

世界上飞得最快的战斗机是由苏联米高扬-格列维奇设计局设计的米格-25，它是一种中程截击机，其最大特点是飞得快，飞得高，最大平飞速度为 2980 千米/小时。

米格-25 于 1964 年首飞。机载乘员 1 人，翼展 14.02 米，机长 23.82 米，机高 6.1 米，最大起飞重量为 37.5 吨。实用升限 24400 米，最大巡航速度为 960 千米/小时，作战半径 1300 千米，转场航程 3000 千米。起飞滑跑距喷气式轰炸距离为 1380 米，着陆滑跑距离为 1580 米。

最隐蔽的现役轰炸机

世界上第一种完全隐身的现役轰炸机是美国诺斯罗普公司于 1989 年 7 月研制的 B-2A "幽灵" 隐形轰炸机。它看上去很像一个扁平三角形，有光滑的机身和圆整的边角来躲避雷达波。发动机喷口隐藏在机翼的前缘下方，以减

少红外信号。

该机翼展52.43米，机长21.03米，机高5.18米，最大起飞重量为168634千克。实用升限15240米，最大平飞速度为764千米/小时，航程11110千米，经过一次空中加油航程可达18520千米，可携带多枚导弹、核弹、炸弹、燃烧弹、水雷等。

最早具有使用价值的预警机

20世纪50年代，美国不断改进侦察机。1958年3月3日，一种新的机型研制成功，正式定名为"E-1B式舰载预警机"，也被称为"跟踪者"。这是世界上第一批具有使用价值的预警机，主要用于搜索、监视空中或海上目标，指挥引导己方执行作战飞行任务。"跟踪者"在20世纪60年代的越南战争中投入使用，但是由于其性能并不完美，再加上缺乏经验，因而并没有产生轰动效应。

真正令人对空中预警机刮目相看的是E-2"鹰眼"预警机。"鹰眼"是由美国著名的格鲁门飞机制造公司研制的，也是美国第一种专门设计制造的空中预警机。在此之前，美国的预警机都是用运输机或其他飞机改装的。格鲁门公司于1956年开始设计"鹰眼"预警机，共制造了三架原型机。20世纪60年代，"鹰眼"被派往越南战场并发挥了一定的作用。

最早的空中加油机

最早的空中加油机是由美国研制的，代号为DH-4M。1923年8月27日，在美国加利福尼亚州的圣地亚哥湾上空，两架编队飞行的美国飞机完成了航空史上第一次空中加油试验。空中加油机在前上方飞行，垂下一根10多米长的软管，受油机的后座飞行员站起身来用手抓住飘曳不定的软管，把它接在自己飞机的油箱上。DH-4M在前后共37小时的飞行中为受油机加注了3082升的汽油和润滑油。

整个加油过程全由人力操作，加油机高于受油机，靠高度差加油。这种加油方式很难实际应用。20世纪40年代中期，英国研制出插头锥套式加油设备，1949年美国研制出伸缩管式加油设备，至此才使空中加油进入了实用阶段。

最大的军用飞机

乌克兰安-225"梦幻"运输机是目前世界上最大的军用飞机，它不仅占据体积最大的运输机的世界纪录，载重量也是最大的。该机翼展88.4米，机长84米，机高18.2米，有效载重250吨，由苏联安东诺夫设计局研制，1985年中期开始设计，1988年12月21日原型机首次飞行，1989年5月13日首次做了负载"暴风雪"号航天飞机的飞行，至今该机只生产了1架。

安-225"梦幻"的货舱内可装16个集装箱，大型航空航天器部件和其他成套设备，或者天然气、石油、采矿、能源等行业的大型成套设备和部件。机背能负载超长尺寸的货物，如苏联的"暴风雪"号航天飞机及其配套的"能源"号运载火箭。这样大型器件从生产装配厂出发，可以完整地、不拆卸地运至使用场所，既保证了产品质量，又缩短了运输周期。

最早的垂直／短距起落战斗机

一般军用战斗机在起飞和着陆时要

在跑道上滑行很长的距离，因此飞机的使用要依赖很大的机场。在战争中，机场则是首当其冲的攻击目标，如果机场被摧毁，战斗机就不能起飞，完全丧失战斗力。

为此，一些国家研制了可以不用机场跑道而能随时腾空而起、平稳而降的垂直／短距起落的战斗机。英国首先研制成功了"鹞"式飞机，并于1969年7月正式装备英国空军。"鹞"式飞机成为世界上第一架正式在部队服役的垂直／短距起落战斗机。

垂直起降战斗机
1982年马岛战争中，一艘英国皇家海军鹞式战斗机正在起飞。

舰艇之最

最早的潜艇

世界上最早的潜艇是1622年荷兰发明家德雷贝尔按照达·芬奇的设计在英国制成的，这是目前世界上有确切记载并得到世界公认的第一艘潜艇。这艘潜艇在英国制造并曾在泰晤士河水下4米深处从威斯敏斯特成功地航行到了格林尼治，用了2个小时。德雷贝尔用木制框架作为潜艇的基本结构，在外面包有严实防水的油皮罩，在艇身上钻有桨孔，由坐在艇内的12名水手划桨前进。它基本上实现了潜艇上下运动的原理，对现代潜艇的研制起到了奠基作用，是对人类能够发明一种在水下自由航行的船只这一幻想的重大突破。

最早的装甲舰

铁甲舰是指在木质或混合材料的舰身外层包着铁甲的军舰，用来抵御攻击。世界上最早出现的铁甲舰是南宋秦世辅于1203年建造的铁壁铧嘴平面海鹘战船。这艘战船在船舷包裹着铁甲，是铁甲舰的鼻祖。船首装有形似铧嘴的犀利铁尖，用以在水战中击沉敌船。此后出现的铁甲舰还有朝鲜的龟船和织田信长的大安宅船。

19世纪50年代，法国造船总监洛姆设计出了一种与拿破仑级木制90门炮战舰同型的现代铁甲舰——"光荣"号。该舰装备120毫米装甲，是西方最早的铁甲舰。此后，英国于1860年建成铁甲蒸汽动力战舰——"勇士"号。

最古老的专用战舰

英国皇家海军舰艇"胜利"号是最古老的专用战舰。这艘战舰于1752年开始建造，用了6年时间才完工。该船索具长43.5千米，帆面积为1.6公顷。这艘船是世界上此类船只中唯一保留下来的样船，现已恢复原貌，停泊在英国汉普郡的朴茨茅斯。

最早的驱逐舰

英国于1893年10月研制成功的"哈沃克"号鱼雷艇驱逐舰，是世界上最早的驱逐舰。这艘驱逐舰长56.4米，宽5.6米，排水量275吨，设计航速26节，装有1座76毫米火炮和3座47毫米火炮，能在海上毫无困难地捕捉鱼雷艇，携带3枚450毫米鱼雷，用于攻击敌舰。在第二天试航时，"哈沃克"号轻松地追上了一艘鱼雷艇，并超过了后者，充分证明了其具有捕捉鱼雷艇的能力，也足以与其他水面舰艇相抗衡。

最早参加水下作战的潜艇

最早参加水下作战的潜艇是美国人布什内尔设计的"海龟"号潜艇，这艘潜艇于1776年参加了美国独立战争。这是一艘由单人操纵的木壳艇，它由橡木制成，高约2米，形状像一个尖头向下的大鹅蛋。

"海龟"号潜艇通过脚踏阀门向水舱注水，可使艇潜至水下6米，能在水下停留约30分钟。艇上装有两个手摇曲柄螺旋桨，使艇获得3节左右的速度和操纵艇的升降。艇内有手操压力水泵，用来排出水舱内的水，使艇上浮。艇上面装有两根通气管，通气管通过浮筏在艇体上浮时自动打开，在艇体下潜时自动关闭，以进行换气。艇外携一个能定时引爆的炸药包，可在艇内操纵，放于敌舰底部。

1776年9月6日至7日夜，"海龟"号被放入水中，并对英国海军64门炮护卫舰发起攻击。尽管攻击并不成功，但使英军意识到巨大的威胁并将舰队撤出纽约水域。

最早的核动力潜艇

世界上最早的核动力潜艇是1954年美国制造的"鹦鹉螺"号潜艇。

1954年1月21日，美国康涅狄格州几乎万人空巷，所有的人都聚集在康涅狄格电船公司的船坞处争相观看世界上第一艘核动力潜艇的下水仪式。这艘号称世界上最早的核动力潜艇的"鹦鹉螺"号潜艇身长103米，耗费巨资5500万美元，代表着当时核动力潜艇技术的最高水平。

"鹦鹉螺"号潜艇的速度高达每小时55.56千米，也就是说"鹦鹉螺"号潜艇的航行速度超过了当时世界上任何海上交通工具的速度。它甚至可以环游世界任何海域而根本不需要浮出水面"呼吸"新鲜空气。它在自己的武器库中装备了很多强有力的武器，战斗力因此很强。"鹦鹉螺"号潜艇的下水时间比苏联的第一艘核动力潜艇早了5年。

最大的潜艇

俄罗斯的"Akula"核潜艇全长171.5米，排水量为26500吨，被北约称为"台风"号。据北约报道，1980年9月23日，第一艘"台风"号潜艇在位于白海北德温斯克的秘密造船厂下

"海龟"号潜艇
这艘手动潜艇是美国人大卫·布什内尔设计发明的。

水。据说目前尚在服役的"Akula"核潜艇有6艘，每艘都配备着20枚多弹头、射程为8300千米的 SS-N-20核导弹。

最安静的潜艇

世界上最安静的潜艇是美国通用动力公司建造的"俄亥俄"号核动力导航潜艇。

"俄亥俄"号核动力导航潜艇于1979年制造成功，是由美国通用动力公司在它的潜艇建造厂制造的，它是美国"三叉戟核潜艇计划"的第一艘潜艇。"俄亥俄"号耗资1.25亿美元，全长170.6米，宽12.8米，吃水线10.8米，排水量为18700吨，续航力100万海里，噪音在90分贝左右，相当安静，是世界上活动海域最广、隐蔽性最强、攻击力最强的潜艇。能容纳船员130多人。"俄亥俄"号核潜艇的中间部位还装有24个导弹发射管，能装下射程为7400千米的"三叉戟"I型导弹和4枚533毫米的MK68鱼雷，大大增强了潜艇的战斗力。

最早的燃料电池潜艇

燃料电池潜艇是当今世界上最先进的常规动力潜艇。2003年4月7日，德国建造的世界上最早的燃料电池潜艇在基尔港下水及首次试航。这艘潜艇叫U31号，它开创了常规潜艇的一条发展新路，成为世界潜艇发展史上的一个新里程碑。

U31的模样特别，艇型是长宽比最佳的水滴形流线型，艇长55.9米，宽7米，吃水6米；水上排水量1450吨，水下排水量1830吨；水面航速为12节，水下航速20节，最大下潜深度200米，自持力49天，艇员编制27人。

传统的柴-电动力潜艇在水下潜航2~3天，就会耗尽电池能量，必须浮上水面给蓄电池充电。显然，这增加了潜艇暴露的危险性。而U31取得了"不依赖空气"的技术突破，它在水下就能自行充电。此外，燃料电池动力系统相对向海水辐射的热能很少，基本不向艇外排放废物，尾流特征也很小。其声信号特征比柴-电推进装置的低，能超安静运行，所以U31潜航不易被发现。

最早的航空母舰

世界上最早的航空母舰是日本的"凤翔"号航空母舰。

早在1913年日本就着手进行航空母舰的建造工作，最早的航空母舰是从一艘叫作"若宫"号的商船改造来的，"若宫"号航空母舰应该是现代航空母舰的雏形！世界上第一艘真正的航空母舰是日本于1919—1922年建造的"凤翔"号航空母舰。1919年日本开始筹划建造，历时3年。1922年，"凤翔"号航空母舰在日本横须贺海军船厂造成。"凤翔"号航空母舰在世界上算是一艘相当小的航空母舰，它的标准排水量只有7470吨，但是作为世界上第一艘真正的航空母舰，它揭开了航空母舰的辉煌历史，从那以后，航空母舰作为世界上最具杀伤力的军舰在世界各国纷纷建造！

最大的航空母舰

"切斯特·W.尼米兹"号、"德怀特·D.艾森豪威尔"号、"西奥多·罗斯福"号、"卡尔·文森"号、"亚伯

德怀特·D."艾森豪威尔"号航空母舰

拉罕·林肯"号、"乔治·华盛顿"号、"约翰·C.斯坦尼斯"号和"乔治·布什"号组成了美国海军航空母舰尼米兹家族，其中最后4艘排水量为103637吨，在所有战舰中全载排水量居于首位。它们的甲板跑道全长为332米，由4台核能26万轴马力传动蒸汽涡轮机驱动，最大航速30节。此外4个C-B Modl弹射器安装在"尼米兹"号上，能使最重的舰载飞机从固定点起飞，把速度加快到273千米/小时，从而飞离甲板跑道。

最先进的核动力航空母舰

世界上最先进的核动力航空母舰是美国的"尼米兹"级航空母舰。"尼米兹"级航空母舰是世界上排水量最大、舰载机最多、现代化程度最高、作战能力最强的航空母舰。该级舰的舰体和甲板采用高弹性钢，可抵御半穿甲弹的攻击，两舷设有隔舱系统，弹药库和机舱装有63.5毫米厚的"凯夫拉"装甲。"尼米兹"级航空母舰能够进行远洋作战夺取制空和制海权，攻击敌人海上或陆上目标，支援登陆作战及反潜等。目前，美国海军已有10艘"尼米兹"级航空母舰在役。

"乔治·布什"号是"尼米兹"级核潜艇的最后一艘，2009年1月10日正式服役。该舰全长332米，船体吃水线以上大约有20层楼高，能运载将近6000名水兵和海军陆战队员。最大航速30节，满载排水量超过10万吨，最多可搭载百架战机，造价62亿美元。

最早的隐身护卫舰

世界上最早的隐身护卫舰是法国生产制造的"拉斐特"级护卫舰。这艘护卫舰于1990年动工，1996年3月服役，其满载排水量为3600吨，长124.2米，宽15.4米。舰上配有多种电子设备，并采用雷达波隐身和红外抑制、磁辐射控制等先进技术。此外，"拉斐特"级护卫舰具有双重避震装置，产生的噪音非常低，且雷达反射截面积小，稳定度佳，极大地降低了被发现的概率。

除了隐身性之外，"拉斐特"在续航力、作战力、自动化等方面都很出色。它的续航力为7000～9000海里，具有对海、防空、反潜等全面的作战能力。该舰可在2000千米以外侦察到作战飞机，加装的雷达天线也可同时追踪32个空中目标，具有自动侦察、追踪能力。作战系统收到目标资料后，会进行目标威胁评估，然后指挥舰上射控雷达锁定目标，以舰上武器予以攻击。

战争之最

历时最长的战争

世界战争史上历时最长的战争是"英法百年战争",从1337—1453年,历时116年之久。

1337年,英法两国为争夺王位继承权展开了激烈的斗争,战争的复杂程度不言而喻,尤其在两国对诺曼底、曼恩、昂茹和法国的其他一些地区的管理权的争夺上反反复复纠缠不清,从1337—1453年,英法两国的百年战争给两国的人民带来了深重的战争灾难,最后法国在"圣女"贞德的率领下取得胜利,英国于1453年10月19日在波尔多投降,历时116年的战争终于告一段落。谁在战争中胜利?谁在战争中失败?现在已经都不重要,重要的是这场历时百年的战争留给人们的,也许只有深深的伤害和思考。

规模最大的战争

第二次世界大战可以说是世界上有史以来规模最大的战争。它波及了世界上60多个国家和地区,被卷入战争的人数达到20亿,参战的兵力将近1亿,因战争导致的灾难、饥饿、传染病、缺医少药以及各种各样的大屠杀让9000多万人在战争中失去生命,3000多万人流离失所、无家可归。至于伤病人数更是数不胜数。最终战争以盟军的胜利和法西斯的失败而结束。它留给人们的将是永远的伤害。

规模最大的空战

1940年6月,英法联军从法国敦刻尔克溃退到英国,德国完全控制了法国、比利时、荷兰等国。巨大的胜利刺激了希特勒的侵略野心,他决定一鼓作气攻占英国本土,于是开始制订"海狮"计划,大规模空袭英国。

空战初期,德国重点轰炸英国港口和海上船队,英国人则以拦截防守为主。从同年8月10日起,空战进入高潮。由于德国错误地认为英国的空军已被全部消灭,因而在执行轰炸任务时不用战斗机护航。当时英国刚发明了雷达,对德军的行动一清二楚,他们总是在德机到来之前抢先升空,占据有利位置,然后给德机有力打击。最终德军损失了2676架飞机,伤亡6000余名飞行员;而英国仅损失了915架飞机,伤亡440名飞行员。这场空战堪称世界上规模最大的空战。

规模最大的海战

世界上规模最大的海战是莱特湾大海战。

莱特湾大海战是指在1944年10月23—26日发生在菲律宾莱特湾周围海域的4场相对独立而又相互关联的海空战,以及其他几次零星海空战的总称,交战的双方是日本和美国,此次海战双方都付出了惨重的代价。作战规模堪称空前,作战的地域南北跨越1852千米,东西跨越1111.2千米,整个战争整整持续了三天四夜,作战双方都使用了大规模的先进武器，美军有16艘航空母舰参战，日本更是倾其所有军事力量参战，双方参战的军舰加起来达500多艘，一共有32艘沉入海底，其中包括5艘航空母舰。海战以日本的失败而告终，但是战争留在人们心中的阴影却永远挥之不去。

规模最大的登陆战

人类历史上迄今为止规模最大的登陆战是发生在1944年6月6日凌晨的诺曼底登陆战役。这是一场残酷无比的战争，盟军先后调集了36个师，总兵力达288万人，其中陆军有153万人，相当于20世纪末美国的全部军队。从1944年6月6日至7月初，美国、英国、加拿大的百万军队，17万车辆，60万吨各类补给品，成功地渡过了英吉利海峡。到7月24日，战争双方约有24万人伤亡，其中盟军伤亡12.2万人，德军伤亡和被俘11.4万人。至8月底，盟军一共消灭或重创德军40个师，德军的3名元帅和1名集团军司令先后被撤职或离职，击毙和俘虏德军集团军司令、军长、师长等高级将领20人，缴获和摧毁德军的各种火炮3000多门，摧毁战车1000多辆，飞机3500架，坦克1.3万辆，各种车辆2万辆。诺曼底登陆成功，美英军队得以重返欧洲大陆，使第二次世界大战的战略态势发生了根本性的变化。

最早的空战

随着飞机制造技术的不断进步，飞机被用到除运载以外更为广泛的领域。1911年，墨西哥革命战争期间，一架受雇于革命军的"寇蒂斯"飞机与政府军的侦察机在空中相遇，于是，两架飞机的驾驶员展开了手枪射击。这次交锋开启了空中作战的先河，为军事部门提供了一种新的战争模式，是空中战争的最早尝试。

早期的飞机上，并没有安装专门的作战设备，人们只是通过机枪、手榴弹等地面作战武器进行空中对抗。1914年10月5日，法国飞行员约瑟夫·弗朗茨和侦查员路易·凯诺驾驶一架"瓦赞"式飞机，使用机枪成功地击落了一架德国"阿维亚蒂克"双座侦察机，从而拉开了人类历史上空战的序幕。

最早的航母大战

第二次世界大战期间，已经占领了东南亚广大地区的法西斯轴心国之一的日本，决定向西南太平洋海域挺进，以切断美国通往澳大利亚联邦的海上通道。1942年5月，日本第5航空战队航空母舰"翔鹤"号和"瑞鹤"号及重型巡洋舰3艘、驱逐舰6艘抵达太平洋珊瑚海海域，与美国第17特混舰

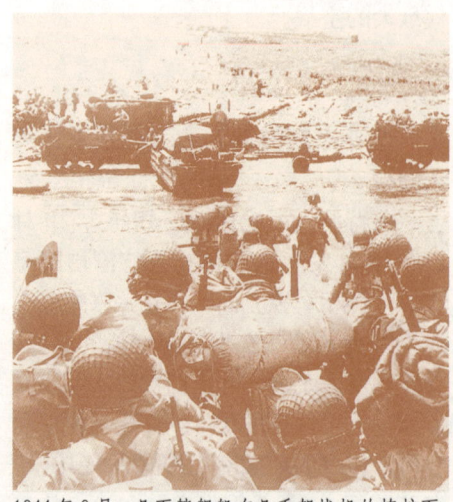

1944年6月，几百艘舰船在几千架战机的掩护下，将盟军部队从英国港口运往诺曼底海滩。

队展开了长距离的舰载机战斗。最终，战斗以盟军损失 65 架飞机、3 艘军舰、阵亡 543 人；日军损失 69 架飞机、2 艘军舰、阵亡 1074 名官兵收场。这次海战是人类历史上首例采取航母远距离作战的海战，其作战规模以及作战方式，都对后来的海上战争有极大的影响。

规模最大的航空母舰作战

第二次世界大战期间，位于西太平洋上的马里亚纳群岛是日军控制南亚以及原料来源的军事要地。同时，它也是美国通往盟军澳大利亚联邦的要道。1944 年 6 月，为了争夺马里亚纳群岛的控制权，并且为进攻菲律宾提供跳板，美日双方在马里亚纳群岛附近海域进行了历史上规模最大的航空母舰作战。

在这场战争中，日本出动了 9 艘航空母舰，共有各型飞机 450 余架，由海军中将小泽治三郎统一指挥。美军在尼米兹将军的统率下集中了尽可能多的兵力：登陆兵力 12 多万人，支援作战的舰只 640 余艘，轻重航空母舰 15 艘，作战飞机近 1600 架。战争以日军损失惨重告终。日军的"大凤"号、"翔鹤"号、"飞鹰"号航空母舰在炸弹和鱼雷的联合攻击下，沉入海底；"瑞鹤"号航空母舰、"隼鹰"号航空母舰和"千代田"号航空母舰也分别被雷弹打得伤痕累累，舰身严重损坏。美军共出动战斗机 350 多架，只损失了 23 架飞机；而日本小泽舰队先后共出动各型飞机 397 架，仅有 100 架左右的飞机幸免于难。另外，加上随日本航空母舰一起沉没的飞机，日方就损失各类飞机 400 架。经此一战，美国人不仅掌握了马里亚纳的制海权和制空权，而且还为最终战胜日本奠定了坚实的基础。

规模最大的闪电战

闪电战理论是德国军事家古德里安创造的。第二次世界大战期间，它是德军最为常用的一种作战模式。它以奇袭、快袭的方式，综合运用飞机、坦克等战争武器，对被袭方进行强势而快速的袭击。凭借着这种作战方式，1939 年间，德军在总共不到 113 天的时间里，迅速征服了波兰、丹麦、挪威等国，并且击败了素有"欧洲最强陆军"之称的法国军队。

1941 年 6 月 22 日，德国对苏联展开了有史以来规模最大的一场闪电战，并且再次上演了所向披靡的神话。由于德军蓄谋已久，苏联军队对这场突如其来的战争猝不及防，导致边境军队、物资损失惨重。

规模最大的坦克战

1943 年年初，苏联军队在斯大林格勒战役中取得决定性的胜利之后，决定乘胜追击，收回被希特勒攻占的土地。7 月 5 日，卷土重来的德国希特勒军与苏军在库尔斯克展开了激烈的斗争。德军来势汹汹，苏军也势不可挡，战斗持续了 40 多天，最终以德军溃败，苏军取得了苏德战场的主动权而告终。在库尔斯克战役中，德军有 30 个精锐师 7 个装甲坦克师被击溃，共损失坦克约 1500 辆，火炮、迫击炮 3000 多门。而胜利方苏军也付出了惨重代价，损失坦克 6064 辆，火炮 5244 门。库尔斯克战役以坦克为主要战争武器，参战坦克数量是有史以来最多的一次。